Peter Dinzelbacher
Heilige oder Hexen?

Die Frau als Heilige und als Teufel; Friedrich Pacher (?), Altartafel, Ende 15. Jh., St. Justina in Burg-Vergein bei Aßling (Osttirol)

Peter Dinzelbacher

Heilige oder Hexen?

Schicksale auffälliger Frauen

Albatros

Titel der Originalausgabe:
Heilige oder Hexen?
© 1995 Patmos Verlag GmbH & Co. KG
Artemis & Winkler Verlag, Düsseldorf und Zürich

Die Deutsche Bibliothek – CIP Einheitsaufnahme
Ein Titeldatensatz für diese Publikation ist bei
Der Deutschen Bibliothek erhältlich.

© 2001 Patmos Verlag GmbH & Co. KG
Albatros Verlag, Düsseldorf
Alle Rechte, einschließlich derjenigen des auszugsweisen Abdrucks sowie der
photomechanischen und elektronischen Wiedergabe, vorbehalten.
ISBN 3-491-96033-9

Inhaltsverzeichnis

Vorwort II

Heilige oder Hexen? 15

Margery Kempe 15

Heilige als Hexen 21
Jeanne d'Arc 21 · *Dorothea von Montau* 23
Birgitta von Schweden 26 · *Colomba von Rieti* 28

Heilige und Hexe 32
Christina von Stommeln 32
Eustochio von Padua 35

Hexen als Heilige 39
Ketzerinnen des 13. Jahrhunderts 39
Francisca Hernández 42 · *Magdalena vom Kreuz* 49
Paola Antonia Negri 53 · *Falsche Heilige des*
17. bis 20. Jahrhunderts 56

Häretische Heilige? 60
Angela von Foligno 60

Kranke? 64
Katharina von Genua 68

Falsche Heilige 76

Sybilla von Marsal 77 · *Anna Laminit* 79
Maria von der Heimsuchung 82

Pia fraus 90

Magdalena Beutlerin 91 · *Elisabeth Achler* 94

Die Reaktionen der «Normalen» 96

Das Modell weiblicher Heiligkeit und das Hexenstereotyp 101

Mystische Heiligkeit 101

Entstehung und Verbreitung 102 · *Zunehmende Skepsis* 109

Lebende Heilige 119

Therese von Konnersreuth 124

Das Hexenstereotyp 128

Entstehung und Verbreitung 128 · *Zunehmende Skepsis* 140

Mystiker und Hexer 143

Heilige 144 · *Hexer* 147

Heilige und Hexen im Vergleich 153

Beziehung zur Gottheit 155

Enthusiasmus und Besessenheit 159

Enthusiasmus 160 · *Besessenheit* 161 · *Massenphänomene* 167

Enthusiasmus oder Besessenheit? 169
Christine von St. Trond 169

Erscheinung der Gottheit 173
Christuserscheinungen 174 · *Teufelserscheinungen* 175
Theriomorphe Gottesbegegnungen 176

Erotik 177
Christusminne 177 · *Teufelsbuhlschaft* 181

Schwangerschaft 186
Göttliche Gravidität 187 · *Dämonische Gravidität* 189

Pakt 192
Gottesverlöbnis 193 · *Dämonenpakt* 194

Zeichnung 195
Die Stigmata 195 · *Das Hexenmal* 197

Leiden 199

Gottes- und Teufelsbegegnung als Fest 203

Ekstasen und Visionen 207

Weissagungsgabe 209
Prophezeiungen 209 · *Mantik* 210

Geheimes Wissen 211

Magie 212
Die Historizität der Zauberei 213 · *Zauberworte* 215
Gesten 216 · *Zauberdinge* 217 · *Heilwunder* 223

Umgang mit Gegnern: Strafwunder und Schadenzauber 225
Wetterbeherrschung 229 · *Andere Wunder- oder Hexenwerke* 231
Die Macht der Wundertäter 232 · *Eine Hexen-Mystikerin* 234

Flug 236
Hochschätzung der Eucharistie 241
Eine seltenere Analogie: Fasten 244

Gegensätze 249

Unterscheidung der Geister 251
Ursula Benincasa 256

Physische Prüfungsmethoden 265
Selbstkontrolle 269
Konkurrenz der Mystikerinnen untereinander 274
Pressure Groups 280

Der Dualismus der christlichen Religion 285

Nachwort 297

Anhang
Abkürzungen 303
Bibliographie 305
Anmerkungen 321
Register 343
Bildnachweis 350

«MIT DIESER HEILIGEN SEELE lebte eine ihrer geistlichen Töchter, die vom Dämon besessen war. Sie war sich selbst so unerträglich, daß sie nirgends sein konnte, außer in der Gesellschaft ihrer geistlichen Mutter. Denn wenn sie beisammen waren, verstanden sie sich, indem sie einander bloß ins Antlitz schauten. Denn die eine hatte den Geist Gottes – und die andere sein Gegenteil.»[1]

Aus dem zeitgenössischen Leben der hl. Katharina von Genua (1447–1510)

Vorwort

WIE IST ES HISTORISCH ZU VERSTEHEN, daß in der katholischen Kirche heute eine Frau als Heilige verehrt wird, die in ihrer Zeit aufgrund des Urteils eines hochrangigen kirchlichen Gerichts als Hexe verbrannt wurde? Daß eine andere Frau, die alle Verhaltensmerkmale zeigte, die sich genauso bei anerkannten Mystikerinnen finden, heute nur in Ketzergeschichten erwähnt wird? Wieso konnten die Zeitgenossen so oft nicht unterscheiden, ob sie es mit einer charismatischen Heiligen oder mit einer ketzerischen Teufelsbündnerin[2] zu tun hatten? Gab es Berührungspunkte zwischen den so gegensätzlich scheinenden Gruppen der Mystikerinnen und der Hexen? Oder vielleicht sogar mehr?

Dieses Buch handelt von einer für das alteuropäische Christentum typischen Ambivalenz: über die Möglichkeit, ein und dieselbe religiöse Verhaltensform völlig konträr zu deuten. Es handelt über den Gegensatz von amtskirchlich verwalteter Religion und freiem Charismatikertum, und es handelt über die ambivalenten Reaktionen von seiten der «Normalen», auf die insbesondere Frauen mit außergewöhnlichem religiösen Erleben bzw. Verhalten sehr oft stießen. Denn die Geschichte der christlichen Religion kennt viele Mystiker, aber um ein Vielfaches mehr an Mystikerinnen. Und sie kennt viele Hexenmeister, aber es waren die Hexen, die ungleich zahlreicher die christliche Phantasie und die christlichen Henker beschäftigten.

Sehr viele dieser Frauen sind heute völlig oder fast völlig in Vergessenheit geraten oder, was das deutschsprachige Publikum (auch Fachpublikum) betrifft, unbekannt geblieben, da sie dem romanischen Sprachbereich entstammen. Das ist kein Zufall, sondern hat einige konkrete Gründe, u.a. die Distanzierung der profanen Geschichtswissenschaft von mit Mystik zusammenhängenden Themen (als ob sie kein historisches Phänomen wäre), das theologische Vorverständnis der Kirchengeschichtsschreibung, das solche Vergleiche a priori ausblendet, die weitestgehend fehlende Rezeption der italienischen Forschung, die auf diesem Gebiet wohl am meisten leistet[3]. Wie reich und faszinierend aber gerade die italienischen und spanischen Quellen sind, werden die folgenden Seiten zu zeigen versuchen, ohne die deutschen oder französischen Fälle zu vernachlässigen.

Wie bei der Lektüre dieses Buches bald auffallen dürfte, wird hier von Heiligkeit und Häresie, von Mystik und Hexerei keineswegs von einem theologischen Standpunkt aus gesprochen, sondern von einem historisch-religionsphänomenologischen. Die den vergleichenden Kulturwissenschaften zugehörige Methode der Religionsphänomenologie wurde international von Forschern wie G. van der Leeuw, Raffello Pettazoni oder Mircea Eliade und im deutschsprachigen Raum besonders von protestantischen Gelehrten wie Friedrich Heiler und Ernst Benz entwickelt. Es geht dabei darum, das Typische bestimmter religiöser Grundphänomene sichtbar zu machen, z.B. das, was das Gebet in den verschiedenen Religionen gemeinsam hat, unbeschadet der jeweils spezifischen Eigenheiten. Diese Methode ist für eine strukturgeschichtliche Betrachtung der Geschichte einer bestimmten Religion in einer historischen Phase ihrer Entwicklung fruchtbar zu machen. Unser Ziel ist es, Zusammenhänge sichtbar werden zu lassen, die nicht in unmittelbaren, mikrohistorisch nachweisbaren Kausalbeziehungen zueinander stehen, sondern die einer Komponente der Mentalität Europas zwischen Spätmittelalter und Aufklärung entsprechen: nämlich der Vorstellung, das Wirken außermenschlicher Wesen sei insbesondere in Frauen greifbar, die eine vom «Normalen» abweichende Phantasiewelt und Lebensführung zeigten. Es geht hier um globale Tendenzen, keineswegs um zeitlich oder regional eng begrenzte Einzelstudien, wie sie den Großteil der Hexenforschung, aber auch der Hagiologie, ausmachen. Daher kommt auch das verwendete Material aus dem ganzen Untersuchungsbereich.

Versucht wird, phänomenologische Idealtypen für Hexen und Heilige zu erstellen, und zwar aufgrund von Quellen, die beschränkt bleiben auf eine bestimmte Epoche und einen bestimmten Raum, nämlich Alteuropa, also das Gebiet der lateinischen Christenheit etwa vom 13. bis zum 18. Jahrhundert. Diese Betrachtungsweise ist kombiniert mit einer historischen, speziell mentalitätsgeschichtlichen, in der die «mystische Invasion» und der «Hexenwahn» als Entwicklungen erscheinen, die miteinander verknüpft sind, insofern ihnen eine gleiche Sensibilisierung für charismatische, paranormale, magische Verhaltensweisen zugrundeliegt. Diese Sensibilität existierte keineswegs als Konstante in der Geschichte des Christentums, sondern begann sich erst im großen Umbruch des hohen Mittelalters zu formen.

Wenn an vielen konkreten Beispielen typische Reaktionen der «Normalen» auf sich mystisch oder magisch begabt zeigende Außenseiterinnen vergleichend zusammengestellt werden, dann ergeben sich daraus nicht nur Idealtypen, sondern auch historische Tendenzen, da die prinzipiell möglichen Verhaltensmodelle in den einzelnen Epochen mit unterschiedlicher Häufigkeit auftreten. Beispielsweise war es im 14. Jahrhundert eine verbreitete Reaktion auf Visionen, sie als Zeichen göttlicher Begnadung zu bewerten, ein Verstehensmodell, das zwar auch noch vier Jahrhunderte später existierte, jedoch signifikant seltener. Ein anderes, gelegentlich im Spätmittelalter auch schon zu findendes Modell war nun stattdessen viel üblicher geworden, nämlich das, Visionen als betrügerische Täuschungen einzuschätzen. So sind wir mit Phänomenen konfrontiert, die in der zur Diskussion stehenden Periode eine deutliche Konstanz (longue durée) zeigen – die Art der mystischen Ekstasen wie die Praxis der Magie etc. änderten sich kaum –, was sich in der Geschichte aber grundlegend änderte, waren die Reaktionen der «Normalen» auf diese Phänomene.

In den Quellen hören wir üblicherweise nur die Stimme der Partei, die sich durchgesetzt hat, also bei den Heiligen die Stimme ihrer Verehrer, die in Viten und Kanonisationsprozessen tradiert wird, nicht aber die ihrer meist durchaus ebenso existenten Kritiker. Dagegen sind es bei den Ketzerinnen und Hexen die kirchlichen Invektiven und Inquisitionsprotokolle, die überliefert wurden, nicht aber die positiven Aussagen ihrer Anhänger. Es ist ein Faktum, daß in jener Zeit die Unterscheidung zwischen Heiliger und Ketzerin oder Hexe in nicht wenigen Fällen für die Zeitgenossen keine eindeutige Sache war. Nur die spätere Tradition, die jeweils die Gegenstimmen zu eliminieren versuchte, spiegelt uns heute Eindeutigkeit vor. Daher müssen die erhaltenen Texte vielfach «gegen den Strich» gelesen werden, muß also z.B. aus dem hagiographischen Lob der Duldsamkeit einer Heiligen die gegen sie vorgebrachte Kritik erschlossen werden, muß aufgrund einer Anklage wegen medizinischer Magie gegen eine Hexe eine ursprünglich geschätzte Heilfähigkeit erwogen werden, etc.

So sind wir mit vielen Schicksalen konfrontiert, mit manchen Menschen, die ihr religiöses Erleben und Verhalten glücklich machte, und mit vielen, die es ins Unglück stürzte. Daß den einen dieses, den anderen jenes Schicksal zuteil wurde, hat gewiß jedesmal seine ganz spezifischen Gründe. Aber wie ein roter Faden geht ein entscheidender Faktor durch diese ganze Geschichte: immer sind es Männer, Theologen, Richter, geistliche und weltliche, die wissen, welche Frau verbrannt und welche zur Heiligen erklärt werden muß. Dieser exklusive Anspruch auf letztgültiges Wissen ist eines der zentralen Charakteristika der christlichen Religion. Darin liegt ihre die ganze alteuropäische Geschichte bestimmende Intoleranz begründet, Intoleranz anderen Religionen gegenüber (Zwangsbekehrung von Heiden), anderen Konfessionen gegenüber (Religionskriege), anders Denkenden innerhalb des Systems gegenüber (Ketzerverfolgung)[4]. Es gibt nur Schwarz oder Weiß: «Wer nicht für mich ist, der ist wider mich» (Mt 12, 30). Und es gibt nur Heilige oder Hexen, wenn Menschen mit religiös normabweichendem Verhalten auftreten.

Heilige oder Hexen?

WAS IST GEMEINT, WENN WIR von «normabweichendem Verhalten» im religiösen Bereich sprechen? Gemeint ist damit ein Verhalten, das Fähigkeiten an den Tag bringt (oder bringen soll), über die der «normale» Christ nicht verfügt. Diese Fähigkeiten beruhten nach allgemein verbreiteter Auffassung des späten Mittelalters und der Frühneuzeit nicht auf individuellen Anlagen oder psychosomatischen Vorgängen, sondern waren (wenn sie positiv beurteilt wurden) Gaben Gottes oder (wenn sie negativ beurteilt wurden) Gaben des Teufels. Fähigkeiten, mit Gott oder seinem Widersacher unmittelbar zu sprechen, visionär in sein Reich versetzt zu werden, Menschen krank oder gesund zu machen, ihre geheimen Gedanken zu erraten, über die Natur zu gebieten usf. fallen unter diesen Begriff. Betrachten wir ein Beispiel:

Margery Kempe

Im frühen 15. Jahrhundert lebte in England eine Frau, die überall, wo sie hinkam, die Aufmerksamkeit der Leute auf sich lenkte. Sie war die Gattin eines Kaufmanns in Lynn (Norfolk), Mutter von vierzehn Kindern, tief religiös und besonders fasziniert vom Pilgerleben (sie besuchte nicht nur Jerusalem, sondern auch Santiago de Compostela, Danzig, Norwegen, Aachen). Margery Kempe (ca. 1373–1439)[5] kleidete sich sich allerdings in Weiß – in einer Gesellschaft, die noch sehr auf solche Symbolik achtete, ein kühner Schritt für eine verheiratete Frau, wenn sie ihn natürlich auch als von Gott unmittelbar befohlen empfand. Jungfräulichkeit konnte und wollte sie nicht damit zum Ausdruck bringen, aber ihre bräutliche Verbindung mit Christus[6] (wegen der verlorenen Jungfrauenschaft braucht sie sich übrigens ohnehin keine Sorgen zu machen, da der Herr, wie er ihr offenbarte, auch Ehefrauen liebt[7]). Zumal um 1400 die Mitglieder einer Sekte in weißer Kleidung auftraten, «die große Heiligkeit vortäuschen», möglicherweise Geißler, denen ein königliches Edikt den Aufenthalt in England verbot[8], war diese Kleidung freilich eine sehr gewagte Deklaration eigener Heiligkeit.

Aber hatte diese Frau dazu nicht allen Grund? Das Eingreifen der Überwelt manifestierte sich in Margery Kempes Existenz nach der Geburt des ersten Kindes andauernd: damals hatte sie wegen der Härte ihres Beichtvaters und aus Furcht vor der Hölle «den Verstand verloren und wurde ein halbes Jahr, acht Wochen und ein paar Tage erstaunlich von Geistern gepeinigt und gequält»[9]. Doch der Herr rettete sie, indem er sich zu ihr aufs Bett setzte und sie tröstete. Seit damals folgte eine Vision der anderen, dazu häufig belehrende Einsprachen, Prophezeiungen, Zungenreden, mystische Vermählung. Des Heiligen Geistes wurde Kempe als das Dröhnen eines Blasebalgs gewahr und als Vogelgezwitscher[10] usw.

Noch auffälliger war aber ein anderes Charisma, ihr «well of terys»[11], die (von ihr erbetene) Gabe der Tränen. Diese manifestierte sich in Weinkrämpfen und Schreien bei allen möglichen Gelegenheiten (an Karfreitagen fünf oder sechs Stunden lang[12]) und brachte Margery öfters in peinliche bis bedrohliche Schwierigkeiten mit ihrer Umgebung. Sie selbst sah darin allerdings eine Form der Imitatio Mariae und der Imitatio Mariae Magdalenae, einen Ausdruck des Mitleids mit den Schmerzen des Erlösers, ebenso ein Mittel, um Seelen zu retten. Wenn Kempe kommunizierte – und das pflegte sie jeden Sonntag zu tun –, erregte sie sich so sehr, daß zwei Männer sie halten mußten, weswegen ihr das Sakrament nur in einer Nebenkapelle gespendet werden konnte[13].

Nun ist aber zu beachten, daß das Charisma der Tränengabe, d. h. die Fähigkeit, aus Frömmigkeit weinen zu können, in der katholischen Kirche eigentlich höchster Schätzung unterlag[14]. Das «donum lacrymarum» gehört zu den seit dem alten Wüsten-Mönchtum von allen Frommen erflehten Begnadigungen und wird immer wieder bewundernd in Heiligenviten vermerkt[15]. Es gab im *Missale Romanum* vor der Liturgiereform sogar eine eigene Formel, um die Tränen zu erbitten. Der hl. Kirchenlehrer Petrus Damiani (†1072) apostrophiert sie folgendermaßen: «Oh Tränen, geistliche

Genüsse über Honig und Honigseim und süßer als jeder Nektar!»[16] Freilich rechnete bereits auch er mit Tränen, die vom Geist der Lüge eingegeben seien[17]. Auch Kempes Beichtvater, der nur zweiundzwanzig Jahre nach seinem Tode heiliggesprochene Johannes von Bridlington (†1379), war durch den Tränenstrom aufgefallen, in den er bei der Meßfeier gebadet zu sein pflegte; dies wird in den Kanonisationsakten ausdrücklich als göttliche Gnade vermerkt[18]. Richard Rolle und Elisabeth von Ungarn werden in Kempes Autobiographie selbst als anerkannte Beispiele für solche Exzesse genannt[19]. Ja die Hexenjäger gingen seit dem ausgehenden 15. Jahrhundert sogar davon aus, daß bei einer Frau, die nicht weinen konnte, höchster Verdacht auf Dämonenbündnis gegeben sei[20]. Institoris, der Verfasser des berüchtigten *Hexenhammers*, weiß ein altes Prüfungsmittel: der Inquisitor soll beobachten, ob eine Verdächtige weinen kann, wenn sie vor ihm steht oder gefoltert wird. «Wenn sie beschworen und gezwungen wird zu weinen, wird sie, wenn sie eine Hexe ist, keine Tränen von sich geben können». Der Richter oder ein Priester soll sie mit aufgelegter Hand bei den Liebestränen Christi und den Feuertränen Mariens «und allen Tränen, die hier in der Welt alle Heiligen und Auserwählten Gottes vergossen», beschwören zu weinen, falls sie unschuldig ist, falls schuldig jedoch keineswegs. Die Erfahrung lehre, daß den Hexen dies unmöglich sei, mögen sie es in anderer Umgebung auch können (was aber nicht berücksichtigt werden darf)[21].

Praktizierte ein gläubiger Laie dieses Charisma aber einmal wirklich so intensiv, wie es die Hagiographen für wünschenswert hielten, fiel er oder sie negativ auf, denn genau gegenteilig war bei vielen Zeitgenossen die Reaktion auf Kempes Weinkrämpfe. In der Wallfahrtskirche zu Canterbury weinte die Mystikerin so lautstark, daß sie allgemeinen Unmut erregte und sich ihr Gatte still davonschlich[22], um nicht belangt zu werden – als ihr Eheherr wäre er ja aufgrund seiner Munt (Gewalt) über die Gattin verpflichtet gewesen, sie zu einem normenkonformen Verhalten zu zwingen, wozu er aber zu schwach war. Die ratlose Bemerkung eines jungen Mönches angesichts der ihr Charisma ausübenden Frau beschreibt genau das Dilemma, vor dem die normalen Christen in solchen Situationen standen: «Entweder hast du den Heiligen Geist in dir, oder einen Teufel.» Letzteres dürfte die

Mehrzahl der Anwesenden gedacht haben, denn sie drohten ihr an, sie als Lollardin, d. h. als Ketzerin, zu verbrennen: «Eines Tages, als das Geschöpf [dies ist die von Kempe üblicherweise für sich selbst verwendete Demutsbezeichnung] in der Kirche in Canterbury bei den Mönchen war, wurde sie von Mönchen, Priestern und Laien sehr verachtet und gescholten, denn sie weinte fast den ganzen Tag, sowohl vormittags als auch nachmittags, so sehr, daß ihr Mann sie verließ, als ob er sie nicht kenne...» Man bedrohte sie mit Gefängnis, worauf sie eine Parabel von einem so wie sie selbst verfolgten Manne erzählte. Dies nützte ihr freilich nichts, vielmehr verfolgte sie die Menge mit dem Ruf: «Du falsche Ketzerin sollst verbrannt werden! Eine Wagenladung Dornengesträuch und ein Faß sind schon bereit, dich zu verbrennen!... Nehmt und verbrennt sie!» «Und das Geschöpf stand still, zitternd und bebend...» Nur mit Hilfe zweier wohlgesonnener junger Männer gelangte Margery wieder in das Gasthaus, wohin sich schon ihr Gatte, ohne sich um sie zu kümmern, geflüchtet hatte[23]. Der Zufall hatte die beiden vorbei geführt, die sie auf ihre Versicherung: «Nein, Herren, ich bin weder Häretikerin noch Lollardin», in die Herberge zurückbrachten[24]. Die Lollarden waren eine Gruppe von englischen Christen, die an der weltlichen Macht der Kirche und des Papsttums Kritik übten; seit 1401 wurden sie mit der Todesstrafe belegt und grausam unterdrückt. Da sie sich der Volkssprache (nicht des Kirchenlateins) bedienten und intensiv die Bibel studierten, bot sich die Möglichkeit, Kempe ihnen zuzurechnen, die ja auch gute Bibelkenntnisse bewies und sie gern öffentlich anbrachte.

Ähnlich gefährlich entwickelte sich die Situation in Leicester, wo sie ein besonders mitleiderregender Kruzifixus zu heftigen Ergüssen brachte. Der Bürgermeister ließ sie als «a fals strumpet, a fals loller, & a fals deceyuer of the pepyl» (falsche Hure, falsche Lollardin und falsche Betrügerin des Volkes) einsperren, ungeachtet dessen, daß sie sich auf ihren gutbürgerlichen Stand berief (ihr Vater war mehrmals Bürgermeister ihrer Heimatstadt Lynn gewesen). Der sie verhörende Beamte stand ob ihrer unerschrockenen Verteidigung wieder vor demselben Dilemma: «Du wirst mir sagen, ob du diese Rede von Gott oder vom Teufel hast, oder sonst gehst du ins Gefängnis!... Entweder du bist eine wirklich gute Frau oder eine wirklich schlechte!» Wiederum hatte sie den Scheiterhaufen zu befürchten[25]. Andererseits nahmen andere Männer ihre Frömmigkeit ernst. Ein vorüberkommender Mann aus Boston versuchte, Kempe bei ihrer Festnahme zu verteidigen: «Wahrlich, in Boston gilt diese Frau als heilige Frau und gesegnete Frau!»[26]

In York wurde Kempe abermals vor einem geistlichen Gremium verhört; als sie in den Kerker geworfen werden sollte, fanden sich aber so viele Laien, die sie in Schutz nahmen, daß die Priester nicht darauf bestanden. Vor den Erzbischof gebracht, wurde sie abermals als Lollardin und Häretikerin angegriffen, «und viele schreckliche Eide wurden geschworen, daß sie verbrannt werden sollte.»[27] Dem Kirchenfürsten genügte es bereits, daß sie als verheiratete Frau in Weiß ging, um sie in Fesseln legen zu lassen. «Manche Leute fragten, ob sie eine christliche Frau sei oder eine Jüdin, andere sagten, sie wäre eine gute Frau, und andere sagten nein.» Da Kempe mit unglaublichem Mut auch bei der Kritik an schlechten Klerikern einschließlich des Erzbischofs kein Blatt vor den Mund nahm, wurde sie von diesen auch als Besessene betrachtet. Dabei ist die Argumentation interessant, mit der sie Versuchen begegnete, sie mit dem einschlägigen Pauluszitat zum Schweigen zu bringen. Kempe berief sich auf Lukas 11, 27 f. (wo eine Frau aus dem Volk Maria preist) und darauf, daß sie ohnehin keine Kanzel betrete, also nicht predige[28]. In einer Erscheinung kam außerdem der Apostel Paulus zu ihr, um sie von seinem Gebot des Schweigens für Frauen in der Gemeinde auszunehmen. Vielmehr sollte sie kühn im Namen Christi sprechen[29]. Kempe muß den Bischof durch ihre Redegewandtheit und ihr Weinen so beeindruckt haben, daß er sie ziehen ließ[30]. Aber kaum überschritt sie den Humber, da wurde sie von den Männern des Herzogs von Bedford festgenommen, weil man sie für die Tochter des berühmten (1417 hingerichteten) Ketzers Sir John Oldcastle hielt. Wieder wurde die Drohung mit dem Scheiterhaufen laut. Man riet ihr im Guten, zu Hause zu bleiben und zu spinnen, so wie andere Frauen auch. Kempe hatte allerdings ganz anderes im Sinn: abermals eingesperrt, verkündete sie ihre Offenbarungen aus dem Fenster. Diesmal wurde ihr besonders übel angelastet, daß sie weinen könne, wann immer sie wolle. Da sie eine adelige Dame zum

19

Verlassen ihres Gatten bewogen haben sollte, stellte man ihr wiederum den Feuertod in Aussicht. Trotzdem entlassen, wenn sie nur endlich der Diözese den Rücken kehren wollte, wiederholte sich das Spiel. Schließlich kam sie heil bei ihrem Gatten an, um ihren ungewöhnlichen Lebensstil weiter fortzusetzen. Kempe hat noch manche ähnliche Situation überstanden, sogar der Vorwurf, den Teufel im Leib zu haben[31], d. h. besessen zu sein, hinderte nicht ihre langsam wachsende Reputation.

Was aber geschah, als sie nach vielen Jahren von Gott von ihren Weinkrämpfen befreit wurde und nur mehr still vor sich hin schluchzte? Sie wurde sofort als «falsche, betrügerische Heuchlerin» bezeichnet. «Und so wie manche vordem von ihr übel gesprochen hatten, weil sie weinte, so sprachen manche jetzt übel von ihr, weil sie nicht weinte.»[32] Daß man sie boshaft mit Wasser übergoß[33], war ihr freilich nach dem bisher Ausgestandenen keiner Aufregung mehr wert. Daß ihre Erlebnisse (nach einem ersten mißglückten Versuch) in den dreißiger Jahren von einem Priester nach ihrem Diktat aufgezeichnet wurden, wobei sogar Texte einschlägiger hagiographischer Werke vorbildlich gewesen zu sein scheinen[34], zeugt dagegen wieder für ihre Schätzung.

Die Reaktionen der «Normalen» auf Kempes Verhalten sind ein Paradigma für das hier zu behandelnde Problem: Sobald ein Christ, namentlich eine Christin, ein unübliches religiöses Betragen zeigte, spaltete sich ihre soziale Umwelt in zwei Lager, die für oder gegen sie Partei ergriffen. Der Empfang von Charismen, die Verkündigung von Weissagungen, die Niederschrift von Offenbarungen wurde keineswegs als Teil eines privaten Frömmigkeitslebens angesehen, sondern rief Reaktionen hervor, die einen Menschen als Besessenen erscheinen ließen oder als Betrüger, die ihn zum Scheiterhaufen führen konnten – oder zur Ehre der Altäre.

Heilige als Hexen

Jeanne d'Arc

Am späten Vormittag des 30. Mai des Jahres 1431 ließ ein hochrangiges kirchliches Gericht eine Heilige verbrennen. Dazu hatte man die junge Frau an einen hohen Pfahl gefesselt, an dem ein Schild befestigt war, das sie als «Lügnerin, bösartige Betrügerin des Volkes, Hexe, Abergläubische, Gotteslästerin, Entehrerin des Glaubens an Jesus Christus, prahlerisch, götzendienerisch, grausam, liederlich, Dämonenbeschwörerin, Apostatin, Schismatikerin und Ketzerin» brandmarkte. Einige dieser Bezeichnungen wiederholten sich auf der Mitra, die man ihr aufgesetzt hatte[35]. Die Prozeßakten sind noch wesentlich wortreicher: die Richter werden aufgefordert, die Frau zu erklären zur «Hexe und Zauberin, Weissagerin, Pseudo-Prophetin, Anruferin und Beschwörerin böser Geister, abergläubisch, hartnäckig den magischen Künsten ergeben, in und über unseren katholischen Glauben schlecht denkend, Schismatikerin, Glaubensschwache und Abweichlerin, Frevlerin und Götzenanbeterin, Glaubensverleugnerin, Übelbeleumdete und Übeltuerin, Lästerin Gottes und seiner Heiligen, Anstössige, Aufrührerische, Friedensstörerin und -hinderin, Kriegstreiberin, grausam dürstend nach Menschenblut...»[36] «Sortilegium» und «divinationes» (Wahrsagerei) habe sie begangen, indem sie Wachs auf Kinder aussprengte und daraus die Zukunft las[37]. Auf ihre Hypokrisie (verstellte Frömmigkeit) seien viele hereingefallen, die ihr «wie einer heiligen Jungfrau folgten»[38]. Doch sei sie in Wahrheit «gänzlich voll des Höllenfeindes»[39].

Fünfundzwanzig Jahre später befand ein gleichermaßen hochrangiges kirchliches Gericht, dieser Prozeß und sein Urteil seien null und nichtig, ein offenkundiger Rechtsirrtum. Der exkommunizierten Hexe, die keine war, setzte man an der Stelle des Feuerpfahles ein Sühnekreuz.

Damit war die Affäre für Jahrhunderte erledigt. Erst 1894 wurde Jeanne d'Arc[40] für verehrungswürdig erklärt, 1909 selig- und 1920 heiliggesprochen[41]. Jetzt galt Johanna, laut bischöflichem Attest, für «das herrlichste Geschöpf der Geschichte»[42]. Hatten die Theologen des 15. Jahrhunderts ausdrücklich über sie gesagt, Gewalttaten auszuüben und Menschenblut zu vergießen, sei «weit entfernt von Heiligkeit», so lobte sie nun Papst Benedikt XV. ebenso ausdrücklich, weil sie «zur Erfüllung der Aufträge Gottes die Familie verließ, die frauliche Beschäftigung aufgab, Waffen nahm und Soldaten zum Kampf führte»[43]. Seit 1922 verehrt sie das katholische Frankreich als zweite Landespatronin nach der Mutter Gottes und feiert ihr Fest am Tage ihrer Verbrennung. Ein berühmter Fall also, in dem hohe Amtsinhaber der katholischen Kirche im Lauf der Zeit hinsichtlich ihrer Bestrebungen nach der «Unterscheidung der Geister» zu konträren Ergebnissen gekommen sind. 1431 verlangten die Engländer das Opfer der vor Orléans erfolgreichen französischen Heerführerin, deren Sieg sie sich nur mit Zauberei erklären wollten, 1909 und 1920 erforderten die kühlen diplomatischen Beziehungen der Republik Frankreich dem Vatikan gegenüber von diesem eine Geste, und dazu bot sich die Kanonisierung an.

Es gibt freilich Belege dafür, daß sich schon an jenem 30. Mai 1431 nicht einmal alle Gegner der französischen Kriegerin sicher waren, eine Hexe hingerichtet zu haben. Ihr Henker, Geoffrey Thérage, der immerhin bereits seit 24 Jahren sein Gewerbe ausgeübt hatte, begab sich noch am selben Nachmittag zu den Dominikanern, die sich unter den Mitgliedern des geistlichen Tribunals am ehesten für die Angeklagte eingesetzt hatten, und bekannte: «Ich fürchte sehr, daß ich verdammt bin, denn ich habe eine Heilige verbrannt.»[44] Und unter ihren Anhängern gab es mehr als einen, der nicht nur von ihrer göttlichen Sendung, sondern auch ihrer Heiligkeit überzeugt war[45]. Kraft dieser sei sie sogar wunderbarerweise dem Feuer des Scheiterhaufens entkommen, hieß es unter ihnen[46].

Aber die Geschichte der Jungfrau von Orléans ist ungeachtet ihrer Bekanntheit nicht das beste Beispiel, um die Ambivalenz des spätmittelalterlichen und frühneuzeitlichen Charismatikertums aufzuzeigen. Zu sehr spielten politische Motive bei ihrer Verurteilung mit, zu sehr kirchenpolitische Interessen bei ihrer Kanonisation, zu singulär ist die Gestalt dieser kriegführenden Heiligen, wenn es nach ihrem Tod auch einige Frauen gab, die sich als die Verbrannte ausgaben und von denen wenigstens eine, Jeanne la Féronne, la Pucelle du Mans, ebenfalls wegen Zauberei verurteilt wurde, jedoch mit dem Pranger davonkam[47]. Andere behaupteten, als Nachfolge-

Johanna von Orléans. Gefangennahme und Verbrennung; Handschriftenillumination, Mitte 15. Jh., Bibliothèque Nationale, Paris

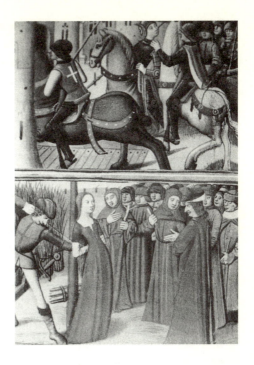

rinnen für Johanna gesandt worden zu sein. «Vom Inquisitor von Frankreich gefangen und durch mehrere Doktoren der heiligen Theologie examiniert, wurden sie endlich als vom Wahn des bösen Geistes getäuscht befunden.» Eine schwor ab, um das Leben zu retten, eine zweite wurde dem Feuer übergeben[48]. Doch blieb diesen Frauen jede weiterreichende Wirkung versagt.

Andere Frauen entsprechen viel genauer dem Typus, wie er vom 13. bis zum 16. Jahrhundert, vielfach auch bis in den Barock hinein, für zahlreiche weibliche Heilige charakteristisch war. Oder charakteristisch auch für Hexen?

Dorothea von Montau
Im Juli des Jahres 1391 wurde in Danzig eine vierundvierzigjährige Handwerkerswitwe vor den bischöflichen Richter, den Offizial der Diözese Les-

lau namens Heinrich von Stein, zitiert[49]. Der hohe Herr warf ihr im Verein mit dem Pfarrer von St. Martin in Danzig vor, daß sie im katholischen Glauben irre[50]. Die geachteten Priester («famosi presbiteri»[51]) drohten ihr, sie verbrennen zu lassen – also die seit Kaiser Friedrich II. im Deutschen Reich verbindliche Strafe[52] für Häretiker und eo ipso auch für Hexen an ihr zu vollziehen. Welcher Ketzereien hatte sich die Frau schuldig gemacht? Hatte sie, wie die 1315 hingerichtete Marguerite Porète[53], ein die Seelen möglicherweise gefährdendes Erbauungsbuch verfaßt, von dem sie sich nicht distanzieren wollte? Meinte sie, wie die 1325 verbrannte Prous Boneta[54], mariengleich den heiligen Geist gebären zu sollen? Hatte sie etwa, wie so viele Frauen und Männer des ausgehenden Mittelalters, magische Mittel zum Guten oder Bösen ihrer Nächsten gebraucht?

Nichts von alledem. Dorothea von Montau[55], die heilige Dorothea von Montau, die Patronin des Preußenlandes (sie figuriert in einer nicht einmal so verzeichneten Gestalt im *Butt* von Günter Grass[56]) war den hohen Herren gerade wegen desjenigen Verhaltens übel aufgefallen, das schon wenige Jahre später als Beweis ihrer Frömmigkeit in den Heiligsprechungsakten notiert werden sollte: sie konnte sich vor der Fülle der Empfindungen bei der Elevation des Sanctissimum nicht immer erheben[57], sie fiel des öfteren für eine Stunde oder länger in Ekstase, aus der sie freudestrahlend und lachend oder von Weinkrämpfen geschüttelt erwachte, ja sie sang sogar allein in der Kirche[58]. Zuweilen, so berichtet ihr Beichtvater, war sie so voll der göttlichen Süßigkeit, daß sie sich gebärdete, als ob sie trunken sei, von solchen «wollusten des geistis» überwältigt, daß sie ohnmächtig oder schlafend schien[59]. Schließlich «erzählte Dorothea in der Beichte von Dingen, die Menschen ganz unbekannt sind»[60] – d.h. von den visionären Schauungen, die ihr je und je zuteil wurden. Weil man nun von der Heiligen selbst und im Tratsch über sie Ungewohntes hörte, beschimpfte der genannte Pfarrer sie nicht nur mit unflätigen Worten («obprobriosis verbis») und belästigte sie auf andere Weise («alias vexavit»[61]), sondern wollte sie als Ketzerin oder Hexe verbrennen lassen, ein Wunsch, in dem er sich mit weiteren Priestern und vor allem dem bischöflichen Justiziar einig wußte[62]. Sie dagegen meinte, «ich irre nicht und kann nicht irren, denn ich habe einen Lehrer und Meister, der mich und alle Menschen liebevoll unterweist. Und wegen dem, was die genannten Herrn mir anlasten, will ich gern und bereitwillig sterben. Mögen sie doch das Holz [dazu] auf meine Kosten kaufen, und möge ich es doch zu meinem Scheiterhaufen tragen meines Glaubens wegen»[63]. Freilich ein auf unmittelbarem charismatischem Erleben fußendes Gottvertrauen, das vielen der professionellen Mittler zwischen Gott und Kirchenvolk wenig gefallen konnte. Aber schließlich hatte ihr Bräutigam Dorothea versichert: «du salt gwis seyn des ewigen lebins!»[64]

Diese Verbrennung allerdings fand nicht statt, offenbar weil andere Geistliche, besonders Dorotheas Beichtvater Johannes Marienwerder, der nach ihrem Tode die Heiligsprechung betrieb, die Witwe schützen konnten. Denn eine andere Gruppe von Zeitgenossen interpretierte dasselbe Verhalten dieser Frau genau entgegengesetzt, also als Indiz für ihre Begnadung, ihre Frömmigkeit, ihre Heiligkeit. Einer ihrer härtesten Gegner, der Danziger Pfarrer Christian Rose, «bekehrte» sich sogar und setzte sich nach ihrem Tod für die Kanonisation ein; auch diese sollte erst sehr nachträglich, nämlich 1976, erfolgen.

Das heißt aber, daß die Reaktionen der «Normalen» nicht einheitlich waren, sondern daß im hier betrachteten Komplex ein und dasselbe Symptom sowohl als Zeichen der Heiligkeit als auch als Zeichen der Ketzerei, der Zauberei, der Besessenheit ausgelegt werden konnte. Dies läßt sich auch aus den Biographien zahlreicher weiterer kanonisierter Seliger und Heiliger erweisen. Immer wieder berichten die Hagiographen, daß eben die Anzeichen, die ihnen – und mit der Approbation des Kultes letztlich auch der Amtskirche – Garantien der Heiligkeit waren, von anderen Mitchristen, die von ihnen natürlich entweder als Dummköpfe oder Verleumder abqualifiziert werden, nicht positiv, sondern negativ gedeutet wurden. Die entscheidende Frage im Bereich der von den spätmittelalterlichen Theologen so oft aufgegriffenen «discretio spirituum», der Unterscheidung der Geister[65], lautete: War es ein guter oder ein böser Geist, der eine Frau beherrschte? In ersterem Falle gehörte sie, wie ein von dem Inquisitor Johannes Nider O. P. (†1438) im Zusammenhang mit Johanna zitiertes[66] und vom *Hexenhammer*

(1487) aufgegriffenes[67] Sprichwort sagt, zu den besten aller Dinge, in letzterem zu den schlechtesten.

Birgitta von Schweden

Auch Frauen, die aus dem höchsten Adel stammten, waren nicht vor entsprechenden Verdächtigungen gefeit. Birgitta Birgerdotter (1303–1373)[68] war eine nahe Verwandte zum schwedischen Königshaus und Hofmeisterin der Königin. Sie empfing zahlreiche Offenbarungen in Form von Visionen und, öfter noch, von Auditionen. Hauptinhalt dieser Mitteilungen Gottes waren Aufrufe zu sittlicher Besserung. Die charismatische Begabung der Schwedin wurde dessen ungeachtet von manchen nicht als Zeichen von Heiligkeit beurteilt, genausowenig wie ihr Auftreten als zeitkritische Prophetin. Nicht einmal der besondere Nimbus königlichen Geblütes, der Mythos von der «stirps beata», wirkte auf alle Zeitgenossen.

Unter ausdrücklicher Berufung auf das bekannte Pauluswort im *1. Korintherbrief 14, 34* predigte es ein Dominikaner von der Kanzel, daß Birgittas Schauungen auf Täuschung, Träumerei, Einbildung als Inspirationsquellen beruhten. An die Visionen einer Frau zu glauben erschien ihm als Absurdität[69] (es handelt sich um Prior Kettilmund von Skänninge). Daß ihr die Regel für ihren neuen Orden von Christus diktiert worden sei, wurde aus demselben Grund bezweifelt[70]. Man riet der Visionärin unter dem Anschein der Bonhomie, sie solle besser essen und trinken und mehr schlafen, statt sich törichten Träumen zu ergeben. Eitel sei es, Birgittas Worten Glauben zu schenken: «Oh Herrin, du träumst zu viel, du wachst zu viel; es täte dir gut, zu trinken und mehr zu schlafen.»[71] Wenn Gott sich offenbaren wolle, habe er nicht genug Priester und Mönche, zu denen er eher reden würde? Eher, so ist ergänzen, als zu einer Frau, die nicht einmal Jungfrau war, sondern verheiratet und eine Dame des königlichen Hofes, also durchaus von dieser Welt. Sie solle zu Hause bleiben, meinte ein anderer, statt Unfrieden zu stiften[72]. So wie alle anderen braven Frauen es tun, ist zu ergänzen. Birgittas Sohn Birger bezeugt nach ihrem Tode: «Ich erinnere mich, wie ich oft betrübt und gesenkten Hauptes vor meinem Herrn, dem König Magnus [II. von Schweden], stand, wenn er oft zu mir sagte: 'Was mag un-

Birgitta von Schweden schreibt ihre Offenbarungen; über ihr der Gnadenstuhl, die Geisttaube und Maria. Holzschnitt, spätes 15. Jh.

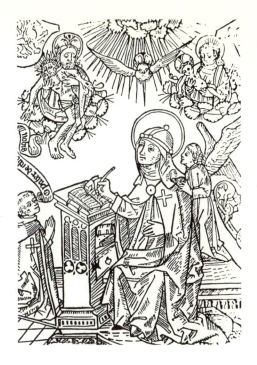

sere Verwandte, deine Mutter, wohl heute Nacht wieder geträumt haben?'»[73] In Stockholm wurde ihr sogar einmal auf der Straße von einem Verächter schmutziges Wasser über den Kopf gegossen[74].

In Rom, dessen Bevölkerung die Schwedin Gottes Zorn voraussagte, «gab es einige, die drohten, sie lebend zu verbrennen. Andere beschimpften sie als Abweichlerin und Hexe (phithonissa)[75]». Noch ein Jahr vor ihrem Tode, als Birgitta längst eine Berühmtheit geworden war, urteilte ein königlich-zypriotischer Hofbeichtiger aus dem Dominikanerorden schlicht: «Ista est una mente capta», «das ist eine Irrsinnige»[76]. Nicht anders hatte sich viele Jahre zuvor ein Mönch des Klosters Alvastra ausgedrückt, der meinte, «eam non habere cerebrum sanum sed esse fantasticam»[77], sie habe kein gesundes Gehirn, sondern sei eine Phantastin. Ein anderer verwies darauf, daß viele der Wüstenväter von Dämonen getäuscht worden seien, warum nicht auch Birgitta?[78]

Wieviel Streit die Beurteilung ihrer Offenbarungen nach ihrem Tode unter Konzilsvätern und Theologen auslöste, ist bekannt[79]. So predigte ein gelehrter Dominikaner gegen die *Revelationes* und «sagte öffentlich, sie müßten verbrannt werden. Die Angehörigen ihres Ordens nannte er Lollarden und Beginen.» Er wurde nach dem Zeugnis der Anhänger Birgittas von Gott mit Lepra bestraft[80]. Schließlich hat es dreier Kanonisationen bedurft (1391, 1415 und 1419), bis ihre Heiligkeit unangefochten blieb. Birgitta wurde so zur meistkanonisierten Heiligen der Catholica[81].

Doch sahen sich auch einfachere Leute in diese Auseinandersetzungen hineingezogen. In Leipzig gab es einen Maler namens Heinrich, der sich im Beisein von Theologen bewundernd über die Offenbarungen der Witwe aussprach. Von einem von ihnen bekam er allerdings zu hören: «'Wenn du nicht aufhörst, über diese neue Häresie (nova haeresis) und die Bücher dieses alten Weibes zu reden, werde ich dich auf den Scheiterhaufen bringen!' Dies zu tun nahm er sich auch vor und ließ ihn vorladen... Am nächsten Morgen erschien er zitternd vor dem Kollegium und wurde hart verhört, um überführt und als Häretiker bestraft zu werden.» Er schlug sich aber so überzeugend, daß er entlassen werden mußte. Der Ankläger fiel dagegen der göttlichen Rache anheim: er starb an einem Schlaganfall. Seine Leiche soll so gestunken haben, daß die Kloakenreiniger, die sie abtransportierten, sie auch um den doppelten Lohn nicht hätten berühren mögen[82]. Ähnlich ergeht es auch anderen, die die Heiligkeit Birgittas nicht anerkennen. Wenn man von den hagiographischen Topoi absieht (Rache Gottes, auch bei anderen Zweiflern an ihren Offenbarungen[83]), dann bleibt bestehen, daß vor der endgültigen Kanonisation die Auseinandersetzungen um die Gestalt Birgittas und ihr Werk nicht nur die «Fachwelt» spalteten, sondern auch fromme Laien berührten.

Colomba von Rieti

«Sie ist keine Heilige, die nicht ißt oder trinkt, sondern verfressen und noch etwas anderes... Und um vom Teufel zu sprechen, sie ist eine Hexe (è una fattuchiera). In ihrem Zimmer fanden wir unter ihrem Bett eine Sammlung

Gebeine und einen Korb voller Hostien, die sie ausgespieen hatte. Und ihr Beichtvater ist selber verhext und hat den Schlüssel zu allem.» Mit ihm verbände sie zudem ein sündhaftes Verhältnis[84]. Es sei eine offene Verfehlung, daß sie sich «Heilige» nennen lasse, daß man vor ihr niederknie, daß sie sich Teile ihrer Kleidung als Reliquien abschneiden lasse, daß sie aus Ruhmsucht täglich das Abendmahl nehme und vorgebe, nicht zu essen[85].

So und ähnlich lauteten die Anklagen gegen eine Frau, die, wenn sie in die Kirche kam, wo sie jeden Tag zu beichten und zu kommunizieren pflegte, vom Volk wie die Gottesmutter selbst verehrt wurde. Die Rede ist von der sel. Colomba von Rieti (1467–1503)[86], einer von Kindheit an besonders bußstrengen Dominikanertertiarin, die seit 1488 in Perugia lebte. Sie zeigte in reichem Maße all die üblichen Phänomene der «lebenden Heiligen», Ekstasen, Prophezeiungen, Wunder, und ganz besonders die Nahrungslosigkeit. In vielem glich sie sich ihrem großen Vorbild, der hl. Katharina von Siena, an – man brauche in deren Vita nur den Namen in «Colomba» zu ändern, dann hätte man schon die Wahrheit über sie, sagte ihr Beichtvater dem Papst[87]. In welchem Ruf sie stand, zeigen vielleicht am besten die offiziellen Aufforderungen des Magistrats von Perugia an sie, als sich die Pest 1494 der Stadt näherte und die Heiligen im Himmel offenbar so wenig halfen, daß sich zahlreiche Bürger lieber dem gefallenen Gegengott, dem Satan, ergaben[88]. Colomba, die bereits die Strafe des Herrn wegen der innerstädtischen Fehden prophezeit hatte, sollte nun auch die Rettung bringen. Sie ordnete vor allem Bußprozessionen an. Der Bischof von Perugia, in dessen Kompetenz solche Sakramentalien eigentlich gefallen wären, wandte sich dagegen, doch vergebens: die Umgänge wurde mit größter Inbrunst und einer von Colomba entworfenen Fahne abgehalten. Die Mystikerin heilte Kranke zu Hunderten durch einfache Berührung oder mit dem Öl ihrer Lampe, um dann freilich selbst angesteckt zu werden. Doch die Ordenspatrone Dominikus und Katharina heilten wiederum sie in einer Erscheinung[89]. Daraufhin verordnete der Magistrat – noch zu Colombas Lebzeiten wohlgemerkt – eine jährliche Prozession zu ihren Ehren. Um zu verhindern, daß sich dieser lebende Talisman irgendwo anders hinbegäbe oder entführt würde, ließ man die Mystikerin von Bewaffneten behüten.

1495 kam Papst Alexander VI. mit großem Troß durch Perugia und ließ sich bei dieser Gelegenheit auch Colomba in der überfüllten Dominikanerkirche vorführen. Sie faßte den Saum seines Pontifikalgewandes und fiel in Ekstase, bei der ihr Leib steinhart wurde; «ihre Finger hätten eher gebrochen als geöffnet werden können»[90]; so blieb Seiner Heiligkeit nichts übrig, als das Ende ihrer Verzückung abzuwarten. Endlich erwacht, befragte er sie über Dinge, die ihr offenbar Schwierigkeiten bereiteten – «magis ardua» heißt es vieldeutig in der Vita[91] –, was sie mit einer neuerlichen Ekstase beantwortete. Der Sohn des Papstes, Cesare Borgia, der in Perugia studiert hatte, seines Zeichens Erzbischof und Kardinal (beides ohne Priesterweihe), war von Colombas Heiligkeit überzeugt und äußerte sich dementsprechend. Offenbar verlief das weitere Gespräch, das Alexander dann mit der Wiedererwachten führte, zu seiner Zufriedenheit, so daß er ihrer Kapelle einen Ablaß gewährte.

Seine Tochter Lukrezia dagegen, die bei dieser Gelegenheit zu empfangen Colomba sich geweigert hatte, war allerdings vom Gegenteil überzeugt. Die Bußschwester wurde geprüft, indem man ihr zur Heilung ein Kind mit einem Tumor brachte, der zuvor von einem jüdischen Arzt als unheilbar erkannt worden war. Colomba versuchte tatsächlich nicht, ein Wunder zu wirken – allerdings mit dem Argument, daß es sich um ein uneheliches Kind handle! Richtig sagte sie seinen baldigen Tod voraus. Lukrezia soll dann versucht haben, sie nach Spoleto zu locken, um sich ihrer zu bemächtigen[92]. Da dies nicht gelang, erwirkte sie von ihrem Vater ein Dekret, das die Selige der Hexerei anklagte. Ihr Beichtvater, Seelenführer und Hagiograph, der sich wie so viele Intellektuelle der Zeit mit Astrologie beschäftigte, wurde beschuldigt, auf diese Weise Kunde zukünftiger Dinge zu erlangen, die er dann durch den Mund Colombas als göttliche Offenbarungen ausgab. Ihre Gegner waren nach seiner Einschätzung freilich Bisexuelle, deren Verbrechen nicht einmal das Feuer genügend reinigen könnte (eine Anspielung auf die in Italien übliche Strafe für Sodomie[93]). Diese meinten ihrerseits, die Selige müsse brennen wie unlängst in Florenz Savonarola (was sie freilich gleichmütig ließ, vielmehr strebte sie nach weiteren Schmähungen[94]). Als Colomba vor dem Kardinal Juan Borgia jr. in Ekstase fiel, wurde

30

sie von seiner Umgebung abermals der Hypokrisie bezichtigt. Der Kardinal selbst dagegen sprach sich für ihre Heiligkeit aus. Der Inquisitor der Provinz Frankreich beobachtete sie tagelang in der Meinung, «sie werde wegen einer Übeltat von einem Dämonen besessen und betrogen»; erst die demütigen Antworten der Seligen änderten seine Meinung[95]. Besonders ihre Nahrungslosigkeit wurde zum Gegenstand vielfältiger medizinischer Untersuchungen[96].

Die Reaktionen, die diese Frau hervorrief, sind ein weiteres Beispiel für die Verwirrung, die angesichts solch paranormalen Verhaltens die Zeitgenossen erfaßte. Eine Gruppe von Gläubigen hielt Colomba für eine Heilige, eine andere für eine Hexe. Erst seit 1627 ist aufgrund ihrer päpstlichen Beatifizierung für Katholiken kein Zweifel mehr an Colombas Heiligkeit zulässig.

Wir könnten noch viele Frauenschicksale erwähnen, die zeigen, wie in der spätmittelalterlichen und frühneuzeitlichen Kirche Ambivalenz in der Beurteilung charismatischer Gestalten herrschte, Ambivalenz zwischen der Deutung als Heilige und der als Ketzerin oder Hexe. Die große Reformatorin des Franziskanerordens, die hl. Coletta von Corbie, wurde von Teilen des Klerus als Hussitin verschrien und verfolgt[97]. Die sel. Gentile von Ravenna (1471–1530) wurde von ihrem eigenen Gatten als Hexe denunziert, weil sie zu viel betete. Elisabeth von Romillon wäre zu erwähnen, die ihre Wunder angeblich nur durch dämonische Hilfe vollbrachte[98], und so viele andere[99]. Selbst die seit 1970 als Kirchenlehrerin ausgezeichnete Teresa von Avila war nicht unumstritten. 1575 wird in Sevilla ein Prozeß gegen sie vor dem Inquisitionstribunal eröffnet, bei dem ihre Person wie ihre Werke genau geprüft werden; ihre Autobiographie vefällt der Konfiskation[100]. Doch ist Teresa von allen katholischen Mystikerinnen ohnehin die weitaus bekannteste, weswegen wir ihre Geschicke nicht einmal mehr nacherzählen wollen; auch haben die Widerstände gegen sie mit Dingen zu tun, die nicht unmittelbar die hier verfolgte Problematik berühren (Fragen der Ordensreform und ihre Klosterneugründungen).

Aber auch Männer, Theologen und Ordensstifter wie Johannes vom

Kreuz, Michael von Molinos, Ignatius von Loyola, Joseph von Copertino u.v.a., machten einschlägige Erfahrungen mit der Heiligen Inquisition[101] (wie sich diese Institution selbst bezeichnete).

Heilige und Hexe

Wir erörtern hier nun einige von den bisher genannten unterschiedliche Fälle, nämlich solche, wo fromme Frauen *abwechselnd* Phänomene von Besessenheit zeigten und Zauberei zu praktizieren schienen, dann aber wieder die Charakteristika mystischer Heiligkeit an den Tag legten.

Christina von Stommeln

Besonders kompliziert wurde die Lage, wenn eine Frau im Laufe ihres Lebens gleichzeitig oder nacheinander verschiedene Symptome produzierte. Ein Fall, der in seinen Erscheinungsformen auch in jüngerer Zeit Analogien hat, ist der der sel. Christina von Stommeln (†1312)[102]. Christina verkörpert, chronologisch betrachtet, eine der ersten Charismatikerinnen, die mit der angesprochenen Ambivalenz konfrontiert waren. Sie gehörte zu den Frauen, die sich der religiösen Armutsbewegung angeschlossen hatten und als Beginen lebten. Viele von ihnen hatten mystische Erlebnisse, Ekstasen und Gottesbegegnungen. So auch Christina, doch treten sie bei ihr gegenüber anderen Phänomenen zurück.

Charakteristisch sind in ihrer Gegenwart einmal telekinetische Manifestationen: Dinge bewegen sich ohne jede materielle Ursache, Steine fliegen durch die Luft, Fenster und Türen werden zerschlagen, Kleider zerreißen... Die Selige selbst wird durch die Luft geschleudert[103]. Verletzungen und Beschmutzungen, «von Gott erlaubt und vom Teufel ausgeführt»[104], treten immer wieder auf: In der Kirche «kam der Dämon, riß zwei Heringe aus der Schüssel, beschmutzte die letztere und warf sie mit dem Kot in die verschlossene Beginenklause, die auch beschmutzt wurde.» Sie selbst und die Leute in ihrer Umgebung pflegten besonders zur Adventszeit vom Teufel mit menschlichen Exkrementen beschmiert zu werden[105]. In ihrem Essen sieht Christina Kröten, Schlangen und Spinnen, sogar die heilige Hostie erscheint ihr als Kröte[106] – ein Teufelstier par excellence. Zahlreich sind die Brandphänomene, die an ihr und um sie auftreten: Brandblasen, Verbrennungen besonders im Gesicht, der Eindruck, ihr Leib, ihre Umgebung, bestimmte Dinge stünden in Flammen...[107] Dazu treten andere Verwundungen: «Der Dämon beißt nämlich wie ein Hund in die Fleischteile ihres Körpers, reißt Stücke davon heraus, verbrennt ihr die Kleider am Leibe...»[108]. «Der Teufel kam und rammte ihr spürbar eine Lanze in den Mund, so daß sie dauernd Blut in großer Menge erbrach, was alle Anwesenden sahen.»[109] Auch mit einer Eisenstange durchbohrt er sie von Ohr zu Ohr[110]. Die Zahl der die Frau plagenden Teufel oszillierte nach ihrer eigenen Angabe zwischen 50 zu Weihnachten 1280 und 200000 zu Ostern 1283[111]. «Was Christinas Beziehung zum Teufel von derjenigen ihrer engeren Umgebung unterscheidet, ist Intensität und Häufigkeit der Erlebnisse. Wo die anderen das Exkrement, mit dem Christina beworfen worden ist, als lauwarm empfinden, empfindet sie dieses als heiß und bekommt Hautblasen... Wo die anderen den Stein, mit dem sie gefoltert wird, anscheinend ohne weiteres berühren können, empfindet sie ihn als feurig und erleidet unsäglichen Schmerz.»[112] Nicht selten sind auch die Menschen in der Umgebung Christinas in über das Unangenehme hinausgehender Weise in Mitleidenschaft gezogen: Der Vater wird mit Steinen am Kopf und Arm verwundet, seine Schwester an der Stirn; ein Prior erleidet elf Bißwunden an der Hand, ähnlich ergeht es vielen anderen[113].

Dazu kommen Aussagen und Verhaltensweisen, die Hexen besser anstehen als Heiligen: Der Teufel nennt sich Christina gegenüber manichäisch-katharisch nicht nur «Schöpfer aller Dinge», sondern behauptet auch, und zwar singend: «ich bin dein Gott»[114], wie es die Hexen ja ebenso zu hören pflegten. Christina stößt Blasphemien gegen Gott aus – d.h. in ihrer Interpretation ist es «der Teufel quasi durch meinen Mund»[115], also ein Besessenheitsphänomen. Brautmystische Vorstellungen gleiten dahin ab, daß sie meint, Christus «sei so veranlagt wie ein anderer Mann,»[116] weswegen sie ihn zu verachten beginnt. Sie spielt mit Selbstmordabsichten[117].

Andererseits Christinas ostentative Frömmigkeitspraktiken: in Köln separiert sie sich so weit wie möglich von den anderen Beginen, sie schläft in Kreuzform auf Stein, um sich dann zu 200 nächtlichen Kniebeugen zu erheben, trägt den Bußgürtel, fastet, geht in Schuhen ohne Sohlen...[118] Die ihr vom hl. Bartholomäus (d.h. natürlich vom Teufel in Gestalt dieses Apostels) nahegelegte Selbstflagellation mit Dornen lehnt sie jedoch ab[119]. Dann ihre ekstatischen Visionen. Die Begine sieht, ein in fast keiner Mystikerinnenvita der Zeit fehlendes Motiv, das Jesuskind in der Hostie[120]. Wenn sie aus ihren stundenlangen Ekstasen erwacht, stammelt sie in unkontrollierter Freude Liebesworte, formuliert eigene Gebete, beweint die Drangsale ihres Erdenlebens[121].

Die Reaktionen der Umwelt, speziell in dem kleinen Dorf, das Christinas Heimat war, fallen entsprechend zwiespältig aus: Petrus von Dacien, ein schwedischer Dominikaner, der sie liebte, muß sein Lobgedicht auf die Verehrte sehr sorgfältig formulieren, damit die Verleumder keine Waffen in die Hand bekommen, und sogar ihm stellt sich die Frage nach Teufelsversuchung oder Gottesgnade, die er freilich schnell zugunsten der Gnade beantwortet[122].

Besonders ihre Gefährtinnen, die Kölner Beginen, verspotteten alles, was Christina tat, speziell ihre Devotionen, und «sagten, daß sie bei allem, was sie zu tun hatte, Heiligkeit vortäusche»[123]. Es gab auch sonst abfällige Äußerungen über ihr Leben und ihre Ekstasen[124], die offenbar von den Franziskanern kolportiert wurden, denn Christina stand ja in der Obhut des konkurrierenden Dominikanerordens. Man nannte sie «Verführerin» und «Betrügerin». Auch Besessenheit haben die Dorfbewohner vermutet[125]. Als sie die Stigmatisation mit der Dornenkrone erfährt, glauben die Augenzeugen, sie werde vom Teufel verwundet, anstatt dieses Phänomen als Charisma zu erkennen[126].

Aller Wahrscheinlichkeit nach war sie jedoch ob ihrer dauernden Kontakte mit dem Bösen primär als Hexe verschrieen, merkwürdigerweise weniger als Besessene, denn man hat die Exorzismen nur ohne Nachdruck und jedenfalls erfolglos angewandt. Nach einer Quelle hätten sie die Teufel «tamquam malefica», wie eine Hexe, in einen Baum gehängt (wobei das

34

Wort freilich bloß allgemein «Übeltäterin» heißen könnte). Sogar ein Onkel von ihr fragte sich, ob sie nicht eine Hexe sei[127].

Die von Christina selbst gefühlte Ambivalenz der erlebten mystischen Phänomene wird in folgenden ihrer Mitteilungen deutlich: Wiewohl sie selbst ohne Unterlaß die Passion meditiert, wird sie doch mißtrauisch, als sie sich von dieser Vorstellung nicht mehr befreien kann und ohne Unterlaß weinen muß. Anstatt dies ungefragt als göttliche Gnade, als Vision und «Donum lacrimarum» anzunehmen, wie zahllose andere Mystikerinnen, erkundigt sie sich bei einem Priester, ob es sich nicht um eine Anfechtung des Bösen handeln könne. Auf die bejahende Antwort hin interpretiert sie nun ihre Gesichte als teuflische Erfindungen und versucht, sie unbeachtet zu lassen[128].

Nach 1288 endeten die übersinnlichen Manifestationen abrupt, und Christina lebte die folgenden 24 Jahre in Ruhe[129]. Dies könnte mit einer körperlichen Veränderung zusammenhängen, nämlich dem Klimakterium. Die genannten Phänomene sind vielleicht von Hormonschwankungen mitbedingt, und nach dem Klimakterium besteht generell eine Tendenz zu aktiverem Verhalten (wie etwa bei Teresa von Avila erkennbar). Doch bleibt dies Hypothese.

Eustochio von Padua

Noch tragischer war das Leben der Eustochio von Padua (1444–1469)[130]. Lucrezia (so ihr Taufname) war ein ungewolltes und unglückliches Kind, Frucht des Ehebruchs eines verheirateten Mannes mit einer Nonne. Im Kloster geboren, wurde sie von ihrer Mutter, wie kaum anders möglich, weggegeben, um im Haus des Vaters unter der Fuchtel einer feindseligen Stiefmutter aufzuwachsen, wie so viele mittelalterliche Kinder reich an Schlägen und arm an Zuwendung. Nichts scheint verständlicher als ihre Scheu, ihr Trotz, ihre Flucht in die Religion. Ihr Vater fürchtete, als Folge seiner Härte könnte ihn das Kind vergiften wollen, hielt es für besessen und schob es in das übel beleumdete Benediktinerinnenkloster S. Prosdocimo ab – dasselbe Kloster, in dem sie ihre Mutter zur Welt gebracht hatte. Warum galt schon das Kind als «ispiritata», besessen? Sie erzählte, sie werde vom Teufel geschlagen und durch die Luft getragen, sie sagte unartige Dinge und sie war notorisch unfolgsam. Exorzismen fruchteten nicht, genausowenig die brutalen Züchtigungen ihrer Stiefmutter.

Doch auch das Leben hinter den Mauern des Konvents sollte Lucrezia keine dauerhafte Ruhe bieten: Indem sie sich brav den Regeln unterwarf, lebte sie neun Jahre auch vom Dämon unangefochten als frömmste der allerdings sonst wenig frommen Benediktinerinnen. Als jedoch im Zuge der Ordensreform eine neue Schwesterngeneration strenger Observanz S. Prosdocimo besiedelte und von den alten Bewohnerinnen nur Lucrezia zurückblieb, war sie ein mißtrauisch beäugter Fremdkörper innerhalb der zugezogenen Gemeinschaft, und nur widerwillig ermöglichte man ihr die Einkleidung als Novizin aufgrund einer Entscheidung des Bischofs. Als bei dieser Gelegenheit dem zelebrierenden Priester das Sanctissimum aus der Hand fiel, waren ob dieses bösen Vorzeichens die Weichen gestellt. Eustochio, wie sie nun in Erinnerung an eine Lieblingsschülerin des hl. Hieronymus hieß, war eine Verfemte, Gemiedene, Isolierte.

Da zeigten sich Züge an der jungen Frau, die von seiten ihrer Umgebung nur *eine* Interpretation, nämlich die der Besessenheit, zuließen. Schon an dem Kind hatten sich ja angeblich Phänomene in dieser Richtung manifestiert. Nun aber blieb es nicht bei Ungehorsam, bösen Worten und schlechtem Benehmen, vielmehr erfüllte das Heulen der Unglücklichen das ganze Kloster. «Die Augen verdreht, die Haare gesträubt, nun die Zähne fletschend, dann mit ihnen in Tollheit klappernd, das Gesicht mit allerlei Farben überlaufen, wand sie sich nun wie eine Schlange, und prallte in die Höhe, wie ein Federball.» Mit einem Messer stürzte sie sich auf ihre Mitschwestern, bewarf den Beichtvater mit einem großen Stein und verfiel dann in Starre. Man benützte die Gelegenheit, sie an eine Säule zu fesseln. Qualvolle Konvulsionen wechselten mit Momenten, in denen Eustochio Gott für die ihr gesandten Leiden dankte. «Sie glaubte in einem Augenblick, daß ihr der Dämon alle ihre Eingeweide stückweise herausreiße, im nächsten, daß er sie mit aller Kraft zu erwürgen versuche. Dann und wann stieß er sie unbarmherzig mit solcher Wut, daß sie fühlte, wie sie unter dem Ansturm der Schläge am Rande des Todes zusammenbrach. Das arme Opfer stöhnte in seiner Bedrängnis, aber ihre Klagen wurden von furchterregenden Aufschreien unterbrochen, an denen sie keinen Anteil hatte, da sie der Teufel durch ihren Mund hervorbrachte.»[131]. Aber nach einigen Tagen war der Anfall vorüber, und das Leben im Konvent schien wieder seinen gewohnten Rhythmus annehmen zu können. Ihr Beichtiger, dem wir die Kenntnis dieses Lebensschicksals verdanken, hielt alle Widerwärtigkeiten ihres Verhaltens für vom bösen Geist verursacht, Eustochio selbst aber für ganz unschuldig, zumal sie ja auch immer wieder Phasen einer vorbildlich demütigen und devoten Lebensführung zeigte.

Da erkrankte die Äbtissin schwer und ohne daß die Ärzte eine medizinische Diagnose zu stellen vermochten. Dies konnten freilich die Schwestern sehr wohl: Eustochio hatte die Frau verhext. Hatte man in einem Winkel des Klosters nicht Verdächtiges gefunden («certe cose superstiziose»)?[132] Ungehört wurde sie in den Klosterkerker geworfen, und die Nonnen versuchten, ihr den Prozeß als Hexe machen zu lassen, womit sowohl der Bischof als auch der adelige Schutzherr des Klosters einverstanden waren. Aber schon hatte das Gerücht die Stadt durchlaufen: das Volk drängte sich zum Kloster und forderte, die Hexe ohne Prozeß lebend in die Flammen zu werfen. Wie hätte die Selige in dieser Situation nicht in tiefste Verzweiflung verfallen sollen? Man erlaubte ihr nicht einmal das Brevier, ganz zu schweigen davon, daß man sie fast verhungern ließ. Als sich der Mensch, der die Gefangene am besten kannte, ihr Beichtvater, für sie einzusetzen versuchte, hieß es, auch er sei von ihr behext. Wenigstens erlangte er die Bewilligung, mit Eustochio sprechen zu dürfen. Die Eingekerkerte bekannte sich ihm gegenüber nun einmal als Zauberin, dann wiederum leugnete sie jede Schuld. Zunächst gab sie an, sie habe die magischen Künste von den früheren Schwestern gelernt, die darin Expertinnen gewesen seien – eine typische Besagung von Mitschuldigen, wie sie auch in den Verhörprotokollen jeder Welle der Hexenverfolgungen auftaucht. Dann versicherte sie, daß ihr das vorgeworfene Verbrechen niemals auch nur in den Sinn gekommen sei. Wahrscheinlich hat einzig die Genesung ihrer Äbtissin Eustochio vor dem Hexenprozeß gerettet; man versuchte nun, sie wenigstens zum freiwilligen Verlassen des Klosters zu bewegen. Aber Eustochio beharrte auf ihrem Martyrium: Ihre Qualen seien nur die Liebeszeichen des himmlischen Bräutigams, und in der Nachfolge Christi müsse sie ihren Weg zum Himmel auf Dornen gehen… Da der Bischof aus Furcht vor der herrschenden Pest Padua verlassen hatte und man nichts ohne ihn unternehmen wollte, erreichte es der Beichtiger nach drei Monaten, die Novizin wenigstens in menschlichere Haft zu bringen. Hier aber verstärkten sich ihre Anfälle: Sie erschien braun und blau geschlagen, blutete aus Geißel- und Schnittwunden, mußte eimerweise Wasser, vermischt mit widerlichen Zutaten, verschlucken, erbrach Blut… Der Dämon entkleidete sie und versuchte, ihr den Hals umzudrehen. Es ist kaum mehr zu unterscheiden, inwieweit hier autosuggestive bzw. pathologische psychosomatische Phänomene vorlagen, oder ob hier nicht bestimmte Mitschwestern Eustochio auch körperlich peinigten. Wenn sie sich in Gegenwart des Beichtvaters ein Messer in die Brust stieß oder sich mit einem scharfen Instrument die Adern zu zerschneiden suchte, so sind wir allerdings eher geneigt, darin schizophrene Selbstmordversuche zu sehen, da sie diese Akte dem Dämon zuschrieb, aber gleichzeitig von ihm den Namen Jesu in ihrem Herzen eingeschrieben sehen wollte. Das war damals nicht ganz so ungewöhnlich, wie es klingt: Der sel. Heinrich Seuse, der bekannte schwäbische Mystiker aus dem Umkreis Meister Eckharts, hatte sich diese heiligen Buchstaben ja auch blutig auf die Brust graviert[133], und noch andere Männer und Frauen vereinten sich auf ähnliche Weise mit Christus, z.B. die hl. Veronika Giuliani (1660–1727).

Man hat den Eindruck, daß sich das Blatt zugunsten Eustochios wendete, als sie es lernte, ihre Besessenheit mit Geduld zu ertragen. 1465 durfte sie die Ordensgelübde ablegen, und seitdem scheint die Heiligkeit ihres Verhaltens mehr und mehr in den Vordergrund getreten zu sein. «Sie war zuletzt so weit gekommen, daß ihr Dämon ihr lieb geworden war, und sie sich fürchtete, ihn zu verlieren; bloß weil er sie immer in der Demut erhielt.» Ihr Beichtvater allerdings wandte sich von ihr ab; aber sie fand ein magisches Mittel, ihn immer zu sich her zu zwingen, wenn sie seiner bedurfte, nämlich das hundertmalige Abbeten des Englischen Grußes. Doch die Gesundheit der Nonne war durch den fast täglichen Blutverlust zugrunde gerichtet; in ihren letzten Tagen schwankte sie zwischen Phantasien von welt-

38

lichen Festen, Tänzen und Orgien und solchen von der Herrlichkeit des Paradieses. Am 13. Februar 1469 gab sie, fünfundzwanzigjährig, den Geist auf. Seit Papst Clemens XIII., vormals Bischof von Padua, der ihren Kult als Selige 1760/67 bestätigte, weiß die Catholica kirchenamtlich, wie Eustochio zu beurteilen ist.

Wir können hier also zwei Reaktionsweisen der «Normalen» feststellen: eine Partei, die ihrer Mitschwestern, traut Eustochio aufgrund der Besessenheitsphänomene ohne weiteres zu, daß sie eine Hexe sei und mit schwarzer Magie Menschen töten könne. Ihre vorhergehenden und gleichzeitigen Anstrengungen, nach dem Ideal einer Heiligen zu leben, werden nicht ernstgenommen. Die andere Partei, vor allem ihr Beichtvater, diagnostiziert zwar auch Besessenheit, sieht diese aber nicht als Hindernis für Heiligkeit an, sondern betrachtet sie vielmehr als ein Mittel, das den Weg zum Himmel durch demütiges Ertragen von Leid bereitet. Sicherlich würde die heutige Diagnose in Richtung auf katatonische Schizophrenie gehen.

Hexen als Heilige

Es läßt sich jedoch auch eine Situation konstatieren, die genau umgekehrt zu derjenigen erscheint, die oben beschrieben wurde, nämlich daß zu ihrer Zeit als Heilige verehrte Frauen heute als Ketzerinnen und Hexen betrachtet werden. Daß manche in religiöser Hinsicht auffällige Frauen eine Zeit lang höchstes Ansehen genossen, um dann plötzlich als Hexen verdammt zu werden, hören wir seit dem 13. Jahrhundert immer wieder.

Ketzerinnen des 13. Jahrhunderts
Einer der ältesten Fälle, von dem wir freilich nur wenig Faktisches und gar nichts über die Hintergründe sagen können, ist der einer gewissen Adeleide (Aelais) in Cambrai, eines der vielen Opfer des berüchtigten Generalinquisitors Robert le Bougre, der mit päpstlichem Segen und königlichen Schergen Frankreich von Ketzern reinigte. Im Februar 1236 wurde die Frau verbrannt, ohne daß klar wird, was man ihr eigentlich alles vorwarf. Vordem

freilich hatte sie in der ganzen Umgebung wegen ihrer Frömmigkeit Berühmtheit erlangt («credebatur esse valde religiosa»[134]), besonders wegen ihrer großen Almosen. Sie hatte sogar enge Verbindungen zum Hochadel und zur kirchlichen Hierarchie. Das Volk habe sie aber mit ihren Fabeln (Visionen?), ihrem Trug («gille») getäuscht und einen Ausrufer bezahlt, der das Lob Gottes öffentlich verkündete (was einer Frau anscheinend nicht zustand). Ein zeitgenössischer Chronist beschimpft sie als Teufelin, Giftmischerin und Hexe («diablaise, erbiere, sorciere»[135]), ohne die Geschichte ihres Sturzes klarzulegen.

Nur verstümmelt ist auch die Nachricht über eine gewisse Rixendis auf uns gekommen, die 1288 in der Diözese Narbonne von der Inquisition verhört wurde[136]. Sie zeigte die für anerkannte Heilige der Zeit übliche Jesus-Devotion, hatte die schon damals bei vielen Beginen und Nonnen üblichen mystischen Entraffungen sowie Auditionen, befreite Seelen aus dem Fegefeuer, heilte eine Blinde usw. – wie es die kanonisierten Mystikerinnen taten. Genauso wie die hl. Hildegard von Bingen[137] war sie nicht aus ihrem Bett zu bringen, wenn sie es nicht selber wollte. Rixendis hatte bereits einen Kreis von Frauen um sich geschart, die sie als lebende Heilige betrachteten und denen sie mit ausgebreiteten Armen Gnade spendete. Manche scheinen sie sogar mit Kniefall verehrt zu haben. Sie behauptete aber auch, einen Himmelsbrief zu besitzen, in dem die Heiligung des Sonntags gefordert wurde. Diese Mystikerin stand in Verbindung mit Beginenkreisen und Klarissinnen, war allerdings eine verheiratete Frau mit einem unehelichen Kind, was ihrer Glaubwürdigkeit a priori geschadet haben dürfte. Der Ausgang ihres Prozesses scheint unbekannt zu sein.

Auch die Nachrichten über Wilhelmine (Guglielma) von Böhmen (†1279)[138], die Gründerin einer Gruppe, die zu den ganz wenigen gehörte, die im Mittelalter tatsächlich feministische Ziele verfolgte, nämlich eine Frauenkirche, sind spärlich. Diese aus Böhmen nach Mailand gekommene Adelige anscheinend aus königlichem Geblüt genoß so sehr die Unterstützung der dortigen Zisterzienser, daß sie ihr nicht nur ein Haus zur Verfügung stellten, sondern sie nach ihrem Tode auch in ihrer Kirche bestatteten. Sie errichteten ihr einen Altar und verbreiteten ihre Tugenden in Predigten, d.h. propagierten ihre Verehrung als Heilige. Erst als ihre «Reliquien» im Jahre 1300 von der Inquisition ausgegraben und zusammen mit einer ihrer noch lebenden Adeptinnen dem Scheiterhaufen überantwortet wurden, wurde vielen Mailändern klar, daß sie zu einer Ketzerin gebetet hatten.

Die joachimitisch gefärbte Lehre der Guglielmiten – es ist ungewiß, inwieweit sie von der «Heiligen» selbst vertreten und inwieweit sie erst von ihren Verehrerinnen und Verehrern ausgebildet wurde – besagt nichts weniger, als daß Guglielma die Inkarnation des Heiligen Geistes sei und gleichzeitig christusförmig, da ihr Leben dieselben Stadien wie das des Erlösers aufweise und sie die Stigmen trug. Evident ist damit die Verbindung zur Imitatio Christi und zur Erlebnismystik: so viele der anerkannten zeitgenössischen heiligen oder seligen Mystikerinnen (u.a. Elisabeth von Spalbeek, Margareta Colonna, Margareta von Ypres, Lutgard von Tongeren, Beatrijs von Nazareth, Benevenuta von Bojanis...) trugen ebenfalls die Wundmale Christi[139]. Weiter erwarteten die Guglielmiten, daß die bestehende Hierarchie durch eine weibliche ersetzt werde, also eine Päpstin und weibliche Kardinäle.

Mag diese Sekte, deren aktueller Hintergrund in der prekären Situation der Mailänder Kirche jener Zeit zu suchen ist, auch nur etwa eine Generation existiert und über den näheren lokalen Umkreis keine Anhänger gehabt haben, so wird an ihr doch klar, daß hier jahrelang die Mitglieder eines hochgeschätzen Mönchsordens eine Frau sogar liturgisch als Heilige verehrten, deren Lehren sich mit denen der Catholica keineswegs vertrugen. Selbst in einem so krassen Fall schien die Unterscheidung der Geister vielen gar nicht so klar gewesen zu sein.

Zur selben Zeit wurde in der Stadt Brüssel die aus dem dortigen Patriziat stammende Begine Heylwighe Bloemardinne (ca. 1260–1335)[140] von Laien und Klerus als Mystikerin hoch verehrt. Man sah sie bei der Messe unter der Begleitung zweier Seraphim zum Altare schreiten. Unter ihrer Mitwirkung wurde in Brüssel das Godshuis der H. Drievuldigheid gestiftet, das zwölf armen Frauen eine Bleibe bot. Sie verfaßte auch selbst mystische Schriften, die nicht erhalten zu sein scheinen. Das beste Zeichen für die soziale Anerkennung Bloemardinnes ist vielleicht darin zu sehen, daß ihre Anhänger ihr einen silbernen Stuhl verehrten, den nach ihrem Tode die Herzogin Maria von Brabant als Reliquie annahm, wohl, um dadurch von ihrer Krankheit geheilt zu werden. Ein weiterer Erweis ihrer Verehrung als Heilige ist es, daß nach ihrem Tode die Kranken zu ihrer Leiche strömten, um geheilt zu werden.

Bloemardinnes nicht näher bekannte Lehren von der seraphischen Liebe fanden jedoch die Kritik des bekanntesten flämischen Mystikers und Mystagogen, des sel. Jan van Ruusbroec (der sich übrigens auch gegen Meister Eckhart gewandt hatte), und so wird sie bis heute als Ketzerin bezeichnet. Aber das Häretische in ihren Äußerungen zu entdecken war schon zu ihrer Zeit so schwierig, daß sogar Heinrich Pomerius, der Biograph Ruusbroecs und seines Standes Priester, der die inkriminierten Werke offenbar noch selbst hatte einsehen können, schrieb, sie schienen so wahrhaftig, daß niemand anderer als der Selige die Irrtümer hätte erkennen können. Und die Anhängerschaft Bloemardinnes war so einflußreich, daß Ruusbroec vielleicht aus diesem Grunde bald die Stadt verließ. Erst Anfang des 15. Jahrhunderts wurde ihre Sekte von der Inquisition liquidiert.

Francisca Hernández

Besonders reich an Frauengestalten, die uns von den einen Zeitgenossen als Heilige geschildert werden und von anderen als das Gegenteil, war seit dem Anbruch der Neuzeit die iberische Halbinsel. Viele von ihnen waren «beatas», Frauen, die ohne einem Orden anzugehören ein intensives Frömmigkeitsleben lebten, entsprechend in etwa dem der Beginen in den niederländisch-belgisch-deutschen Regionen. Auch hier zeigt sich wiederum deutlich die chronologische Analogie zur anerkannten Mystik: Spanien soll zwar über 6000 namentlich bekannte Charismatiker und Charismatikerinnen hervorgebracht haben, von denen aber keine noch dem Mittelalter angehört. Desgleichen begegnet das Auftreten der falschen Heiligen augenscheinlich erst in der Habsburgerzeit.

Unbekannt geblieben ist das Schicksal einer Frau, die im 2. und 3. Dezennium des 16. Jahrhunderts weit über Toledo hinaus Aufsehen erregte: Francisca Hernández[141]. Sie war jahrelang Gefangene der Heiligen Inquisition, aber der Ausgang ihres Prozesses liegt im Dunkeln: Scheiterhaufen, lebenslange Einkerkerung, Züchtigung und Verbannung, Freilassung? Um 1520 war sie dem Generalinquisitor Kardinal Adrian aufgefallen, da sie vielfach als «santa» gepriesen wurde, wozu ihr Lebensstil aber wenig zu passen schien – sie zeigte nämlich Charakteristika einer Mystikerin, ohne jedoch Nonne oder Drittordensschwester zu sein. Die angeblich ungelehrte Francisca legte die lateinische *Bibel*, auch das *Hohe Lied* so tiefsinnig aus, daß ihr die theologisch Gebildeten nicht mehr zu folgen vermochten[142]. Freilich war ihr aber auch von Gott bereits im Alter von drei Jahren das Geheimnis der Dreifaltigkeit geoffenbart worden[143] (was Katholiken keinesfalls mißtrauisch machen dürfte, denn schließlich hatte die hl. Hildegard ihre erste Vision mit fünf[144], die hl. Kirchenlehrerin Katharina von Siena sowie die sel. Osanna von Mantua mit sechs[145] und der hl. Nikolaus von Flüe schon pränatal im Mutterleib[146]! Das visionäre Charisma ist tatsächlich eher ein Phänomen der Jugend als des Alters[147]).

Wunder wurden ihr zugeschrieben[148] (wenn sie wirklich geschehen sind, dann mit Hilfe des Teufels, meinte später der Ankläger[149]): u.a. heilte sie einen schwerkranken Priester, einen anderen kurierte sie von seinen Pollutionen, erkannte verborgene Laster[150], viele Sünder bekehrte sie usw. Es hieß, sie partizipiere an Gott, «en dios la tiene transformada por partizipazion»[151]. Sie war aber auch witzig (wie die hl. Teresa) und scherzte gern[152]. «Sie habe so muntre Augen, und so viel Lachen zieme nicht einer Dienerin Gottes», äußerte das nachmalige Oberhaupt der katholischen Kirche: «que tenia los ojos alegres i que tanta risa no convenia a sierva de dios»[153]. «Dies war der ganze Grund, weshalb er zu ihrem Richter sagte: 'Herr Inquisitor, tut was gerecht ist.'»[154] Doch für diesmal schien das Heilige Officium Milde walten zu lassen, offenbar weil Francisca keine Glaubensabweichungen nachzuweisen waren. Aus unbekannten Gründen schloß sich später Adrian, mittlerweile Seine Heiligkeit Papst Hadrian VI., der Ansicht ihrer Verehrer an und ließ sie brieflich um ihre Fürbitte für seine Person und die Leitung der ganzen Kirche ersuchen[155]. Sein Nachfolger im Inquisitorenamt, der Erzbischof von Toledo, urteilte dagegen ähnlich wie anfänglich er selbst: «Ja, wenn sie Nonne wäre, so würde ich alles Gute von ihr glauben, was ich erzählen höre; aber so» verdiene sie den Scheiterhaufen[156], sagte er nach ihrer Verhaftung (31. 3. 1529) – noch ehe der Prozeß überhaupt begonnen hatte.

«O mi señora, o mis amores puríssimos, o mis entrañas benditas y vida de mi alma y de mi coraçón, o mis ojos...»[157] (Oh meine Herrin, oh meine allerreinste Liebe, oh mein gesegnetes Herzblatt und Leben meiner Seele und meines Herzens, oh mein Augenstern...) – in solchen und zahllosen ähnlichen Formulierungen wandte sich ein hochangesehener Priester, an dessen Seriosität nicht zu zweifeln ist, an die Beata. Die Briefe und Aussagen des Franziskaners Francisco Ortiz, eines gefeierten und am kaiserlichen Hof höchstwillkommenen Predigers, der auch als geistlicher Schriftsteller hervorgetreten ist[158], erhellen, welchen Eindruck diese offenbar sehr anziehende junge Frau auch auf studierte Männer und Kleriker machte. Ortiz konnte sich nicht genug tun in der Devotion der Heiligen gegenüber: vor ihr kniete er nieder und küßte den Boden, auf dem sie stand[159]. Keine größere Wahrheit sei auf Erden zu finden als die aus ihrem Munde[160], die er «benditìsima», höchstgesegnete, nannte[161] und mit der Mutter Gottes verglich[162]. In nichts habe er so sehr Christus gefunden wie in ihr[163]; Gott wohne in ihr, weswegen ihre Gesellschaft der der Engel vorzuziehen sei[164]; wie sehr er an Gott denke, hänge vom Kontakt mit ihr ab[165]. Nur ein Ja brauche sie zu sagen, um einer Blinden das Augenlicht wiederzuschenken, da sie den wahren Arzt in sich habe[166] – offenbar in dauernder Unio mystica. Er kenne keine andere hl. Katharina von Siena, keine hl. Angela von Foligno als sie[167] – die ihm also über den zwei bedeutendsten Mystikerinnen aus den beiden Bettelorden zu stehen schien. Ähnliches hörte man auch von anderen Franziskanern[168] – unter ihnen Franz von Osuna, einer der Lehrer der hl. Teresa[169]. Francisca hat eine solche Verehrung offenbar nicht nur zugelassen, sondern auch genossen. Sie verteilte Reliquien, so z.B. ein Tuch gegen Fieber, eine Schnur gegen Samenerguß[170], eine Nestel gegen Versuchungen des Fleisches[171]...

44

Wiewohl sie Ortiz Herrin und Mutter nannte, und zwar «große Mutter» im Unterschied zu seiner natürlichen Mutter, der «kleinen»[172], hat – bei ihm ganz offensichtlich nicht bewußt – auch eine andere Komponente mitgespielt, nämlich Erotik. Francisca war wesentlich jünger als der Bettelmönch, hübsch und hielt Körperkontakt wenigstens für unbedenklich, auch solchen, den ihre Zeit und Umgebung nur als lasziv und sündhaft beurteilen konnte. Männer, die sie zum ersten Mal sahen, brachte das anziehende Mädchen auch durchaus auf eindeutige Gedanken[173]. Francisca und der sie umgebende Zirkel von Männern und Frauen hielten sich anscheinend für so heilig, daß ihnen Enthaltsamkeit (abgesehen vom letzten Schritt) nicht mehr nötig schien[174] – eine Auffassung, die an die Sekte der Freien Geister des Mittelalters erinnert. Ortiz und andere übernachteten mehrfach bei ihr[175], was in der Tat von den Normalen «falsch ausgelegt» werden mußte[176]. Der Priester hat den Unterschied zwischen himmlischer und irdischer Liebe offensichtlich nicht erkannt; er war völlig davon überzeugt, sich nur ersterer hinzugeben. «Aber in der Tat, keinen Namen der Liebe, so ausgesucht er sein mag, kann ich sagen, der da hinreiche, auch nur zum hundertsten Teil genügend die himmlische Liebe auszudrücken, die so rein und lauter und süß und stark und groß und voller Segen Gottes und Zerschmelzens des Herzens und der Seele ist, die Liebe, die Gott mir gegeben in seiner großen Güte durch diese seine sehr heilige Verlobte, meine wahre Mutter und Herrin... denn ich weiß, daß ich in ihr nichts liebe als Gott...»[177] «An den geistlichen Brüsten dieser reinen Jungfrau, die in Christo Jesu mich geboren hat, sog ich Milch der Lehre...»[178] Gewiß, eine herkömmliche Speisemetapher von untadeliger Tradition, gebraucht von zahlreichen orthodoxen spirituellen Autoren[179] – aber wer hätte sie selbst einem Heiligen abgenommen, der mit einer so hübschen und jungen «Mutter» die Schlafkammer teilte? Die Inquisitoren ganz bestimmt nicht[180]! Zumal die «Heilige» selbst weniger metaphorische Küsse und Liebkosungen ausdrücklich zugab[181]. Andere Männer haben dagegen bei ihr, wie es scheint, bewußt ein erotisches Abenteuer in sakraler Sphäre gesucht. Auch ihr sonstiges Verhalten paßte nicht so recht in das Stereotyp der Heiligen: sie ohrfeigte ihre Magd wegen Kleinigkeiten[182], warf Briefe von höheren Kirchenmännern verächtlich lachend ins Feuer[183], kleidete sich prunkvoll, empfing und machte teure Geschenke, übte keine Askese...[184]

Ortiz hat seiner Geliebten auch nach ihrer Verhaftung glühend die Treue gehalten: Von der Kanzel predigte er, sich auf Gottes Befehl dazu berufend, daß die Inquisition eine sehr schwere Sünde begangen habe, indem sie Francisca Hernández gefangennehmen ließ. Seine Ordensbrüder, von denen ein Teil offen gegen ihn intrigierte, zumal er sich unter dem Einfluß der Beata mehr und mehr den Oberen entfremdete[185], rissen ihn mit Gewalt vom Predigtstuhl und schafften ihn ins Inquisitionsgefängnis[186]. Ortiz jedoch bezeichnete seine Rede als den besten Dienst, den er Gott in seinem ganzen Leben geleistet habe[187]. Was man ihm in «diesem gesegneten Gefängnis der hl. Inquisition von Toledo»[188] (wie er es selber nannte) antat, ertrug er mit übermenschlicher Demut. Das Bewußtsein, mit seinem Idol unter demselben Dach zu weilen, ließ ihn Gott unabläßig danken[189]. Ortiz kämpfte mit Klugheit und Elan gegen seine Ankläger, indem er sich immer wieder auf seinen Gewissensspruch[190] berief, auf den «claro testimonio que da Dios en su cosciencia»[191], nach dem er nichts Häretisches gesagt oder getan habe. Nur eine bemerkenswert geistreiche Formulierung seiner Verteidigung sei zitiert: «Da das hl. Amt mit nicht geringer Angelegentlichkeit die Besitztümer der Gefangenen zu konfiszieren pflege, so solle besonders in diesem Fall die hl. Inquisition, die, wie verlautet, etwas arm sei, nicht unterlassen, einen reichen Zug zu tun. Denn Franciscas wohlverborgene Reichtümer seien ihr Verlobter Jesus Christus der Gekreuzigte.»[192] Dessen Liebe hätten die Inquisition und die kirchliche Hierarchie in der Tat dringend bedurft, und nicht nur im Spanien des 16. Jahrhunderts.

Eine dreijährige Haft – bei der er jederzeit die Folter erwarten mußte – brach freilich auch Ortiz' Kraft: am 3. Februar 1532 widerrief er vollständig[193]. Zu den Punkten, denen er feierlich in der Kathedrale abschwören mußte, gehörte auch seine Äußerung, das heilige Amt habe durch die Einkerkerung der Verlobten des Himmelskönigs aufgehört, heilig zu sein[194], eine Beleidigung, die «sehr große und schwere Strafen verdient habe»[195]. Und natürlich hatte er vor allem damit aufzuhören, «loar por santa a la dicha Franzisca Hernandez, siendo pecadora» (die genannte Francisca Hernández

46

als Heilige zu loben, obgleich sie eine Sünderin ist) – als ob irdische Heiligkeit auch nach katholischem Verständnis je irgendwann Sündenlosigkeit impliziert hätte. Die faktisch verhängte Sanktion war vergleichsweise milde: die Abschiebung in einen anderen Konvent. Obgleich vom Papst nach Rom eingeladen, vom Admiral von Kastilien als Kaplan begehrt, verließ der Franziskaner bis zu seinem Tode 1547 das Kloster nicht mehr.

Ein anderer der Verehrer dieser Frau war Antonio Medrano. Ihn ließen die Inquisitoren 1531 auch der Tortur unterziehen. Abgesehen von seinen immer wiederholten Ausbrüchen: «Dios mio, como lo consientes?»[196] (Mein Gott, wie kannst du dem zustimmen?) – der Ruf aller Angeklagten im Zeitalter der Folter – hielt er auch in dieser Situation zunächst daran fest, daß Francisca mehr sei als der hl. Paulus und das Paradies und die Hölle besuche[197] – offenbar eine Anspielung auf ihre Jenseitsvisionen. Er bezeichnete sie sogar «als so groß oder größer wie jede Heilige im Himmel außer Unserer Lieben Frau»[198], ja ging so weit zu sagen, daß der Erlöser, wäre er nicht schon gekommen, sich in dieser Frau inkarnieren würde[199]. Nachdem Gott in dieser Frau wohne, könne er ihn ja in ihr anbeten[200]. Medrano gab ebenfalls körperliche Beziehungen zu der «beata» zu: mehrfach habe er bei ihr übernachtet, angekleidet freilich, und sie geküßt und «lascivamente» berührt, nicht aber mit ihr geschlafen[201]. Allerdings kleidete er sie an und schnitt ihr – Gipfel der Perversion nach der Meinung der Inquisitoren – die Zehennägel[202]. Sie mußten freilich annehmen, daß dann «el auto carnal que de tanta y tan junta comunicación se suele seguir», die fleischliche Vermischung, die bei so enger Beziehung üblicherweise folgt, vollzogen wurde[203]. Unter der Wasserfolter, dem zwangsweisen Eingießen von Wasser bis zum Platzen der Därme, gab der Angeklagte auch zu, «que toda la cumunicación de Francisca Hernandez fue de carne» (daß aller Umgang der F. H. fleischlich war)[204]. Trotzdem muß er zuvor die Wahrheit gesagt haben, da die medizinische Untersuchung der Beata ihre Unberührtheit erwies[205]. Darf man an die «assage» der provenzalischen Minnesängerinnen und den «amor purus» der Minnedidaktik denken, an jene mittelalterliche Form des Petting, bei der dem Mann nur der «letzte Trost» verwehrt blieb?[206] Eher ist hier eine (dem Inhalt nach gleiche) wiederbelebte «Askesepraktik» schon

47

des frühen Christentums gemeint, das Syneisaktentum[207]. Auch mit anderen, so warf man Medrano vor, verfuhr er auf gleiche Weise: er küßte und umarmte sie «mit guter Liebe (de buen amor)» «und legte sich auf sie, wobei er sagte, daß das keine fleischliche Reaktion hervorrufe und daß man so die Keuschheit üben und die Personen abstumpfen müsse»[208]. Wie es die Beata weiters geschafft hat, den Kerkermeister und seinen Knecht ebenfalls zu ihren Verehrern zu machen, wissen wir nicht. Ersterer verbrachte offenbar manche Nacht mit ihr zusammen[209] – nur zum gemeinsamen Gebet?

Bei unterschiedlichen Theologenmeinungen zog Medrano es vor – und dies war der Hauptanklagepunkt gegen ihn – sich an diese vom Himmel inspirierte Frau um die Lösung von religiösen Problemen zu wenden, «por cuanto la tiene como persona alumbrada»[210] (da er sie für eine erleuchtete Person hält), «Alumbrada por el Espíritu Santo»[211] (erleuchtet vom Heiligen Geist). Nicht einmal den großen anerkannten Mystikerinnen der Catholica wurde es ja zugestanden, über die Lehren Geistlicher zu urteilen. Sogar die Beichte soll er bei ihr abgelegt haben[212]. Auch die Heiligen schätzten beide nicht gehörig, ja nicht einmal die Sakramente der Kirche![213] Jedenfalls spielte Medrano die Rolle des Finanzverwalters der Beata und riet Frommen, all ihre Güter zu verkaufen und den Erlös Hernández (und ihm selbst) anzuvertrauen, um ihren Lebensunterhalt zu bestreiten[214].

Wiewohl sich Hernández mehrfach von ihnen distanzierte[215], gilt die Affäre als frühestes Auftreten der Alumbrados oder Illuminados, einer Sekte, die von der Inquisition als Teil der großen Verschwörung gegen den Katholizismus betrachtet wurde[216], zu der man auch die Hexen rechnete, eine «große Pest», die man aber mit der Peitsche, mit Hunger und Kerker heilen könne, wie ein königlicher Leibarzt versicherte[217]. Die Differenzen festzustellen, die sie von den «echten» spanischen Mystikern des Goldenen Zeitalters scheiden, gilt auch bei Theologen des 20. Jahrhunderts als «sehr schwer»[218]. Ähnliche Verhältnisse muß es freilich noch des öfteren gegeben haben; so prozessierte die Inquisition 1649 gegen einen franziskanischen Laienbruder, Vicente Oriente, der mit der «beata» Juana Assensio Küsse und Liebkosungen in der Überzeugung getauscht hatte, daß «diese Umarmungen und Küsse Reinheit und Gottesliebe übertrügen»[219].

48

Magdalena vom Kreuz

Ausdrücklich als Hexe («Witch», «Sorcière») bezeichneten die Dämonologen des 16. und 17. Jahrhunderts eine Frau, die viele Jahre hindurch als Heilige verehrt worden war: Magdalena Crucia (Magdalena vom Kreuz, 1487–1560)[220]. Sie war Oberin der Klarissen von Córdoba und stand so sehr im Rufe der Heiligkeit, daß ein zeitgenössischer Chronist sagt: «Was immer sie sprach, hielten die Menschen bei uns für prophetische Orakel, denen nicht zuzustimmen Unrecht sei. Alle ihre Handlungen galten geradezu als göttliche Werke...»[221] Kardinäle, Inquisitoren, der päpstliche Nuntius bezeugten ihr die größte Achtung, sogar eben jener Großinquisitor, der die Hernández hatte verbrennen wollen, weil sie als eine Heilige galt, ohne Nonne zu sein[222]. Der Kardinal-Erzbischof von Sevilla besuchte sie oft und unterhielt eine Korrespondenz mit ihr[223]. Selbst der Papst bat um das Gebet Magdalenas. Kaiser Karl V. ließ sein Banner von ihr einsegnen, und seine Gemahlin hieß sie über Taufhemd und Haube des zukünftigen Königs Philipp II. von Spanien den Segen sprechen und ihn in ihren Ordenshabit einwickeln, «um ihn gegen die Angriffe des Teufels zu verteidigen und zu schützen»[224]! Dementsprechend reich waren die Geschenke, die ihr und damit dem Kloster zukamen.

Ein Zeuge sagte über Magdalenas Leumund aus, sie gebe in Wahrheit ein so gutes Beispiel, daß sie jedermann antrieb, Gott zu dienen; wie denn auch ihr Umgang viele Personen bestimmte, ins geistliche Leben einzutreten[225]. Sie zeigte die ganze Physiognomie der echten Mystikerin: Ekstasen, Visionen, zahlreiche – verifizierte – Prophezeiungen, darunter die, daß Kardinal-Inquisitor Ximénès de Cisneros, der führende spanische Kirchenfürst seiner Zeit, Regent von Kastilien werden würde, die, daß Karl V. 1522 einen Aufstand niederzuschlagen haben würde, die, daß König Franz I. von Frankreich in Gefangenschaft kommen und Eleonore von Österreich heiraten werde... Als sie 1518 schwanger wurde, hatte sie das Jesus-Kind vom Heiligen Geist empfangen[226]. Besonders ragte sie aber nach allgemeinem Zeugnis durch eine unerschütterliche, gleichmütige Freundlichkeit und größte Demut hervor.

In «Wirklichkeit» war jedoch alles ganz anders: Nach eigener Aussage

war ihr seit dem 5. Lebensjahr ein Dämon in Gestalt eines Engels des Lichtes erschienen, auch in der des Gekreuzigten, der sie zur konkreten Nachfolge Christi aufforderte. Sie versuchte daher, sich an eine Wand zu nageln,
wobei sie sich zwei Rippen brach, die der Böse aber wieder kurierte. Auch
verschiedene Heilige erschienen Magdalena, selbst die Allerheiligste Dreifaltigkeit, weiters Seelen Abgeschiedener – nicht anders als unzähligen kanonisierten Mystikerinnen[227]. Auch geschahen ihr wie diesen Wunder in
Zusammenhang mit der Eucharistie. «In ihrer Unschuld»[228] hielt das
Mädchen die Erscheinungen für echt, und ihre Umgebung nicht minder:
viele besuchten sie, um aus dem Kontakt mit einem Kind, das mit einem
Engel verkehrte, geistlichen Gewinn zu ziehen[229]. Als sie aber zwölf wurde,
gaben die Erscheinungen sich als das Werk eines Dämons namens Balbán
zu erkennen, der einen Pakt mit ihr forderte, um ihr weiter ein Leben in
äußerer Heiligkeit zu ermöglichen. Das Mädchen willigte ein, und der Geist
besuchte es künftig in Tierform oder als Inkubus in Gestalt eines sehr schönen jungen Mannes. War sie ihm nicht gehorsam, mißhandelte er sie allerdings. Magdalena verhielt sich nach außen weiterhin ganz wie die anerkannten Mystikerinnen: sie kreuzigte sich mehrmals in ihrer Zelle, erfuhr
Levitationen, vollbrachte Wunderheilungen u.a. durch Handauflegen, trug
die blutigen Wunden Christi an ihrem Leib, eine Quelle für Kontaktreliquien, die «in Wirklichkeit» freilich mit Menstruationsblut hergestellt
waren[230]. Die Nonne nahm, wie so viele Heilige, jahrelang keine Nahrung
außer der Eucharistie zu sich. Diese fand sich mirakulöserweise stets bereits
in ihrem Munde, bevor sie der Priester kommunizieren konnte[231]. Auch
hatte sie der hl. Franziskus persönlich in einer Vision von der Beichtpflicht
entbunden, was Magdelena auch in Anspruch nahm[232]. Ihre intensiven As-
keseübungen konnte sie ohne Schmerzen ausführen, da der Böse sie mit
einem Zauberpulver aus den Herzen ermordeter Kinder versorgte[233]. Magdalena erlebte oder fingierte zahlreiche Entraffungen, deren Echtheit man
mit positivem Ergebnis prüfte, indem man ihr, so wie vielen anderen Ekstatikerinnen auch[234], große Nadeln in die Füße stach, was zu keiner Reaktion führte.

Manche Abschnitte ihrer Konfession lassen noch durchscheinen, daß sie sich wirklicher mystischer Erscheinungen teilhaftig glaubte, die in keinem Dokument über anerkannte Heilige irritieren würden. Als sie einmal meditierte und wissen wollte, welche Schmerzen unser Herr beim Tod erlitt – ein typisches Thema von Privatoffenbarungen der Mystikerinnen seit dem 13. Jahrhundert –, erschien ihr Jesus und gab ihr einen heftigen Stoß nach hinten. Sie konnte sich an seinem Bart festhalten, «weswegen sie sich für von Gott gesegnet hielt», und empfing das herabrinnende Blut als Reliquie[235]. Hier gibt es keinen Hinweis darauf, daß es sich um eine dämonische Täuschung gehandelt habe. Ein anderes Mal wurde sie in einer Passionsbetrachtung zur Via Dolorosa nach Jerusalem entrafft, wo sie sich einen Dorn in die Zehen eintrat. Bei dieser Reliquie begraben zu werden, garantierte das ewige Leben. Das war keineswegs absonderlich, sondern entspricht im wesentlichen dem, was auch kirchlich anerkannte Quellen als authentische Wunder präsentieren, wie aus folgenden, leicht zu vermehrenden Beispielen zu ersehen: Die hl. Birgitta von Schweden etwa erlebte, daß ihr der Apostel Thomas, vor dessen Reliquienschrein in Ortono sie betete, «ohne daß es jemand berührt hätte, aus dem Reliquiar selbst» einen Beinsplitter von sich überreichte[236]. Der ebenso heiligen Liedwy von Schiedam brachte ihr Engel einen Zypressenzweig aus dem Paradies mit, und einen Kranz nahm sie selbst von ihrem Besuch im Jenseits mit[237], usf.

So ging es etwa 38 Jahre mit Magdalena vom Kreuz. 1533 war sie zur Oberin gewählt worden; in dieser Position zeigte sie sich ambivalent: einerseits griff sie zu Strafen, die zwar in ihrer Zeit nicht singulär waren, aber anscheinend in diesem Kloster bisher nicht oder selten angewandt worden waren: z.B. mußten Nonnen, die sich gegen sie vergangen hatten, mit ihren Zungen den Boden vor allen Mitschwestern in Kreuzform ablecken; statt der Peitschen aus Stricken wurden solche aus Eisen zur Bestrafung verwendet oder die Stachelräder von Reitsporen[238]. Die übliche dreimalige Selbstgeißelung pro Woche wurde nun bei Licht statt im Dunkeln vollzogen[239], anscheinend um eine gegenseitige Kontrolle einzurichten, etc. Daß daran kaum Anstoß genommen wurde, zeigt Magdalenas Wiederwahl 1535 und 1539. Andererseits hatte sie auch manche Erleichterung eingeführt, so eine weniger strenge Schweigepflicht oder den freien Zugang der Beichtväter ins

Kloster[240]. Gewiß hatte es, wie üblich, unter ihren Mitschwestern Eifer-
süchtige schon seit ihrem Eintritt in den Konvent gegeben; speziell eine
Schwester, die bei der Wahl als Gegenkandidatin gegen sie aufgetreten war
und die von Magdalena besonders streng behandelt wurde, hegte Feind-
schaft. Magdalena wurde 1542 nicht mehr gewählt, wie es scheint vor allem
auf Betreiben einiger Familien des städtischen Patriziats, über die sie eine
damals besonders gefährliche Denunziation verbreitet hatte, nämlich die,
daß es unter ihren Ahnen Juden gegeben habe[241]. Als ihre spezielle Gegnerin ihr Amt erhielt, ließ sie Magdalena, nunmehr gewöhnliche Schwester,
bespitzeln. Einige Schwestern verleumdeten sie auch wie gewünscht und
behaupteten, sie fingiere die Nahrungslosigkeit nur. Sie hätten nämlich gesehen, «wie sie mit einem Neger sprach, wußten aber, daß Engel keine Neger
sind, sondern schön und weiß.»[242] Nun wurde die Mystikerin schwer krank
und verfiel in Konvulsionen. Daraufhin exorzierte sie ihr Beichtvater, und
nachdem man ihr das Ordenskleid ausgezogen hatte, gestand sie (nicht ohne
hinterhältige Machenschaften von seiten der Inquisition[243]) das angeführte
Dämonenbündnis und ihre Betrügereien, «da sie sie sich entlarvt sah und
nicht mehr leugnen konnte»[244]: «Ich, Magdalena vom †, bekenne, daß ich
Gott und die Welt betrogen habe...»[245]. Wider Erwarten gesundet, widerrief sie jedoch ihr Geständnis; nach einem neuen Exorzismus bekannte sie
abermals aus Höllenfurcht. Sofort wurde sie von der Inquisition verhaftet,
in Schwarz gekleidet und eingekerkert. Aufgrund ihrer Geständnisse wurden die Leichen einiger verstorbener Mitschwestern ausgegraben und verbrannt, da es sich auch bei ihnen um Hexen gehandelt habe[246]. Schließlich
verurteilte man Magdalena 1546 dazu, sich ohne Schleier, einen Strick um
den Hals, einen Knebel im Munde, und eine brennende Kerze in der Hand,
in die Kathedrale der Stadt zu verfügen, wo ein Schafott für ihren Auto da
Fé errichtet war. Magdalena kam jedoch mit dem Leben davon und wurde
nur für den Rest ihrer Tage in einem anderen Franziskanerinnenkloster eingesperrt. Dort sollte sie als Büsserin behandelt werden und ihr ganzes Leben
keinen Schleier mehr tragen, «bei Strafe, sonst für eine Rückfällige angesehen zu werden, abgeschieden von unserer Heiligen Mutter Kirche»[247].
«Diese Geschichte ist in der ganzen Christenheit publik geworden», kom-

mentierte der berühmte Jurist Jean Bodin aus eigenem Erinnern in seiner *Démonomanie des Sorciers*[248].

«Magdalena vom Kreuz ist eine halluzinierende Hysterikerin, die eine zweite heilige Teresa geworden wäre, wenn ihre Schwestern nicht entdeckt hätten, daß sie sich im Verborgenen ernährte», stellte ein Volkskundler fest[249]. Man könnte in diesem Fall also von einer als Heilige verkleideten Hexe sprechen, denn als solche wurde sie nach ihrem Fall eingeschätzt, und zumal die Dämonenbuhlschaft ist ein ganz wesentliches Element des damaligen Hexenstereotyps[250]. Die Situation ist fast die umgekehrte wie bei Eustochio: auch Magdalena zeigt beide Verhaltensweisen, aber ihre früheren Bemühungen um ein heiligmäßiges Leben, die doch offenbar gute Früchte bei anderen zeitigten, was in den Traktaten über die Unterscheidung der Geister stets als Beweis göttlichen Wirkens gilt, zählen in den Augen der «Normalen» nicht mehr, sind wie ausgelöscht durch ihr Schuldbekenntnis (über dessen Zustandekommen man auch die näheren Umstände wissen müßte). Interessant ist, daß sich «echte», d.h. kanonisierte Mystiker, die selbst charismatisch begabt waren, schon vor Magdalenas Entlarvung kritisch gegen sie gestellt hatten, namentlich der Ordensgründer Ignatius von Loyola sowie Johann von Avila, der wichtigste Mitarbeiter einer anderen, jedoch kirchlich anerkannten Mystikerin, nämlich Teresas von Avila.

Paola Antonia Negri

Von einer Frauenkirche hatten im ausgehenden 13. Jahrhundert die Anhänger der Wilhelmine von Böhmen in Mailand geträumt; auf einem, wenn auch sehr viel bescheideneren, so doch ansatzweise ähnlichen Weg befand sich das Konventikel, das sich in derselben Stadt in der 1. Hälfte des 16. Jahrhunderts um Paola Antonia Negri (1508–1555)[251] geschart hatte, ehe die Heilige Inquisition auch diesem Treiben ein Ende setzte. Die «göttliche Mutter» und «göttliche Meisterin»[252] war Leiterin des besonders um die Kirchenreform bemühten «Istituto delle Angeliche». Zwischen 1540 und 1550 entschied praktisch sie auf den Kapitelversammlungen der Barnabiten (ein auch «Paulaner» genannter Reformorden) und ihres weiblichen Zweiges, eben der Angeliken. Sie ließ sich durch Fußfall von ihren Anhängern verehren, gab oder verweigerte die Erlaubnis, zur Kommunion zu gehen, entschied, ob Priester die Messe lesen durften oder nicht. Eine Frau, wenn auch vielleicht eine lebende Heilige, übte die Kontrolle über das einzig dem Manne vorbehaltene Priesteramt aus? Das durfte nicht sein, wie der Rat der Republik Venedig, wo sich Negri 1551 aufhielt, empört befand. Einer der Anklagepunkte lautete daher: «Daß die Frauen der Kongregation das Priesteramt usurpieren..., daß die Mutter Oberin über den Priestern steht..., daß Priester vor der genannten Mutter Oberin niederknien...»[253] Was wog es da, daß sie den Heiligen Geist besaß und das Charisma der Herzensschau, daß sie in ihren Ekstasen mit Jesus sprach, die Zukunft voraussagte, daß sie eifrig im Sinne der Gegenreformation und für die Reformierung des Klerus wirkte – einmal hieß sie einen Priester seine zu schmucke Gewandung zu seiner Beschämung öffentlich verbrennen –, daß sie zusammen mit einem echten (da später kanonisierten) Heiligen einen Priesterorden, die Barnabiten, gegründet hatte, desgleichen einen assoziierten Frauenorden, die Englischen Schwestern vom hl. Paulus oder Angeliken? «Es liegt deutlich zutage, daß ihr Christus gnadenhaft einwohnt und durch sie Wunder wirkt und auf ihr den ganzen Bau des hl. Paulus [die beiden neuen Orden] gegründet hat, der auf ihr ruht»[254], sagte ein Zeitgenosse, und über den Ordensgeneral: «Er ergab sich voll Vertrauen ganz dem Gekreuzigten und unserer göttlichen Mutter zu treuen Händen»[255] – die lebende Heilige kommt unmittelbar hinter dem Heiland! Doch war jede Lobrede vergebens.

Die Regierung der Serenissima zwar war nicht nur um die religiöse Moral besorgt: vielmehr scheint die Spannung zu der Mailänder Gonzaga-Dynastie ausschlaggebend gewesen zu sein: man vermutete nämlich in den Barnabiten und Angeliken und speziell in ihrer «Generalin» den verlängerten Arm Mailands[256]. Dies reichte zur Ausweisung, die in Rom freilich als Maßnahme gegen Häretiker dargestellt wurde. Wiewohl der zur Untersuchung entsandte päpstliche Kommissar keine Glaubensabweichungen feststellen konnte, wurden die Angeliken schleunigst klausuriert und der Titel «divina madre» verboten («divino» war jedoch bei den frühen Barnabiten ein häufig auch für andere verehrungswürdige Personen gebrauchtes Ad-

54

jektiv). Als Paola aus dem Konvent flüchten wollte, wurde sie in einem Franziskanerinnenkloster eingesperrt. Die einen hielten sie für «von Satan betrogen», die anderen «von Gott inspiriert»[257]. Der Ordensgeneral, von der Inquisition in Rom verhaftet und eingekerkert, scheint sie aus Furcht weiter belastet zu haben. Wenn sie der Meinung war, für die spirituell Vollkommenen gälten andere Regeln als für die restlichen Christen[258], so konnte man das freilich leicht in die Nähe der Ideen der Freien Geister rücken. Auch der Hexerei wurde sie beschuldigt[259].

Daß Negri, wie es scheint, trotzdem im wesentlichen unbehelligt bis zu ihrem baldigen Tode 1555 im Kloster leben konnte, erstaunt weniger, wenn man bedenkt, daß zu den Bewunderern dieser Religiosen auch äußerst einflußreiche Männer wie der Gouverneur von Mailand, der Bischof von Verona und der Kardinal Nicolà Ridolfi gehörten. Dies wird der Grund für den verhältnismäßig sanften Sturz der «Göttlichen» gewesen sein. Ungeachtet der eindeutigen Stellungnahme der kirchlichen Obrigkeit gab es sogar weiterhin einige «cavalieri erranti della Negri»[260], die sie zu verteidigen suchten. Der Ausdruck enthält ein doppeltes Wortspiel, insofern er einerseits an die Ritter des höfischen Romans erinnert, die sich auf der Quête («aventiure»), der Suche nach Erfüllung des irdischen Daseins, befinden, und andererseits natürlich ganz wörtlich «die irrenden Ritter» heißt, irrend gegen das Urteil der Kirche. Ihre Stimmen sind nicht durchgedrungen, und in den offiziellen Werken der Kirchen- und Ordensgeschichtsschreibung ist die Bedeutung der Negri entweder marginalisiert oder wird einfach ihre Existenz – dies scheint das häufigere – überhaupt verschwiegen. Noch im maßgeblichen *Dictionnaire de spiritualité* werden ihre Briefe der Seelenführung, die übrigens ihre Orthodoxie bezeugen, einem der Ordensgeneräle zugeschrieben[261]. Dies obwohl sie zu ihrer Zeit nach den Hauschroniken eine geradezu absolute Autorität für die beiden Gemeinschaften gewesen war, ihr entscheidendes Orakel, und obwohl noch im 16. Jahrhundert ihre Briefe gedruckt erschienen waren und sich ihr Name sogar in einen Heiligenkatalog des 18. Jahrhunderts verirrte[262]. Aber die Zeiten hatten sich mit dem Tridentinum geändert, und einer ihrer glühendsten Anhänger verdammte danach, was er zuvor bewundert hatte: die Leitung einer Ordensgemeinschaft durch die Autorität einer charismatisch begnadeten Frau, «gegründet auf weiblichen Ekstasen, Prophezeiungen, Offenbarungen.»[263]

Falsche Heilige des 17. bis 20. Jahrhunderts

Auf ähnliche Frauengestalten stossen wir immer wieder in den Annalen der lokalen Kirchengeschichte der Frühneuzeit. Einige Beispiele: Katharina de' Rossi, gegen die 1643 in Brescia verhandelt wurde, lebte seit zehn Jahren ohne Nahrung – ein typisches mystisches Charisma[264] – und wurde dann als Schwindlerin entlarvt, schlimmer, als Hexe verschrieen. Nachdem sie exorziert worden war, unterwarf man sie der Tortur. Sie blieb so standhaft, nur willentliche Täuschung zuzugeben, um als Heilige zu gelten, aber den Hexereivorwurf nicht zu bestätigen – das Urteil lautete daher nur auf zehn Jahre Gefängnis[265].

Heute gewisse Bekanntheit erlangt hat Benedetta Carlini (1590–1661)[266], die Äbtissin des Theatinerkonvents in Pescia, weil sie eine der wenigen Nonnen jener Zeit darstellt, deren lesbische Veranlagung aktenkundig geworden ist. Schon als Kind von ihrer Mutter auf eine intensive Frömmigkeit nach dem Vorbild der hl. Katharina von Siena trainiert, wurde sie mit neun Jahren dem Kloster übergeben. In ihrem dreiundzwanzigsten Jahr begann ihr visionäres Leben, das sich bald ganz dem Heiligkeitsstereotyp der klassischen Mystikerinnen anpaßte: Askese, Enthusiasmus, Ekstasen, Stigmen usw. Sie war hoch geschätzt, in ihrem Kloster hielt sie Predigten, während die Mitschwestern sich auspeitschten. Allerdings kam sie auf den Gedanken, ihre Christusvermählung öffentlich in der Kirche zu inszenieren, was ein Fehler war, denn nichts Übernatürliches ereignete sich vor den Anwesenden (wie seinerzeit ebensowenig bei Magdalena Beutlerin[267]). Christus hatte zwar durch ihren Mund gedroht: «Wer nicht an meine Braut glaubt, wird nicht gerettet werden!»[268], aber die kirchliche Obrigkeit schritt nichtsdestoweniger unerschrocken sogleich nach diesem offenkundigen Mißerfolg ein. Die zur Prüfung zusammengetretene Kommission fand heraus, daß Carlini vor ihrer Stigmatisation die Erscheinung eines schönen jungen Mannes gehabt hatte, zweifellos der Teufel in Gestalt Christi. Da es in ihrer Familie schon ähnliche Fälle gegeben haben sollte, lag auch dämonische Besessenheit nahe. Unter dem Druck der Verhörenden wurden die Schwestern der Gemeinschaft schnell gesprächig: ihre Äbtissin geißelte sich gar nicht wirklich; eine Statue Christi, die in ihrer Gegenwart zu bluten begonnen hatte, verdankte dies der Nachhilfe der Mystikerin; als eine Nonne dies kritisiert hatte, war sie von Carlini entsprechend bestraft worden. Durch ein Loch in ihrer Zellentüre hatten die Mitschwestern beobachtet, wie sie Farben und Wachs verwendete, um körperliche Phänomene vorzutäuschen, wie sie ihre Stigmen mit einer Nadel erneuerte, Blut und Safran zur Erzeugung eines mystischen Verlobungsringes gebrauchte usf. Daß sich der Engel Splenditello jahrelang ihres Körpers bediente, um mit einer anderen Nonne zum Orgasmus zu kommen, wich allerdings doch ziemlich vom orthodoxen Muster mystischer Heiligkeit ab. Im Laufe der Untersuchungen hörte die Theatinerin auf, Visionen zu schauen, und auch ihre Stigmen verschwanden plötzlich. Wiewohl das Urteil der untersuchenden Kleriker sie nicht direkt verantwortlich machte, da alles in vom Teufel verursachter Trance geschehen sei und sich die Frau widerstandslos belehren ließ, daß sie keine Heilige war, sondern eine vom Teufel Getäuschte, verschwand sie für den Rest ihres langen Lebens im Klosterkerker. Sicher war Carlini eine Schwindlerin, aber wo endete der Selbstbetrug, wo begann der Betrug?

Solche Verhaltensweisen – Frauen, die eine andere Frau ans Messer liefern – finden sich wieder und wieder. Sie führen den heute in bestimmten Kreisen gepflegten Mythos von einer die Geschichte durchlaufenden globalen Frauensolidarität ad absurdum. Ein Fall aus den letzten Jahrzehnten des 17. Jahrhunderts war der der sizilianischen Dominikanertertiarin Maria Cristina della Rovere. Die Stigmatisierte galt in Palermo bei vielen, auch ihren Beichtvätern, als lebende Heilige, deren Porträts bereits zur Verehrung aufgestellt wurden, deren Namen angerufen wurde und von der Lieder gesungen wurden. Sie war mit einem reichen visionären Leben in den bekannten Kategorien mystischer Frömmigkeit begnadet, was freilich offenbar Eifersucht weckte. Denn wie reagierte die ebenfalls charismatisch begabte Augustinernonne Katharina von S. Filippo, als man ihr einen Fetzen aus dem Habit der Schwester brachte? Sie fühlt sich heftig zurückgestoßen und weiß:

Cristina ist «eine vom Dämon Getäuschte und Betrogene!» Kurz darauf beschäftigt sich das Tribunal der Inquisition mit der Tertiarin[269]. 1676 wurde sie in ein anderes Kloster verbannt, wo sie genau zu überwachen war. «Mehr als die Inquisitoren, mehr als die Beichtväter, waren es wohl die Nonnen, die die kleinen aber bedeutenden Mosaiksteine des Trugs und der Täuschung der Tertiarin zusammensetzten.» Sie hörten Tierstimmen und Lärm aus ihrer Zelle, was selbstredend nur von Dämonen kommen konnte. Vier Jahre lang, so bekennt Cristina später, stand sie mit dem Bösen im Pakt, mit dem sie verheiratet war, um als Heilige erscheinen zu können... Alle Stigmen, die Spuren der Dornenkrone, der Verlobungsring des Erlösers, all das ging ausschließlich auf den Dämon zurück, der durch diese Frau die Menschen zu betrügen trachtete[270]. Ihm, einem schönen Jüngling mit blonden Haaren und weißem Gewand, hatte sie sich fleischlich hingegeben; nachdem sie lange genug von den Patres bearbeitet worden war, zeigte er sich ihr jedoch in seiner wahren Gestalt, nämlich als schwarzer, feuerspeiender Hund[271]. Aus dem Prozeß wegen vorgetäuschter Heiligkeit wurde ein Hexenprozeß. Maria Cristina wurde der Folter unterworfen, formell als Häretikerin verurteilt und zu lebenslangem Kerker verdammt[272].

Es sei noch ein von den Grundphänomenen her ähnliches Schicksal aus dem Frankreich des 17. Jahrhunderts erwähnt: Marie Benoist de la Bucaille[273] soll seit dem fünften Lebensjahr besessen gewesen sein; schon in der Wiege hätten die Teufel sie erdrosseln wollen. Auch später fallen sie die bösen Geister oft körperlich an, wie so viele anerkannte Mystikerinnen auch. Andererseits berichtet sie typische Charismen wie Ekstasen und Privatoffenbarungen; sie hat Zwiegespräche mit Gott dem Vater und Gott dem Sohn und der Jungfrau Maria; oftmals zeigen sich die Stigmen an ihr. Wie so zahlreiche Visionärinnen will Marie die Seelen vor der Hölle retten und schart viele Anhänger und Anhängerinnen aller Altersgruppen um sich. Jahrelang durchzieht sie in Begleitung ihres Seelenführers, eines Franziskaners, und einiger Frauen die Normandie, heilt Kranke, offenbart geheime Gedanken... Anfang 1699 wird sie nach «gewöhnlicher und außergewöhnlicher Befragung» (d.h. mit und ohne Tortur) in Coutances wegen «geistlichem Inzest, vorgetäuschter Besessenheit, Lästerung Gottes und der Heiligen, unehrerbietiger Profanierung der Heiligenreliquien und sogar der Eucharistie, vorgetäuschter Heiligkeit, Prophezeiungen, falschen Offenbarungen, vorgespielter oder echter Werke teuflischer Magie, Behexungen, Heilung von ihren Behexungen, Anrufungen von Geistern» und ähnlichen Delikten zum Scheiterhaufen verurteilt. Daß sie an der Stirn eine Narbe trug, die nicht blutete, wenn man in sie hineinstach – also ein eindeutiges Hexenmal[274] –, beeinflußte das Urteil ihrer Richter wahrscheinlich entscheidend. Trotzdem wird die Strafe in öffentliche Auspeitschung in drei Städten, Durchbohrung der Zunge und Verbannung aus dem Königreich Frankreich gemildert. War sie wirklich eine Betrügerin? War sie selbst eine Getäuschte? War sie eine verkannte Mystikerin?

Auch aus dem 18. Jahrhundert sind solche Gestalten bekannt. So löste das Heilige Officium von Logroño den Karmelitinnenkonvent von Lerma auf, da die Priorin Agueda de Luna als Schwindlerin entlarvt wurde: sie hatte täglich mehrmals Ekstasen erfahren, die man in ihrer Kapelle mitzuerleben sich drängte, hatte eine Autobiographie verfaßt, die die üblichen außerordentlichen Charismen beschrieb, Medaillen gesegnet und verteilt... doch alles war nur Trug[275]. Ein anderer zwiespältiger Fall war der Maria de los Dolores Lopez (†1781) in Sevilla[276], und es gab deren noch zahlreiche weitere.

Im Kirchenstaat war es noch 1857 möglich, daß eine Bäuerin, Katharina aus Sezze, zu zwölf Jahren Kerker verurteilt werden konnte, weil sie «Erscheinungen der Allerheiligsten Jungfrau Maria und unseres Herrn Jesus Christus absichtlich erfunden hat, behauptet hat, den Geist der Weissagung zu besitzen, und sich als Heilige bezeichnet hat, obwohl sie in großer Unmoral lebte.»[277]

Je näher wir an die Gegenwart kommen, desto seltener wird die Interpretation einer «außernormalen» Frau als Heiliger. Dagegen wandte man immer häufiger auf das Verhalten einer solchen vielleicht (nach unserem Verständnis) mit Psi-Fähigkeiten ausgestatteten Persönlichkeit zunächst die

Erklärungskategorie des Betrugs an, dann immer öfter die der Geisteskrankheit. Im 19. Jahrhundert standen die «aufklärerische» Betrugsvermu-
tung und frühe psychologische Deutungen in Richtung Autosuggestion
noch nebeneinander. Das konnte sich auch im Denken der Betroffenen
selbst spiegeln. So schrieb in der ersten Hälfte des 19. Jahrhunderts die Seherin von Prevorst, Friederike Hauffe, von der Telepathie, Prophetie, Hell-
sehen, Krankenheilungen usw. bezeugt werden, in ihr Tagebuch:

«Du, Vater, bist gerecht,

Kennst mich alleine,

Weißt, ob ich gut, ob schlecht,

Weißt, wie ich's meine;

Ob ich betrüge,

Mich selbst belüge,

Ob dieses Schauen echt,

Ob unrein oder reine:

Und ob dies Schauen gleich

Von dir gekommen...»[278]

Häretische Heilige?

Angela von Foligno

Daß andererseits auch Frauen gelegentlich nicht nur durchkamen, sondern
sogar zur Ehre der Altäre gelangten, obwohl sie Ansichten äußerten, die sie
von der Sache her genauso auf den Scheiterhaufen hätten bringen können,
sei schließlich am Beispiel der Angela von Foligno (1248–1309)[279] gezeigt.
Diese umbrische Franziskanertertiarin wurde durch ihr visionäres Gnadenleben bekannt und durch das Revelationsbuch, das sie einem Verwandten diktiert hatte. Innerhalb der katholischen Kirche darf ihre Orthodoxie nicht mehr diskutiert werden, seitdem Papst Klemens XI. ihren
Kult 1701 bestätigte. So scheinen die kirchlichen Autoren, die sich mit ihr
heute wissenschaftlich beschäftigen, schlichtweg blind für diejenigen Stel-

len in ihrem Offenbarungswerk zu sein, die deutlich pantheistische bis freigeistige Züge tragen.

Angela hat augenscheinlich eine Form der vollkommenen Vergottung schon auf Erden für sich angedeutet, wie sie die von der Kirche verurteilte und verfolgte Sekte der Freien Geister zu ihrer Zeit predigte. Deren pantheistische Mystik, gestützt auf Röm 8, 2, 1 Tim 1, 9, Gal 5, 18, geht von einem Aufstieg der Seele bis zur Vergottung durch Liebe aus; wenn sie völlig frei, einfach und rein geworden ist, lebt sie im unschuldigen Zustand des Paradieses und kann, da willensgleich mit dem göttlichen Willen, nicht mehr sündigen. Die Seele interessiert sich nicht für die Kirche und das Jenseits, denn sie befindet sich in einem Zustand frei von jeglichem Begehren, wirkt Gott doch ohnehin schon in ihr[280].

Diese Präsenz Gottes in ihrem Innern nimmt auch Angela an, denn völlig sicher, sagt sie, «erkenne und habe ich die ganze Wahrheit, die im Himmel und in der Hölle und in der ganzen Welt und an jedem Ort und in jedem Ding existiert, und alle Freude, die im Himmel und in jeder Kreatur existiert...»[281] Sie liebt in einem bestimmten Zustand auch nicht nur «Reptilien, Kröten, Schlangen, sondern sogar Dämonen, und was immer ich geschehen sah, auch eine Todsünde, mißfiel [mir] nicht»[282]; Gott befindet sich in der Hölle und im Dämon genauso wie im Himmel und im Engel, in Mord und Ehebruch ebenso wie in guten Taten[283] – eine schwerlich nicht pantheistisch zu verstehende Passage! Das legt auch das Bild der mit Gott schwangeren Welt («mundus praegnans de Deo»)[284] nahe. «Daher freue ich mich, indem ich in dieser Wahrheit bin, nicht weniger an Gott, wenn ich einen Dämon oder einen Ehebruch schaue, als an einem guten Engel oder einem guten Werk...» Wenn sich die die Gegenwart Gottes erkennende Seele, die «anima intelligens eum praesentem», dadurch illuminiert sieht, kann sie in nichts mehr sündigen![285] Solche Äußerungen reichten bei anderen für ein Inquisitionsverfahren, Angelas Zeitgenossin Marguerite Porète z. B. haben unbedenklichere Formulierungen das Leben gekostet[286]. Freilich biegt Angela (oder der Aufzeichner ihrer Offenbarungen?) nach dieser Aussage sogleich in die Bahnen der Orthodoxie ein, indem sie oder er auf die daraus entstehende Demut und das Schuldbewußtsein wegen früherer Sünden verweist[287]. Aber nicht ohne Grund sagte man zu Angela: «Schwester, kehre zur Heiligen Schrift zurück, denn [was du sagst,] sagt uns die Schrift nicht, und wir verstehen dich nicht.»[288] Gegen die ähnliche Theorien verbreitende Sekte der Freien Geister – die gerade bei Franziskanern, denen die Mystikerin als Tertiarin zugehörte, Anhänger fand – wendet sich ihr Buch jedoch mehrmals und mit aller Deutlichkeit[289], und mehrfach beglaubigt der Herr visionär Angelas Offenbarungen auf ihre Bitte hin[290]. Schwer, nicht von einem Konkurrenzverhalten zu sprechen, wenn man dazu die Ermahnung der Visionärin liest: «Hüte dich vor denen, die von ihren Revelationen sprechen, und vor denen, die den Anschein der Heiligkeit haben!»[291] Sie selbst hat sich in depressiver Stimmung[292] gelegentlich heftig der Besessenheit und Hypokrisie beschuldigt: «Seht den Teufel meiner Seele und die Bosheit meines Herzens! Hört, wie ich überaus stolz bin und die Tochter des Stolzes und wie ich getäuscht wurde und daß ich eine Schwindlerin bin und ein Gottesgreuel, denn ich gab mich als Tochter des Gebetes und war Tochter des Zornes und des Stolzes und des Teufels. Und ich gab mich, als ob ich Gott in der Seele hätte und göttliche Tröstungen in der Zelle, und ich hatte den Teufel in der Seele und in der Zelle. Und wisset, daß ich mich in meinem ganzen Leben bemüht habe, angebetet und geehrt zu werden und in den Ruf der Heiligkeit zu kommen... Glaubt mir nicht mehr – seht ihr nicht, wie ich vom Dämon besessen bin? Bittet die Gerechtigkeit Gottes, daß die Dämonen meine Seele verlassen...»[293] «Wenn mir jemand sagte, ich sei besessen, schämte ich mich sehr und sagte dasselbe...»[294]. Auch körperlich drückte sich dieser Zustand eindrucksvoll aus: «Manchmal weine ich unaufhörlich, dann wieder ergreift mich solcher Zorn, daß ich mich kaum zurückhalten kann, mich ganz zu zerfleischen. Hier und da kann ich mich nicht zurückhalten und schlage mich fürchterlich, und manchmal habe ich mir dabei Schwellungen am Kopf und den anderen Gliedern geholt...»[295]

Trotz der zitierten bedenklichen Stellen, ungeachtet ihrer Nähe zu den verketzerten Spiritualen, und ungeachtet dessen, daß sie sich selbst zeitweise unsicher war, ob ihre Erlebnisse nicht eingebildeter oder dämonischer Natur wären und sie eine Schwindlerin oder Besessene, fand Angelas Lehre große Resonanz schon zu ihren Lebzeiten. Ein Schülerkreis von Franziskanern bildete sich um sie und verehrte sie wie ein Idol[296]. Wie bei Marguerite Porète, nur erfolgreich, sprach sich eine Theologenkommission von acht Franziskanern unter der Leitung des Kardinals Jakob Colonna für den himmlischen Ursprung ihrer Verkündigungen aus[297]. Auch der selbst der Ketzerei verdächtige Ubertino da Casale war davon überzeugt, daß Gott aus ihrem Munde spräche. Die Tertiarin wurde bald als «Magistra theologorum», Meisterin der Gottesgelehrten, bezeichnet – man muß sich den Respekt vergegenwärtigen, wenn man im nicht weniger als die übrigen Jahrhunderte des Mittelalters misogynen 14. Jahrhundert eine ungelehrte Frau so betitelte! Ein paar Generationen später hätte eine Selbstbezichtigung wie die oben angeführte jede Frau den qualvollen Ritualen der Exorzisten ausgeliefert oder den Folterknechten der Inquisition.

Auch andere Mystikerinnen haben Dinge behauptet, die sie unter anderen Lebensumständen hätten bereuen müssen. Stefana Quinzani (1457–1530), eine durch das sichtbare körperliche Miterleben der Passion an fast allen Freitagen ausgezeichnete Dominikanertertiarin, behauptete fest, die «divina essentia» in ihren Visionen geschaut zu haben und keinen *Glauben* an die Trinität mehr zu besitzen, da sie alles bereits gesehen habe[298], also *wisse*, eine Gnade, die nach der einhelligen Meinung der spätmittelalterlichen Theologen Lebenden nie gewährt wurde. Trotzdem sprach sie gerade der kritische Benedikt XIV. selig.

Die Lehren manch anderer Frau, über die heute nur als Heilige gesprochen wird, wären noch zu untersuchen, zumal dann, wenn es ganz präzise Vorwürfe gab. Was bewog zwei Geistliche, einen Anklagekatalog gegen die hl. Coletta Boillet zu verfassen, in dem ihr nicht irgendein Glaubensirrtum, sondern der aktuelle Hussitismus vorgeworfen wurde?[299] Warum wurde z.B. die sel. Margareta von Savoyen (1382–1464) dem Papst als den Waldensern nahestehend gemeldet und ihr Beichtvater eingekerkert? Wirklich ohne den Hauch einer Berechtigung, wie man natürlich in der Hagiographie liest?[300]

Es sei mit diesen Ausführungen keineswegs geleugnet, daß Angela oder Quinzani, geschweige denn Coletta, zutiefst religiöse Frauen und Charis-

matikerinnen waren, im Gegenteil. Aber das waren jene anderen Frauen
ebenso, die oft aus wesentlich geringerem Anlaß in die Mühlen der kirchlichen und weltlichen Justiz gerieten. Angelas Beispiel soll vielmehr abermals zeigen, daß es die konkrete historische Situation war, die jeweilige Reaktion der Umwelt, der Zufall, wer gerade die «Unterscheidung der Geister» durchzuführen hatte, die in vielen Fällen «an der Grenze» darüber
entschieden, ob uns ein religiös überdurchschnittlich begabter Mensch der
Vergangenheit heute als Ketzer oder Heiliger bekannt ist. Was der eine
Theologe noch ohne weiteres als orthodox beurteilte, konnte für den nächsten schon schlimmste Glaubensabweichung sein.

Kranke?

Neben den Erklärungsmodellen «Heiligkeit», «Besessenheit», «Hexerei»
und «Betrug» entwickelte sich eher zögernd ein weiteres zur Interpretation
der auffallenden Phänomene im Leben «außernormaler» Frauen. Man begann im Spätmittelalter mehr und mehr, auch damit zu rechnen, daß eine
natürliche Erkrankung, speziell eine Geisteskrankheit, als Ursache in Frage
käme. Denn oft waren die Verhaltensweisen der heiligen Frauen wirklich
auffallend; nicht nur Kempe, sondern auch Maria von Oignies, Juliana von
Cornillon[301] oder Margareta Ebner[302] pflegten, vom Geist ergriffen, in mark-
erschütternde Schreie auszubrechen; die Schwestern des von der Mystikerin Luitgard von Wittichen (1291–1348) geleiteten Schwarzwaldklosters
«benahmen sich so, als ob sie von Sinnen gekommen wären, und sprangen
und sangen. Die eine lachte, die andere weinte, eine dritte schrie mit lauter Stimme...» Sie selbst interpretierten diese Wochen dauernden Zustände
als Herabkunft des heiligen Geistes, Außenstehende sprachen allerdings
nicht von der Trunkenheit des Heiligen Geistes, sondern von der des Wein-
geistes[303].

Die Vermutung, es könne sich bei mystischen Phänomenen eher um
die Manifestationen einer Erkrankung handeln, tauchte bereits in der Umgebung von manchen der frühen MystikerInnen auf, jedoch in der Regel

64

ohne weitere Konsequenzen, ohne daß deshalb ärztliche Hilfe in Anspruch genommen worden wäre, was bisweilen auch in der bescheidenen mittelalterlichen Versorgung mit diesem Berufsstand begründet gewesen sein mag.

Schon der Prior von Oignies befürchtete, der «Jubilus», das Singen und Schreien der verzückten Begine Maria (1177–1213, sel.), einer der allerersten Erlebnismystikerinnen[304], könne von den in die Kirche kommenden Gläubigen als Symptom einer Geisteskrankheit mißdeutet werden. «Wenn sie sie etwa mit so spitzer und hoher Stimme laut und ohne Unterbrechung singen hörten, möchten sie daran Anstoß nehmen und sie als Irre betrachten. Die Weltkinder nämlich, Kinder des Schmerzes, wundern sich nicht, wenn jemand aus Bedrängnis oder Schmerz schreit, wie es eine Schwangere üblicherweise tut. Sie staunen und wundern sich aber, wenn jemand aus Freude schreit und nicht schweigen kann, weil ihm das Herz zu voll ist. Die Kinder der Freude aber murren nicht und nehmen keinen Anstoß, wenn sie solches hören, sondern verehren mit aller Demut die Wundertaten Gottes in seinen Heiligen.»[305] Jakob von Vitry, der diese Zeilen verfaßte, hat damit die Ambivalenz skizziert, die immer wieder bei der Deutung ein und desselben Phänomens zu beobachten ist.

Die Kölner Beginen reagierten auf die tagelangen Ekstasen der Christine von Stommeln zunächst mit dem Verdacht, sie sei wahnsinnig oder epileptisch («quod insaniret uel morbum caducum pateretur»), weswegen sie sie entsprechend als Irre («fatuam») behandelten[306]; sogar ihre Geschwister sahen sie für verrückt an. So reagierten auch die Verwandten der verehrungsw. Ida von Löwen (†um 1300), die nicht nur eindringliche mystische Symptome zeigte, sondern auch das Armutsideal öffentlich durch entsprechend schäbige Kleidung demonstrierte. «Wo sie einst in eleganter Kleidung einherzuschreiten pflegte..., dort ging sie nun, wie unsinnig und blöd, den Leuten ein monströses Schauspiel über sich selbst bietend.» Es scheint, daß die Frau aus angesehener Kaufmannsfamilie sich – wie einst Franziskus – absichtlich zum «Narren um Christi willen»[307] stilisierte. Daraufhin wurde sie von ihrer Familie, die sie tatsächlich als krank («insana») und wahnsinnig («phrenetica») beurteilte, in Ketten gelegt[308], wie es bei Geisteskranken bis ins 18. Jahrhundert vollkommen üblich war[309].

65

Zur selben Zeit gab es auch schon Skeptiker, die das ekstatische Gnadenleben der hl. Klara von Montefalco (†1308) eher als Zeichen von Epilepsie interpretierten denn als authentische mystische Phänomene[310]. Auch Birgitta von Schweden mußte diese Vermutung über sich hören[311]. Die Prophetin Constance von Rabastens (2. H. 14. Jh.) nannten manche schlichtweg eine Verrückte[312], desgleichen die hl. Dorothea von Montau[313]. Und auch Johanna von Orléans wurde vom englischen König und seinem Rat «für eine Irre (une folle), der die Gesundheit abgeht»[314], eingestuft.

Es war ein langsamer Prozeß, der zur Unterscheidung zwischen solchen Phänomenen führte, die auf dämonische Besessenheit oder Einflüsterung zurückgehen sollten, und jenen, die als Folgen innerweltlicher, natürlicher Erkrankung betrachtet wurden, ein Prozeß, der in der katholischen Kirche noch immer nicht ganz abgeschlossen ist, wie manche Sensationsmeldung über Exorzismen auch in unseren Tagen bezeugt. Angeblich war es Wilhelm von Auvergne (1. H. 13. Jh.), der zum erstenmal die Kompetenzen von Ärzten und Exorzisten in seinem Werk *De universo* (2, 3, 13) absteckte[315]. Spätmittelalterliche Theologen behandelten dieses Problem, so Johannes Nider im fünften Buch seines *Formicarius*, einem Sammelwerk, das manche Informationen über Hexen und Heilige enthält.

Die hier angeschnittene Frage nach der Verlagerung der Interpretation mystischer Erscheinungen in die Zuständigkeit der Medizin ist nicht nur für den Bereich des Charismatikertums von Interesse. Derselbe Vorgang spielte sich signifikanterweise etwa gleichzeitig auch in der Geschichte der Erklärungsversuche des Hexenwesens ab. Der bedeutendste deutsche Mystiker und Philosoph des 15. Jahrhunderts, Nikolaus Cusanus, war der Ansicht, daß Frauen, die sich zur Praktik der Hexerei bekannten, verrückt seien[316]. Sein Zeitgenosse Antonio Guaineri erklärte in einem medizinischen Traktat die Erlebnisse mit Inkuben[317] zu Illusionen, die von körperlichen Erkrankungen hervorgerufen würden[318]. Namentlich im Humanismus wurde dann über natürliche Erklärungen des Komplexes Hexerei diskutiert. Der Spanier Alonso de Salazar Friás z.B. untersuchte wissenschaftlich, mit Lokalaugenschein und Vergleich der Aussagen, die Realität der Sabbat-Berichte und schloß, es handele sich um bloße Traumerlebnisse[319]. Pedro de Valencia reflektierte 1611 über den Anteil, den Melancholie und Geisteskrankheiten an den Gesichten der Hexen haben mochten und empfahl, sie mit der Peitsche zu kurieren[320]. Das Gleiche liest man bereits bei Johannes Weyer (Wier, 1516–1588), einem der Vorkämpfer gegen den Hexenglauben, als Mittel gegen angebliche Besessenheit. Hexen, die von der Teufelsbuhlschaft berichten, hält er für geistesgestört, bei den Ausfahrten zum Sabbat seien mehr die halluzinogene Tollkirsche und das Bilsenkraut beteiligt als der Teufel. Daher fürchtet er auch die Künste der «delirae sagae» (verrückten Hexen) nicht, ausgenommen die Giftmischerei[321].

Vielfach blieb aber ungeachtet solcher Stimmen die Verknüpfung mit dem Über- und Unterweltlichen bestehen. So kannte z.B. Jean Gerson (1363–1429), ein Kanzler der Universität Paris mit besonderem Interesse für die Mystik und die Unterscheidung der Geister[322], eine Frau in Arras, die lange fastete – wie alle Mystikerinnen –, dann aber Freßorgien veranstaltete – wie angeblich die Hexen. Er warnte sie, daß dies zum Wahnsinn führen könne, sah aber gleichzeitig darin die Fallstricke des Dämons[323]. Andererseits konnte er sich aber auch vorstellen, daß Gehirnkrankheiten und soziale Umstände (Erziehung) mit solchen Dingen zu tun hätten[324]. Derselbe Autor erwähnt auch bei einer um 1424 im Savoyischen lebenden Mystikerin «von wunderbarer Enthaltsamkeit und ganz ungewöhnlicher Lebensart», die jedoch unter der Folter gestand, in Wirklichkeit nur aus Habgier Visionen und die Gabe der Herzensschau vorgegeben zu haben, es könnte sich um eine Fallsüchtige gehandelt haben. Doch prävalierte eher der Eindruck, sie sei eine Teufelsdienerin, da sie behauptete, eine von fünf gottgesandten Frauen zu sein, die täglich drei Seelen aus der Hölle (!) erlöse[325]. Immerhin erwog er eine Krankheit, ehe das Urteil gefällt wurde. Felix Plat(t)er, der berühmte schweizerische Medizinprofessor (1536–1614), spricht vom «daemoniacus sopor sagarum», dem Dämonen-Schlaf der Hexen, in dem sie sich einbildeten, zum Sabbattanz auszuziehen[326]. Das Ereignis wird also in den Bereich der Traumphantasie verlegt, diese gilt aber als von den bösen Geistern verursacht, womit ein progressives mit einem traditionellen Erklärungsmodell verschmolzen erscheint.

Die stärkere Präsenz des Ärztestandes in der frühen Neuzeit konnte übrigens gelegentlich auch dazu führen, daß die Männer der Wissenschaft mehr oder weniger harmlose Heilerinnen als unliebsame Konkurrenz empfanden und sie durch eine Anklage auf Hexerei sich vom Halse zu schaffen suchten[327].

Doch kommen wir zur pathologischen Interpretation des mystischen Lebens zurück, mit der sich die Charismatikerinnen im Laufe der Neuzeit mehr und mehr konfrontiert sahen. Die Mediziner hatten ja schon im Mittelalter oft das Renommee, Skeptiker oder sogar Agnostiker zu sein, was freilich nicht pauschalisiert werden darf; mancher von ihnen fiel angesichts der Ekstasen einer Mystikerin demütig auf die Knie, anstatt die Frau zu untersuchen (so z.B. der «notable medechin» Hugo Picotel vor der entrafften Coletta Boillet[328]).

Katharina von Genua

Nicht ganz selten erfahren wir seit dem späten Mittelalter aus den Viten der Heiligen, daß sich ihre Umwelt eine Zeit lang im Zweifel darüber befand, ob die ungewöhnlichen Phänomene, mit denen sie begnadet erschienen, nicht eher als Symptome einer Krankheit zu verstehen waren, an der sie litten. Die hl. Katharina Fieschi von Genua (1447–1510) war eine der bedeutendsten Mystikerinnen der italienischen Renaissance[329], bekannt u.a. durch ihr nahrungsloses Leben, aber auch durch eine religiöse Leidenschaftlichkeit, die manchen als krankhaft erschien. Als sich einmal ein Prediger seiner größeren Gottesliebe rühmte, da er im Gegensatz zu ihr unverheiratet und arm sei, «stellte sie sich mit solcher Rage auf die Füße, daß sie außer sich zu sein schien: 'Wenn ich dächte, daß dieser euer Mantel [das Ordenskleid] meine Liebe auch nur um ein Fünklein vermehren könnte, würde ich ihn euch Stück für Stück von den Schultern reißen!' Und das sagte sie in solcher Rage, daß ihr die Haare ganz auf die Schultern fielen, so daß sie wie eine Irre wirkte. Und alle waren verblüfft.»[330]

Katharina wurde seit etwa 1506/7, in der Periode der «Reinigung», von einem übernatürlichen Leiden gequält: «ihr ganzer Körper wurde gelb wie

Safran, und das war das Zeichen dafür, daß das göttliche Feuer ihr ihre ganze Menschennatur verbrannte», schreibt ein früher Biograph[331]. Tatsächlich spürte sie keine äußere Glut mehr – sie versengte sich mehrmals probeweise das Fleisch mit einer Kerze oder glühenden Kohlen. Die Heilige lehnte es wiederholt ab, sich medizinischer Behandlung zu unterziehen. Man findet bei ihr einander entgegengesetzte Gefühle, einerseits «Widerstand gegen die Anmaßung der Ärzte, ihre Krankheit so behandeln zu wollen, als ob es sich einfach um eine natürliche handelte; und stolze Genugtuung darob, eben durch das Mißlingen ihrer anmaßenden Versuche ein professionelles Zeugnis für das übernatürliche Wesen ihrer Erkrankung zu bekommen.»[332] Schon im Juni 1510 hatte eine Gruppe von Ärzten sie untersucht und war einhellig zu dem Schluß gekommen, ihre Krankheit sei übernatürlich[333]. Am 10. September trat erneut ein Konsistorium von zehn Ärzten zusammen, das feststellen mußte, daß dieser Fall nirgends in der Fachliteratur beschrieben wurde und die Heilige physisch gesund war. Alle waren verblüfft («tutti stupiti») und mußten zugeben, daß der Zustand («acidente») der Adeligen «sopranaturale» war und nur von der göttlichen Gnade selbst herrühren konnte[334]. Der ebenfalls herbeigerufene Leibarzt König Heinrichs VIII. von England, Gianbattista Boerio, war freilich anderer Ansicht und bemerkte: «Ich wundere mich wirklich, Madame,... daß ihr es nicht vermeidet, einen allgemeinen Skandal hervorzurufen, wie ihr es tut, indem ihr behauptet, euere Krankheit sei nicht natürlich und deshalb brauche sie nicht behandelt zu werden. Ihr solltet diesen Zustand als eine Art Hypokrisie [Verstellung] betrachten!» Allerdings schlugen auch seine zahlreichen Arzneien nicht an[335].

Jedenfalls zeigen die medizinischen Bemühungen um Katharina, daß im urbanen Italien des frühen Cinquecento – speziell wenn es um eine Dame der Oberschicht ging – von der Betroffenen selbst als mystische Begnadungen verstandene Phänomene von ihrer Umwelt durchaus bereits als pathologische Symptome betrachtet werden konnten. Man scheute sich nicht, hier zunächst alle diagnostischen und therapeutischen Mittel der damaligen Medizin einzusetzen, ehe man an den Einbruch der Überwelt zu glauben geneigt war.

Auch manche Zeitgenossinnen Katharinas wurde eingehend von Ärzten überprüft, so die berühmte Prophetin und lebende Heilige Colomba von Rieti, von der schon die Rede war[336]: «Sie untersuchten hartnäckig ihre Nägel und Haare, analysierten ihren Schweiß und Geruch und nicht weniger ihre Katamenien [Menstruationsblut]. Sie betrachteten ihre Zähne, wenn sie sprach, die Farbe des Antlitzes und die Pupillen.»[337] Hier ging es besonders um die Frage der charismatischen Anorexie: Colomba lebte jahrelang, ohne zu essen. Wiewohl sie manche für eine Schwindlerin hielten, überzeugte es andere, daß ihre Zähne ganz ungebraucht wirkten.

Die sel. Osanna Andreasi von Mantua (1449–1515)[338] hatte ihre ersten Visonen des blutüberströmten Schmerzensmannes mit sechs Jahren. Als sich ihre Eltern, auch sie Angehörige der städtischen Oberschicht, mit den ekstatischen Zuständen ihrer Tochter konfrontiert sahen, «vermuteten sie Epilepsie oder irgend eine andere Krankheit. Als sie aber die Sache gründlicher bedachten und in ihr etwas Göttliches erkannten... und sie genau beobachteten, daß sie sie nur mit gebeugten Knien wie eine Betende und oftmals vor dem Altar entrafft antrafen, führten sie diese Ekstase nicht [mehr] auf eine Krankheit zurück, wie zunächst, sondern auf Gott als ihren Urheber. Darob dankten sie dem höchsten Gott für ein solches Geschenk an die Sterblichen.»[339] Daß es sich bei Osannas Ekstasen nicht um Symptome einer Krankheit handeln könne, war ihrem Beichtvater daraus klar, da sie mit keiner Gewalt aus ihren Entzückungen herausgeholt werden konnte[340], was bei Kranken nur selten vorkomme[341]. Aber auch hier reagierte die Umwelt der kindlichen Mystikerin zunächst so, wie wir es auch tun würden: sie dachte zuerst an eine pathologische Ursache, nicht an eine übernatürliche. Erst der religiöse Zusammenhang (Körperhaltung, Ort) führte sie auf die «richtige» Spur. Dabei ist eine anscheinend überzeitliche Rollenverteilung zu bemerken: der Vater behandelte das Mädchen, wie mehrfach hervorgehoben wird, mit großer Härte, griff aber auch «rational» zu verschiedenen medizinischen Behandlungsweisen und Arzneimitteln, um das, was er für eine Krankheit hielt, zum Verschwinden zu bringen und Osanna dann verheiraten zu können. Die Mutter war zwar derselben Meinung und fürchtete die Schande für ihr Haus, zeigte aber eher Mitleid. Über die anderen

Leute in ihrer Umgebung sagt Osanna selbst: «Von allen wurde ich verspottet und verlacht... sogar die Dienerschaft haßte mich...»[342]

Selbst nach dem Tode konnte in jener Epoche eine Prüfung durch Mediziner zur Feststellung der Übernatürlichkeit der Phänomene durchgeführt
werden. So öffneten 1520 in Bologna Chirurgen und Ärzte vor den Augen
der städtischen Obrigkeit die wunderbarerweise Milch spendende Brust der
jungfräulichen Helena Duglioli. Während jedoch die Wissenschaftler das
Vorgefundene als Eiter interpretierten, beharrten die anwesenden Kanoni-
ker darauf, daß es Milch sei[343]. Deutlich treffen hier zwei Weltbilder auf-
einander.

Später wurden medizinische Untersuchungen und Erklärungen fast selbst-
verständlich. Der oberste päpstliche Leibarzt Paolo Zacchia konnte 1623 in
Zusammenhang mit Ekstasen und Besessenheitsphänomenen feststellen,
daß die Juristen sich üblicherweise an die Ärzte als Autoritäten wandten,
um der Wahrheit auf die Spur zu kommen[344]. Die sel. Ursula Benincasa
(1550–1618) z.B. erlebte seit ihrem zehnten Lebensjahr außergewöhnliche
Verzückungszustände. Man erkannte jedoch lange nicht, daß es sich um das
Wirken Gottes handelte, und vermutete eine Erkrankung, weswegen man
es mit medizinischer Behandlung versuchte, aber ohne Erfolg[345]. Eine der
«besessenen» Schwestern von Loudun[346], Johanna von den Engeln, betete
in ihrer Autobiographie: «...lasse die Ärzte meine Krankheit als unheilbar
beurteilen.»[347]
   Immer wieder hört man in der Frühneuzeit und im Barock die Ver-
dächtigung (oder die Erkenntnis), eine Mystikerin sei in Wirklichkeit gei-
steskrank. Maria Crocifissa Bernuzzi, die in Reggio in den siebziger Jahren
des 18. Jahrhunderts von den Kapuzinern als lebende Heilige verehrt wurde,
«geheiligt schon im Leib ihrer Mutter wie Johannes der Täufer», galt anderen als Irre: «Sie treibt tausend Albernheiten und Torheiten», verkleidet sich,
springt, lacht, tanzt... Manche dieser Frauen endeten schon in jener Zeit
sogar im Tollhaus[348]. Doch wurde eine solche Skepsis visionären Phänomenen generell entgegengebracht: waren im Mittelalter die Schauungen der

anderen Welt, die fromme Ritter in der unterirdischen Wallfahrtshöhle des hl. Patricius im irischen Lough Derg erlebten, ein Anreiz für viele andere Pilger, dorthin zu ziehen, so kommentiert sie der anglikanische Geistliche Robert Burton in seinem «Best-Seller» *The Anatomy of Melancholy* (1621) als die Folgen von «much solitariness, fasting, or long sickness, when their brains were addle [konfus], and their bellies as empty of meat as their heads of wit»[349].

Auch die Schichten, die kaum Zugang zu gelehrtem ärztlichem Wissen hatten, erklärten außergewöhnliches religiöses Verhalten bisweilen als pathogen. Isabel de Jesús (1586–1648)[350] war eine Frau bäuerlicher Herkunft aus der Gegend um Toledo. Sie zeigte seit ihrem 34. Jahr die bekannten mystischen Gaben, wurde aber von ihrer Umgebung nicht recht ernst genommen. Man nannte sie «la loca», die Irre, «santurrona», falsche Heilige, «profetisa falsa», falsche Prophetin[351]. Offenbar gab es wirklich Züge in diese Richtung in ihrem Verhalten; ihre Schwestern waren jedenfalls jung und in Ketten gestorben, nämlich als Wahnsinnige[352]. Ihr Beichtvater dagegen sah in ihren mystischen Entraffungen nur teuflische Hinterlist.

Jedoch war dies hier noch nicht das vorherrschende Interpretationsmodell. Es blieb oft eine Spannung zwischen gelehrter und Volkskultur: Der genannte Zacchia bedauert, daß das unwissende Volk, wenn es eine Ekstase sähe, gleich an Wunder und Heiligkeit glaube und nicht zulasse, daß diese Charismatiker mit medizinischen Mitteln geprüft würden. Er war nämlich der Meinung, daß Ekstasen im allgemeinen auf Erkrankungen oder Verletzungen zurückgingen, also nicht auf übernatürliche Ursachen, und andere Ärzte vertraten die nämliche These[353].

An diesen Beispielen haben wir also eine weitere Reaktionsmöglichkeit der nicht charismatisch Begabten feststellen können: die natürliche Erklärung, medizinische Untersuchung und Behandlung der auffallenden Verhaltensformen. Es ist dieses Einordnungsschema der ungewöhnlichen Phänomene eindeutig das progressivste, wenn als progressiv rückschauend das bezeichnet wird, was sich im Laufe der Geschichte durchsetzen sollte. Es findet sich seit dem ausgehenden Mittelalter immer häufiger die natürliche Genese paranormaler Phänomene an erster Stelle erwähnt; so vermerkt etwa Francesco Silvestri hinsichtlich ekstatischer Zustände, die gelehrtesten Leute sähen hierfür drei Erklärungsmöglichkeiten: «entweder körperliche Krankheit, die bisweilen die Lebensgeister hindert, in ihre Organe einzufließen; oder Dämonentrug, der vermittels phantastischer Illusionen den Geist des Menschen befängt; oder wirklich eine göttliche Macht, die unsere Seele über die menschliche Verständnisfähigkeit hinaus erhöht»[354].

Intellektuelle der Renaissance bieten überhaupt für religiöse Phänomene öfter innerweltliche Erklärungsmöglichkeiten; so bezeichnet der Philosoph Pietro Pomponazzi (1462–1525) die Wunderkraft von Reliquien als Folge des Glaubens der Pilger[355]; Agrippa von Nettesheim erklärt in seinem Hauptwerk *De occulta philosophia* die Wirkung von Liebeszauber dadurch, daß «heftige Vorstellungen, Träume und Suggestionen»[356] von den Frauen erzeugt würden, also mit induzierter Autosuggestion (diese freilich würde durch magische Künste hervorgerufen). Der Löwener Mediziner Thomas Fyens (1567–1631) diskutiert ausführlich die Wirkung der Autosuggestion[357], etc.

Allerdings beharrten viele Theologen darauf, daß eine Geisteskrankheit auf nichts anderes als auf ein Wirken des Teufels zurückzuführen sei, womit sie das religiöse Modell perpetuieren konnten, wenngleich auf einer nicht so unmittelbaren Stufe. Es genüge, nur an Luther zu erinnern, der 1528 seinem Freunde Link schrieb: «Die in der Theologie unkundigen Ärzte wissen freilich nicht, wie groß die Macht und Gewalt des Teufels ist», und er führt drei Gründe an, daß Wahnsinnige als Besessene zu beurteilen seien: die Heilige Schrift (Lk 13, 16; Apg 10, 38), die Erfahrung, auch andere Krankheiten würden vom Teufel verursacht, und die Macht, die er über die Hexen ausübe[358]. Luthers Kritik an den Medizinern läßt wiederum die Konfrontation zweier Weltbilder deutlich werden, von denen das eine mehr und mehr Erfolg, das andere weniger und weniger Glaubwürdigkeit bekommen sollte.

Wie bemerkt, hat man auch bei Besessenheitsphänomenen in der Frühneuzeit immer öfter Krankheit neben Teufelswirken und Betrug als Ursache erwogen, was in der historischen Literatur bereits hinlänglich belegt wurde[359]. Diese Ansicht findet sich heute durchgehend auch bei den Theologen, die ja, falls rechtgläubig, Existenz und Wirken von Dämonen nicht leugnen dürfen. Noch der Verfasser zahlreicher kompetenter hagiographischer Studien und Bearbeiter des umfangreichsten englischen Heiligenlexikons, der Jesuit Herbert Thurston (1856–1939), reflektiert bei ähnlichen Phänomenen immer wieder, ob es sich um eine göttlich eingegebene und von oben gelenkte Berufung handle, oder um eigenartige, komplexe hysterische Neurosen, «die eher in den Bereich des Pathologen als des Hagiographen gehören»[360]. Wenn freilich ein fanatischer Katholik wie Montague Summers[361] allenthalben das Wirken des Teufels sieht, auch in zeitgenössischen Fällen wie dem Georges Marascos[362], so kann dies nicht mehr als Norm in dieser Konfession angesehen werden[363].

Seit dem 19. Jahrhundert dürfte wohl jede Charismatikerin ärztlich kontrolliert worden sein[364]. Ein Beispiel wäre etwa Dominica Lazzari (1815–1848), die zu ihrer Zeit berühmte Tiroler Stigmatisierte, die jeden Freitag strömeweise Blut vergoß, «so reichlich, dass man oft Weingläser unterhalten musste, um das rinnende Blut aufzufassen»[365]. Wenigstens seit ihrem 13. Lebensjahr hatten sich heftige Konvulsionen an ihr gezeigt, die ärztlicherseits als Zeichen von Hysterie interpretiert wurden. Neun Tage lang war ein Soldat vor ihrer Zimmertür postiert, um sie von ihrer Familie zu isolieren, ohne daß dies etwas an ihrer Lebensweise geändert hätte. Sie aß und trank nicht während der letzten 12 Jahre ihres Lebens. Zahlreiche unabhängige Berichte bestätigen ihre religiöse Anorexie[366].

Noch bei der am Anfang unseres Jahrhunderts 125 Tage lang im Spital unter Beobachtung gestellten Zelie Bourriou, die gleicherweise ohne Nahrung lebte, dabei aber gesund und munter war, waren die Meinungen zerstritten und wurden übernatürliche Kräfte angenommen: Einer der Pfarrer und viele Gläubige hielten die Sache für ein Wunder, andere betrachteten sie als Wirkung Satans[367]. Wenn aber eine Frau in diesem Jahrhundert nichts weiter tut, als Engel zu sehen, Stimmen zu hören, wenn sie ihr Blumen aus dem Himmel zufallen sieht etc. (so eine Sechsundzwanzigjährige 1901), dann kommt sie wohl unweigerlich in medizinische Behandlung[368].

Doch zitieren wir einen Fall aus den zwanziger Jahren dieses Jahrhunderts, um den typischen Modus procedendi unserer Zeit zu illustrieren. Damals erregte in Belgien Georges Marasco (eigentl. Bertha Mrazek) besonderes Aufsehen[369]. Ihr mystisches Leben begann mit einer Wunderheilung durch Maria. Es zeigten sich die Wundmale Christi an ihrem Körper, Offenbarungen und Prophezeiungen wurden ihr zuteil, Engel erschienen ihr, sie war bereit, wie so viele Mystikerinnen, das Leiden von Menschen stellvertretend auf sich zu nehmen. Wie üblich bildete sich ein Kreis von Adepten und Adeptinnen, auch von Kirchenmännern, die sie als Heilige betrachteten und sie reichlich mit Almosen versahen. Freilich begann sich eine gewisse Skepsis zu entwickeln, als bekannt wurde, daß Marasco als Mädchen im Zirkus aufgetreten war, in Kaffeehäusern als Sängerin und während des 1. Weltkriegs als Geheimdienstagentin gegen Deutschland. Wesentlich kritischer wurde die Sache, als sie zugeben mußte, daß das Kind in ihrer Begleitung nicht ihre Schwester, sondern ihre Tochter war. 1924 wurde sie verhaftet und wegen Betrugs vor Gericht gestellt. Entscheidend waren aber nicht die Juristen, sondern die Ärzte: Das Gutachten der zugezogenen Mediziner lautete auf Schizophrenie und Mythomanie. Die Ärzte waren der Meinung, Marasco habe schon in ihrer Kindheit hysterische Symptome gezeigt und habe die ihr zur Last gelegten Taten in einem Zustand mentaler Zerrüttung vollbracht. Da die oft und oft untersuchten Stigmen Marascos eindeutig keine Fälschung waren – sie erlebte jeden Freitag die Kreuzigung nach –, konnte sie kaum als Betrügerin bezeichnet werden. So zog man sich mit der für die heutige Beurteilung solcher Fälle charakteristischen «Lösung» aus der Affäre: die Einweisung in ein Irrenhaus war und ist die Reaktion der «Normalen». Man könnte sagen, daß das, was vor der Aufklärung die Heilige Inquisition besorgte, nunmehr von der Psychiatrie erledigt wird: die Aussonderung von Individuen, die nicht dem Stereotyp der Normalen entsprechen[370].

Falsche Heilige

In einem ersten Schritt bei der Beurteilung charismatischer Persönlichkeiten konnte und kann man von der Ehrlichkeit derer ausgehen, die außernormale Phänomene manifestierten oder von solchen berichteten – unabhängig davon, wie wir sie heute erklären. Eine weitere mögliche Reaktion auf von der Norm abweichendes religiöses Verhalten dieses Typs war und ist Skepsis hinsichtlich seiner Echtheit: also eine Einstellung, wie sie später für die Aufklärung typisch werden sollte. Das Mittelalter vermutete Betrug im Bereich der Frömmigkeit meist erst dann, wenn es handfeste Indizien in diesem Zusammenhang gab. Die Aufklärer sollten hier ein viel generelleres Mißtrauen allem Übersinnlichen gegenüber zeigen, und dies ist uns weitgehend geblieben.

Das charismatische Heiligenmodell wird durch einen Blick auf seine unechten Kopien vielleicht besonders deutlich. Denn es läßt sich eigentlich am schärfsten bei Frauen fassen, die es mit vollem Bewußtsein nachzuahmen versuchten, ohne faktisch die entsprechenden Erlebnisse zu haben. Diese Betrügerinnen mußten ja aus denjenigen Verhaltensweisen, die überhaupt als Kennzeichen für Frömmigkeit galten, gerade diejenigen auswählen, die als Heilige betrachtete Frauen über das zeitspezifisch Normale hinaus auszeichneten.

Vor dem Auftreten falscher Heiliger wird schon im *Neuen Testament* gewarnt; der Antichrist der *Apokalypse* ist das Paradebeispiel dafür. Betrügerische Versuche, Heiligkeit vorzuspiegeln, sind auch aus der heidnischen und christlichen Antike bezeugt[371]; im ganzen Mittelalter florierten z.B. Handel und Ausstellung unechter Reliquien. Doch erst seit dem 13. Jahrhundert gibt es immer wieder Berichte von solchen Frauen, die sich als Mystikerinnen ausgaben, um dadurch eine besondere Position in der Gesellschaft einnehmen zu können; in der Frühneuzeit abundieren sie dann. Ich greife zunächst zwei Fälle heraus, die manche Parallelen zeigen, wiewohl weder zwischen ihnen selbst noch zwischen den sie schildernden Quellen Abhängigkeiten bestehen.

Sybilla von Marsal

Eine gewisse junge Frau in der Stadt Marsal, Diözese Metz, zeichnete sich in der Mitte des 13. Jahrhunderts durch ein besonders eifriges Frömmigkeitsleben als Begine aus[372]. Sie besuchte nicht nur demonstrativ häufig die Frühmessen, sondern wußte auch von Engelserscheinungen und ekstatischen Himmelsvisionen zu erzählen. Dann lag sie tagelang wie schlafend in ihrem Bett, ohne zu essen und zu trinken, da sie von den Speisen der Himmlischen schon gesättigt sei. Nächtens wurde sie dagegen von teuflischen Versuchungen bedrängt. Sybilla, so hieß die Begine, war binnen kurzem der verehrte Liebling der Stadt. Bald besuchten sie Hoch und Niedrig, Geistliche und Laien, bald predigten die Minderbrüder und Dominikaner öffentlich ihre Heiligkeit, schon erschien sogar der Bischof von Metz bei ihr. Wurden ihr die Scharen der Neugierigen zu groß, pflegte sie in längerwährende Ekstasen zu fallen.

Bischof Jakob von Metz beschloß, eine Prüfung durchzuführen, wozu er Sybilla in ein anderes Haus bringen und ihre Nahrungslosigkeit kontrollieren ließ. Da wurde sie jedoch verstärkt vom Teufel heimgesucht, der sogar die Federdecken ihres Bettes nicht verschonte, so daß die Federn im ganzen Haus verstreut waren. Nach drei Tagen mußte Sybilla den Bischof bitten, sie in ihr früheres Zimmer zurückbringen zu lassen, denn hier würde sie der Böse unfehlbar in Stücke zerreißen; Jakob stimmte ihr zu. Und tatsächlich tauchte der Dämon in den folgenden Nächten auch vor anderen Leuten sichtbar auf und berichtete von seinem Treiben gegen die Begine, ja, er beklagte sich sogar ausführlich, daß sie ihn durch ihre Gebete um die Beute einer stadtbekannten sündigen Seele gebracht habe. Solcher Heiligkeit wollte der Bischof Rechnung tragen. «Schon beschloß er, eine Kirche zu bauen, in der sie wohnen sollte, da sie nicht aß oder trank oder normal lebte, damit die zu ihr zusammenlaufenden [Massen] sich daran erfreuen könnten, diese Wunder zu betrachten». Dies war damals nichts so ganz Ungewöhnliches, auch einer von der Kirche anerkannten Seligen, der gelähmten französischen Visionärin Alpais von Cudot (†1211) ließ der Ortsbischof eine Kirche erbauen: «Bei ihrem Bett wurde ein Gotteshaus errichtet und Priester und Ministranten angestellt, die die Heilige Messe vor ihr feiern sollten. Der Altar war aber so aufgestellt, daß die heilige Jungfrau immer betrachten konnte, wie sich der Priester beim Meßopfer verhielt.»[373]

Was jedoch Sybille anbetraf, fährt der Chronist fort: «Doch plötzlich offenbarte sich jenes Wort des Evangeliums: ‹Nichts Verborgenes gibt es, das nicht bekannt würde.›» (Lk 12, 2) Als Sybilla wieder einmal hörbar in ihren Kampf mit dem Bösen verstrickt war, wobei Engel zu ihrer Hilfe kamen, wollte sich einer ihrer Besucher, ein Bruder des Predigerordens, der die Begine besonders unterstützte, nichts davon entgehen lassen und trat nahe an die verschlossene Tür, hinter der Sybilla in ihrer Verzückung lag. Wieder spielte die unvermeidliche Ritze in der Holztür ihre Rolle: sie bot dem Geistlichen einen ganz anderen als den erwarteten Anblick. Die Ekstatikerin war nämlich friedlich damit beschäftigt, ihr Bett zu machen. Die über- und unterirdischen Stimmen brachte sie dabei selbst hervor. Bischof Jakob wurde herbeigeholt, die Tür erbrochen, die Begine gezwungen, alles zu bekennen: Tatsächlich hatte sie ein junger Priester nächtens mit Speise und Trank (und wohl auch mit Streicheleinheiten) versorgt. Die Lebensmittel fanden sich unter dem Bett. Das Weihwasser in ihrem Zimmer, mit dem sich der Kirchenfürst und seine Begleiter zu besprengen pflegten, war sogar auf eine so natürliche wie ungeweihte Weise produziert worden. Man fand auch die Teufelsmaske, mit deren Hilfe sie selbst ihre Umgebung in der Nacht in Schrecken versetzt hatte. «Der Bischof aber und die Dominikaner und alle anderen Anwesenden ärgerten sich unsagbar darüber, solange von solch einem Weibsstück (muliercula) betrogen worden zu sein.» «Die einen riefen, sie solle verbrannt werden, die anderen, sie solle ertränkt werden, weitere, sie solle lebend begraben werden.» Dies waren die typischen Frauenstrafen der mittelalterlichen Strafrechtspflege. «Der Bischof aber, der das ihm geschehene Unrecht und die Scham nicht ertragen konnte, wollte sie töten. Er besann sich aber auf eine sinnigere Weise und ließ sie einkerkern, wobei ihr durch ein kleines Fensterchen ein wenig Brot und Wasser gereicht wurde. Nach kurzer Zeit in ebendiesem Kerker war sie gestorben.»

Anna Laminit

«Nun schlich zu diser zeyt herein
Zu Augspurg ein häle Begein.

Des Lamenitlin sy da hiesse,
Lebend helg sich nennen liesse,
Erzayget vil der gleyßnerey,
Mißglaubens Apposteußlerey...»[374]

So reimte Vuolphgangus Kyriander in seinen *Persecutiones ecclesiae* (1541). Der Fall, der dahintersteht, ist besonders gut bezeugt. In den ersten Jahren des 16. Jahrhunderts trat in Augsburg eine Frau mit Namen Anna Laminit auf, die nicht nur in der Stadt und Umgegend «von ettlichen leutten für hailig geschetzt»[375] wurde, sondern sogar Persönlichkeiten vom Rang eines Kaisers Maximilian, Martin Luther und Pico della Mirandola anzog. Hans Holbein d. Ä. und Hans Burgkmair porträtierten das «lamenötly dz nit ist» (Laminit, die nicht ißt)[376]. Der Zeitgenosse Sebastian Franck sagt von ihr kurzweg, man «trug sie auf den henden.»[377] Auch sie demonstrierte in ihrem Leben als Begine eine auffallende und charismatische Frömmigkeit: sie kleidete sich in ein Bußhemd[378] und erschien nie anders als in Schwarz[379], hatte göttliche Offenbarungen bzw. Visionen[380], Erscheinungen von Engeln[381] und besonders von der hl. Anna[382]. Der berühmte bayerische Humanist Aventin bemerkte bissig: «nicht nur das dumme Volk, der ungebildete Pöbel, glaubte dies, sondern auch unsere heiligmäßigen (*sanctuli*) Gelehrten, die neuen Theologieprofessoren»[383]. In der Kreuzkirche, wo man sie als «Attraktion» schätzte, erhielt sie, wie sie es selbst aus «Demut» verlangt hatte, einen eigenen, verdeckten Sitzplatz[384].

So groß war ihr Einfluß, daß die Gemahlin Maximilians, die Königin Maria Bianca, sofort eine großangelegte Bittprozession durch den gesamten Augsburger Klerus und sämtliche Mönche und Nonnen der Stadt veranstalten ließ, der sich unzählige Laien aus der Stadt und von auswärts anschlossen, als Laminit behauptete, die «heilig Frau sanct Anna, die sie denn vor andern Heiligen in Ehren hab», sei ihr erschienen und habe ihrer Dienerin geboten, dies zur Besänftigung des göttlichen Zorns zu fordern[385].

Den Glanzpunkt dieses am 7. Juni des Jahres 1503 abgehaltenen Umzuges, vielleicht des größten, den Augsburg je gesehen, bildete die Gruppe der Königin selbst mit ihren Jungfrauen, alle barfuß, in schwarzem Bußgewand und mit brennenden Kerzen in den Händen[386]. Auch König Maximilian war von seinen Besuchen bei der «Heiligen» beeindruckt und verkündete in seinem Manifest vom Spätherbst desselben Jahres als ein zum Kreuzzug auffordderndes Zeichen Gottes «eine jungfraw eines hailigen Lebens, die in sechs Jaren kein natürlich Speiß genoßen hat, derselben Jungfraw Wesen auch ihm selbst wol erkannt» sei[387]. «Alle großen Herren des so häufig in Augsburg lagernden Hofes, hohe geistliche und weltliche Würdenträger, die bedeutendsten Ratsherrn der Stadt, Angehörige des einheimischen Patriziats, männliche und weibliche, und der großen Kaufmannsfamilien näherten sich ihr, nicht zu reden von den vielen kleinen Leuten...»[388]

Es spielte dabei offenbar keine Rolle, wenn eine solche Heilige eigentlich durch ihre frühere Lebensweise kompromittiert war, da es ja in der Hagiographie schon lange den Typus des «sündigen Heiligen» gab, der sich nach einem gottlosen Leben zu umso größerer Frömmigkeit bekehrte[389]. Auch der Verehrung der Anna Laminit scheint die Tatsache nicht im Wege gestanden zu sein, daß sie bereits sehr jung wegen Kuppelei «und anderer Bübereien wegen» am Pranger gestanden war und mit Ruten aus der Stadt ausgehauen worden war[390].

Worin bestand die Faszination dieser Frau? Neben den anderen charismatischen Manifestationen wie Offenbarungen und Heilkräften stand nach Aussage der Quellen eindeutig ihre vollkommene Nahrungslosigkeit seit 1498 im Vordergrund. Sie konnte angeblich überhaupt keine Speise genießen und wollte nicht einmal die Hostie unzerkleinert zu sich nehmen[391]. Auch hatte sie, wie sie in einem Brief schrieb, «kain stul in 14 jaren nie gehabt»[392].

Schließlich regte sich aber doch Mißtrauen. Zunächst, wie es scheint, bei den mit ihr befreundeten Beginen, dann auch bei der kirchlichen und weltlichen Obrigkeit. Es war eine Frau, die die angebliche Heilige entlarvte: Herzogin Kunigunde, eine Schwester König Maximilians, lud sie zu einem Besuch des Pütrichklosters in München ein. Nach einigem Zögern fuhr La-

80

Anna Laminit; Hans Burgkmair, Porträtgemälde, 1503/05. Germanisches Nationalmuseum, Nürnberg.

minit am 16. Oktober 1512 in dem ihr gesandten Wagen zusammen mit einer Magd nach München, wo sie ehrenvoll empfangen wurde. Allerdings hatte die Herzogin die Tür des Gästezimmers mit kleinen Löchlein präparieren lassen und übernahm selbst die Beobachtung. Natürlich verzehrte die Begine, sobald sie sich alleine glaubte, mitgebrachte Küchlein und Obst. Nachdem 14 Schwestern des Klosters dieselbe geheime Beobachtung gemacht hatten, deckte die Herzogin den ganzen Betrug auf und zwang die Augsburgerin, vor dem gesamten Konvent am gemeinsamen Tisch zu trinken und zu essen. «...nachdem ich die Lamenittin zu schanden gemacht hett und ich sie dem teuffel, dem herrn der lügen, dienstlich fand»[393], ließ die Adelige, wie sie selber schrieb, die Begine Tag und Nacht überwachen. Doch dann entließ sie sie ohne weiteres bloß mit der Aufforderung, sich zu bessern. Erst später, als sich Laminit von Augsburg aus mit Briefen zu verteidigen suchte, schaltete Kunigunde ihren Bruder, den nunmehrigen Kaiser, ein, und die falsche Hungerkünstlerin wurde aus der Stadt verbannt. Dies war eine ganz ungewöhnlich milde Strafe, zumal sie das ihr von ihren Verehrern im Lauf der Zeit geschenkte Geld behalten durfte, so daß anzunehmen ist, daß hochgestellte Persönlichkeiten sich für sie verwandt hatten, vielleicht die Familie Welser, die als kaiserliche Bankiers über Einfluß verfügte.

Denn Annas Doppelleben muß noch weiter gegangen sein, alldieweil nicht nur angeblich der Pfarrer von Heiligenkreuz, sondern eben auch ein Angehöriger der angesehensten Familie des Augsburger Patriziats, Anton Welser (der Schwiegervater des berühmten Humanisten Konrad Peutinger), einen unehelichen Sohn mit ihr hatte[394], der dokumentarisch bezeugt ist. Dieses Kind sollte auch der Anlaß ihres Untergangs werden: Anna Laminit gab ihr frommes Leben (nach einem erfolglosen Comeback-Versuch bei den Grauen Schwestern zu Kempten) auf und heiratete einen verwitweten Armbrustmacher. Mit ihm und ihrem unehelichen Sohn wohnte sie in Freiburg i. Ü., wobei sie von dem Welser ein jährliches Kostgeld von 30 Gulden für das Kind bezog. Dieses starb jedoch bald, was die Mutter verheimlichte, um das Geld weiterhin empfangen zu können. Als nun der Junge nach Augsburg in die Schule kommen sollte, schickte sie an dessen Stelle ihren Stiefsohn. Die Unterschiebung wurde sogleich entdeckt, und Laminit kam in Freiburg vor Gericht. Neben diesem Hauptanklagepunkt wurden auch ihre früheren Betrügereien aufgerollt, die sie, wie es scheint ohne Folter[395], zugab. Das Gericht befand, daß der Scharfrichter «sy soll füren an daz wasser, do dann die gewonliche gerichtstatt ist, und in einen sack stossen und dannenthin in den tiefendesten wag schiessen und do unden so lang halten, biss daz die seel von lyb scheid»[396]. So endete das Leben einer Frau, über die ein Zeitgenosse sagte, «het sich selb und ander vil leut betrogen!"[397] Aventin nennt die Augsburger Betrügerin ausdrücklich «venefica»[398], Hexe, und Luther spricht von «ludibria diaboli»[399], Teufelstrug. In ihrer Heimatstadt sorgte übrigens der Stadtschreiber Peutinger dafür, daß ihre Bekenntnisse nicht verbreitet wurden[400], denn das hätte dem Ansehen der Welser und damit seinem eigenen nur geschadet.

Maria von der Heimsuchung

Besonders bekannt geworden sind einige Fälle des späten 16. Jahrhunderts auf der Pyrenäenhalbinsel. So der der Dominikanerpriorin María de la Vi-

sitación (Maria von der Heimsuchung, 1550–?)[401], die 1568 im Annunzia-
tinnenkloster in Lissabon die Profeß abgelegt hatte. Dem berühmten Mystagogen Ludwig von Granada O.P. (1504–1588), Freund und Schüler des hl.
Johannes von Avila, verdanken wir ihre zwei Jahre vor ihrer Entlarvung verfaßte Lebensbeschreibung – ein Heiligen- und Mystikerinnenleben, wie es
im Buch steht. Ludwig war Beichtvater des Konventes und damit bestens
informiert. Allerdings war er wohl zu kurzsichtig, um die Stigmen der Drei-
unddreißigjährigen, die 1584 am Fest des Ordensheiligen Thomas von
Aquin aufgetreten waren, wirklich beurteilen zu können[402]. Ihr Fall soll ihn
so bedrückt haben, daß er kurz darauf starb. Zuvor schrieb er allerdings
noch eine Predigt gegen solche Skandale, in der er das Heilige Offizium,
das Maria verurteilt hatte, preist als «Mauer der Kirche, Säule der Wahrheit,
Wächter des Glaubens, Schatz der christlichen Religion, Waffe gegen die
Häretiker, Licht gegen die Betrügereien des Feindes und Prüfstein, an dem
sich die Güte der Lehre erprobt, ob sie falsch oder wahr sei»[403]. Etwas später war die ganze Geschichte auch auf dem Theater zu sehen, dramatisiert
von einem Geistlichen, Mira de Amescua (†1644): *Comedia famosa de la
vida y muerte de la Monhja de Portugal*[404].

Nicht nur Papst Gregor XIII. und der spanische König Philipp II.,
sondern sogar das Tribunal der Heiligen Inquisition hatte lange an die Ech-
heit der Wundmale und Visionen der Dominikanerin in Lissabon geglaubt.
Das Sanctum Officium bestätigte die Authentizität ihrer Stigmatisation
öffentlich[405]. Maria galt als lebende Heilige, Prophetin und Wundertäterin
von untadelig demütigem Verhalten. «La Monja de Lisboa», die heilige
Nonne von Lissabon, verfaßte auch geistliche Texte, *Coloquios amorosos*[406],
die sich ganz im damals üblichen Rahmen der Brautmystik bewegen, allerdings das Kreuz als «esposa» miteinbeziehen[407]. Vor allem aber trug sie die
Wundmale des Herrn (einschließlich der Nägel und 32 Einstichen der Dornenkrone), deren Echtheit mehrfach überprüft worden war: 1587 war Fr.
Luis de Granada mit zwei anderen Brüdern dazu beauftragt; sie gingen sehr
zurückhaltend vor und erinnerten Maria sogar daran, daß der hl. Thomas
an der Auferstehung des Herrn gezweifelt hatte[408], ein höchst ehrenvoller
Vergleich. Die Untersuchung endete schließlich damit, daß sich die Fratres

bedankten, daß Gott ihnen gestattet hatte, «mit unseren Augen ein so evidentes Wunder zu schauen und ein so heiliges Zeugnis der heiligen Passion und die Wunden unseres Erlösers». Es sei klar, daß es sich hier um übernatürliches Wirken jenseits menschlicher Fähigkeiten handle[409].

Im selben Jahr besuchte auch Fabri, der General des Dominikanerordens, die Schwestern, dessen Bericht erhalten ist: «Ich ließ mir insbesonders die Hände zeigen; wenn man die Wunde berührte, schmerzte sie sehr. Ich wollte die Probe machen und die Wunden mit schwarzer Seife waschen lassen, aber der Schmerz, den sie dabei empfand, war so groß, daß ich nicht weiter gehen wollte.»[410] Auch die Seitenwunde mußte «mit angebrachter Zurückhaltung» aufgedeckt werden: «ich sah die offene Wunde deutlich Blut absondern und legte ein Tüchlein darauf und fand darauf das Blut von fünf Tropfen in Kreuzesform...»[411] Um den Unterschied klar zu machen, befahl er einer der Verleumderinnen Marias, sich selbst die Wunden aufzumalen, die sich jedoch leicht als falsch erkennen ließen[412]. Alle diese Untersuchungen müssen sich im Halbdunkel abgespielt haben, Fabri etwa hatte ein Licht zur näheren Prüfung ausdrücklich abgelehnt[413]. Daß er nach dieser freilich etwas oberflächlichen Kontrolle die Echtheit der Stigmen bestätigte, sollte ihn später seine Position kosten[414].

Maria brachte Leinenstückchen, die mit den fünf Blutstropfen aus ihrer Seitenwunde in Kreuzesform getränkt waren, als heilkräftige Reliquien in Umlauf; eine von ihnen nahm auch der Papst an. Ihr Waschwasser galt ebenfalls als wundermächtig[415]. Angesehene Theologen und Prälaten verbreiteten ihren Ruhm. König Philipp II. schrieb Maria mehrmals eigenhändig in tiefer Verehrung und hieß sie 1588 die Große Armada segnen, die Britannien und Philipps verhinderter Braut Elisabeth I., vor allem aber dem englischen Protestantismus den Untergang bringen sollte.

Als Betrügerin entlarvt wurde auch diese Nonne durch andere Frauen, nämlich Mitschwestern ihres Konvents, die wiederum durch die notorische Ritze spähend, die künstlich in ihre Zellentür gebohrt worden war, entdeckten, daß sich Maria die Stigmen selbst aufmalte[416]. Wie bei Magdalena vom Kreuz waren die üblichen Klosterintrigen vorhergegangen. Zunächst war der Einfluß ihrer Verehrer in der kirchlichen Hierarchie und im Kloster jedoch so stark, daß wenig geschah, sie wurde vielmehr als Priorin wiedergewählt. Ein Kardinal schrieb sogar an den Papst, daß er jede Überprüfung für überflüssig erachte[417]. Der hauptsächliche Grund von Marias Sturz dürfte ein politischer gewesen sein: Anscheinend wollte sie ihren Einfluß im Sinne der Unabhängigkeit Portugals von Spanien gebrauchen oder ließ sich zumindest von Patrioten, die sich besonders zahlreich unter den Dominikanern fanden, als «Retterin» ihres Volkes stilisieren[418]. Angeblich hatte sie die Rechtmäßigkeit der Thronfolge des spanischen Habsburgers bestritten und seine Bestrafung durch Gott vorausgesagt[419]. König Philipp II. bemerkte daraufhin: «Die Heiligkeit dieser Nonne, die das Volk aufwiegelt und sich in die Politik einmischt, ist nicht echt» und gab den Befehl, einen Inquisitionsprozeß gegen Maria anzustrengen. Vermutlich hat schon der Untergang der spanischen Flotte trotz des Segens der «Heiligen» und ihrer Siegesprophezeiung seinen Glauben an die Nonne von Portugal gebrochen. Nur widerstrebend eröffnete der zuständige Kardinal, ein Bewunderer Marias, das Verfahren gegen sie. Vor die Inquisition gebracht, mußte sie erdulden, was sie bisher durch Zeichen größten Schmerzes hatte verhindern können: die Inquisitoren rieben die Stigmen mit grobem Tuch, Seife und Gewalt ab und fanden darunter gesundes Fleisch. Maria gab eine vollständige Erklärung über ihre trickreichen («con artificio e ynvención»[420]) Machenschaften ab: Die Nonne hatte die Wunden der Dornenkrone durch Selbstverletzung mit Stecknadeln hervorgerufen, und die Wunden an der Seite, den Händen und Füßen täglich mit roter Farbe aufgemalt und die Nagelmale darin mit schwarzer. Behauptet hatte sie jedoch ein charismatisches Erlebnis, bei dem sie mit fünf Feuerstrahlen christförmig verwundet worden sei[421], offenbar eine Umsetzung der üblichen Ikonographie der Stigmatisation des hl. Franziskus, oder, für Maria wichtiger, der Ordensheiligen Katharina von Siena. Wenn eine Überprüfung bevorstand, hatte sie auch mit einem Messer nachgeholfen. Die Lichtphänomene, die man an ihr, in ihrer Zelle und im Chor beobachtet hatte, hatte sie mit einem Kohlebecken hervorgezaubert. Zu ihren Levitationen war es gekommen, indem sie einen Pantoffel über den anderen schob oder sogar einen Stock darunter. Vor 14 Jahren hatte sie mit diesen Betrügereien begonnen, «nur um für eine heilige Frau gehalten zu werden»[422] «und als solche verehrt zu werden»[423], hatte jedoch nie, wie sie verständlicherweise betonte, irgendetwas mit Dämonen zu tun gehabt[424].

So weit die Akten. Marias Stigmen wurden als «falsch, fingiert, gefälscht und von ihr selbst gemacht» angeprangert und die Nonne 1588 zur ewigen Einschließung in ein Kloster eines anderen Ordens verurteilt; wenn sie zum Essen geht, das nur aus Fastenspeisen bestehen darf, dann muß sie stets laut ihre Missetat bekennen; wenn die Nonnen in das Refektorium kommen und es verlassen, muß sie an der Schwelle liegen, so daß alle über sie hinwegschreiten; sie darf nur am Boden sitzend essen, jeden Mittwoch und Freitag soll sie öffentlich im Kapitelsaal der Nonnen solange gezüchtigt werden, wie ein Miserere dauert, sie nimmt stets die niedrigste Stelle im Kloster ein usw. Alle Bilder und Reliquien, die die Missetäterin zeigten oder von ihr stammten, waren einzuziehen[425].

Es wäre schwer, in dieser Nonne nicht wirklich eine geistliche Schwindlerin zu sehen, doch ist immerhin darauf hinzuweisen, daß auch wenigstens zwei in der Catholica als Selige Verehrte, nämlich Maria von Oignies und Lukardis von Oberweimar, sich ihre Stigmen nach den Aussagen der ja zu ihrem Lobe geschriebenen Viten selbst beigebracht hatten[426]! Kritik an der Echtheit ihrer Gottesverletzungen gab es bei später so anerkannten Seligen wie Osanna von Mantua und Columba von Rieti[427]. Und auch die Stigmen der Gemma Galgani, einer erst 1903 gestorbenen Passionsmystikerin «traditionellen Stils», ließen sich vom Arzt entfernen[428]. Dessen ungeachtet sprach sie Pius XII. 1940 heilig.

Betrügerische Versuche, sich in die Reihen der mystischen Heiligen einzuschmuggeln, scheinen in der Frühneuzeit rapide zuzunehmen, ein ganzer Band Kongreßakten ist mit Beispielen nur aus Italien gefüllt, wobei es sich bloß um eine Auswahl handelt[429]. Solche Schwindlerinnen findet man tatsächlich immer wieder in den Annalen der Regionalgeschichte. So verurteilte 1591 das Heilige Officium in Toledo eine Ekstatikerin namens Maria de Morales aus Alcázar[430], 1634 in Valladolid die Tertiarin Lorenza Murga von Simancas[431]. 1673 ließ der Bischof von Troyes eine gewisse Catherine

Charpy einen Monat lang im Konvent der Ursulinen unter Beobachtung stellen, da sie angeblich seit Jahren ohne jede Speise lebte und «wunderbare innere Stimmen» hörte. Im Kloster ernährte sie sich freilich normal und erlebte nur mehr wenige Ekstasen. Vielmehr stellte der Bischof bei ihr «Stolz, Täuschung, Verstellung, Lüge, Trug und sogar Unkenntnis in den wichtigsten Glaubensgeheimnissen» fest. Sie wird dem Offizial zur Besserung übergeben und verschwindet aus der Geschichte[432]. 1674 bekannte Jeanne Gros in Autun, ihre Stigmen mit Tierblut gefälscht zu haben[433], 1692 wird die Sizilianerin Anna Raguza aus Sevilla exiliert, weil sie Visionen vorgespielt hatte[434]. 1699 wird Marie Benoit, gen. De la Boucaille, durch das Parlament von Rouen von der Todesstrafe zur Auspeitschung begnadigt; wiewohl sie eine Reihe augenscheinlich unwiderlegter Wunder gewirkt hatte (Heilungen, Telepathie, Lesung verschlossener Dokumente u.v.m.), vollführte sie auch ausgemachte Betrügereien mit Almosen und hatte ein Verhältnis mit einem Karmelitermönch. Ihre mystischen Ekstasen wechselten (wie bei Eustochio) mit Besessenheitszuständen, doch war alles, so das Gericht, nur vorgetäuscht[435] – und so fort.

Eine exemplarische Beschreibung solchen Verhaltens gibt der bereits erwähnte päpstliche Leibarzt Zacchia, wobei er betont, das Ganze koste ihn nur ein Lachen, denn er kenne die bewußte Frau von innen und außen und wisse deshalb mit Sicherheit, daß sie schwindle: «Wenn sich in Kirchen und andernorts viele Leute versammelten, täuschte sie vor, in die Ekstase entrafft zu sein und wurde so Gegenstand nicht geringer Bewunderung. Sie stand mit in Kreuzesform ausgestreckten Armen, mit starrem Blick und unbeweglichen Gliedern. In dieser Position blieb sie eine Stunde oder mehr. Während dieser ganzen Zeit der Entzückung verspannte sie ihren Leib in außergewöhnlicher Weise, und es war, als ob sie in den Himmel fliegen oder sich in die Luft erheben wollte... Sie wurde bleich und schwach, ohne Bewußtsein, wie wenn sie tot gewesen wäre, bis sich ihre Wangen wieder röteten und sie vorgab, zu sich zurückzukehren. Daher vermeinten die Anwesenden, sie sei von Gott verzückt worden, und verehrten sie wie eine Heilige...»[436]

Wenn es auch ganz überwiegend Frauen waren, die diese Symptome mystischer Heiligkeit produzierten, so findet man dieses Verhalten gelegentlich auch bei Männern, wie etwa dem 1624 zu Geißelung und Klosterhaft verurteilten Juan el Hermito (Johann der Einsiedler), der von Krankenheilungen bis zur Visio beatifica alle mystischen Gaben beanspruchte[437].

Analoge Relikte gibt es immer wieder auch in jüngerer Zeit[438]. So standen die Altöttinger Redemptoristen im 19. Jahrhundert unter dem unglaublich weitgehenden Einfluß einer Visionärin namens Aloysia Beck (1822–1879), die praktisch die Klosterführung innehatte[439]. Sie berief sich nämlich darauf, ihre Anweisungen von Maria als der «höheren Leitung» unmittelbar zu erhalten, was ihr sogar der Erzbischof von München-Freising glaubte. Obwohl sie schwanger wurde – sonst das sicherste Zeichen für Katholiken, daß hier nicht nur der Heilige Geist im Spiele war – und es zu einer Fehlgeburt (oder Abtreibung?) kam, änderte sich nichts an ihrer Position, da sie angab, ihr Geliebter habe mit ihr mit ausdrücklicher Erlaubnis der Mutter Maria verkehrt[440]. Beck blieb auch nach dem Tode von ihrem Kreis hochverehrt. Und dies ungeachtet dessen, daß ihre Stigmata an ihrer Leiche nicht mehr zu finden waren![441]

Es sei noch angemerkt, daß auch die dämonische Besessenheit, also genau das Gegenteil des Enthusiasmus[442], nachgeahmt wurde, u.a. um damit Geld zu machen, genauso wie Schwindler mit vorgespielten Krankheiten die Geldbörsen barmherziger Mitmenschen erleichterten: «se demoniacos [esse] effingunt aut enthusiasmum pati», «sie tun so, als ob sie besessen oder ergriffen wären» (Paolo Zacchia, 1623)[443]. Berühmt war im ausgehenden 16. Jahrhundert der Fall der Marthe Brossier, die von ihrem Vater von Dorf zu Dorf geführt wurde, um milde Gaben einzusammeln, sei es, daß diese aus Mitleid gegeben wurden, sei es aus Furcht, unerlaubte Beziehungen könnten durch den aus seinem Opfer sprechenden Teufel aufgedeckt werden[444]. Brossier wurde entlarvt, da sie beim Vorlesen von Cicero und Vergil genauso «ekstatisch» reagierte wie bei der Beschwörung mit den kirchlichen Exorzierungsformeln[445]. Ein deutliches Beispiel, wie leicht das Volk mittels des Wissens der herrschenden Schichten manipuliert werden konnte: die betrogene Betrügerin war des Lateinischen natürlich unkundig.

88

Ein anderer Grund für die Vorspiegelung von Besessenheit war die Flucht in diese Verhaltensweise, um dem ungeliebten Klosteralltag zu entkommen. So liest man in einer Instruktion des Heiligen Officiums von 1643, leichthin sollten Nonnen dämonische Anfechtungen nicht geglaubt werden, denn es habe sich immer wieder erwiesen, daß der Grund für die entsprechenden Phänomene eher in der melancholischen Stimmung der unzufriedenen Klosterfrauen liege, die gegen ihren Willen in die Klausur eingeschlossen worden seien, als im tatsächlichen Wirken böser Geister. Auch in diesem Zusammehang kam es zu Massenbesessenheiten, wie im Kloster der Klarissen zu Carpi, wo 1639 vierzehn Schwestern Besessenheit vorspielten[446].

Wir müssen aus den ehrfurchtsvollen Reaktionen der Umwelt auf das Verhalten dieser Betrügerinnen den Schluß ziehen, daß nur der Zufall oder eine gezielte Überprüfung zu einer Entlarvung führen konnte. Im Regelfall aber waren die Symptome bewußt gespielter und charismatisch empfangener Heiligkeit für die Betrachter nicht zu unterscheiden. Und dies bezieht sich nicht nur auf das einfache Volk, sondern genauso auf die politisch, wirtschaftlich und intellektuell führenden Schichten, wie die genannten Beispiele zeigen.

Es kam freilich gelegentlich auch dazu, daß eine Schwindlerin, ohne überwacht oder unter Druck gesetzt worden zu sein, aus eigenem Schuldgefühl heraus gestand, heiligmäßiges Verhalten nur gespielt zu haben. Johannes Nider berichtet im *Formicarius* von einem solchen, ihm persönlich vertrauten Fall: er kannte eine Nonne, «devotione plena», voller Frömmigkeit, die aber, «vom Laster der Prahlerei besiegt», vorgab, in Ekstase Offenbarungen zu empfangen. «Denn da sie bei der Tischlesung öfters gehört hatte, wie verzückt die früheren heiligen Männer und Frauen gelebt hatten, wollte sie für eine von ihnen gehalten werden und begann wiederholt, öffentlich mit lauter, wundersamer Stimme zu rufen und eine Entraffung oder Ekstase des Geistes nachzuahmen, indem sie zu Boden fiel.» Viel später erst brachten sie ihre Gewissensbisse dazu, die Täuschung in Anwesenheit des Berichterstatters zuzugeben[447]. Diese Stelle enthält noch eine wichtige Information: sie zeigt, wie der konkret verstandene Wunsch nach der «Imitatio sanctorum», der Nachfolge der Heiligen, auch zu pseudomystischen Phänomenen führen konnte. Das das bewußte Verhalten exemplarisch vorführende Medium ist dabei die erbauliche, hagiographische Literatur, gewiß auch die Offenbarungsliteratur, wie sie zur klösterlichen Lesung im Refektorium und im Kapitelsaal herangezogen wurde[448]. So wird aus dem Erleben früherer Ekstatiker vermittels der Aufzeichnung in bestimmten Textsorten durch Nachahmung wiederum Erleben (hier fingiertes). Umgekehrt erklärt sich die Ähnlichkeit vieler Aussagen in Hexenprozessen nicht nur durch ein vorgegebenes Frageregister der Inquisitoren, sondern auch durch die Kenntnis früherer Fälle von Hexerei bzw. der Literatur darüber, die Angeklagte manchmal nachweislich besassen[449].

Wenn man die Elemente analysiert, die diese Schwindlerinnen ihrer Umwelt verehrungswürdig machten, so ergibt sich damit das Modell mystischer Heiligkeit, das seit dem späten Mittelalter von besonders frommen Frauen erwartet wurde. Das Syndrom von Verhaltensweisen und Selbstaussagen, das in jener Periode als Kriterium für weibliche Heiligkeit galt, kann – vom Standpunkt der Profangeschichte aus betrachtet – zunächst in jedem Fall echt gewesen, d. h. hier: unwillkürlich erlebt worden sein (wie immer wir dies auch religiös oder psychologisch deuten wollen), oder es kann unecht gewesen sein, d. h. bewußt fingiert.

Pia fraus

Freilich liegen die Dinge gerade in der Epoche, von der wir sprechen, nicht so einfach. Denn nicht selten fließen in der Sphäre der gelebten Religion echtes psycho-somatisches Erleben, Selbsttäuschung, *pia fraus* und gezielter Betrug so ineinander, daß eine faire Beurteilung kaum möglich erscheint. Dies sollte vielleicht als ein besonderes Charakteristikum der spätmittelalterlichen und frühneuzeitlichen katholischen Frömmigkeit generell noch näher untersucht werden.

Magdalena Beutlerin

Ein Beispiel hierfür bietet Magdalena Beutlerin von Kenzingen[450]. Die 1407 geborene Tochter eines wohlhabenden Kaufmanns war wie Eustochio ein ungeliebtes Kind. Ihre Mutter sperrte sie sehr oft alleine ein, um sich dem eigenen Frömmigkeitsleben hinzugeben, ohne vom Weinen der Kleinen gestört zu werden. Schon mit drei Jahren soll sie die ersten Trinitäts- und Christus-Visionen gehabt haben, mehrmals schien sie scheintot. In einer solchen Situation gelobte sie ihre Mutter, ebenfalls eine visionär veranlagte Frau, dem Freiburger Klarissenkloster, und übergab die Fünfjährige den Nonnen. Dort ruinierte sie ihre Gesundheit mit Fasten, Wachen und Schlafen auf dem Boden. Bis zu dreißig Tagen lebte sie nur von der Eucharistie. Wenn ihre Gedanken aus dem religiösen Bereich abglitten, nahm sie sogleich eine Diszplin (Selbstgeißelung).

Vieles spricht für echtes mystisches Erleben, nicht nur die von Magdalena praktizierte strenge Askese: sie erlebte die Passion Christi am eigenen Leibe, weinte blutige Tränen und empfing karfreitags die Stigmen; ihre Visionen und Auditionen handeln vom Leiden des Erlösers, den Qualen des Fegefeuers, vom Endgericht; sie hatte Erscheinungen des Jesuskindes, von Heiligen, Engeln, Teufeln und abgeschiedenen Seelen. Auch verfaßte sie selbst fromme Schriften, u.a. eine Erklärung des Vaterunsers.

Soweit unterschied sich Magdalena also kaum von anderen anerkannten Mystikerinnen ihrer Epoche. Betrug oder «pia fraus» (oder Schizophrenie?) kam aber ins Spiel, als sie wiederholt «*körperlich* entrafft» wurde, d. h. tagelang aus dem Konvent verschwunden war und danach behauptete, an unzugänglichen Plätzen in dieser oder in der anderen Welt gewesen zu sein. Das erste Mal geschah dies 1429 am Fest der 11.000 Jungfrauen der hl. Ursula, einem Donnerstag. Manche der Schwestern dachten, der Teufel habe sie dazu verführt, das Kloster wider ihr Gelübde zu verlassen. Andere meinten, sie sei in einen anderen, strengeren Konvent geflüchtet. Wieder andere fürchteten, sie sei aufgrund der Härte ihrer Askese verrückt geworden und irre in den Wäldern umher. Da fiel plötzlich, von unsichtbarer Hand geworfen, ein Brief in den Chor der Klosterkirche, geschrieben mit Blut und zusammen mit Magdalenas Rosenkranz. «In der Ehre Gottes

Jesu Christi, unseres Schöpfers und Erlösers und Erhalters, so künde ich euch, daß mich Christus hat empfangen und hat mich gesetzt an einen solchen Ort der Stadt, wo ich beraubt bin alles zeitlichen Trostes... Denn früh zur fünften Stunde, da hat Christus seine elende und arme Gemahlin emporgeleitet in seinen Turm... Meine allerliebsten Schwestern, der Friede Gottes sei mit euch, und er vergebe euch alle eure sündigen Worte!... Gott helfe euch im Künftigen, denn ich elende Gottesgefangene verkünde euch Armut. Ihr sollt mich nicht mehr suchen; denn man kann mich nicht finden.»[451] Am darauffolgenden Sonntag frühmorgens fand man die Nonne wie tot in der Kirche vor dem Altar. Nach drei Stunden kam sie zu sich, verlangte mit Zeichen nach Schreibzeug und setzte einen zweiten Brief auf, in dem sie für die Armut warb und von den Fegefeuerqualen der verstorbenen Nonnen berichtete. Sie behauptete, die ganzen Tage ihrer Abwesenheit in einer Ekstase verbracht zu haben. Da es aber eben in dieser Zeit merkwürdig im Chorgestühl geknirscht hatte und ihre Bücher auf einmal wieder dort auftauchten, liegt die Vermutung mehr als nahe, sie habe sich im Chorgestühl versteckt. Darauf läßt vornehmlich der unter ihre Mitschwestern in den Chor geworfene Brief schließen. Diese freilich «glaubten ihr in allem wie einer Prophetin Gottes»[452].

Einen Monat vor dem Weihnachtsfest von 1430 sagte Magdalena dann ihren Tod für einen bestimmten Zeitpunkt voraus. 17 Tage lag sie ohne Nahrung, dann nahm sie das Sakrament und fiel in Trance. Der Inhalt der währenddessen erlebten Offenbarung war wieder die Empfehlung der heiligen Armut. Für die nächsten 15 Tage ließ sie ihr Bett im Chor der Kirche aufschlagen. Das wurde keineswegs geheimgehalten: Neugierige strömten nicht nur aus nächster Nähe, sondern sogar aus Straßburg und Basel zusammen. Der Rat der Stadt Freiburg und die Oberen des Dominikanerordens sandten offizielle Delegationen zu diesem Ereignis, Adelige und Gelehrte waren anwesend, auch der Arzt des Stadtrates, der mittels Kontrolle ihres Pulses den Tod konstatieren sollte. Dieser Zulauf ist nicht nur mit Neugierde in einer verhältnismäßig kommunikationsarmen Zeit zu erklären. Magdalena hatte nämlich prophezeit, daß mit Sicherheit niemand in die Hölle kommen werde, der bei ihrem Tode gegenwärtig sei! Sie rief mit rauher Stimme: «Zum Sarg!» und ließ sich in einen vorbereiteten, bemalten Sarg legen. Alle erwarteten, Zeugen eines «heiligen Todes» zu werden, der am Ende so vieler Heiligenlegenden geschilderten öffentlichen «mors preciosa»[453], erbaulich durch das Vorbild, heilkräftig durch die Herabkunft der Engel und Heiligen, die die Seele holen würden, nützlich durch die Reliquien, die man vom Leib und der Kleidung so Verstorbener nach Hause mitzunehmen hoffte[454]. Jedoch – nichts geschah! Unter dem Zwang des Gehorsamsgelübdes vom Provinzial befragt, antwortete sie: «Mein Leib ist tot, aber mein Herz lebt noch.» Dann: «Gott hat ein Wunder in meinem Herzen gewirkt, ich muß nicht sterben!». Die Menge lobte Gott für diese Gnade. Magdalena aber verlangte nach Essen und weinte ob dieses «Ärgernisses». Seit damals nahm ihr Ruf als Heilige außerhalb ihrer Gemeinschaft deutlich ab.

Wenig später aber ward sie wiederum «mit leib und sel verzugt und kam aus dem khor on alle menschliecher hilf.»[455] Dabei wurde ihr geoffenbart, daß die falsche Todesprophezeiung zu ihrer Verdemütigung dienen sollte. Einmal (1433) kehrte sie blutüberströmt von einer ähnlichen Entrückung zurück und erzählte, von Ananias das hl. Sakrament bekommen zu haben und im Blute des Lammes getauft worden zu sein. Einer Frau, die über sie übel geredet hatte, erschien sie in derselben Nacht «und bestrofet sie hertiglichen umb die scheltwort»[456]. Das könnte eine von den zahllosen Traumerscheinungen sein, von denen die hagiographische Literatur ja voll ist. Merkwürdig ist nur, daß Magdalena dann aus dem Fenster verschwindet: hat sie ihr Kloster verlassen, um der Kritikerin Angst einzujagen?

Zweifellos dienten diese Manöver in den Augen der Mystikerin einem guten Zweck: sie war eine entschiedene Vefechterin der Reformierung des Klarissenordens mit dem Ideal größerer Strenge der Lebensführung, ein Thema, das die ganze Geschichte des Mönchtums im 15. Jahrhundert durchzieht. So sprechen auch ihre «Himmelsbriefe» immer wieder ermahnend dieses Thema an. Am 5. Dezember 1458 verschied sie, jedenfalls von ihren Mitschwestern hoch geachtet. Viele Außenstehende spotteten freilich über Magdalena Beutler und hießen sie sogar «ein zauberin»[457].

Falls die in einer Handschrift ihr zugeschriebenen (und wenigstens sprachlich modernisierten) Verse tatsächlich von ihr stammen, so hegte sie jedenfalls selbst keinen Zweifel an ihrer Auserwählung:

«Mancher sagt, ich si voellig wahnsinnig,
Mancher sagt, meine seele si rein,
do verbrenn ich mit feuer ganz innig:
Ich verdiene den heiligenschein.

Mein dasein ist 'n einziges wunder,
Gekroenet vom tot soll es sein,
Werd ich heiliggesproch ohne schunder,
Rihten mir einen festtag sie ein.»[458]

Elisabeth Achler

Eine Zeitgenossin der Beutlerin war Elisabeth Achler von Reutte (1386–1420)[459]. Die Person dieser Franziskanertertiarin sollte im Unterschied zu der der Schwester aus dem Zweiten Orden 1766 durch päpstliche Kultbestätigung aufgewertet werden. Achler besaß zahlreiche mystische Charismata, u.a. die Stigmatisation. Im übrigen zeigte sie sich ganz ähnlich den Angriffen des Teufels ausgesetzt, wie etwa Christine von Stommeln. Zwölf Jahre soll sie ohne Nahrungsaufnahme gelebt haben. Davon war jedenfalls ihr Beichtvater überzeugt, der ihr Leben aufzeichnete. Nicht so alle ihre Mitschwestern. «In diesen Jahren hatten sie ihre Mitschwestern in großem Argwohn, daß sie nicht wirklich ohne leibliche Speise bleibe, sondern daß sie des Ruhmes und der Ehre in der Welt wegen nur so täte, als ob sie ohne Nahrung auskäme. Und das war die Ursache ihres Argwohns, daß sich der böse Geist oft und wiederholt in die Gestalt der Jungfrau verwandelte 'und nam heimlichen und dieplichen spise, es werent bonen, linsen,'...[460] Ja, der «aller boest listig geist» war so boshaft, das gestohlene Brot und Fleisch in die Betkammer der Mystikerin zu tragen und unter ihrer Liege zu verstecken, und das sahen die Schwestern und sprachen zu einander: «sehent und merckent, wie sich die glisnerin [Heuchlerin] glichnet vor der welt, daz sú nút esse und sú múge nút essen. Aber wo ir brot und fleisch und ander spise mag werden, die stielet sú und fúllet sich heimlich in den winclen. Da von ist nút zuo wundern, daz sú offenlich nút isset.» Ja noch mehr: Da es bei völliger Abstinenz auch keinen Stuhlgang gibt, brachte der Böse Menschenkot in ihre Kammer, der nach Schwefel und Harz stank, womit er sogar in der Gegend umherwarf[461]. So der Beichtvater und Biograph. Ein heutiger Interpret käme eher auf den Gedanken, es wäre tatsächlich Achler die Urheberin all des Geschilderten gewesen, die entweder absichtlich betrog oder unabsichtlich, etwa aufgrund schizophrenen Verhaltens.

Ähnlich schwer zu beurteilende Persönlichkeiten hat es dann in der Geschichte immer wieder gegeben. Eine jüngere Zeitgenossin der beiden Frauen, eine mystisch begabte Nonne in Zell bei Konstanz, sagte ähnlich wie Beutler ihre Stigmatisation für einen bestimmten Termin voraus, was ebenfalls einen großen Volksauflauf verursachte. Allein, auch hier fand das Wunder nicht statt. Ein Dominikaner ergriff die Gelegenheit zu einer Predigt über den Geist des Irrtums, und die Nonne kam in die Mühlen der kirchlichen Justiz[462]. Genauso wie über die schwäbische Anorektikerin wird z.B. von der hl. Maria Magdalena von Pazzi (1566–1601), einer florentinischen Mystikern, berichtet, sie hätte ohne Nahrung gelebt, aber immer wieder habe man Teufel gesehen, die in Gestalt dieser Frau heimlich Essen zu sich genommen hätten[463]. Stefana Quinzani rühmte sich des vortrefflichsten Gottesgeschenks («excellentissimo dono»), daß es den Leuten oft so erscheine, als ob sie äße, was sie aber in Wirklichkeit gar nicht täte. Sie erkannte aber hier die Gefahr, zum Hochmut verführt zu werden, und nahm deshalb gelegentlich ein Weniges zu sich[464]. Noch viele ähnliche Frauen wären zu erwähnen, z.B. jene Isabel von Briñas im 17. Jahrhundert, die Ekstasen und Offenbarungsempfang vorgespielt haben soll[465]. Eine weitere wirkliche oder angebliche Schwindlerin im Spanien des frühen 17. Jahrhunderts war Juana la Embustera[466].

Man darf vielleicht zur Erklärung des Schwankens zwischen subjektiv echtem religiösen Empfinden und bewußtem Trug auf das Modell verweisen, das Walker für die zahlreichen Fälle dämonischer Besessenheit in der

Zeit um 1600 konstruiert hat[467]. Da treten vor allem bei Jugendlichen Krankheitssymptome epileptischer und halluzinativer Art auf; die Aufmerksamkeit, die sie damit in ihrer Umgebung finden, verbunden mit der dämonogenen Erklärung, wirkt als Verstärker und führt beim Betroffenen zur Überzeugung, wirklich besessen zu sein. Anfälle werden bewußt induziert – oder vorgespielt, wenn sie nicht von selbst kommen. Ähnlich wurden offenbar von manchen dieser Frauen Visionen erlebt, induziert oder fingiert; wenn sie nicht ausreichten, wurde mit konkreteren «Beweisen» wie mit Himmelsbriefen nachgeholfen.

Die Reaktionen der «Normalen»

In seiner Reflexion über Magdalena Beutlerin fragt Nider: «Num a Deo fuit, a daemone, vel a natura, vel ab arte fingente talia?»[468] Ob das von Gott kam, oder vom Dämon, oder von Natur, oder von arglistiger Täuschung? Damit finden wir bei einem Theologen des frühen 15. Jahrhunderts bereits vier Erklärungsmodelle genannt, mit denen die Zeitgenossen im Religiösen normabweichende Frauen beurteilten (allerdings kam das Modell «a natura» praktisch noch kaum vor). Nider spricht bei anderer Gelegenheit auch bereits ein fünftes an: eine solche Frau könnte «laesa esse... in cerebro ad rationis defectum»[469], im Gehirn so verletzt sein, daß ihre Vernunft geschädigt sei.

Nach allem oben Erörterten können auch wir fünf Arten von Reaktionen der «Normalen» auf solche Frauen unterscheiden, die die geschilderten ambi- oder besser: multivalenten Symptome, Phänomene, Charismen (oder wie immer) produzierten:

Die Verehrung als Heilige (z.B. die hl. Birgitta von Schweden),
die Verfolgung als Ketzerin bzw. Hexe
(z.B. die hl. Dorothea von Montau),
die Exorzierung als Besessene (z.B. die sel. Eustochio von Padua),
die Behandlung als Kranke (z.B. die hl. Katharina von Genua) sowie
die Entlarvung als Betrügerin (z.B. Anna Laminit).

Dabei erscheinen Ketzerei, Hexerei und Besessenheit als einander nahestehend, verbunden durch das Wirken der bösen Geister.

Daß eine solche Vielzahl von Beurteilungen derselben Erscheinungen
möglich war, verweist auf das Nebeneinander konkurrierender Erklärungsmodelle. Die wohl häufigste Einbindung in den Komplex «Heiligkeit» oder
«Magie» dokumentiert das Vorherrschen eines «magischen», «archaischen»
Weltmodells, das aber mehr und mehr durch «rationale» Erklärungshypo-
thesen überformt erscheint. Nach den Vorstellungen der Intellektuellen seit
dem späten Mittelalter wirkt die Hexe nicht direkt selbst magisch, wie
man im Frühmittelalter eher annahm, sondern aufgrund eines Dämonen-
paktes; analog dazu die Heilige aufgrund eines «Gottespaktes» wie der
mystischen Brautschaft. Beides war dem Frühmittelalter praktisch ganz unbekannt, vielleicht, da die Beziehungen des Menschen zur Gottheit andere
waren[470].

Von diesen Erklärungsmodellen sollte sich namentlich eines als progressiv
erweisen, d.h. zum in der Gegenwart dominierenden Modell werden, ohne
daß die anderen deshalb völlig verschwunden wären (sie sind aber nur mehr
Reliktformen einer älteren Mentalität): Menschen, die charismatische Phänomene aufweisen, werden heute wohl in den allermeisten Fällen in die Kategorie «Kranke» eingereiht und als solche behandelt. Das religiöse Fasten
etwa gilt als Anorexie, die Visionen und Erscheinungen als Halluzinationen, die Stigmatisation als Folge einer Autosuggestion usw.

Genauso wie auf die Erlebnismystik wurden die genannten Erklärungsmodelle ebenfalls auf die Besessenheit angewandt; auch hier trat im Lauf
der Entwicklung vom Mittelalter zur Neuzeit das Religiöse zurück und das
Medizinische gewann an Bedeutung. Ein Beobachter der Affäre von
Loudun (1634)[471] formulierte die unterschiedlichen Interpretationsmög-
lichkeiten seiner Zeit klar: «Alle Überlegungen, die man hierzu machen
kann, lassen sich auf drei Hauptpunkte zurückführen: der erste davon ist,
daß es sich hier um Betrug handelt, der zweite, daß alles, was hier zu sehen
ist, von irgendeiner Krankheit verursacht wird; und der dritte, daß es sich
um das Werk der Dämonen handelt»[472].

Bei diesen Reaktionen handelt es sich freilich im wesentlichen stets um die von Männern. Es ist nicht zu übersehen, daß die Einordnung der Frauen in eine der genannten Kategorien vor allem und in definitiver Weise durch Männer, und meistens Männer der Kirche, besorgt wurde. Sie entschieden über die Einleitung eines Kanonisationsprozesses und die eventuelle Heiligsprechung, sie vollzogen die Exorzismen, sie führten die Hexenprozesse, sie übten die ärztlichen Künste aus, sie besorgten die Bestrafung der Heuchlerinnen. Gewiß, bei der Aufdeckung letzterer konnten andere Frauen mitwirken; sie zeigten sich dabei in der Regel geleitet von einem Konkurrenzverhalten. Sie konnten wohl auch Steine ins Rollen bringen, etwa durch die zur Hexenverfolgung führende Besagung (der Fachausdruck in der älteren Rechtsprache für Bezichtigungen des Verbrechens der Hexerei). Aber es ist typisch für die streng patriarchalische Gesellschaft des alten Europas, daß selbst die «Geburt» einer Heiligen ausschließlich von Männern abhing: vom Beichtvater, der die sich zeigenden Phänomene als göttlich und nicht als dämonisch beurteilte, vom Orden, dem die Charismatikerin an- oder (als Tertiarin) zugehörte, von der Kurie, die ihr die Ehre der Altäre gestattete. Auch so bekannte und ausgesprochen starke Frauen wie Katharina von Siena und Birgitta von Schweden hätten nie die Wirkung erreichen können, für die sie berühmt wurden, wenn sie nicht hinter sich «pressure groups»[473] von Männern gehabt hätten, die ihre Revelationen veröffentlichten und ihre Biographien schrieben. In diesen Gruppen («la bella brigada», «la famiglia» bei Katharina von Siena) gab es wohl auch Frauen, aber weder in der Überzahl noch in entscheidenden Positionen.

Sowohl die männliche Dominanz als auch die angesprochene Ambivalenz zeigt sich übrigens auch darin, daß statt der Mystikerin der Seelenführer als Zauberer angeklagt werden konnte, wie es Sebastiano Bontempi, dem Beichtvater Colombas, 1497 geschah. Man warf ihm vor, der Seligen die Prophezeiungen suggeriert zu haben, die sie berühmt machten[474]. Als es nach dem Tode Katharinas von Siena ähnliche Zwiste gab, wie um die Offenbarungen Birgittas[475], wurde der Bruder Bartholomäus von Ferrara, selber Inquisitor, 1411 vor der Inquisition denunziert, weil er Katharina zu sehr gelobt hatte![476] Dem engagierten Kämpfer für den Konziliarismus und gegen die päpstliche Suprematie, Erzbischof Andreas Zamometic, diente umgekehrt der Vorwurf, die Verehrung Katharinas behindert zu haben, sogar als einer der Gründe, Papst Sixtus IV. vor das Konzil nach Basel zu laden. Der Heilige Vater ging siegreich aus dieser Auseinandersetzung hervor und ließ dies 1481/82 in der Sixtinischen Kapelle von Sandro Botticelli unter dem Deckmantel alttestamentlicher Ikonographie verewigen[477]. 1627 wurde sowohl eine Visionärin als auch ihr Beichtiger zu zehn Jahren Kerker verurteilt, weil sie ihm ihre als häretisch beurteilten Offenbarungen erzählt und er sie aufgezeichnet hatte[478].

Das Analoge konnte auch dem Beichtvater einer Besessenen passieren, wie ein Prozeß in Aix-en-Provence von 1611 zeigt, der mit der Exekution des Priesters endete, der sein Beichtkind verhext und in die Besessenheit geführt haben soll. Die zahlreichen, jahrelangen öffentlichen Exorzismen hatten nicht gefruchtet; vielmehr hatte der eingefahrene Dämon erklärt, erst dann sein Opfer verlassen zu wollen, wenn der Zauberer, der ihn in den Mädchenkörper hineingebracht hatte, tot oder bekehrt sei. Tatsächlich begannen nach der Verbrennung des Unglücklichen die Exorzismen zu wirken[479] – ein psychologisches Lehrstück. Auf das ähnliche Schicksal des berühmteren Urbain Grandier kommen wir noch zurück[480].

Und vielleicht ist es auch kein Zufall, daß einige derjenigen kirchlichen Amtsträger, die als Inquisitoren gegen die Hexensekte tätig waren, gleichzeitig mit «lebenden Heiligen» Kontakt hatten und versuchten, deren Kulte zu etablieren. Ein Beispiel ist jener Domenico da Gargano, der einerseits 1508 den Markgrafen von Mantua zu härterem Vorgehen gegen die sich seiner Meinung nach laufend vermehrenden Hexen auffordert und der andererseits die Echtheit der Stigmen Lucias von Narni bezeugt, bei den Ekstasen Stefana Quinzanis anwesend ist, die Vita Osannas überarbeitet und sich um ihre Verehrung bemüht[481]. Auch der Kardinal Federico Borromeo (1564–1631) zeigte ähnliches Interesse in beiden Bereichen[482]. Intensivere personenhistorische Forschung auf diesem Sektor würde vielleicht zu hilfreichen religionspsychologischen Ergebnissen führen.

Daß die Mehrzahl der genannten Beurteilungs-Kategorien negative sind, ist bei der das Mittelalter und die Frühneuzeit prägenden Misogynie nicht verwunderlich. Der Dominikaner Bartolomeo Sibilla nennt in seinem *Speculum* als Gründe für die größere Prädisposition der Frauen für Offenbarungserlebnisse u.a. «mangelnde Vernunft und übertriebene Leidenschaftlichkeit»[483]. Damit ist er nur ein Zeuge für die Standardeinstellung der Männer jener Epoche. Sein Ordensbruder Prierio fügt in seinem Dämonen- und Hexenbuch *De strigimagarum daemonumque mirandis* Leichtgläubigkeit und Geschwätzigkeit hinzu[484]. Johannes von Frankfurt hat denselben Grund für ihre Anfälligkeit für Aberglauben[485] etc. Diese grundsätzlich skeptische und negative Einstellung Frauen gegenüber in Mittelalter und Frühneuzeit ist aber in den letzten Jahren Gegenstand derart zahlreicher Publikationen gewesen, daß sich eine Darstellung hier erübrigt. Man findet sie in jeder der mittlerweile so zahlreichen Geschichten der Frau(en) belegt.

Das Modell weiblicher Heiligkeit und das Hexenstereotyp

Mystische Heiligkeit

Sowohl Sybille von Marsal als auch Anna Laminit wie auch eine Zahl anderer geistlicher Betrügerinnen des Spätmittelalters und der Renaissance ahmten einen Typus von charismatischer Frömmigkeit nach, der für die weibliche Heiligkeit der genannten Epochen charakteristisch war, einen Typus, der sich im frühen und hohen Mittelalter vor Hildegard von Bingen nicht findet, der dann aber in (mentalitätsgeschichtlich gesprochen) Reliktformen oder Survivals bis in die Gegenwart andauern sollte. Es ist ja bekannt, daß jede Epoche ihre spezifischen Typen von Heiligen entwickelt: bei den Frauen war das in der Alten Kirche die Märtyrerin, im Früh- und Hochmittelalter die heilige Äbtissin und heilige Herrscherin. Seit dem ausgehenden 12. Jahrhundert kam die mystische Heilige geradezu dominierend hinzu.

In älterer Zeit gibt es, soweit wir wissen, nur ein oder zwei möglicherweise vergleichbare Fälle, bei denen uns nähere Informationen allerdings fehlen; vielleicht war Aldegunde von Maubeuge (†um 684) eine Mystikerin avant la lettre[486]. Ebenso fehlen uns Berichte, die von der geschilderten Ambivalenz in der Beurteilung von Charismen zeugen. Eine Ausnahme aus dem Schweigen frühmittelalterlicher Quellen stellt die halb legendäre Vita der hl. Genovefa von Paris (423–502) dar, nach der die Jungfrau wegen falscher Weissagungen von den Parisern gesteinigt oder ertränkt werden sollte. Ein Erzdiakon rettete sie jedoch, indem er auf die hohe Schätzung hinwies, die Genovefa von seiten des hl. Germanus von Auxerre erfuhr[487].

Geht man in die Zeit der Alten Kirche zurück, so gab es Mystikerinnen anscheinend nur im Gefolge des Montanus. Sie wurden natürlich von den

Katholiken verketzert[488]. Da wir hier den Anfang der Polemik katholischer
Geistlicher gegen mystische Begabung vor uns haben, soll aus einem Brief
Bischof Firmians von Cäsarea aus dem Jahre 256 an Kyprian von Karthago
zitiert werden, der die bissige Schilderung einer solchen Prophetin enthält,
die nach Jerusalem entrafft wird, Ekstasen hat und die Zukunft, z. B. Erdbeben, voraussagt, ja sogar das Taufsakrament spendet. Das konnte natürlich, so der Bischof, nur das Werk von Dämonen sein – zumal diese Frau
nicht als Jungfrau lebte: «So wurde sie aber durch den Ansturm der Haupt-
dämonen (principalium daemoniorum) gehalten, über lange Zeit hin die
Bruderschaft aufzuregen und zu täuschen, indem sie Wunder und Zeichen
vollbrachte...». Die Mystikerin selbst dagegen glaubte sich mit dem Heiligen Geist erfüllt[489]. Hier ist bereits das für das Thema der Ambivalenz so
wichtige Grundmuster zu erkennen: diejenigen, denen die jeweiligen charismatischen Phänomene in das eigene Konzept paßten (hier die Führer der
Montanisten), akzeptierten die Aussage der Ekstatikerin, sie seien vom Heiligen Geist hervorgerufen. Diejenigen, deren Intentionen sie widerspra-
chen, qualifizierten sie als von bösen Geistern verursacht ab. Es ist evident,
daß nur innerhalb einer dualistischen Religion, die von einem Kampf zwischen Gut und Böse ausgeht, diese «Unterscheidung der Geister» entwickelt
werden konnte[490] – diese Unterscheidung, die in so vielen Fällen zur «Er-
schaffung» von Hexen oder Heiligen führte.

Entstehung und Verbreitung

Der neue Heiligen-Typ der «mulier sancta», der heiligen Frau, tritt im Mittelalter erst mit der sog. religiösen Frauenbewegung seit dem späten 12. Jahrhundert auf[491]. Was die religionssoziologische Herkunft dieser Heiligen betrifft, ist nun der Anteil einfacher Laien im Vergleich zu den vorherigen
Jahrhunderten des Mittelalters, die von Adeligen und Nonnen dominiert
gewesen waren, wesentlich angewachsen. Sehr viele der heiligen Frauen seit
dem 13. Jahrhundert, und gerade auch die berühmtesten von ihnen, sind
überhaupt als Beginen oder Tertiarinnen in der Welt geblieben oder haben
wenigstens jahrelang vor einem Klostereintritt so gelebt: Beginenmystikerinnen waren u.a. Maria von Oignies, Ida von Nivelles, Beatrijs von Naza-

Katharina von Siena; Andrea Vanni († 1414). Wandgemälde (ältestes Porträt). S. Domenico, Siena.

reth, Douceline von Digne, Christine von Stommeln, Agnes Blannbekin, Delphina von Sabran, Gertrud van Oosten, Maria von Oisterwijk. Dem dritten Orden der Dominikaner gehörten z. B. Margareta von Ypres, Katharina von Siena, Stefana Quinzani, Colomba von Rieti, Osanna von Mantua, Katharina von Rakonisio, Katharina von Ricci an, Agnes Blannbekin war vielleicht, Margareta von Cortona sicher Franziskanertertiarin, Aldobrandesca Humiliaten-Terziarin, Veronika von Binasco Augustinerinnen-Laienschwester, Francesca von Rom Benediktineroblatin, usf.

Es gibt bestimmte Lebens- und Erlebensformen, die diese Heiligen im Unterschied zu den verehrten Frauen der vorhergegangenen Generationen kennzeichnen. Sie bestehen im wesentlichen darin, einen unmittelbaren Kontakt mit der Gottheit auch für die Außenwelt sichtbar zu machen, was über körperliche Phänomene erfolgt (Ekstasen, Stigmen, Enthusiasmus). Diese Phänomene wurden von vielen Zeitgenossen als Indizien für gött-

liche Begnadung beurteilt, weswegen sie vielfach, besonders deutlich im 15.
und 16. Jahrhundert, schon zu Lebzeiten Verehrung als Heilige fanden. Faktisches Verhalten und Erleben dieser Frauen und die Propagierung dieser
Lebensform durch die Hagiographie und die Predigt bestärken einander
wechselseitig bei der Ausbildung dieses Typus. Welche Elemente kennzeichnen ihn?

Das Leben nahezu aller weiblicher Heiligen zw. 1200 und 1600 ist geprägt durch ein Syndrom mystischer Gaben (Charismen). Diese sind besonders

der Empfang von Offenbarungen,

Ekstasen,

Visionen,

Erscheinungen,

Auditionen,

Prophezeiungen / Präkognition,

Süßigkeitsempfindungen,

Erleiden der Liebeswunde,

Stigmatisation,

Herzensschau,

Salamandrismus,

Levitation usw.[492]

Freilich ist diese Aufzählung sozusagen idealtypisch, da in den konkreten Einzelfällen natürlich nicht immer alle diese Phänomene zusammenkamen. Zur Verbreitung dieses neuen weiblichen Heiligkeitsmodelles trugen einerseits die Zeitgenossinnen bei, die aus unmittelbarer Beobachtung
diejenigen Elemente dieses Frömmigkeitsverhaltens nachahmten, die besonders als Zeichen der Heiligkeit galten. Doch auch die schriftliche Überlieferung über die neuen Heiligen wurde wirksam, aus der genauso Verhaltensregeln abgeleitet werden konnten: Es kam zu einem dauernden Kreislauf von faktischem Verhalten – Aufzeichnung dieses Verhaltens in der
Hagiographie – Nachahmung dieses aufgezeichneten Verhaltens durch Spätere – wiederum Aufzeichnung von deren Verhalten usf. Margery Kempe z.B.
hat Dorothea von Montau nachgeahmt und diese wiederum Birgitta von

Schweden[493], Cecilia Ferrazzi (1664 im Kerker der venezianischen Inquisition) Theresa von Avila[494] usw.

Da sich die Amtskirche seit ihrer Ausbildung in der Spätantike ein institutionalisiertes Charisma zusprach, aufgrund dessen allein ihre Priester Heil zu vermitteln vermöchten, kamen alle Menschen, die ein persönliches Charisma, einen unmittelbaren Kontakt zu Gott, beanspruchten, mit ihr in Konkurrenz und so gut wie immer auch in Konflikt. Da sie ihren Kontakt zu Gott konkret physisch zeigten und durch (wie auch immer zu erklärende) Wunder bestätigten, fanden sie leicht mehr Aufmerksamkeit von Seiten der Gläubigen als die Priesterschaft, deren Heiligkeit nur *ex lege* bestand und die praktisch oft ein zu den von ihr gepredigten Idealen genau konträres Verhalten zeigte. Darum war es für persönlich begnadete Menschen und die Kreise, die sie unterstützten, lebensnotwendig, ganz deutlich *auch* solche Verhaltensweisen zu produzieren, die für die Kirche keine Konkurrenz bedeuteten, sondern den Willen zur Unterordnung signalisierten. Ein gutes Beispiel für das, was die Amtsträger der Catholica hören wollten, gibt der Beichtvater der sel. Colomba von Reate in einem Verteidigungsbrief an die Oberen. Er skizziert mit dem Bild des Lebenswandels der Charismatikerin gleichsam jenes Ideal weiblicher Frömmigkeit, das der Hierarchie trotz aller schwierig zu beurteilenden mystischen Phänomene der Garant für die Rechtgläubigkeit einer «lebenden Heiligen» war:

Die Schwester Colomba, so schreibt Pater Sebastian 1497, erfüllt alle Statuten Eurer verehrenswürdigen Väterlichkeit vollkommen: sie geht morgens zur Messe, kommuniziert und betet dann lange; danach empfängt sie die zu ihr kommenden Besuche. Wenn sie im Brevier liest, dann «bittet sie, daß man es ihr auslege, paßt ganz genau auf, schmachtet höchst süß danach (dulcissime inhiat) und wird dessen erstaunlicherweise niemals überdrüssig oder lau, schlürft vielmehr immer begieriger» (die Auslegungen des Priesters in sich ein). Zwei bis drei Mal wöchentlich bekennt sie ihre Sünden in der Beichte. Sie spricht mit niemandem, ohne daß jemand von uns dabei wäre, geht nirgends hin. Sie spricht frei, einfach und ungekünstelt sogar mit großen Prälaten und Herren. Den größten Teil jeder Nacht über meditiert sie die Passion unseres Herren Jesu Christi und geißelt sich lange genug mit Ketten. In der Kälte umschließt sie ihren Leib mit Eisenringen, Ketten und Bußhemd, schläft auf nackter Erde oder Brettern, auch wenn sie fiebert. Immer geht sie barfuß, auch bei hohem Schnee. «Unseren Orden und die Brüder verehrt und liebt sie auf das höchste; wenn jemand schlecht von ihnen redet, bricht sie in Tränen und Seufzen aus. Sie ist freundlich, bescheiden... Sieben Jahre hat sie in einem Raum ohne Fenster in Dunkelheit zugebracht, über den Latrinen...»[495]

Leicht sind die Elemente zu isolieren, die der kirchlichen Obrigkeit besonders zusagen mußten und die auch beim Auftauchen paranormaler Begabungen die Orthodoxie der Schwester garantierten: Gehorsam, Demut, Schätzung der priesterlichen Heilsvermittlung in der Sakramentenspende, fleißige Ermöglichung der Kontrolle durch das Beichtgespräch, Begierde nach priesterlicher Belehrung, Askese, besondere Verehrung des eigenen Ordens... Das war der Stoff, aus dem Heiligsprechungsbullen gemacht werden konnten.

Was aber viele Gläubige weitaus mehr faszinierte, waren die somatischen Beweise von Heiligkeit, die sie in den Ekstasen und Trancen der CharismatikerInnen erkannten, wie auch die geistig-geistlichen Beweise, als die sie ihre Schauungen und Weissagungen beurteilten. Vor 1525 bemerkte der Dominikaner Baptista von Crema in seinem *Specchio interiore*: «Viele verlassen ihr Heim und ihre Obliegenheiten, um einen solchen Mann oder eine solche Frau anzuschauen und anzuhören; wenn sie ihn gesehen oder gehört haben, sind sie bloß voller Verwunderung und wie perplex – wie kann der doch so lange im Gebet oder in der Ekstase bleiben, oder wie kann er so lange ohne Essen oder in solcher Armut leben?»[496]

Immer wieder beließen es aber Gläubige nicht beim Staunen, sondern wollten die Heiligen nachahmen. Wir wissen, daß die Spiritualität des späten Mittelalters besonders von der Nachfolge Christi geprägt ist. *Imitatio Christi* heißt schließlich das verbreitetste Buch nach der Bibel überhaupt; es stammt wahrscheinlich von Thomas von Kempen, jedenfalls aus dem 15. Jahrhundert und aus dem Umkreis der Devotio moderna. Daneben war aber die «Imitatio sanctorum», die Nachahmung der Lebensweise der Heiligen, ebenfalls wichtig. Wie sehr sie bewußt oder unbewußt eine Rolle spielte, sei an einem Beispiel – einem Detail, auf das wir noch ausführlicher zu sprechen kommen werden[497] – demonstriert: Birgitta von Schweden fühlte zu Weihnachten «eine empfindliche und wunderbare Regung, als wenn ein lebendiges Kind im Herzen wäre, das sich hin und her wälzte. Da diese Bewegung anhielt», ließ sie ihren Beichtvater und ihre Vertrauten sich «durch Sehen und Fühlen» von der Wirklichkeit der Schwangerschaft überzeugen; diese waren verwundert. Bald aber erscheint ihr Maria, um zu erklären, daß dies Zeichen der Ankunft des Gottessohnes im Herzen ist, weswegen sie die Visionärin als ihre Schwiegertochter bezeichnet[498]. Birgitta erlebt also aus einer «Imitatio Mariae» heraus die mystische Schwangerschaft.

Die eine Generation jüngere Dorothea von Montau berichtete nun noch ausführlicher ähnliche Phänomene. Sie fühlte sich von Gott schwerer und schmerzhafter schwanger als je bei einer der ihr ja wohlbekannten natürlichen Graviditäten[499]. Dazu erhielt sie folgende Offenbarung: «Du sollst noch nichts von den zahlreichen [Begnadungen] preisgeben, die nicht in ähnlicher Weise von meinen Heiligen gewirkt worden sind, und keine neue [Art der] Heiligkeit verkünden, die die Heilige Schrift nicht ausdrücklich enthält. Und wenn die heilige Birgitta nicht gesagt hätte, daß in ihrem Herzen und Bauch (uterus) die lebendige Leibesfrucht erschienen sei und sich hin und her bewegt habe, hättest du von dir nichts Ähnliches berichten dürfen! Du aber hast schon mehr darüber berichtet als sie, habe ich ja auch dein Herz und deinen Bauch mehr als ihren anschwellen lassen und dich mehr als sie gedrückt und stärker geschwängert ('plus quam illam expressi et amplius gravavi').»[500] Dorothea sieht sich also ausdrücklich und im konkreten Detail auf das Heiligkeitsmodell der Birgitta verpflichtet! Sie ahmt ihre Empfindungen nach, und ein Abweichen von diesem Modell wird ihr ausdrücklich verboten. Solche Zusammenhänge müssen bei der Erklärung der Ähnlichkeit mystischen Erlebens berücksichtigt werden, will man die Verbreitung des darauf basierenden Heiligkeitsmodelles verstehen und es nicht nur auf innerliterarische Rezeption durch die Hagiographen beschränken (eine Interpretationshaltung, die zu widerlegen ist[501]).

Das im späten Mittelalter offensichtlich verstärkte Auftreten dieses Heiligentyps hat man als die «mystische Invasion»[502] bezeichnet. Wir haben die von der katholischen Kirche als verehrungswürdig, selig oder heilig anerkannten, aber auch die als Ketzerinnen verurteilten Frauen, die diesen Typus mystischer Heiligkeit im Mittelalter verkörperten, aufgrund von zeitgenössischen Quellen an anderer Stelle einläßlicher vorgestellt[503]. Alle oben erwähnten Elemente dieses Modells von Heiligkeit lassen sich an zahlreichen Persönlichkeiten seit dem 13. Jahrhundert verifizieren; eine Mechthild von Magdeburg, Hadewijch, Katharina von Siena, Teresa von Avila sind nur besonders bekannte Exponenten dieser Strömung. Es sei darauf hingewiesen, daß dieses Modell zwar primär eines der Frauenfrömmigkeit war, daß es aber auch eine – zahlenmäßig deutlich kleinere – Reihe von Männern gab, deren Leben ebenfalls durch viele seiner Elemente geprägt war[504].

Die Eigenschaften, die die Mystikerinnen vor anderen Menschen auszeichneten, sind aus den zahlreichen autobiographischen Werken, Biographien und Kanonisationsakten jener Epoche zu eruieren. Es läßt sich daraus quasi ein Idealtypus der spätmittelalterlichen mystischen Heiligen abstrahieren, wie er wenigstens bis in das Zeitalter der Aufklärung häufig existieren sollte: die Thaumaturgin, die vermittels ihres Leibes unmittelbares göttliches Wirken sichtbar macht. Es wird sich zeigen, daß mehrere Charakteristika dieses Modelles – religionsphänomenologisch betrachtet – ebenfalls Elemente der gleichzeitigen Hexenvorstellungen waren. Die, wie es scheint, noch nicht bemerkte ungefähre Synchronizität der «mystischen Invasion» mit dem Beginn des Hexenwahns basiert anscheinend teilweise auf unterschiedlichen Reaktionsmustern der «Normalen» gegenüber dem verstärkten Auftreten bestimmter vorzugsweise weiblicher Erlebens- und Verhaltensweisen, die je nach Ambiente sowohl *in bonum* als auch *in malum* gedeutet werden konnten, oder, konkreter formuliert, das Individuum, das sie hervorbrachte, je nachdem zur Ehre der Altäre oder zum Scheiterhaufen führen konnten.

Wie gut es möglich war, daß *derselbe* Sachverhalt je nach Situation entgegengesetzt interpretiert wurde, sei vorab an einem einzelnen Beispiel verdeutlicht: Es gehörte zu den ganz typischen, bei zahllosen Hexenprozessen wiederholten Vorwürfen gegen die Unholdinnen, daß sie nicht nur den Männern ihre sexuelle Potenz rauben würden, sondern ebenso den schwangeren Frauen den Leib «verschließen», so daß sie das Kind nicht zur Welt bringen können. Nach nordenglischem Volksglauben wird das Gebären durch Hexenknoten im Haar, die «Kummerkämme» (*kaims of care*) gehindert[505]. Oder sie töten den Fötus im Mutterleib: 1459 wurde in Andermatt eine Hexe beschuldigt, sie hätte einer Schwangeren etwas gegeben, «das ira das kind verdarb im lib»[506]. Oder die Hexen verursachen eine Frühgeburt: «ettlich ouch sine kind verlor, also daß sin wip ze unrechter zit genas», bekennen 1428 die Walliser Hexen als eine ihrer Untaten[507]. 1493 heißt es in Fribourg von einer Hexe, sie habe eine junge Frau so fest um die Mitte gefaßt, daß sie eine Frühgeburt hatte. Die Hexen hätten dieses Kind, das ungetauft bestattet wurde, «ganz frisch» ausgegraben, geröstet und gegessen[508],

Nun lesen wir ein ganz ähnliches Geschehen in der Vita der sel. Gertrud von Oosten (†1358), nur völlig anders bewertet: Gertrud war verlobt und wollte durchaus heiraten, da ließ sie ihr Bräutigam sitzen und entschied sich für eine andere Frau. Die Selige warnte die Konkurrentin, sie solle ihr nicht den Mann wegnehmen. Das beeindruckte diese aber nicht weiter. Die Hochzeit wurde gefeiert. Als nun aus der Ehe Nachwuchs entspringen sollte, «hatte die Mutter bei der Geburt überaus heftige Schmerzen und konnte weder vom Kind noch von den Schmerzen frei werden, – bis sie die Jungfrau Gertrud versöhnte und um Verzeihung wegen der ihr zugefügten Untreue bat. Und so lange wurde die Frau gequält, bis ihr Gertrud zuhilfe kam, indem sie Gott für sie bat.»[509] Hätte Gertrud Pech gehabt und wäre dies in ihrer Zeit schon üblicher gewesen, dann hätte sie ihre Rivalin wegen erwiesener Schadensmagie besagt und auf den Scheiterhaufen gebracht. Denn das Verhängen eines solchen Zaubers über eine Schwangere wie das Lösen von ihm war Hexenwerk par excellence.

Zunehmende Skepsis

Das Aufblühen der Frauenmystik am Ende des Mittelalters und in der Frühneuzeit bezeugt (schon rein zahlenmäßig betrachtet) den Erfolg des im Spätmittelalter ausgebildeten Typs charismatischer Heiligkeit, der v.a. bis zur

Aufklärung weiterbestand. Erfolg auch in dem Sinne, daß dieser Typ von der lehrenden Kirche in Heiligenviten und Predigten als Ideal vorgestellt und verbreitet wurde. Er findet jedoch fast synchron sein negatives Pendant in der angeblich zahlenmäßigen Zunahme der Hexen und ihrer faktischen Verfolgung. Auch das «Idealmodell» der Hexe wurde von kirchlichem Schrifttum verbreitet, in Handbüchern für Inquisitoren, deren bekanntestes der *Hexenhammer* von 1487 ist. «Kauf ihn, lies ihn, und die Ausgabe wird dich nicht reuen!» war als Werbung auf der Titelseite der zweiten Auflage gedruckt[510]. Es ist auch hier ein Prozeß wechselseitiger Verstärkung anzunehmen, wobei 1. Motive des ursprünglichen Volksglaubens eine Rolle spielten, 2. ihre Rezeption, Verformung und Verbreitung durch die gelehrte Kultur vermittels Predigten usw. und 3. die Aufnahme von 2. in den Volksglauben und Verbindung mit 1., und so stets weiter.

Währenddem allerdings der Höhepunkt der Hexenjagd erst im 16. und 17. Jahrhundert liegt, tritt die Präsenz der charismatischen Heiligen in dieser Zeit bereits zurück. Wiewohl die Zahl mystisch begabter Frauen in der Neuzeit zwar mit Sicherheit nicht abnahm, sondern wohl eher stieg, scheinen sie allerdings vielfach weniger bekannt geworden zu sein als ihre mittelalterlichen Vorgängerinnen. Das Leben war für die später Geborenen wohl in der Regel viel schwieriger, da ihre Verhaltensformen von der Kirche in einem fast systematischen Prozeß mehr und mehr als illegitim beurteilt wurden, indem man die körperlichen Begleiterscheinungen der Mystik und die Inhalte visionärer Schauungen immer lieber als Zeichen von Häresie, Dämonenpakt oder Hypokrisie einstufte.

Denn die Catholica war nach der «Affäre Savonarola» Privatoffenbarungen und mystischen Manifestationen gegenüber wesentlich vorsichtiger geworden. Am 19. Dezember 1516 verabschiedeten die Väter des V. Laterankonzils den Beschluß, alle Visionen und Prophezeiungen der Autorität der Kirche in Gestalt des Papstes bzw. der Bischöfe zu unterwerfen[511]. In diese Zeit fallen auch die ersten Verfolgungen von «Beginen» (beatas) in Spanien. Die dortigen Inquisitoren waren schon in den zwanziger Jahren des 16. Jahrhunderts so allergisch gegen mystische Phänomene, daß sie eine

Aussage wie die, jemand habe Gott «gekostet» («Si gustassedes de Dios lo que yo gusto!»[512]), als nach Häresie riechend beurteilten. Dabei handelt es sich um ein biblisch (Ps 33, 9) begründetes mystisches Erleben, das Kirchenväter wie Augustinus oder Bonaventura als Inbegriff der Gottesbegegnung behandelt hatten![513]

Diese skeptische Tendenz wurde in der katholischen Kirche verstärkt in der (protestantischer Kritik antwortenden) durchgreifenden Neureglementierung der Kontrolle ihrer Mitglieder durch die Vorschriften des Konzils von Trient (1545–1563). Je genauer die Dogmen festgeschrieben wurden, desto eher galt jede auch minimale Abweichung als Häresie. Das Zeitalter der konfessionellen Spaltung brachte eine intensivierte Disziplinierung der Gläubigen durch ihre jeweiligen Kirchen – ein Klima, das dem freien Charismatikertum, das doch unmittelbaren Kontakt zu Gott beanspruchte, sich also auf eine höhere Autorität berief als das Lehramt der Hierarchie, sehr ungünstig werden mußte. Eine Institution, die ein Monopol in allen Belangen der Religion forderte, konnte die Konkurrenz eines Gläubigen mit einem «direkteren Draht» zur obersten Instanz nicht dulden (wie hatte der Herr doch zu Margery Kempe gesprochen? «Es gibt keinen Kleriker in dieser ganzen Welt, meine Tochter, der dich besser unterweisen kann als ich...»[514]).

Es wurde Nonnen bald bei der Strafe der Exkommunikation (!) verboten, ohne Erlaubnis Aufzeichnungen über ihr mystisches Leben zu machen, ja überhaupt nur Feder und Tinte in der Zelle zu haben[515]. Seit dem späten 16. Jahrhundert war es eine Hauptbeschäftigung des Heiligen Officiums, Religiose zu überprüfen und zu disziplinieren, die Privatoffenbarungen beanspruchten. 1636 konnte der Kardinal Scaglia schon in seinen Anweisungen für die Inquisitoren schreiben, die Offenbarungen von Frauen, speziell von Nonnen, seien pauschal als «fintioni, hipocrisie et artificii» (Fiktionen, Scheinheiligkeiten und Täuschungen) zu klassifizieren[516]. Seit den achtziger Jahren des Jahrhunderts waren Prozesse wegen solcher Vergehen in Italien an der Tagesordnung[517] – im 13. und 14. Jahrhundert hatte die Frage nach der Echtheit der Visionen dagegen die Inquisitoren noch kaum interessiert.

Auch ordensintern suchte man die Verbreitung von Erlebnismystik immer mehr zu erschweren. So wurde z.B. der florentinischen Kongregation von S. Marco (der auch Savonarola angehört hatte) um 1510 untersagt, «anderen öffentlich oder privat seine Visionen, Offenbarungen oder Prophezeiungen auf irgendeine Art zu vermitteln», es sei denn, der Prior oder Generalvikar würden dies erlauben[518]. Ähnlich distanziert zeigte sich auch die Ordensleitung der Franziskaner. Dies erhellt etwa aus ihrem Vorgehen gegen eine venezianische Klarissin, die sel. Chiara Bugni (†1514). Abgesehen von der ganzen Skala der üblichen mystischen Phänomene hatte diese Nonne sogar Blut Christi und Milch der Madonna unmittelbar vom Himmel erhalten. Obwohl sie vom Dogen um ihr Gebet ersucht wurde und eine hochrangige Kommission, der u.a. der Patriarch von Venedig angehörte, mehrere Bischöfe sowie bekannte Theologen, die göttliche Herkunft ihrer Charismen bestätigte, verboten die Ordensoberen ihre Wiederwahl als Priorin und ließen sie innerhalb des Konvents in eine Art Gefängnis einschließen, wo sie von jedem Kontakt abgeschnitten war. So konnte Bugni ihre anscheinend dogmatisch nicht hundertprozentig korrekten Offenbarungen nicht mehr weitergeben und starb in Einsamkeit[519].

Kritik an religiös ergriffenen Frauen hatte es von seiten der Amtskirche allerdings schon immer gegeben, bereits die ersten Beginenmystikerinnen waren keineswegs nur enthusiastisch bewundert worden[520]. Während Beichtväter und Seelenführer aber im 13. und 14. Jahrhundert alle möglichen Visionen von Frauen begierig aufschrieben und Persönlichkeiten wie Hildegard von Bingen und Katharina von Siena einen Einfluß in die Geschicke von Kirche und Welt nahmen, wie Mystikerinnen nie zuvor oder danach[521], änderte sich diese Einstellung langsam im ausgehenden Mittelalter. Birgitta von Schweden und Katharina von Siena hatten ein Stück Papstgeschichte mitgestaltet. Der sel. Ursulina Venerii von Parma gelang es 1393/96 nicht mehr, einen der beiden um die Herrschaft streitenden Päpste zu beeinflussen; angeblich soll sie sogar auf Befehl ihr feindlich gesonnener Kardinäle als Hexe angeklagt und auf die Folter gespannt worden sein, wovor sie nur ein plötzliches Erdbeben errettete[522]. Veronika von Binasco und Colomba von Rieti versuchten ebenso mit recht wenig Erfolg, bei Alexander VI. Gehör zu finden.

Wichtig war in diesem Zusammenhang die Rolle, die die Beichtväter mystisch begabter Frauen spielten. Sie waren ja in vielen Fällen auch die Aufzeichner ihrer Gesichte, also die Instanz, die über die Verbreitung der Werke dieser Gläubigen entschied und damit zum Teil auch über die Möglichkeit, aufgrund eines Offenbarungsbuches zu Ruhm und später vielleicht zur Ehre der Altäre zu gelangen. Es konnte ein Beichtvater diesen Prozeß auch abwürgen. Ein anonymer deutscher Sendbrief von ca. 1450 führt den Fall einer vor 40 Jahren im Bistum Bamberg lebenden Witwe an, die sich durch das übliche mystische Leben, Barmherzigkeit, Fasten etc. auszeichnete. Ihr Seelenführer hatte «ein gantz gruß puch» ihrer Offenbarungen aufgezeichnet, verbrannte es jedoch nach ihrem Tode. Eine andere Visionärin (das Konkurrenzverhalten ist evident) hatte nämlich ihrerseits eine Erscheinung gehabt, in der ihr Jesus verkündete, die fromme Frau habe sich vom Teufel betrügen lassen und sei verdammt[523].

Im 17. Jahrhundert wurden die Beichtväter dann von der Inquisition regelrecht dazu eingespannt, die ihnen Anvertrauten auf Herz und Nieren zu prüfen bzw. sie zu entmutigen, und das bisweilen jahrelang[524]. Statt Bewunderer und Vertraute dieser Frauen zu sein, wurden sie zu Instrumenten des Heiligen Officiums, die diesen Frauen ihr Charismatikertum nehmen sollten. An der Stelle tiefer Freundschaften voll gegenseitigen Respekts (u.a. Christine von Stommeln und Petrus von Dacia im 13. Jahrhundert; Margareta Ebner und Heinrich von Nördlingen; Katharina von Siena und Raimund von Capua im 14. Jahrhundert) dominierte nun der Wille zur Kontrolle jeder charismatischen Äußerung, ja zu ihrer Vernichtung; «der Beichtvater ist dem Inquisitor untergeordnet, und die sakramentale Praxis der juridischen»[525]. So heißt es in einer Instruktion des Kardinals Barberini von 1677 in Bezug auf die Beichtiger einer Mystikerin: «Die Seelenführer müssen die Schwester mit Liebe behandeln, aber sie immer demütigen und das Konzept brechen, das sie sich in ihrer Meinung von sich selbst gebildet hat, indem sie ihr einreden, sie betrüge sich selbst und habe sich aufgrund ihrer Überheblichkeit in die Hand des Dämons übergeben. Nun ist es notwendig, daß sie ihre Fehler einsieht, sonst macht sie sich schuldig und wird vor dem Heiligen Officium angeklagt!»[526] Gäbe es heute eine *heilige Kirchenlehrerin* Katharina von Siena, wenn sie solche Beichtiger gehabt hätte, und nicht den gutmütigen und ergebenen Raimund? Eine *heilige* Dorothea von Montau, wenn sie von Johannes Marienwerder so behandelt worden wäre? Eine *heilige* Francesca von Rom? Gibt es tatsächlich charismatische *Heilige*, oder werden vielleicht in bestimmten Epochen der Kirchengeschichte Frauen mit bestimmten Erlebnissen und Verhaltensweisen nur dazu gemacht, und in anderen Epochen aufgrund desselben Betragens zu Schwindlerinnen oder sogar Dämonenbündlerinnen und Hexen?

Sicher hing die in der Frühneuzeit zunehmende Skepsis der Hierarchie gegen die praktische Mystik mit dem zunehmenden Hexenwahn zusammen, doch gibt es eine ganze Reihe weiterer Faktoren, die noch zu erwähnen sind. So dürfte es eine Rolle gespielt haben, daß im Großen Schisma (1378–1417), das Europa in zwei Oberservanzen unter rivalisierenden Päpsten teilte, die einander und die jeweils gegnerischen Anhänger exkommunizierten, auf jeder Seite Prophetinnen auftraten. Es ist klar, daß sie von der jeweils anderen Partei als Lügnerinnen, Besessene und Heuchlerinnen verfemt wurden. Aber dies machte natürlich dieses Charisma auch generell verdächtig. Heinrich Heinbuche von Langenstein (†1397), einer derjenigen Theologen, der sich ganz besonders mit der Unterscheidung der Geister befaßte *(De discretione spirituum)*, konstatierte, daß sich seit Beginn der Kirchenspaltung die falschen Propheten, wie vom Teufel gesandt, in beunruhigendem Maße vervielfacht hätten[527]. Nider, der Inquisitor, hielt es anscheinend aus Prinzip heraus für «viel wahrscheinlicher», daß Magdalena Beutler und die ihr Glaubenden sich täuschten, als daß da Göttliches im Spiel wäre[528].

Man darf auch nicht vergessen, daß die meisten der spätmittelalterlichen Mystikerinnen entweder den Dominikanern oder den Franziskanern nahestanden oder ihnen als Drittordensschwestern angehörten. Diese beiden Orden waren aber Konkurrenten in der Gunst der Gläubigen und daher vielerorts regelrecht verfeindet. Diese Konkurrenz ging so weit, daß einige fromme Frauen Visionen hatten, in denen jeder der beiden Ordensstifter sie dazu zu überreden versuchte, ihren jeweiligen Habit anzunehmen (so Stefana Quinzani[529]). Während Franziskus und Dominikus einander in solchen Gesichten aber zuvorkommend zu behandeln pflegten, bemühte man sich im wirklichen Leben oftmals, die Charismatikerinnen der anderen Brüder zu diffamieren. Die Dominikanertertiarin Stefana Quinzani z. B. wurde in Crema von einem Franziskaner von der Kanzel herunter beschuldigt, eine Dirne zu sein, und sie mußte hören, sie habe ein uneheliches Kind[530].

Gerson, der Kanzler der Universität Paris, betonte, das mystische Erleben sei selbst dem Ungebildeten möglich; nicht aber das Urteil darüber. Seine Traktate über die Unterscheidung wahrer und falscher Visionen, *De distinctione verarum visionum a falsis* (1401), und über die Bestimmung der Geister, *De probatione spirituum*, 1415 in Konstanz den Konzilsteilnehmern vorgetragen, sollten Standardwerke werden, wenn es künftig darum ging, Charismatiker durch die Amtskirche zu prüfen. Sicher fand Gerson hier Anregung in den entsprechenden Schriften seines Amtsvorgängers Peter von Ailly (1350–1420), etwa *De falsis prophetis*, über die falschen Propheten. Frauen sind nach dem Kanzler besonders kritisch zu betrachten – hier meint Gerson augenscheinlich die bereits kanonisierte Birgitta von Schweden, deren Revelationen auf dem Konzil diskutiert wurden, und die noch nicht offiziell zur Heiligen erklärte Katharina von Siena. Dagegen stand er Johanna von Orléans und, wenigstens zeitweise, einer kaum bekannten Charismatikerin namens Herminia von Reims (†1396) positiv gegenüber. Offenbarungen, deren Inhalt ohnehin schon in der *Heiligen Schrift* steht, seien bedenklich, denn Gott spricht nur einmal (Hiob 33, 14). Entscheidend ist natürlich, ob ein Charismatiker betreit ist, sich in Demut unterzuordnen, womit einmal mehr die Dominanz des Amtes über das Wirken des Geistes festgeschrieben wird. Nur der geschulte Fachtheologe hat laut Gerson über die Grenzerfahrungen zu urteilen, auch wenn er solche selbst nicht kennt[531].

Durch volkssprachliche Traktate erreichte die Kritik auch die Betroffenen. Ein anonymer deutscher Sendbrief um 1450 z. B. versucht schon ganz

radikal, Erlebnismystik bei Frauen zu unterbinden, ungeachtet dessen, daß
sie dann in große Traurigkeit (Depressionen) verfallen: Wenn sie Ekstasen
und Visionen haben, dann «soll man sie nicht hängen, aber auch nicht
ehren, sondern solche Gesichte ganz niederschlagen... wenn sie also hinfal-
len und in solchen betrügerischen Gesichten liegen, soll man sie sogleich
mit Gewalt aufrichten und in die Höhe reißen...»[532]

Solche theoretischen Urteile und Vorschriften hatten natürlich prakti-
sche Konsequenzen. So wollten bereits die Leiter der Gemeinschaft von
Windesheim (zugehörig der Bewegung der Devotio Moderna, die eine gewisse Nüchternheit auszeichnete) in ihren Konventen keiner Mystikerin die
Verbreitung ihrer Offenbarungen gestatten und verfügten 1455 bei Kerkerstrafe: «Keine Nonne oder Schwester, welchen Ranges auch immer, darf
Bücher schreiben, die philosophische Lehren oder Revelationen enthalten...
Wer solche sieht oder davon hört, muß sie [die Bücher] sogleich ins Feuer
werfen lassen.»[533] Auch im Dominikanerorden zeigte sich im 15. Jahrhundert ähnliche Skepsis[534]. Es ging schließlich nicht an, daß eine Kloster-
schwester, sogar Novizenmeisterin, erzählte, sie habe Savonarola in einer Vision im Himmel gesehen, wie dies Arcangela Panigarola tat[535].

Die theologischen Werke der Renaissance schreiben die Skepsis gegen
die Frauenmystik fest. Kardinal Federico Borromeo (1564–1631) z. B. ver-
faßte einen Traktat über die echten und falschen Ekstatikerinnen (*De
ecstaticis mulieribus et illusis*) sowie einen über Offenbarungen und
Täuschungen (*De vario revelationum et illusionum genere*), worin er die
Auffassung vertritt, daß nur die wenigsten Phänomene dieser Art wirklich
von Gott kämen[536]. Noch radikaler äußerte sich um 1600 der Dominikaner
Bartholomäus von Medina in seinem Kommentar zu Thomas von Aquin:
«In dieser tief unseligen Zeit behaupten unzählige Frauen, den Herrn
Christus täglich zu sehen und, was noch mehr ist, mit der Heiligen Dreifaltigkeit zu sprechen und süße Reden auszutauschen. Dies kann nicht ohne
verderblichen und teuflischen Trug geschehen!»[537] Der päpstliche Chef-
arzt Paolo Zacchia schrieb 1623, daß Entrückungen von Frauen nur vorgespielt würden, «um sich bei den Männern den Ruf der Heiligkeit zu er-
werben»[538].

Sollte seit dem 16. Jahrhundert nicht auch die geschärfte historische Kritik, die vom Humanismus innerhalb der Catholica (Vivès, später die Bollandisten) an die Hagiographie herangetragen wurde, ein weiterer Faktor gewesen sein, der jene anticharismatische Skepsis förderte? 1740 schrieb Ludovico Muratori, der Vater der italienischen Geschichtswissenschaft: «Einst ließ die Unwissenheit jeden frommen Traum redlicher Leute für wahr erscheinen, bis hin zu Täuschungen und Betrügereien, woran kein Mangel herrschte... Dann aber sind uns die Augen aufgegangen, und heute, nach einer kritischeren Untersuchung, bekommen solche Waren nicht mehr so leicht die Zollfreiheit, die sie einst allzuleicht erhielten.»[539] Und ein Bamberger Dominikaner bemerkte 1765 über die stigmatisierte Passionsmystikerin Maria Columba Schonath (1730–1787), die in jener Epoche der Aufklärung mehr oder minder totgeschwiegen wurde: «Wenn M. Columba vor hundert Jahren gelebt hätte, und diese Sachen mit ihr vorgegangen wären, so wäre sie sozusagen bei lebendigem Leib heiliggesprochen worden; bei jetzigen Zeiten aber werde alles auf das höchste getrieben und auf das ärgste kritisiert...»[540]

Gewiß werden weiters die von außen, von den Reformierten, gegen die traditionellen Heiligenleben vorgebrachten Argumente auch katholischerseits zu einer kritischeren Betrachtung von Mirakeln beigetragen haben («Lügenden» sagte Luther ja statt Legenden[541]). Man war sich durchaus etwa dessen bewußt, daß die Protestanten sich über Berichte nur lustig machten, nach denen eine Frau wie Ursula Benincasa in ihren religiösen Ekstasen so unbeweglich gewesen sein sollte, daß sie auch mehrere Männer nicht zu tragen vermochten; dies spielte im Kanonisationsprozeß als ein Gegenargument des «advocatus diaboli» eine Rolle[542]. Schließlich stellt Papst Benedikt XIV. (1740–58) sogar eine Liste der Irrtümer auf, die sich in den Revelationen kanonisierter Heiliger finden[543].

Die Verbreitung unkritischer Heiligenlegenden verlangsamte sich, auch eine durchaus erfolgreiche hagiographische Sammlung wie der *Flos Sanctorum* des Martin de Lilio konnte von der Inquisition eingezogen werden, da sich darin zu viele Visionen fanden[544]. In diesem Sinne begann man auch, die Geschichte der mystischen Heiligen bzw. die darauf beruhende Liturgie umzuschreiben: während das ältere Officium der Osanna Andreasi ihre Heiligkeit durch den Vortrag ihrer mystischen Charismen, speziell der Stigmatisation, verdeutlicht, streicht die jüngere Version (Ende 16. Jh.) diese Hinweise vollkommen und macht aus ihr eine bloß wegen karitativer und kontemplativer Tugenden verehrungswürdige Gestalt[545]. Generell wurde die Anerkennung von Lokalkulten vorsichtiger gehandhabt, die Kanonisation erschwert und zentralisiert[546]. Besonders die Angabe genauer Regeln dazu durch Papst Urban VIII. 1634 hatte einschneidende Konsequenzen: deutlich nimmt die Zahl von Frauen ab, deren Heiligkeit offiziell Anerkennung findet[547]. Die römische Kirche war bemüht, statt außerordentlichen Gnadengaben eine betont tugendsame, aber normale Lebensform ohne Ekstasen usw. bei Kandidaten für die Heiligsprechung in den Vordergrund zu rücken. Wie der eben genannte Bartholomäus von Medina betonte: «auch der kleinste Schritt in der Liebe wiegt mehr als ein Haufen Offenbarungen und Erscheinungen»[548]. Ungeachtet dessen blieb das mystische Heiligkeitsmodell das Ideal, an dem sich viele fromme Frauen in Kontinuität bis ins 18. Jahrhundert (und in Einzelfällen bis in die Gegenwart) bewußt oder unbewußt orientierten.

Dieses Modell war also von der nachtridentinischen Amtskirche, die im Vergleich zur spätmittelalterlichen noch stärker hierarchisiert und bürokratisiert war, als Fehlentwicklung «erkannt» worden; es erschien als zu schlecht kontrollierbar. Wer im 13. und 14. Jahrhundert noch vielfach als faszinierender Mediator zu Gott gegolten hätte, hatte in der Neuzeit schlechte Chancen. Er oder sie tat besser daran, nicht an die Öffentlichkeit zu treten, weswegen viele MystikerInnen seit dem 17. Jahrhundert einen Zug zum Quietismus zeigten. Daß die Aufklärung die mystische Heiligkeit dann endgültig obsolet werden ließ, muß wohl nicht weiter ausgeführt werden. Die Tendenz der Romantik, sie wieder aufzuwerten (Clemens Brentano, Joseph von Görres u.a.), kam zwar einzelnen dieser Frauen (wie besonders Anna Katharina Emmerick) zugute, wirkte aber nur als retardierendes Moment, nicht als Beginn einer «Renaissance» dieses Heiligkeitsmodells.

Seit dem 16. Jahrhundert wurden nämlich die Symptome von Heiligkeit von oben neu definiert: Die Praxis der neuzeitlichen Kanonisierungen macht deutlich, daß der Erweis der heroischen und moralischen Tugenden, unter denen der Gehorsam der Hierarchie gegenüber nicht an letzter Stelle steht, das primäre Element von Heiligkeit bildet. So war dies schon 1602 bei der Kanonisation Teresas von Avila, der in der Catholica am meisten geschätzten Mystikerin, und 1629 wurde dieses Kriterium von Papst Urban VIII. offiziell festgeschrieben[549]. Ekstatisches Charismatikertum, Visionen und Stigmen sind seitdem für die Amtskirche nicht mehr aktuell; es ist kein Zufall, daß trotz Tausender Petitionen weder Therese Neumann von Konnersreuth (†1962), noch – um einen Mystiker zu zitieren, dessen Begnadung und Tugendhaftigkeit nicht geleugnet werden können – der stigmatisierte Padre Pio von Pietrelcina (†1968) auch nur durch eine Seligsprechung geehrt worden sind, wogegen der Gründer des Opus Dei, José-María Escrivá de Balaguer, der erst 1975 starb, mittlerweile schon zur Ehre der Altäre erhoben wurde[550].

Lebende Heilige

An dieser Stelle, nach der Skizzierung von Auf- und Niedergang des Modells mystischer Heiligkeit, wollen wir noch auf eine Besonderheit dieses Phänomens hinweisen, mit der wir implizit schon mehrfach konfrontiert waren. Spricht man von Heiligen, so denkt man heute primär an verstorbene Katholiken, die vom Papst kanonisiert wurden. Also an Menschen, die erst nach ihrem Tode verehrt und angerufen werden. Bei den mystischen Heiligen ist aber wesentlich, daß sie zu Lebzeiten oft dieselbe Verehrung erfuhren, wie die vom Himmel aus wirkenden.

Schon mehrfach haben wir den Ausdruck «lebende Heilige» gebraucht. Er ist zunächst eine allgemeine Charakteristik, spricht jedoch auch etwas Epochentypisches an. Wie Zarri in einer grundlegenden Arbeit gezeigt hat, gehört es zu den Besonderheiten der Lebensläufe weiblicher Heiliger an der Wende vom 15. zum 16. Jahrhundert in Italien, daß sie von einer Stadt oder einem Fürsten gleichsam als lebendige Talismane vereinnahmt wurden. Die Aufgabe der lebenden Heiligen («sante vive») war vor allem die prophetische Enthüllung der Zukunft sowie das Wirken von Wundern. Den Fürsten und kommunalen Führern, aber auch dem Volk, waren sie so wichtig, daß man nicht einmal vor der Anwendung militärischer Gewalt zurückschreckte, um sich dieser lebenden Garanten des irdischen und jenseitigen Heils zu versichern. Als z.B. die Bewohner von Rieti Boten nach Perugia sandten, um Colomba zur Rückkehr zu bewegen, stellte man Wachen auf, um ein Entkommen oder eine Entführung der Seligen zu verhindern. Eine Lukrezia Borgia schrieb einer anderen zeitgenössischen Prophetin, Laura Mignani, Gott möge fortfahren sie in dem zu inspirieren, «was unser Heil und das dieses Staates betrifft»[551]. Der Staat der Renaissance – der Ära Machiavellis – bedurfte immer noch der charismatischen Stütze.

Diese Frauen wurden von Zeitgenossen selbst «lebende Heilige» genannt: «Arrivì in Ferrara una suora sancta viva», in Ferrara traf eine lebende Heilige, eine Nonne, ein, verzeichnete am 7. Juni 1500 ein Chronist[552]. Der Papst selbst nannte Colomba eine «sancta mulier»[553]. Camilla Pallavicini, eine 1542 wegen Spionageverdachtes aus Venedig verbannte Frau, hatte geradezu den Beinamen «la Santa»[554]. Noch anspruchsvoller waren die Titel, mit denen sich Paola Antonia Negri apostrophieren ließ: «la Divina», «divina Madre», «Maestra»[555]. Über Anna Laminit reimte ein Chronist, wie schon zitiert:

«Des Lamenitlin sy da hiesse,
Lebend helg sich neunen liesse...»[556]

Ja der berühmte bayerische Humanist Aventin formulierte sogar: «man verehrte sie wie eine Göttin»[557].

Hier muß der Franziskanerprediger Bruder Richard erwähnt werden, ein Schüler des hl. Vinzenz Ferrer und Freund des hl. Bernhardin von Siena, der zur Zeit und in der Umgebung der Jungfrau von Orléans über das Kommen des Antichrists predigte. Als er zum erstenmal mit Johanna zusammentraf, knieten beide spontan voreinander nieder. Er predigte von ihr, «daß sie soviel Macht besitze, daß sie Gottes Geheimnisse ebenso kenne wie jeder Heilige im Paradies»[558], womit ihre Anerkennung als lebende Heilige auch ausgesprochen war. Er wurde ihr Beichtvater und scheint ihr exzeptioneller Weise dreimal an einem Tag die Kommunion gereicht zu haben. «Nicht zufrieden mit einer heiligen Frau, wurde er zu einer Art 'Sammler von Visionärinnen'»[559]. Wenigstens drei andere Seherinnen befanden sich noch in seiner Gesellschaft, die teilweise mit Johanna rivalisierten[560] und als deren Seelenführer der Minorit wirkte. Dieses Verhalten läßt sich mit dem der zeitgenössischen Reliquienjäger vergleichen, die sich, wie etwa Kaiser Karl IV., mit regelrechten Horten von Heiligengebeinen eindeckten[561] – nur daß es Bruder Richard eben um «lebende Reliquien» ging.

Eben dies war auch die Funktion der besonders bekannten italienischen Charismatikerinnen der Renaissance. Zusätzlich wichtig war die Möglichkeit, durch sie Kontakt zu Verstorbenen zu erhalten und verborgene Dinge geweissagt zu bekommen. Ihre Funktion gleicht dabei teilweise der der immer bedeutsamer werdenden Astrologen (und, bei weniger kirchentreuen Fürsten, auch Nigromanten). Osanna galt den Markgrafen von Mantua als «himmlisches Orakel» wie Lucia von Narni dem Herzog von Ferrara, auf Helena Duglioli hört der Hof von Monferrato, Colomba wird sogar von den Borgia konsultiert, Katharina von Racconigi berät den König von Frankreich, die Gonzaga und Herkules von Este, usw.[562] Letzterer wollte auch Stefana Quinzani an sich binden. Er bot «diesem verborgenen Schatz» an, sich einen beliebigen Platz in Ferrara für ein Kloster auszusuchen, was Stefana klugerweise ablehnte. Dasselbe Angebot erhielt sie auch vom Senat der Stadt Venedig[563].

Liegt der Höhepunkt der Verehrung dieser «lebenden Heiligen» auch in Spätmittelalter und Renaissance, so endet ihre Geschichte keineswegs im 16. Jahrhundert, sondern setzt sich – wenn auch reduziert und unter deutlich geänderten Bedingungen – bis in die Gegenwart fort. Man kann aber sehr gut verfolgen, wie die kirchliche Obrigkeit, allesamt studierte Theologen, sich im allgemeinen immer mehr von solchen Frauen distanziert, wogegen viele Angehörige des katholischen Volkes ein anscheinend konstantes Bedürfnis nach greifbarer Heiligkeit beweisen. Noch im 16. Jahrhundert waren Frauen wie Colomba von Rieti, Franziska Hernández oder Magdalena vom Kreuz selbst vom Papst als Heilige betrachtet worden. Nach dem

Tridentinum und dann unter dem Einfluß der Aufklärung, die trotz des Kampfes gegen sie auch viele katholische Intellektuelle beeinflußte, wird eine mentale Spaltung zwischen Kirchenvolk und Kirchenleitung immer deutlicher: während ersteres das ältere Konzept der unmittelbar erfahrbaren Präsenz Gottes in der Welt weitertradiert, schließt sich letztere vielfach einem (natürlich nie zugegebenen) deistischen Weltbild an, insofern Gott noch als Urgrund aller Schöpfung geglaubt wird, Wunder aber, also seine Eingriffe in die Geschichte, wenn sie in der Gegenwart konkret auftreten, nicht mehr. Freilich schließt die Dominanz dieser Tendenz nicht aus, daß die ältere Mentalität wiederholt durchbricht, so bei der Anerkennung von marianischen Gnadenstätten wie La Salette (1851) oder Lourdes (1862)[564] und, noch viel krasser, bei der Dogmatisierung der *körperlichen* Himmelfahrt Mariens 1950. Es fällt jedoch auf, daß diese Phänomene deutlich zum Komplex der Mariodulie gehören und nicht mehr in unseren Zusammenhang.

Doch zurück zu den «Survivals» im 19. und 20. Jahrhundert: Um die «longue durée» des Phänomens zu zeigen, seien hier nur einige der zu Lebzeiten als Heilige verehrten Frauen dieser Periode genannt, die allesamt das im Spätmittelalter entwickelte Profil der Charismatikerin zeigen. Typischerweise kam jedoch außer Gemma Galgani bislang keine von ihnen in den Genuß der Heiligsprechung.

1850 strömten die Gläubigen scharenweise zur Burgkapelle von Vaucluse zusammen, um dort einer Stigmatisierten, Rose Tamisier[565], die Hände oder das Kleid küssen zu können. Die Leute knieten vor dieser lebenden Heiligen nieder, vor der auch ein Altarbild zu bluten begann. Hier befand die kirchliche Obrigkeit auf Betrug oder sogar Satanismus. In einem Handschreiben an den Erzbischof von Avignon feierte Papst Pius IX. die kirchliche Autorität, die größtes Mißtrauen gegenüber solchen Phänomenen zeigte, im Kontrast zu der Laienschaft, die hier naiv und bereitwillig Wunder zu erblicken vermeinte. Die weltliche Gewalt stand nun der kirchlichen helfend bei, Tamisier wurde in Carpentras wegen Betrugs zu 15 Monaten Gefängnis und einer Geldstrafe verurteilt. Die Charismatikerin blieb ungebrochen dabei, ihre Wunder seien echt; sie verteilte angeblich auch weiterhin Stoffstreifen mit ihrem Blut. Ihre späteren Schicksale scheinen unbekannt.

In Spanien erlangte Maria Rafaela Quiroga (Maria de los Dolores, Cipriana del Patrocinio de San José, 1811–1891)[566] große Bekanntheit, auch sie eine Stigmatisierte, die je nach politischer Lage verfolgt oder zur gesuchten Ratgeberin wurde, bald als Heilige verehrt, bald als Betrügerin verrufen. Eine Untersuchung durch drei Mediziner ergab, daß sie die Wunden gefälscht hatte; die von der Justiz angestrengten Konsequenzen wurden jedoch von einem anderen Gericht widerrufen, beide Instrumente der jeweiligen Regierungen. Sor Patrocinio war als Ratgeberin oft in der Nähe der Königin Isabella II., die ihre Skapuliere wie Amulette oder Reliquien mit sich trug[567]. «Die Nonne mit den Wundmalen übte einen beträchtlichen Einfluß auf die Regierung aus, die Ernennung von Bischöfen, von Erzbischöfen und selbst von Kardinälen hing in Spanien von der hochmögenden Franziskanerin ab.»[568] Hier perpetuierte sich also das Schema, das sich in der Renaissance entwickelt hatte: die Charismatikerin als graue Eminenz am fürstlichen Hof.

Maria Anna Licht (†1923)[569] war ein Bauernmädchen, das bei den Canisiusschwestern in Freiburg i. Ü. eintrat, jedoch entlassen wurde und mit einem exkommunizierten Priester den Mittelpunkt einer mystischen Sekte bildete. Sie und ihre Anhänger sollen sich die konsekrierte Hostie auf die Brust gelegt haben, um in Ekstase zu fallen. Von einem Priester geschwängert, prophezeite sie, ihr Kind werde der zweite Erlöser; wenn die Leute ihr nicht glaubten, würden 1917/18 die Franzosen angreifen. Das Kind wurde allerdings ein Mädchen. Nichtsdestotrotz verkündete Therese Neumann, Anna Licht sei nach dem Tode sogleich in den Himmel eingegangen[570] (was sie übrigens auch von Louise Lateau behauptete[571]). Hier beschränkte sich die Verehrung als lebende Heilige also auf einen kleinen Zirkel nicht rechtgläubiger Christen.

Andere Stigmatisierte dieses Jahrhunderts, die Anerkennung als lebende Heilige wie agnostische Kritik provozierten, sind etwa die Dominikanerin Tomassina Possi in Sondrio[572], Amalia vom gegeißelten Jesus in Brasilien[573], in Deutschland Anna Maria Goebel (1886–1941), in Belgien Berthe Petin

(1870–1943), in der Schweiz Adrienne von Speyr (1902–1967)[574], letztere besonders bekannt aufgrund der Verehrung vonseiten des katholischen Startheologen Hans Urs von Balthasar, dem sie ca. 60 Bücher Offenbarungen diktierte... Wesentlich weiter reicht die Berühmtheit der im folgenden behandelten bayerischen Mystikerin.

Therese von Konnersreuth

Auch im 20. Jahrhundert zeigten einige Frauen dieselben Phänomene, die seit dem 13. Jahrhundert die Annalen der praktischen Mystik füllen. Der bekannteste «Fall» aber ist gewiß der der auch heute noch umstrittenen Therese Neumann von Konnersreuth (1898–1962)[575]. Im April 1918 hatte die oberpfälzische Bauerntochter bei der Bekämpfung eines Brandes eine schmerzhafte Zerrung erlitten und Blut erbrochen, dann setzte die Periode aus. Sie mußte ins Krankenhaus, wo man hysterische Zustände nach einem Schock feststellte[576]. Wegen der von vier Ärzten bestätigten Diagnose «schwerste Hysterie mit Blindheit und teilweiser Lähmung»[577] erhielt sie eine hundertprozentige Unfallsrente zugesprochen.

Nun treten blutige Stigmatisation und völlige Nahrungslosigkeit im Verein mit ekstatischen Passions-Visionen an den Freitagen auf. Dieses Miterleben des Leidens Christi wiederholt sich Neumanns ganzes Leben lang beinahe allwöchentlich. Schon seit dem ersten Auftreten zieht dieses blutige Schauspiel Hunderttausende von Besuchern an, die sich die Leidensekstasen ansehen wollen. Sie werden in Gruppen in das Krankenzimmer eingelassen: «Je zehn Mann zehn Sekunden – das ist die Freitagsvisite, zu der man Hunderte von Kilometern reist...»[578]

Die ersten Berichte von ihrer Stigmatisation fielen gerade in die gespannte Atmosphäre der zwanziger Jahre, und schon sie führten zu konträren Reaktionen. Die Skeptiker, besonders in der linksradikalen Presse, forderten, Neumann in eine geschlossene Anstalt oder ein Kloster zu bringen, um die Wallfahrten zu ihr zu unterbinden. Angeblich wollten sogar «organisierte Gegner nach Konnersreuth ziehen und diese Forderungen mit Gewalt verwirklichen»[579]. «Entlarvungen» häuften sich. «Eine Person mit solchen Zeichen wie Therese, gehörte eben nicht in die moderne mensch-

liche Gemeinschaft, so lange nicht, bis sie den 'Betrug' zugab. Die Aufgeklärten verlangten ihr Opfer», faßt ein Verteidiger der Charismatikerin zusammen[580].

Dagegen entstand ein «Konnersreuther Kreis», eine Gruppe von Freunden Neumanns, denen neben den Verwandten und dem Seelenführer, Orts-
pfarrer Naber, vor allem Professoren der nicht unbedingt progressiven Katholischen Universität Eichstätt angehörten[581]. Wieviel diese in das einfache
Mädchen «hineinkatechisiert» haben, speziell was ihre angeblichen
Aramäisch-Kenntnisse[582] betrifft, ist bis heute umstritten. Verdächtig wirkt
vor allem die Tatsache, daß von vornherein Ungläubige nicht zum Besuch
zugelassen wurden, auch wenn sie vonseiten des bischöflichen Ordinariats
Empfehlungsschreiben mitbrachten[583], wogegen Bischöfe und Kardinäle in
ihrem Zimmer die Messe feierten.

Das bischöfliche Ordinariat Regensburg, in dessen Verwaltungsbezirk
Konnersreuth liegt, sandte immerhin einen kritisch eingestellten Neurolo-
gen der Erlanger Psychiatrie zur Untersuchung. Er fand keine Hinweise,
daß die Wundmale künstlich hervorgerufen worden wären[584]. Vierzehn Tage
lang kontrollierten vier vereidigte Schwestern Therese genauestens mit dem
Ergebnis, daß sie tatsächlich außer der Hostie nichts zu sich nahm. Auch
die Angaben ihres Zahnarztes bekräftigen dies[585]. Allerdings soll sie nach
einer anderen Quelle hie und da ein Ei verzehrt haben[586]. 1927 verboten die
bayerischen Bischöfe Wallfahrten nach Konnersreuth, denn die Andacht
zum Leiden des Herrn könne man auch zu Hause pflegen[587]. 1928 erschien
der Regensburger Bischof Buchberger (der berühmte Herausgeber des
Lexikon für Theologie und Kirche) zusammen mit einigen Ärzten, von denen
einer, der Internist Professor Martini, häufige «Manipulationen» der Eltern
hinter dem Bett rügte, ohne aber konkrete Beweise für «frommen Betrug»
angeben zu können[588]. Allerdings lehnten die Eltern 1932 das Ersuchen des
bayerischen Episkopats ab, ihre Tochter in einer Klinik länger observieren
zu lassen. Darin haben die Verteidiger von Konnersreuth einen berechtig-
ten Schutz der Visionärin vor medizinischen Experimenten gesehen, die
Kritiker einen Hinweis darauf, daß es eben doch einiges zu verbergen gäbe.
Die allerdings überaus schroffe Art des Vaters[589] hat Verdächtigungen er-

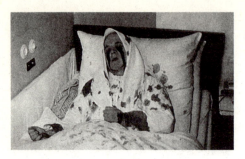

Therese von Konnersreuth in der Ekstase. Photographie

leichtert. Daß die Nationalsozialisten Therese Neumann nicht beseitigt haben, wird wohl nur durch ihre zu große Bekanntheit zu erklären sein; freilich hätte man leicht Beweise und Geständnisse erzwingen können. Sicher war das Leben der Stigmatisierten und ihrer Familie kein leichtes; eine von Rom 1937 verlangte Untersuchung lehnte die Familie ab[590]. Der Kriegsausbruch hat dann in hohem Maß das Interesse von Konnersreuth abgelenkt; das religiöse Spektakel war kein Thema mehr für die Medien. Nach 1945 nahm der Pilgerstrom zur «Resl» wieder zu, doch verringerten sich ihre Freitagsleiden seit 1950, dem auf den Tod ihrer Mutter folgenden Jahr, deutlich[591]. Viele spendeten der Familie Neumann Geld; die Filmrechte zu vergeben, konnte sie sich jedoch nicht entschließen. So gibt es nur Photographien von der Mystikerin, auch in ihren Ekstasen.

Faßt man die Hypothesen der Kritiker zusammen, so sieht man, daß sie sich in den Kategorien Krankheit, Betrug und Selbstbetrug bewegen, wogegen die dämonische Besessenheit kaum mehr vorkommt[592]: Thereses Eltern bestanden immer wieder darauf, daß ihre Tochter eine Zeitlang allein gelassen werde, was man als natürliche Fürsorge auslegen kann oder als Gelegenheit zu Manipulationen[593]. Heimliche Nahrungsaufnahme und Erzeugung der Stigmen mit Zugsalbe oder Hysterie bzw. Hysteroepilepsie, Suggestion und Autosuggestion gelten als wahrscheinlich[594].

1953 wurde Neumann auf bischöfliche Weisung unter strengem Eid von zwei geistlichen Hochschulprofessoren in Eichstätt vernommen. Trotzdem blieb die Amtskirche außerordentlich skeptisch, ja verstärkte diese Skepsis noch, was vielleicht eine Kleinigkeit am Rande besonders gut illustriert: Die

1935 vom Regensburger Bischof herausgegebene Auflage des offiziösen *Lexikon für Theologie und Kirche* widmete Neumann einen (im Unterschied zur sonstigen Gepflogenheit nicht mit vollem Namen gekennzeichneten) Artikel (Bd. 7, 512–515), während die Ausgabe von 1962 ihren Namen nur einmal nebenher erwähnt. Totschweigen ist auch eine Form der Kritik.

Zahlreiche Schriften erschienen, pro und contra: Zu den Autoren, die die Frau als Charismatikerin betrachteten, gehörte z.B. Johannes Steiner, der beklagte, «daß so vieles skrupellos gegen Konnersreuth geschrieben worden»[595] sei. Von den Skeptikern sei nur die bedeutende – gläubige – Mystikforscherin Hilda Graef erwähnt, die Therese in einer theologischen Untersuchung wahre «Mystik» absprach, u.a., da sich bei ihr die Stigmen langsam gebildet hatten (anders als z.B. bei Franziskus und Katharina von Siena), ohne daß ein besonderes mystisches Leben vorausgegangen sei[596]. Neumanns so mitleidiger wie naiver Versuch, (wie Margery Kempe) in der Vision in die Heilsgeschichte einzugreifen, d.h. es nicht zur Passion kommen zu lassen, wird ihr namentlich von Graef unter Hinweis auf Mt. 16, 23, wo Christus Petrus deshalb als «Satan» beschimpft, sehr verübelt, denn «Es ist kaum glaubhaft, daß von Gott gewährte Visionen ausgerechnet das Verlangen wecken, das Erlösungswerk zu hintertreiben.»[597] Ihre verschiedenen mystischen Zustände will Graef als Schizophrenie erklären[598]. 1971 wurde die Bevölkerung von Konnersreuth aufgefordert, vor der eventuellen Einleitung eines Seligsprechungsprozesses über Therese möglicherweise Nachteiliges auszusagen.

Causa pendet.
Therese von Konnersreuth zeigt in aller Deutlichkeit, daß es lebende Heilige nach wie vor gibt. Ebenso, daß sich auch heute noch eine große Gruppe von Verehrern solcher Charismatikerinnen konstituiert. An der Reaktion der kirchlichen Obrigkeit wird aber auch ganz klar, daß diese mittlerweile fast völlig von aufklärerischer Skepsis dem Wunder gegenüber ergriffen ist. Die Verehrung dieser Mystikerin wenigstens zu ihren Lebzeiten nicht zu legitimieren, mußte umso mehr im Interesse dieser Institution liegen, als sie selbst ihr Monopol als alleinige Glaubensvermittlerin in der Gesellschaft

mehr und mehr verliert und sich die Zahl ihrer Anhänger durch Kirchenaustritte laufend verringert.

Das Hexenstereotyp

Entstehung und Verbreitung

Die Hexenverfolgungen beginnen in größerem Maßstab erst im 14. Jahrhundert[599], also mehr als hundert Jahre nach dem Auftreten der ersten Mystikerinnen. Ich möchte die These zur Diskussion stellen, daß gerade die in diesem Intervall entwickelte Sensibilität für die charismatische Begnadung der heiligen Frauen auch zu einer verstärkten Sensibilisierung für ähnliche verwandte Erscheinungen bei Frauen führte, die das uralte Gewerbe der Heilerin, Hexe, Zauberfrau ausübten. Diese Sensibilität bewiesen viele Zeitgenossen wenigstens seit den enthusiastischen Schilderungen Jakobs von Vitry im frühen 13. Jahrhundert[600]; später führte sie freilich auch zu den bekannten furchtbaren Konsequenzen, doch erst im Verein mit anderen Faktoren, die im 13. Jahrhundert noch nicht oder nur ansatzweise gegeben waren. Man muß allerdings betonen, daß diese angesprochene Sensibilisierung nur *eine* mentalitätsgeschichtliche Vorbedingung neben anderen für die Hexenverfolgungen sein konnte, die bis jetzt allerdings m. W. noch nicht berücksichtigt wurde. Zur Entstehung der Hexenjagden haben noch viele verschiedene Gründe beigetragen. Sie sind in der Forschung der letzten Jahre ausgiebigst untersucht worden[601]:

– Die seit dem Hochmittelalter einsetzende Rezeption der antik-arabischen Magie durch die europäischen Gelehrten. Sie sensibilisiert diese die Ideologie bestimmende Gruppe für den vordem wenig beachteten Bereich der Zauberei.

– Die Konfrontation mit den radikal-dualistischen Lehren der Katharer, bei denen der Teufel als viel mächtigerer Herrscher vorgestellt wurde als im christlichen Frühmittelalter. Sie motivierte die katholischen Theologen dazu, sich intensiver mit der Dämonologie zu befassen.

– Die Scholastik, seit dem 13. Jahrhundert praktisch die einzige anerkannte Form katholischer Theologie. In ihr ist der Glaube an Incubi und Succubi zementiert und damit der Glaube an Teufelsbuhlschaft und -pakt. Der maßgebende Lehrer war hier der hl. Thomas von Aquin, der dabei auf Augustinus fußte; dazu kam die scholastisch ebenso festgeschriebene Lehre von der Minderwertigkeit der Frau. Die Systematisierung der Denkkonzepte in der gelehrten Welt führte diese auch dazu, ihre «wissenschaftliche» Dämonologie in den Volksglauben hineinzuinterpretieren.

– Das Wirken der Heiligen Inquisition gegen die Ketzer, als welche auch die Hexen betrachtet wurden, da sie aufgrund ihres Teufelsbündnisses als vom Christentum abgefallen galten. Nachdem die bedeutendsten Ketzersekten so gut wie ausgerottet waren (Katharer, Waldenser), mußte diese Organisation, um sich selbst zu erhalten, ein neues Ziel suchen. Daher kam es zur Konstruktion einer (wohl weitgehend fiktiven) Hexen»sekte» nach dem Vorbild der (tatsächlich existierenden) häretischen Gruppen. Die Gesetze gegen Ketzer wurden von Papst Johannes XXII. auf die Zauberer ausgedehnt. Das faktische Auftauchen größerer neuer Sekten im 14. Jahrhundert (Lollarden, Wycliffiten) verstärkte die Abwehrreaktion auch gegenüber der Hexen»sekte».

– Die Verdichtung der Staatlichkeit durch den Ausbau der entsprechenden Instanzen, die die «Untertanen» überwachen und disziplinieren sollten. Damit verbunden war die Unterwerfung auch bisher noch nicht bis ins letzte christianisierter Lebensformen unter die religiös-moralischen Ideale dieser staatsfreundlichen Religion in ihrer amtlichen Form. Die wesentlich zur staatlich-institutionellen Verdichtung gehörige Bürokratisierung dürfte die Vorstellung begünstigt haben, auch die Hexen müßten als Sekte regelrecht organisiert sein.

– Die Verrechtlichung des gesamten Lebens, die auch eine Kriminalisierung volksläufiger Glaubens- und Brauchformen mit sich brachte, d.h. die Einordnung speziell des gesamten Komplexes «Magie» in den Zuständigkeitsbereich der kirchlichen und staatlichen Obrigkeiten, und das in beiden durch die Reformation entstandenen Konfessionen.

– Damit verbunden die Einführung des Offizialprozesses, dem gemäß die «Obrigkeit» Missetäter von sich aus aufzuspüren hatte, anstatt wie früher auf Anzeigen zu warten. Dazu tritt, daß zur Wahrheitsfindung – wie seit dem späten Mittelalter bis zur Aufklärung auch bei anderen Kriminalfällen – die Tortur angewandt wurde, was fast immer zu einem Bekenntnis führte.

– Die ökonomische Krise seit dem Beginn des 14. Jahrhunderts, die die Bevölkerung vermehrt nach Sündenböcken suchen ließ.

– Auch mag die sich langsam verändernde Stellung der Frau in der Gesellschaft, die seit dem Hochmittelalter, wenn auch sehr zögernd und nur teilweise, Aufwertung erfuhr (z. B. in der Rechtsstellung speziell, aber nicht nur der Witwe oder in der Beteiligung an der städtischen Wirtschaft; unerwarteterweise läßt sich im ausgehenden Mittelalter sogar eine stärker werdende literarische Gegenströmung gegen die traditionellen misogynen Tendenzen nachweisen in der Textsorte des Lobs der guten Frau)[602], Männer verunsichert und noch frauenfeindlicher gemacht haben. Doch ist dies eine kaum beweisbare Hypothese. Das gilt auch für den Versuch, das Hexenstereotyp mit der höfischen Liebeskonzeption in Verbindung zu bringen, dessen Gegenbild es darstelle[603].

– Als noch globalerer Faktor der Verunsicherung wurde das Zerbröckeln des festgefügten religiösen Weltbildes in der Frühneuzeit genannt[604].

Dies waren Voraussetzungen für den Hexenwahn, der sich im ausgehenden Mittelalter entwickelte, um sich in der Frühneuzeit in ganz Europa zu verbreiten. Während es den Glauben an Magie und Hexerei sowie rechtliche Bestimmungen dagegen in allen vormodernen Kulturen gab und gibt, also auch in der Antike und im frühen wie hohen Mittelalter, war der Hexenwahn – die gezielte Suche und Verfolgung von Hexen in großem Maßstab – eine zeitlich begrenzte historische Erscheinung. Sie tritt in den Weltreligionen nur im westlichen Christentum auf.

Es spricht für sich, daß im fränkischen Reich 782 demjenigen die Todesstrafe angedroht wurde, der eine männliche oder weibliche Person als Hexe bezeichnet und verbrennt[605], und daß um 1100 der ungarische König Koloman dekretierte, es gäbe keine Hexen, weswegen auch keine zu ver-

130

folgen seien[606], wogegen im 15. Jahrhundert demjenigen Exkommunikation und Tod drohten, der eben dies nicht tat. Ein Theologe, der die Realität der Hexenfahrten bestritt, der Prior Wilhelm Adeline (Edeline) von St Germain en Laye, wurde 1453 so lange gefoltert, bis er seine Meinung korrigierte. Er starb im Gefängnis[607]. Um dieselbe Zeit ließen die Inquisitoren im Artois die Hexen aussagen, daß sie dem Teufel das Versprechen geben mußten, die Leute davon zu überzeugen, die Sabbattreffen spielten sich nur in der Phantasie ab[608], womit dieser harmlosen Interpretation ein Riegel vorgeschoben wurde. Der päpstlich empfohlene *Hexenhammer* des Dominikaners Institoris, dessen Bedeutung für die Verfolgungen zu bekannt ist, als daß hier näher darauf eingegangen werden müßte, bezeichnet bekanntlich Zweifel an der Realität des Zauberwesens ohnehin als Ketzerei[609], aber auch ein Reformator wie Calvin wollte alle Gegner der Hexenverbrennungen aus der Gesellschaft ausstoßen[610]. Der Jurist Jean Bodin (1530–1596), der bedeutendste Staatstheoretiker seiner Zeit, forderte, auch diejenigen auf den Scheiterhaufen zu bringen, die nicht an Hexerei glaubten[611]. Als der venezianische Senat um 1520 die Inquisitoren stoppte, die in der Val Camonica bereits siebzig Hexen verbrannten hatten, da sie gegen nicht weniger als 5000 weitere Verdächtige Prozesse eröffnen wollten, reagierte Papst Leo X. damit, den Inquisitoren zu befehlen, mit Interdikt und Exkommunikation gegen alle vorzugehen, die auch nur eine Prüfung oder Revision ihrer Urteile verlangten[612]. Auch in der Neuzeit blieb die Diskussion über die Realität des Hexenwesens gefährlich: Der Trierer Theologieprofessor Cornelius Loos (Callidius), der 1591 einen kritischen Traktat dazu publiziert hatte, mußte widerrufen, wurde ausgewiesen und starb trotzdem im Kerker[613]. Noch der Jesuit Friedrich von Spee mußte 1631 sein bahnbrechendes Werk gegen die Hexenverfolgungen *Cautio criminalis* anonym bei einem protestantischen Verleger und damit ohne kirchliches Imprimatur herausbringen[614].

Die veränderte Situation – das Auftauchen der vormals unbekannten Hexensekte – diente den Theologen als Rechtfertigung dafür, den karolingerzeitlichen *Canon episcopi* außer Kraft zu setzen, der Nachtfahrten u.ä. als Hirngespinste abgetan hatte. Wenn – sehr gelegentlich – frühmittelalterliche Herrscher (wie Karl der Kahle 873) angeordnet hatten, ihre Exekutivorgane sollten von sich aus nach Magiern forschen, die andere Menschen töteten[615], so hatte dies noch keineswegs zu Hexenjagden geführt. Derselbe Befehl spätmittelalterlicher Päpste und Herrscher fiel dagegen auf anderen Boden und löste eine Prozeßlawine nach der anderen aus.

Es ist unbestreitbar, daß im Christentum der Zaubereivorwurf schon seit langem auch in politischen Auseinandersetzungen immer wieder bewußt funktionalisiert worden war, genauso wie die Verleumdung, der Gegner sei der Antichrist selbst. Dafür gibt es eine Fülle von Zeugnissen. Schon im Investiturstreit sagten die kaiserlichen Prälaten Gregor VII. magische Praktiken nach. Papst Johannes XXII. wollte neben anderen Gegnern die Mailänder Visconti durch die Anklage der Nigromantie zu Fall bringen[616]. Papst Eugen IV. beschuldigte 1440 in einer Bulle den Gegenpapst Felix V. der engsten Verbindung mit «stregule vel stregones seu Waudenses», die in seiner savoyischen Heimat ja so zahlreich seien[617]. Aber solche Vorwürfe waren stets Angriffe gegen einzelne geblieben; vor 1300 war es wohl niemandem eingefallen, von einem globalen Komplott der Magier auszugehen. Die französischen Verfolgungswellen der zwanziger Jahre des 14. Jahrhunderts gegen die Leprakranken und die Judenpogrome während des Schwarzen Todes 1348/50 wurden dagegen beide mit dem Vorwurf der Verschwörung gegen die Christenheit verbunden. Dies bereitete den Boden für die Annahme einer Hexen*sekte*, die um 1375 zum ersten Mal in den Quellen auftritt. Damit wurden nun Menschen zu Sündenböcken, die ganz innerhalb der Gesellschaft lebten, nicht mehr bereits Ausgegrenzte (wie eben Juden und Lepröse)[618]. Besonders aufsehenerregende Prozesse wegen Hexerei wie die gegen Jeanne d'Arc (1431) und Gilles de Rais (1440) brachten das Thema in aller Munde, nicht zu vergessen die große Vauderie von Arras (1459), wo die Inquisitoren erklärten, ein Drittel der gesamten Christenheit bestünde aus verkappten Hexen[619]. Bei den intellektuellen Voraussetzungen des Hexenkonzepts war besonders das Basler Konzil (1431/49) als Begegnungsstätte von Bedeutung, namentlich das dortige Dominikanerkloster, wo in diesen Dingen so einflußreiche Autoren wie Nider wohnten.

Zahlreiche scholastische Traktate, von denen der *Hexenhammer* der ver-

132

breitetste werden sollte, wirkten bei den Gebildeten darauf hin, sie von der Realität der der Christenheit von den zaubernden Frauen und Männern drohenden Gefahr zu überzeugen. Dürfte aber nicht auch die vom Humanismus vermittelte bessere Kenntnis der antiken Literatur, eines Horaz, Ovid, Petronius, Apuleius mit ihren Hexengeschichten, die von der Kultur des Altertums faszinierte Intelligenzija zusätzlich zur kirchlichen Lehre von der wirklichen Existenz der Zauberfrauen überzeugt haben? Man denke etwa an Lucans erschreckendes Bild der thessalischen Superhexe im 6. Buch seiner *Pharsalia* (das freilich zugleich den Kontrast zur christlichen Teufels-Hexe deutlich macht).

Dieselbe Überzeugungsarbeit leisteten auf viel breiterer Basis die zahlreichen, oft berühmten Volksprediger, die gegen den Gebrauch der Magie auftraten. «Wie Fälle von recht simpler und offensichtlich harmloser Magie benutzt werden konnten, um eine Welle fanatischer Hexenverfolgung auszulösen, wird aus einer Predigt des Bernardino von Siena aus dem Jahr 1427 deutlich»: Dieser Heilige verdammte besonders Zaubersprüche und Wahrsagerei. «Sogar magische Abwehrmaßnahmen gegen fremden Zauber sind von Übel: Wer die Macht des Zaubers zu brechen weiß, der weiß sie auch zu benutzen. Wenn also solche Leute an ein Krankenbett treten und sagen, sie wollten den Patienten heilen, so soll man nur immer laut schreien: 'Ins Feuer! Ins Feuer!'» Bernardino verkündete, daß «jeder, der die Übeltäter nicht anzeige, sich ihrer Verbrechen mitschuldig mache, und siehe da: nach kurzer Zeit konnte man vielen Frauen den Prozeß machen.»[620] Bereits sechs Jahre nach seinem Tode wurde Bernhardin vom Papst heiliggesprochen.

Schon vor dem Ende des Mittelalters war vielerorts eine richtiggehende Angst-Psychose wegen der Hexen ausgebrochen, vielleicht gefördert durch eine allgemeine Weltuntergangsstimmung[621]. Anders wäre die breite Trägerschicht der Verfolgungen im Volk unerklärbar. Es sei aber unterstrichen, daß Hexenjagden zwar oft von oben, von den Herrschenden, veranstaltet wurden, aber anscheinend noch öfter von unten, vom Volk ausgingen[622]. Der Kirche war es gelungen, die Menschen davon zu überzeugen, daß die unter ihnen lebenden Zauberinnen, Heiler und Wahrsager in Wirklichkeit Hexer und Hexen, also Teufelsbündler, waren. Das Volk hatte sich nur zu gern davon überzeugen lassen. Instituris verleiht dieser Angst besonders eindringlich Stimme in seinem Schreiben an den Bürgermeister und Stadtrat von Nürnberg von 1491: «So offenbar ist die grose not der Cristenhait angelegn der unholden halben von großen schadens zuogefüget früchtn, vieh und Menschen; und das on zal ist. Darumb auch unser allerheiligster vater der pabst Innocentius und auch sein vorforder Sixtus seliger gedechtnüs Ihr Comissarios genant Inquisitores, Sucher und Straffer solcher personen, außgeschickt hat in alle Land...»[623] Unabhängig von seiner persönlichen Blutrünstigkeit hatte dieser Theologe doch darin recht, daß die kirchliche und weltliche Obrigkeit vielfach erst auf das Bedürfnis der Bevölkerung nach obrigkeitlichem Eingreifen gegen den Hexenterror reagierte. Das gilt zwar kaum für seine eigene Tätigkeit, aber es gibt unzählige Belege dafür[624]. 1609 z.B. beauftragte der französische König Heinrich IV. den Rat de Lancre damit, die Hexen im Labourd aufzuspüren, denn die «Bewohner und Ansässigen unseres Labourd haben uns sagen lassen und wiederholt gezeigt, daß sich bereits seit vier Jahren eine so große Zahl von Hexen und Hexenmeistern in besagtem Land befindet, daß es fast überall davon befallen ist. Das macht ihnen einen solchen Kummer, daß sie sich gezwungen sehen, ihre Häuser und das Land zu verlassen...»[625]

Die gegenüber dem Mittelalter deutlich verstärkte Hexenfurcht und -verfolgung der Frühneuzeit illustriert das Wort einer 1587 im Alter von 102 Jahren hingerichteten Wahrsagerin: in ihrer Jugend, als sie solche Künste erlernte, hatte man noch «nichts davon gewußt, daß jemand um solch Reden und Segensprechen were gestrafft oder verbrannd worden»[626]. Sie illustriert genauso eine Feststellung des Inquisitors Ludwig von Paramo, der seine Institution rühmt, in den letzten 150 Jahren die Hinrichtung von etwa 30.000 Hexen bewirkt zu haben, «die, wenn sie straflos davongekommen wären, leicht den ganzen Erdkreis in Untergang und Verwüstung gestürzt hätten.»[627] Seit der Mitte des 16. Jahrhunderts wird die Gangart der kirchlichen Hierarchie gegenüber dem Zauberwesen deutlich schärfer[628]. Daß erst im 16. und 17. Jahrhundert der Höhepunkt der Verfolgung zu ver-

134

Teufel und Hexe; Holzschnitt aus dem Tractatus von den bösen Weibern, 1490

zeichnen ist, mag – so eine jüngere Theorie[629] – daran liegen, daß die protestantische Reformation und die katholische Reaktion darauf quasi eine neue Christianisierung Europas bedeuteten, die in ihrer konfessionellen Spaltung die Priester und weltlichen Herren beider Parteien dazu veranlaßte, sich intensiver über den Glauben ihrer Untertanen zu vergewissern. Die beidseitige Intoleranz könnte zu größeren unbewußten Schuldgefühlen geführt haben, die dann nach außen – in die Hexen – projiziert und in ihnen vernichtet wurden. Auf katholischer Seite dürfte der erst nach dem Konzil von Trient durchgehend erzwungene Zölibat die Obsession mit sexuellen Vorstellungen begünstigt haben, wie sie im Vorwurf des Geschlechtsverkehrs mit dem Teufel auftritt.

Die Rivalität der Konfessionen im geteilten Europa hatte bei den Verfolgungen, aufs Ganze gesehen, freilich wohl wenig Bedeutung, und die Reformierten verbrannten ihre Hexen genauso wie die Katholischen. Es mag immerhin stimmen, daß der aggressiv ausgetragene Konflikt zwischen den konkurrierenden Konfessionen nach der Mitte des 16. Jahrhunderts «zu einer konservativen Wende im geistigen Klima und insbesondere zu einer Rückkehr zu scholastischen Denkgewohnheiten führte» und damit «die theoretischen Rechtfertigungen der Hexenverfolgung im späten 16. und 17. Jahrhundert einem ideologischen Überbau angehören, der den tatsächlichen Verhältnissen in dieser Zeit nicht mehr angepaßt war»[630]. Obschon Luther einmal optimistisch meinte, der Siegeszug des Evangeliums habe die in seiner Jugend noch so zahlreichen Hexen (von denen er einige selbst gesehen haben will[631]) vertrieben[632], haben die Reformierten kaum weniger eifrig nach zauberkundigen Frauen gejagt als die Katholiken. Schließlich lehrte Luther sonst: «Die Christen müssen wissen, daß die Übel von Dämonen und ihren Hexen zugefügt werden, aber doch von Gott so verordnet werden.»[633] Gerade in der an Laien gerichteten *Kirchenpostille* schrieb er: «Item die hexen, das sind die boßen teufelshuren, die da milch stelen, wetter machen, auff böck und beßen reytten, auff mentel faren, die leut schiessen, lemen und vordurren, die kind ynn der wigen marttern, die ehlich glidmaß betzaubern unnd desgleychen.»[634] Und in Predigten und Traktaten verlautbarte er ausführlich, wie gerecht es sei, wenn die Hexen durch die Obrigkeit gepeinigt und getötet würden[635]. In einer Tischrede erbot er sich, sie persönlich unbarmherzig zu verbrennen[636]; schließlich fühlte er sich selbst und seine Familie von ihnen verfolgt[637]. Trotzdem waren die Prozesse in den protestantischen Ländern, generell gesehen, seltener und weniger hart als in den katholischen[638].

Der Hexenwahn beginnt im 14. Jahrhundert, wo aber oft noch keine Todesstrafen ausgesprochen wurden[639], kumuliert in der Frühneuzeit zwischen etwa 1560 und 1630 und endet erst im 18. Jahrhundert. Zeitlich dürfte der genannte Höhepunkt wohl mit der Klimaverschlechterung gegen Ende des 16. Jahrhunderts zusammenhängen: Man war in verstärktem Maß auf der Suche nach Sündenböcken für die schlechter gewordenen Ernten. Es ist unbestreitbar, daß generell die ländliche Bevölkerung in weit höherem Maß an das Hexenwesen glaubte und deshalb weit häufiger obrigkeitlichen Repressionen ausgesetzt war als die Städter.

Generell sind jedoch große regionale Differenzen zu vermerken, so kannte etwa Spanien zwischen 1522 und 1610 keine Verfolgungen[640], in Schweden und Finnland setzen sie erst nach 1670 ein. In manchen Gegenden waren die Hexenjagden besonders intensiv, z.B. in der Schweiz, in anderen dagegen fehlten sie fast ganz, so unerwarteterweise im Kirchenstaat. Entgegen anderen Behauptungen gab es sie auch im Bereich der Orthodoxie (Rußland), jedoch in unvergleichlich geringerer Zahl, nur als Randphänomen[641].

Es läßt sich keine spezifische historische Konstellation finden, aus der heraus sozusagen gesetzmäßig eine Verfolgungswelle ausbrechen mußte; nur «einige typische Konstellationen..., in denen es bevorzugt zur Auslösung von Hexenprozessen kam»[642]. Soziale Spannungen waren in der Regel die wichtigsten Voraussetzungen für den Beginn einer Verfolgung. Nicht daß es solche Spannungen früher nicht in ähnlichem Maß gegeben hätte, aber es war weder das religiöse noch das juristische Instrumentarium geboten, das zu einer Zuspitzung auf eine bestimmte Gruppe innerhalb der Gemeinschaft als Sündenböcke hätte führen können. Im Früh- und Hochmittelalter wurden Konflikte anders ausgetragen, vor allem durch Privatrache (Fehde)[643]. Es ist wohlbekannt, daß die Intellektuellen von der Karolingerzeit bis ins 12. Jahrhundert die Nachtfahrten der Hexen bestenfalls für dämonische Vorspiegelungen hielten und nicht für reale Sabbatfahrten[644]. Erst die theologische Durchdringung des Teufelsglaubens besonders in den Werken der Scholastiker, namentlich des hl. Thomas, der den Dominikanern angehörte, also dem Orden, der primär für die Inquisition zuständig war, stellte ein Rüstzeug zur Verfügung, mit dem die Intellektuellen Erklärungen für die ihnen suspekten Vorgänge im Bereich des Volksglaubens konstruierten. Das hier konstituierte dämonologische Hexenkonzept wurde dem traditionellen Hexenglauben und der traditionellen Zauberpraxis übergestülpt. Predigten verbreiteten diese Konzeptionen auch unter den Laien, so daß es bald auch bei Nicht-Theologen zu einem Zusammenschmelzen der beiden Vorstellungswelten kam. Zu einem gewissen Teil müssen so die kirchlichen Mittel der Hexenabwehr das Phänomen, ihrem Ziel entgegen, gefördert haben. Dazu kam dann, daß ganz allgemein im späten Mittelalter und in der Renaissance viele Intellektuelle an die Realität magischer Prozesse glaubten, mochten sie auch dafür komplizierte theoretische Grundlagen konstruieren. Im Humanismus konnte Magie regelrecht als Wissenschaft mit gelehrter Dämonologie betrieben werden[645]. Schließlich haben sich selbst Päpste wie u.a. Clemens IV. tatsächlich an Magier um Hilfe gewandt[646]. Daß sie die Hexenverfolgungen nach Kräften gefördert haben, läßt sich belegen[647].

Aus dem reichlich erhaltenen Material verschiedenster Provenienz wird, was die Entstehung einer Verfolgungswelle betrifft, zweierlei ganz klar: Erstens, daß wirklich gezaubert wurde[648] (obwohl eine bestimmte Richtung in der Forschung dies nicht wahrhaben will). Darauf kommen wir noch zurück[649]. Zweitens, daß regelmäßig soziale Konflikte innerhalb einer Dorfgemeinschaft etc. den Besagungen vorausgingen (was fast alle Prozesse bestätigen): Der Hexereivorwurf war in dieser Hinsicht «eine Bewertungskategorie des sozialen Handelns und des Sozialprestiges der Bezichtigten»[650]. Dazu muß man noch die vielfältigst belegbare Bereitschaft der Menschen in der vorindustriellen Welt in Rechnung stellen, «nach unserem Verständnis 'Unscheinbares' für übersinnlich und wunderbar zu halten»[651]. Der Kardinal Scaglier bemerkte um 1635 in einer fast aufgeklärten Schrift zum Procedere der Inquisition, daß die Leute jedes kleine Malheur sogleich schwarzer Magie zuschrieben und daß «speziell die jungen Mädchen leicht Angst bekommen und jedes Mal erschrecken, wenn sie einen Schatten sehen, und glauben, das sei der Dämon...»[652]

Wenn man von der These Ginzburgs[653] ausgeht – und sie hat viel für sich, zumal es auch noch von ihm nicht herangezogene Quellen gibt, die in dieselbe Richtung weisen[654] –, dann bildet ein eurasisches Kontinuum, «das neben tungusischen Schamanen, lappischen *No'aidi* und ungarischen *Táltos* auch Personen aus dem indogermanischen Kulturraum wie *Kresniki*, Benandanti, weibliche Anhängerinnen der nächtlichen Göttin u.a.m. umfaßt»[655], die Grundlage auch des imaginierten (oder realen) rituellen Treffens der mittelalterlichen und nachmittelalterlichen Hexen in Europa, also des Sabbats[656]. Der vorgeschichtliche Schamanismus und die ebenso alte Tätigkeit der Heiler und Heilerinnen wurde erst in einer bestimmten Epoche so mit dem christlichen Teufelsglauben verschmolzen, daß das Bild der Hexe als Verbündete und Braut der Dämonen entstand. Der Sabbat, wie er in den Quellen erscheint, ist «das hybride Resultat eines Konfliktes zwischen Volkskultur und Gelehrtenkultur»[657].

Die Annahme, in den Geständnissen der Hexen über die nächtliche Ausfahrt fänden sich also Elemente eines tatsächlich von diesen geglaubten, imaginierten oder praktizierten Schamanismus, der in einer vor die Zeit der schriftlichen Quellen zurückgehenden eurasischen Tradition wurzle, dürfte gewiß a priori die Ablehnung namentlich der Vertreter einer bestimmten Linie der Volkskunde finden, welche Kontinuitäten prinzipiell für unwahrscheinlich halten. Trotzdem erklärt diese These doch die in den Quellen festgehaltenen Sabbatvorstellungen mit mehr Wahrscheinlichkeit als die z. Zt. weitgehend akzeptierte, nach der dieser ganze Komplex *nur* aus der Phantasie der Inquisitoren in die Geständnisse der Beschuldigten hineinprojiziert bzw. -gefoltert worden sei[658]. Daß die Vorstellung von einer ekstatischen Zusammenkunft, die die Richter später «Hexensabbat» nannten, bei vielen Verfolgten selbst bereits autochthon existierte, scheint nicht zweifelhaft, mag sie in Trance phantasiert worden sein, wie von den Benandanti, oder (was man m. E. keineswegs *a priori* ausschließen dürfte), tatsächlich in rituell-sektiererischen Treffen bestanden haben. Bartolomeo Spina z.B. beruft sich in seiner 1523 in Venedig gedruckten *Quaestio de strigibus et lamiis* auf zwei rein zufällige Augenzeugen eines Sabbats[659]. Detailangaben über Requisiten dieser Zeremonie wie schwarze Hostien, die aus Rübenscheiben bestehen oder holzartig schmecken[660], dürften kaum der Phantasie der Inquisitoren entsprungen sein. Wenn es zutrifft, daß die im Preußenland verhörten Hexen freiwillig oder gefoltert immer nur Kultstätten der heidnischen Pruzzen als Orte ihres Treffens angaben[661], dann wäre dies wohl am ehesten im Sinne faktischer Treffen und der Kontinuität eines die Christianisierung überdauernden heidnischen Brauches zu interpretieren. Daß solche Thesen seinerzeit von Margaret Murray in wissenschaftlich unexakter Weise verbreitet wurden, sollte nicht den Blick auf eine historische Möglichkeit verstellen, wenn dafür neue Evidenz vorliegt.

Vielleicht gab es also diese Zusammenkünfte wenigstens in einigen Fällen tatsächlich als Relikte früherer religiöser Praktiken oder als «Gegenveranstaltungen» gegen die offizielle Religion. Sie waren aber mit Sicherheit nicht Ausdruck einer «Solidargemeinschaft» von Frauen gegen Männer. Denn es sind zwar gelegentlich Zeugnisse dafür erhalten, daß ein weibliches Wesen diese Treffen leitete, eine Diana, Herodiana, Holda, Oriente etc.[662] (möglicherweise eine keltische Tradition[663]), aber diese Belege sind *verschwindend* selten vor der Masse derjenigen, die eine männliche Teufelsgestalt in dieser Funktion schildern. Außerdem sind diese «Gesellschaften» wohl praktisch immer gemischt, also keine Frauengruppen. Die Interpretation auf matriarchalische Züge im Hexenwesen ist genauso eine Projektion heutiger Wunschvorstellungen bestimmter Kreise in die Vergangenheit wie es die von einem weiblichen Gott bei den mittelalterlichen Mystikerinnen ist. Auch hier gibt es den einen oder anderen Beleg für diesen Aspekt im Offenbarungsschrifttum[664], aber diese Belege sind derartig selten und machen im Corpus der Schriften einer Mystikerin nur wenige Zeilen aus, wogegen sonst immer vom männlichen Gott des Christentums die Rede ist, daß in diese Richtung gehende Interpretationen schlichtweg eine Vergewaltigung der Fakten darstellen. Zumal es sich um einen Aspekt handelt, der von männlichen Kirchenschriftstellern (ebenfalls ganz marginal) bereits Jahrhunderte früher ausgesprochen wurde als von irgendeiner Mystikerin.

Übrigens steht auch der Versuch, die Verehrung der hl. Anna, der (unbiblischen) Mutter Mariens, mit dem Hexenwesen zu verknüpfen, weil sie sehr gelegentlich als Patronin unschuldig verfolgter Frauen auftaucht[665], auf mehr als schwachen Beinen.

Zunehmende Skepsis

Sowohl das mystische Heiligkeitsmodell wie das des Hexenwesens bestanden, wie gesagt, bis in die Zeit der Aufklärung, und sie bestehen in Einzelfällen noch in unserem Jahrhundert fort. Es ist bekannt, daß man noch 1782 in der Schweiz eine Hexe verbrannte und 1823 an einer solchen in Holland die Wasserprobe vornahm[666]. Dann wandte sich das Blatt endgültig. Wo heute noch Menschen das tun, was die Obrigkeit bis vor 200 Jahren selbst getan hat, nämlich andere als Hexen zu verfolgen, werden sie selbst von der Obrigkeit verfolgt. Einzelfälle gibt es in diesem Bereich immer wieder; 1976 z.B. ermordeten zwei Franzosen einen Heilpraktiker, da sie in ihm einen Hexer und Teufel sahen[667].

Das langsame Ende der Hexenverfolgungen fiel symptomatischerweise mit der Abnahme der Zahl charismatisch begabter Frauen zusammen, oder genauer: mit einer zunehmenden Tendenz, sie nicht mehr ernst zu nehmen. Die zweite Hälfte des 17. und das 18. Jahrhundert werden gern als «Zeitalter der Vernunft» bezeichnet – das Zeitalter eines Descartes und Voltaire –, und zweifellos liegt *eine* sukzessive Änderung der europäischen Mentalität beiden Entwicklungen zugrunde. Im einzelnen spielten freilich verschiedene Faktoren eine gewichtige Rolle; für die Abnahme der Hexenprozesse namentlich der sich durchsetzende Zentralismus des Staates, insofern etwa in Frankreich das Vorbild der Pariser Rechtsprechung, die Normen der königlichen Justiz, die ab etwa 1640 aufhört, Hexerei gerichtlich zu verfolgen, auch in den anderen Landesteilen maßgeblich wird[668]. Wenn man die Hexenverfolgungen mit Muchembled[669] u.a. als Teil der obrigkeitlichen Bemühungen sieht, die Bevölkerung, speziell die Landleute, in die Tiefe zu christianisieren und damit zu disziplinieren, dann waren Reformation und Gegenreformation bis zum 18. Jahrhundert so erfolgreich, daß der Glaube an die Unholdinnen tatsächlich so weit zurückgedrängt erschien, daß weitere Jagden auf sie unterbleiben konnten. Stattdessen war das Gewissen des individuellen Gläubigen durch die Propaganda der kirchlichen Drohbotschaft so weit für seine Vergehen gegen Kirche und Staat sensibilisiert, daß es überflüssig geworden war, eine Gruppe besonders Schuldiger auszusondern[670]. Die Domestikations- und Disziplinierungskampagne des zentralistischen Staates auch vermittels der Hexenverfolgungen hatte zu einem diesem im Augenblick hinreichend erscheinenden Schritt hin zur «Produktion des zuverlässigen Menschen» geführt[671].

Unter den Gründen, die für das Ende der Verfolgungen angeführt werden, ist allerdings sicherlich die Distanzierung der Eliten vom Hexenglauben die wichtigste; «man könnte auch sagen, daß eine Entmischung von Denkformen stattfand, in deren Miteinander sich der Hexenprozeß konkretisiert hatte: Der Glaube an Hexen, lange dogmatischer Bestandteil der Theologie und als solcher von breiten Kreisen der intellektuellen Oberschichten adaptiert, wird tendenziell immer ausschließlicher zu 'Volksglauben'.»[672] Dabei beginnt auch hier die medizinische, genauer psychopathologische Erklärung eine Rolle zu spielen. Johann Weyer, der Leibarzt des Herzogs von Cleve, schrieb 1562 ein Werk gegen die Hexenverfolgungen, worin er sagt: «Hexen sind Weibsbilder, mehrtheils schwache Geschirr, betagtes Alter, ihrer Sinnen auch nicht aller Dinge bei ihnen selber, in welcher arbeitseliger elender Vetteln Phantasei und Einbildung, wann sie mit einer Melancholei beladen... der Teufel sich als ganz subtiler Geist einschleicht...» Man hat es mit «wahnwitzigen, vom bösen Geist gefatzten Mütterlinen, welchen der Dachstuhl verrückt ist...» zu tun[673]. Zwar klingt hier das ältere Konzept dämonischer Besessenheit noch an, aber der Schwerpunkt liegt bereits auf der seelischen Disposition.

Doch scheint mir auch hier die (zeitverschobene) Analogie zur Skepsis charismatischer Heiligkeit gegenüber beachtenswert. Verschiedene Gründe hatten seit dem 16. Jahrhundert dazu geführt, daß im Bereich der Heiligkeit andere Kriterien mehr in den Vordergrund traten als das mystische Leben: Wie bereits bemerkt, machte einmal die Affäre Savonarola die Amtskirche wesentlich mißtrauischer gegenüber allen prophetischen Offenbarungen. Dann blieb die Kritik der mystikfeindlichen Reformatoren nicht ohne Wirkung auf die Catholica. Das Konzil von Trient war ja, auch in diesem Bereich, eine Reaktion auf die Reformation. Vor allem aber «verloren» Heilige – und genauso Hexen – die «verzauberte Welt» (vgl. Max Weber[674]), in der sie einen für die Zeitgenossen sinnvollen Bestandteil des Kosmos gebildet hatten. Denn Aufklärung, Säkularisierung und fortschreitende Technisierung des Lebens implizierten die Notwendigkeit, aus denselben Phänomenen ganz andere Schlüsse zu ziehen, als man es in dem zutiefst von Religiosität – christlicher und nebenchristlicher – bestimmten Alteuropa

142

gewohnt war. Nachdem die Drohungen der Dunkelheit und der Naturlaute durch Elektrizität und Medienlärm verdrängt sind, fehlen die Schatten und die Stille, die eine von der unseren recht unterschiedliche Sensibilität und Interpretationshaltung hervorgebracht hatten. «Der Blitzableiter hilft eher gegen Gewitter als die Ermordung der wettermachenden 'Hexe'»[675]. Er hilft aber auch eher als die Anrufung eines wetterabwendenden Heiligen.

Daß es bis weit ins 19. Jahrhundert hinein immer wieder ernst gemeinte Versuche kirchlicher Schriftsteller gegeben hat, den Hexenglauben aufzuwärmen, sei nur am Rande bemerkt[676]; es war ihnen kein Erfolg beschieden. Anders steht es mit dem Glauben an die übersinnliche Macht und das faktische Eingreifen der Heiligen in die Geschichte, woran Katholiken nach wie vor glauben, wie das Treiben an den ja kirchlich nicht geduldeten, sondern geförderten Wallfahrtsorten lehrt, das die diesbezügliche Scheu der heutigen Theologen vor Stellungnahmen konterkariert.

Mystiker und Hexer

Mystisch begabte Frauen waren seit dem 13. Jahrhundert in der westlichen Christenheit um so viel zahlreicher als ähnlich auftretende Männer, daß Erlebnismystik zu Recht als ein vor allem der weiblichen Frömmigkeit eigenes Phänomen gelten kann[677]. Analog dazu wurden vor 1500 vielleicht doppelt so viele Frauen wie Männer als Hexen verfolgt[678]; in der Frühneuzeit sind es offensichtlich noch deutlich mehr geworden. Auch die einschlägige Literatur namentlich seit dem *Hexenhammer* schießt sich vorzugsweise auf Frauen ein.

Doch müssen wir an dieser Stelle als unbedingt notwendiges Korrigens unserer ganz auf die Geschicke von Frauen konzentrierten Darstellung darauf hinweisen, daß sich sowohl mystische Heiligkeit als auch Hexerei im ganzen Zeitraum immer wieder ebenso bei Männern findet, wenn auch signifikanterweise – es sei wiederholt – deutlich weniger häufig.

Heilige

Franz und Ägidius von Assisi, Richard von der Provence, Heinrich Seuse, Nikolaus von Flüe und manch anderer wäre als Erlebnismystiker des Mittelalters zu nennen, Johannes Baptista von der Empfängnis, Joseph von Copertino, Benedikt von Canfield, Johannes vom Kreuz, George Fox, Padre Pio u.v.a. aus der Neuzeit[679].

Für unsere Fragestellung wichtig sind aber wiederum die Verhaltensweisen der Umwelt. Fast die ganze Palette ambivalenter Reaktionen der Normalen, die ein außergewöhnliches religiöses Verhalten zu seiner Zeit hervorrufen konnte, sehen wir schon beim sel. Wilhelm von Notre-Dame de l'Olive (von Morlanwelz, um 1174–1240)[680]. Er war ein Freund der ersten bekannteren Erlebnismystikerin, der sel. Maria von Oignies. In für das Mittelalter typischem Verständnis für spiegelnde Handlungen bewegte dieser Bäckergeselle sich nach seiner Bekehrung nur auf Händen und Füßen im Wald kriechend vorwärts und aß nur Kräuter und Wurzeln, da er sich dessen bezichtigte, in der Welt «tierisch» gelebt zu haben. «Als die Menschen aus seiner Ortschaft aber von Hirten hörten, was sie gesehen hatten, kamen sie scharenweise heraus um festzustellen, ob das wahr wäre, was sie gehört hatten. Als sie dorthin kamen, wo der Mann Gottes weilte, und sahen, wie er sich fortbewegte, gab es verschiedene Meinungen unter den Erstaunten: die einen sagten, daß das von Gott käme, die anderen leugneten das dagegen und nannten ihn einen Verführer, Heuchler und Dummkopf.» Als dem Büßer von einigen «frommen und richtiger denkenden Männern (*sanioris mentis*)» eine Hütte gebaut wurde, «trug Wilhelm, auf Händen und Beinen kriechend, heiteren Mutes im Herrn, auf seinem Rücken die Lasten, mit denen ihn die anderen beluden...» Manche freilich hielten die Strenge seines Lebens für Wahnwitz und verlachten ihn. Die Hierarchie sah ihn, der den Wald rodete, jedoch freundlich an, und der Bischof zeichnete Wilhelm, nachdem er sich selbst die nötige geistliche Bildung beigebracht hatte, mit der Priesterweihe aus[681]. Wilhelm von Morlanwelz zeigte ein auch für einen katholischen Heiligen seiner Zeit ungewöhnliches Verhalten, wurde aber von der Amtskirche nicht verfolgt, sondern anerkannt. Seine Mitbürger freilich schwankten, ob er verrückt, betrügerisch oder heilig sei. Aber die Situation war damals, zur Zeit des Anfangs der «mystischen Invasion», noch nicht so beschaffen, daß er in den Verdacht der Besessenheit oder Magie gekommen wäre.

Dies änderte sich im Spätmittelalter, genauer ab dem frühen 14. Jahrhundert, als in ganz Europa Mystiker und Mystikerinnen zahlreich auftraten[682]. Wir nennen gleich einige Beispiele für heute anerkannte katholische Heilige, die zu Lebzeiten nicht minder für Teufelsdiener gehalten wurden als die erwähnten Frauen. Zunächst jedoch ein Beispiel, das mit Mystik nichts zu tun hat; es soll zeigen, bis zu welchem Grad selbst ein heute allseits bekannter und verehrter Heiliger in Gefahr kommen konnte, als Ketzer zu enden – ein weiterer Hinweis auf die «Zufälligkeit», die in der Kirchengeschichte die Auswahl der Heroen und der Sündenböcke aus der Gruppe der normabweichenden Gläubigen leitete: Gegen den hl. Bernhardin von Siena (1380–1444), der die später im Katholizismus so beliebte Verehrung des Namens Jesu in großem Stil propagierte, wurde von Geistlichen gepredigt, er verbreite damit das «signum antichristi», das Zeichen, der Widerchrist sei geboren. Man verrief ihn als Schöpfer eines «satanischen Kultes», ja sogar als den Antichristen selbst[683]. Es kam 1426 zu einem Prozeß vor Papst Martin V., bei dem nicht weniger als 52 Dominikaner und 10 Augustinermönche als Ankläger auftraten[684]: «In Rom sagt man, daß ich auf den Scheiterhaufen geschickt werden soll», befürchtete er selbst[685]. «Die einen wollen mich gekocht und die anderen gebraten.»[686] Doch der Papst ließ sich von ihm überzeugen. 1431 und 1438 wurde Bernhardin erneut der Häresie verklagt und jedesmal freigesprochen. Auch hier war es genau dasselbe Moment, das von einer Partei als ketzerische Neuerung und von einer anderen als Beweis der Frömmigkeit beurteilt wurde. Da sich in diesem Fall letztere durchsetzte, gelangte Bernhardin zur Ehre der Altäre. 1721 wurde das Namen Jesu-Fest für die ganze Kirche vorgeschrieben; heute gibt es mehrere Kongregationen, eine «Holy Name Society» und kirchliche Zeitschriften wie *The Holy Name Journal* oder *Boletin del Santo Nombre de Jesús*[687]. Was, wenn die Befürchtungen derjenigen Theologen, die in dieser Devotion eine Ablenkung auf Äußerliches sahen, auch vom Papst ernstgenommen worden wären?

Vielen Mystikern ging es ähnlich. Die Größen der spanischen Spiritualität der Frühneuzeit, teilweise später heiliggesprochen, Johann vom Kreuz,
Ignatius von Loyola, Ludwig von Granada, Johannes von Avila, hatten alle
Schwierigkeiten mit der Inquisition, die in ihrer Heimat besonders macht-
voll war. Das Beispiel des Ordensgründers der Jesuiten, selbst eines praktischen Mystikers, ist besonders bekannt[688]: Mehrfach wurde der hl. Ignatius
von der Inquisition bzw. dem bischöflichen Gericht verhört, ohne daß es
aber zu einem Prozeß gekommen wäre. Anlaß waren dabei z.T. auch Frauen,
die, von Ignatius unterrichtet, «allerlei nervöse Erscheinungen zu erleben
anfingen»[689]. In Salamanca war er 22 Tage im Dominikanerkloster ange-
kettet, währenddessen man sein *Exerzitienbuch* eingehend überprüfte, ohne
Verbotenes zu finden. Der hl. Johannes von Avila war einige Tage vom Heiligen Officium inhaftiert oder unter Hausarrest gestellt[690]. Die Toledaner
Inquisition ließ 1635 einen gewissen Mateo Rodriguez foltern, weil er an der
Übernatürlichkeit seiner Erscheinungen festhielt und sie aufzeichnete; er
wurde mit 200 Hieben bestraft[691].

Nicht nur die spanische Inquisition wandte sich gegen mystisch begabte
Männer. Gelegentlich kam auch ein lebender Heiliger in Italien zu Fall. So
hatte der Eremit Francesco di Pietrasanta sogar bei Papst Eugen IV. und vielen seiner Kardinäle Gunst gefunden, da sie seine Prophezeiungen und extremen Fastenleistungen als Zeichen der Heiligkeit bewerteten. Dann stellte
sich jedoch heraus, daß er «sein ganzes Leben lang aufgrund seiner Unwissenheit teuflischen Illusionen nachgelaufen war»[692]. Auch italienische
Quietisten, die sich in besonderer Weise passiven Formen der Mystik hin-
gaben, wurden von der dortigen Inquisitionsbehörde verfolgt[693]. Zahlreiche
weitere Beispiele könnten genannt werden.

Und bei den wenigen Männern, die so deutliche körperliche Symptome
ihrer Begnadung zeigten, wie die meisten Mystikerinnen, konnte die Reaktion der Umwelt genauso kritisch sein, wie es so oft bei den Frauen der Fall
war. Ein Mystiker aus der Bewegung der Gottesfreunde war der sel. Heinrich zum Grünenwörth (†1396). Wenn er in den Jubilus geriet, dann schrie
er seine Freude lautstark in die Welt hinaus, so wie etwa Margery Kempe.
Daher wurde er oft aus der Kirche gejagt, wie auch jene Frau. «und sin ge-

schrey waz so ungehure, daz vil lútes wonde [wähnten], er were besessen, und ist des halbe dicke besworn [oft exorziert] worden.»[694].

Auch nach dem Tode gab es gelegentlich Verdächtigungen gegen als Heilige verehrte Männer – wie bei den Mystikerinnen z.B. gegen Wilhelmina von Böhmen. So ließ Papst Bonifatius VIII. auf Ersuchen der Inquisition 1300 die Leiche des Armanno Pungilupo aus seinem Grabmal in der Kathedrale von Ferrara exhumieren, was zu einem Aufstand der Bevölkerung führte, da er bereits seit etwa dreißig Jahren als Heiliger verehrt worden war. Doch wurden seine Lehren nun als katharisch verworfen[695]. Um 1428 wandte sich der Inquisitor Heinrich Kalteisen gegen den Kult des Werner von Oberwesel (von Bacherach, †1287), der jedoch bis 1963 in der Diözese Trier mit offizieller Liturgie begangen wurde[696].

Am Rande sei bemerkt, daß vergleichbare Probleme auch außerhalb der Catholica auftraten; berühmt ist in der byzantinischen Kirchengeschichte der Prozeß um die Heiligkeit des Symeon Eulabes (†1022)[697], und es gibt noch manche ähnliche Berichte[698], die zeigen, daß man auch hier schwankte, ob die richtige Interpretation eines Phänomens die als das Werk eines Heiligen oder als das eines Hexers sei[699].

Hexer

Was die andere Seite betrifft, so gab es auch viele Männer, die sich mit Zauberei beschäftigten[700]. Speziell das ganze Feld der gelehrten Magie war rein Sache von Männern, darunter viele Wissenschaftler, Höflinge und auch Kirchenfürsten. Nicht weniger denn 18 Päpste sollen sich als Zauberer versucht haben[701]. «Der Magier lebt üblicherweise in der Stadt, Ort der Kultur, und bisweilen unter den Großen, von denen er beschützt wird; und er ist ein Mann, denn die Wissenschaft ist im Mittelalter den Männern vorbehalten. Die Hexe gehört dagegen eher aufs Land, lebt im Verborgenen und ist eine Frau»[702]. Doch ist diese Differenzierung nicht streng zu nehmen, vielfach praktizierten Hexen im urbanen Bereich und gab es männliche Heiler ebenso auf dem Lande.

Auch die Hexenprozesse waren keineswegs auf das weibliche Geschlecht beschränkt. Der Verfolgung sind nicht nur Frauen zum Opfer gefallen, wie

147

man nach den misogynen Traktaten der damaligen Zeit vermuten könnte und wie in unseriösen Publikationen mit offen ideologischer Tendenz auch heute behauptet wird. Doch läßt sich aus der Tatsache, daß mehr Frauen der Hexerei bezichtigt wurden als Männer, keineswegs ableiten, alle Frauen wären prinzipiell als Hexen angesehen worden. Die Hypothese, daß die Hexenverfolgung ein Ausrottungskrieg der Männer gegen die Frauen gewesen sei, wird auch von keiner Fachhistorikerin geteilt. Sie ist nämlich, wie u.a. eine von ihnen gezeigt hat, durch die Quellen leicht zu widerlegen: das Beispiel des Innsbrucker Hexenprozesses von 1485, den kein anderer als der Verfasser des *Hexenhammers* selbst ins Werk setzte, zeigt, daß von den namentlich bekannten Denunzianten – die sich freiwillig meldeten – 41 Frauen und nur 15 Männer waren. «Nicht die paranoiden Phantasien des Dominikaners sollen zu abschließenden Überlegungen und Fragen Anlaß bieten, sondern die Tatsache, daß viel konkreter Stoff dafür von Frauen geliefert worden ist – ganz bewußt und in durchaus nicht freundlicher Absicht gegenüber ihren Geschlechtsgenossinnen.»[703] Angesichts der häufigen Konstellation, daß in Prozessen von den angeklagten Frauen nur wieder Frauen besagt wurden und keine Männer, ließe sich eher von einem Krieg von Frauen gegen Frauen reden, dessen theologische und juristische Waffen allerdings von Männern geschmiedet und geführt wurden. Im Hexenprozeß von 1551 z.B. wurden in Schleswig 50 Frauen von Frauen als Hexen besagt, und kein einziger Mann[704] . Warum haben sich die Frauen, die ohnehin nur mehr den Tod vor Augen hatten, nicht an den Männern gerächt, indem sie bevorzugt dieses Geschlecht der Zauberei bezichtigten? Doch offenbar deshalb, da auch sie das Stereotyp als richtig betrachteten, Hexenwerk werde eben vor allem von Frauen ausgeübt, und sie den Vorgang nicht als Geschlechterkampf interpretierten, wie es erst in jüngster Zeit getan wird. Es ist evident, daß damit ein ganz junges Deutungsmuster fälschlich in die Vergangenheit zurückprojiziert wird.

Das kann mit zahlreichen Belegen demonstriert werden, die zeigen, daß es oft und oft die Frauen mehr als die Männer waren, die ihre Geschlechtsgenossinnen als Hexen verschrieen. Als Margery Kempe von den Soldaten des Herzogs von Bedford verhaftet wurde, waren es nach ihren eigenen Angaben die Frauen, die «mit ihren Spinnrocken aus den Häusern gelaufen kamen und den Leuten zuschrieen: 'Verbrennt diese falsche Häretikerin!'»[705] «Solche Frauen, die solches können [zaubern], und mit diesen Dingen umgehen, die sollte man alle verbrennen, und gern wolle sie auch Holz dazu tragen», das ist kein Ausspruch eines Frauenfeindes, sondern einer Frau, einer Zeugin in einem Luzerner Hexenprozeß von ca. 1500[706]. Als Gostanza wunde Stellen an den Armen hatte, waren es «gewisse Mädchen (certe giovane)», die sie für eine Hexe hielten, die sich in eine Katze verwandeln könne, und riefen: «la strega, la strega! (die Hexe!)»[707]. Von einer misandrischen «Schwesternschaft» der Frauen in früheren Epochen auszugehen, wie es manche feministische Autorinnen in der Tat unterstellen, ist nur die Rückprojektion eines auch in der Gegenwart unerfüllten Ideals. Die Quellen – und sie ließen sich beliebig vervielfältigen – erweisen das Gegenteil. Dagegen scheinen sich Frauen tatsächlich bisweilen verbündet zu haben, um miteinander Zaubereien auszuführen[708]. Ob es hier eine Beziehung zur Erscheinung der «Weiberbünde» im Volksbrauch gibt[709], sei dahingestellt.

Es sollte auch nicht unerwähnt bleiben, daß immer wieder Besagungen von seiten «unschuldiger» Kinder vorkamen[710], besonders auffallend in den nordschwedischen Hexenprozessen des 17. Jahrhunderts, wo sich Kinder und Jugendliche zu Hunderten versammelten, um Erwachsene bei der Obrigkeit anzuzeigen. Es handelte sich geradezu um eine Massenhysterie oder ein schreckliches Spiel, das sie für eine Zeitlang in den Mittelpunkt stellte[711]. Ähnliches wird uns noch beim Phänomen der Besessenheit begegnen[712].

Die Zahl der als Hexer verurteilten Männer oszillierte, für ganz Europa geschätzt, etwa um 20 Prozent[713]; doch muß man hier berücksichtigen, daß die Verhältnisse von Region zu Region, von Prozeß zu Prozeß ganz unterschiedlich sein konnten. Männer aber bestrafte die Obrigkeit vergleichsweise öfter härter[714]; in einigen Regionen wurden sie auch wegen erheuchelter Heiligkeit häufiger vor Gericht gezogen[715]. Entscheidend war jedesmal das Zusammenspiel der vielfältigsten lokalen Interessen und Vorstellungen; in Luzern, wo weltliche Richter die Prozesse führten, wurden fast nur Frauen vor Gericht gestellt, in Lausanne urteilte ein geistliches

Gericht, das sich vorzugsweise männliche Angeklagte vorführen ließ[716] – also genau das Umgekehrte von dem, was man erwartet hätte.

Mehr als die Hälfte aller 1119 vor dem Pariser Parlament im Zeitraum 1565–1640 wegen Hexerei Angeklagten waren Männer[717]; im Pays de Vaud 1539–1670 waren es 42%[718]. Zwischen 1300 und 1500 wurde in England gegen 59 Männer prozessiert (64%) und gegen 33 Frauen (36%)[719]. Bei den Verfahren, die während des 15. Jahrhunderts in der Diözese Lausanne geführt wurden, waren zwei Drittel der Angeklagten Männer[720]. In Oberösterreich handelte es sich bei den Hingerichteten der Hexenprozesse zu 69 Prozent um Männer, in Kärnten zu 53, in Wien zu 42[721]. Das aufsehenerregendste Verfahren in Salzburg, der «Zauberer-Jackl-Prozeß» von 1675/90 kostete 36 Frauen das Leben und mehr als doppelt so vielen Männern, von denen 77 unter 21 Jahren waren, 56 sogar erst zwischen 9 und 16[722]. In den Prozessen in Krain betrug das Verhältnis von Männern zu Frauen insgesamt 104 zu 64[723]. Während der finnischen und isländischen Verfolgungen waren die Opfer fast ausschließlich Männer[724]; bei ersteren wurden in 125 Prozessen zwischen 1554 und 1720 nur 9 Frauen angeklagt[725]. In Karelien wurden 1650/97 etwa 60 Verdächtige der Hexerei besagt, wovon nur zwei Frauen waren[726]. In allen sizilianischen Autos-da-fé zwischen 1540 und 1570 bildeten Frauen weniger als ein Drittel der wegen Zauberei Belangten, etwa dasselbe Verhältnis gilt für sämtliche Magie-Prozesse, die vor der neapolitanischen Inquisition geführt wurden[727]. Überhaupt sind in den frühen Prozessen insgesamt, d.h. vor der Mitte des 14. Jahrhunderts, nahezu drei Viertel der Opfer Männer[728].

Die hier untersuchten Phänomene, sowohl das Heiligen- als auch das Hexenstereotyp, waren zwar primär frauenspezifisch – rein statistisch betrachtet, aber auch in der zeitgenössischen Vorstellungswelt. Sie waren dies jedoch keineswegs exklusiv. Es handelt sich um zeittypische Phänomene, die grundsätzlich beide Geschlechter betrafen, wenn auch in signifikant deutlicherer Frequenz die Frauen. Dies ist unterschiedlich erklärt worden. Sicher wäre jeder monokausale Ansatz verfehlt. Daß z.B. der Umgang mit Geburt, Krankheit und Sterben besonders Frauensache war, mag eine Rolle gespielt haben, denn diese Bereiche waren gern von magischen Ritualen begleitet[729]. Frauen scheinen sich auch nach älteren und unverdächtigen Quellen vor der Verfolgungszeit faktisch mehr mit Zauberei abgegeben zu haben als Männer[730], vielleicht als Kompensation für ihre geringere körperliche Kraft und soziale Geltung. Die Verwendung von Heilmitteln, aber auch von Giften, war ihnen als «Herrscherinnen über die Küche» leichter zugänglich[731]. Sicher machte die schwächere gesellschaftliche Position Frauen (und Kinder) leichter zu Opfern als Männer wie auch die erwähnte misogyne Tradition des Christentums. Der im Hochmittelalter einsetzende Prozeß der Rationalisierung, in dessen Verlauf Irrationales und Natürliches abqualifiziert wurde, scheint ebenso eine Rolle gespielt zu haben; da beides als Komponenten des Wesens der Frau galt, lag es auch «logisch» nahe, sie besonders mit der magischen Sphäre zu verbinden. Außerdem waren die Lebenswelten der beiden Geschlechter im Mittelalter viel stärker getrennt, als wir dies heute vermuten. Die Frauen bildeten (wie ihrerseits die Männer) ihre eigenen Kommunikationsgemeinschaften, an denen das andere Geschlecht nicht teilhatte und die daher bedrohlich erscheinen konnten, was sich in dem fortwährenden Vorwurf konkretisierte, eine Hexe müsse in ihren Künsten auch andere unterwiesen haben. Sicher haben Theologen wie Nider und besonders Institoris viel dazu beigetragen, das Hexenstereotyp auf ein Geschlecht festzuschreiben. Ruft letzterer doch allen Ernstes aus: «Et benedictus altissimus qui virilem speciem a tanto flagitio usque in presens sic preservat in quo utique cum pro nobis nasci et pati voluit, ideo et ipsum privilegiavit.»[732] (Und gepriesen sei der Höchste, der das Männergeschlecht, in welchem er ja für uns geboren werden und leiden wollte, bis heute von einem so großen Verbrechen bewahrt hat. Daher hat er es auch bevorzugt.).

Längerfristig mag eine generelle Verunsicherung der Männer seit dem hohen Mittelalter, als die religiöse Frauenbewegung eine neue und bisher unerhörte Lebensform mit sich brachte, die der Beginen[733], mit eine Rolle gespielt haben. Der Emanzipationsversuch von Frauen aus der männlichen Munt hat faktisch aggressive Reaktionen hervorgebracht. Weiters hat der Wandel der Stellung der Frau in der Imagination des Adels, wie er in der

Frauenverehrung der Trobadors, Trouvères und Minnesinger formuliert wurde, auf lange Sicht wohl die faktische Stellung von Frauen im Leben verbessert, da das Minneideal auch gelebt und dann auch von der größeren Schicht des Bürgertums rezipiert wurde. Schon im höfischen Roman wurde dieses Ideal ja auch auf die Gattin, nicht nur auf eine fremde verheiratete oder unverheiratete Dame bezogen. Auch diese sehr langsame Wertsteigerung der Frau mag in Form einer konservativen Gegenreaktion wenigstens bei den gebildeten Theoretikern der Hexenverfolgung unbewußt an ihrer Misogynie mitgewirkt haben[734].

Aber ein Faktor, der bislang bei der Frage nach der geschlechtsspezifischen Verteilung der Opfer nicht berücksichtigt wurde, war offenbar auch die (aus welchen Gründen auch immer) größere weibliche Disposition zur Produktion paranormaler Phänomene, deretwegen es primär Frauen waren, denen mystische Heiligkeit zuerkannt wurde, aber auch primär Frauen, denen magische Fähigkeiten zugetraut wurden.

Heilige und Hexen im Vergleich

WENN ES NUN SCHON FÜR DIE ZEITGENOSSEN so viele «Zweifelsfälle»
gab, so liegt dies offenbar daran, daß die jeweiligen Phänomene im System
der christlichen Religion eben faktisch ambivalent waren. Dabei ist zu
berücksichtigen, daß das Christentum durch die Polarität Gott – Teufel
Züge eines Dualismus enthält, der zwar nicht so weit geht wie in manchen
anderen Religionen (z.B. im Parsismus oder bei der Sekte der Katharer),
aber doch in seiner Geschichte unentwegt manifest wird[735].

Wir wollen nun auflisten, welche der Phänomene im Erscheinungsbild
der Heiligen einerseits, in dem der Hexen andererseits in (ich wiederhole)
religionsphänomenologischer (nicht aber theologischer) Betrachtung vergleichbar erscheinen[736]. Durch diese Fragestellung ist auch der Umgang mit
den Quellen bedingt, die zitiert werden, um eine typische Struktur zu illustrieren, ohne daß dabei die sonst in historischer Arbeit zu beachtenden
Umstände der Genese, Überlieferung, Intention etc. eines Textes eine Rolle
spielten. Da es um Vorstellungsgeschichte geht, ist es nur wichtig, daß die
Texte tatsächlich in jener Zeit entstanden, wodurch sie immer eine damals
vertretene Ansicht bezeugen (d.h. «Überreste» im Sinne der Historik sind).

Vor diesem phänomenologischen Vergleich zwischen den genannten
Gruppen ist festzuhalten, daß sich ihre Verhaltensweisen nur teilweise
decken und daß es auch solche gibt, die jeweils nur eine der beiden Gruppen prägen. So zeichnen sich die Hexen im allgemeinen durch materielles
Besitzstreben aus, die Heiligen dagegen durch das Ideal freiwilliger Armut,
erstere durch Streitsucht, letztere durch Demut etc. Aber diese Bestandteile
des jeweiligen «Idealtyps» sind nicht Gegenstand unserer Darstellung, da
sie ja (theoretisch) eine eindeutige Zuordnung zu einer der beiden Gruppen ermöglichten (praktisch konnte allerdings etwa Anna Laminit ohne
weiteres Reichtümer anhäufen, ohne daß dies offensichtlich dem Geruch

153

ihrer Heiligkeit geschadet hätte). Wir interessieren uns also hier nur für die analogen Symptome, die bei beiden Gruppen auftreten, und vernachlässigen die übrigen, die divergieren. Der größte Teil dieser analogen Phänomene würde heute zum Komplex des Parapsychischen gerechnet werden.

Viele Menschen wurden freilich auch heiliggesprochen, ohne irgendwelche abweichende Verhaltensweisen gezeigt zu haben, auf Grund ihres Amtes etwa (hl. Bischöfe, Päpste, Äbte etc.); desgleichen wurden auch viele nur wegen Zwisten mit Nachbarn oder Verwandten, Suggestion der Verhörenden usw. besagt, und nicht weil sie ein paranormales Verhalten gezeigt hätten. Unser Vergleich bezieht sich also keineswegs generell auf alle Attribute, aus denen sich die Hexen- bzw. Heiligenstereotypen zusammensetzen, sondern ist eingegrenzt auf diejenigen, die funktional und phänomenologisch gleich strukturiert sind. Sie gehörten bei sehr vielen heiligen Frauen und fast allen Hexen in der Epoche des Spätmittelalters und der Frühneuzeit zum jeweiligen Bild, das man sich von ihnen machte.

Ein ähnlicher Vergleich wäre auch soziologisch möglich, wenn man nach den Funktionen dieser beiden Gruppen für die Gesellschaft frägt. Daß sowohl Heilige als auch Hexen einen Außenseiterstatus hatten, ist nicht zu verkennen. Der Konzentration von Heil auf der einen Seite entsprach die Konzentration von Unheil auf der anderen, sowie die Funktion als Sündenbock. Dagegen würde ein Vergleich der sozialen Herkunft der beiden Gruppen keine Parallelen ergeben. Die meisten Hexen waren auf dem Land groß geworden und entstammten bescheidenen Verhältnissen, die Mehrzahl der mystischen Heiligen lebte dagegen in der Stadt, und es gibt unter ihnen viele, die aus durchaus begüterten Familien kamen. Es dürfte mit dem bekannten Gegensatz der progressiveren Stadtmentalität gegenüber dem traditionsgebundeneren Land zu tun haben, daß sich das Konzept der mystischen Heiligen früher verbreitete, und erst dann das der Hexe, wie schon geschildert[737].

Beziehung zur Gottheit

Phänomenologisch gesehen, ist die übernatürliche Referenz der Heiligen die Gottheit des christlichen Glaubens, die der Hexen der Teufel derselben Religion. Er hat für die Hexen dieselbe Funktion wie Gott für die Mystikerinnen. In den mit dem Hexenwesen verbundenen Vorstellungen tritt der Böse stärker als in anderen Bereichen der christlichen Religion als Widergott auf, als Gegengottheit *sui iuris*, und nicht als letztlich bereits vom Erlöser überwundener Versucher (worauf sich diejenigen Interpreten stützen, die im Hexenwesen Reste einer vorchristlichen Religion sehen). Dies soll eingangs anhand der Quellen verdeutlicht werden.

Die Grundlage der Beziehung auch der mystischen Heiligen zu ihrem Gott besteht in ihrer Zugehörigkeit zur katholischen Kirche. Analog dazu beruht die Grundlage der Beziehung der Hexen zu ihrem Gott auf der Zugehörigkeit zur «Kirche des Teufels». Der Mensch wird zum Christ, indem er sich mit Gott im Sakrament der Taufe verbindet. Diese ist im wesentlichen ein Exorzismus, bei dem der ursprünglich als besessen angesehene Ungläubige sich dem Satan verweigert und dem Leib Christi eingliedert. Seit der Frühkirche waren daher entsprechende Riten, die auch sonst beim Exorzismus gebräuchlich waren, wie Beschwörung, Bekreuzigung, Anhauchen und Handauflegung, wesentliche Bestandteile der Taufe[738].

Dasselbe geschieht, unter gegenteiligem Vorzeichen, im Hexenwesen. Es muß die Taufe auf einen christlichen Namen bei der Verbindung mit dem Feind durch die auf einen teuflischen ausgelöscht werden, etwa statt Maria «Teuflskhrott» (Teufelskröte)[739]. Guazzo spricht in seinem *Compendium malificarum* (1608) von einer richtiggehenden Taufe auf einen anderen Namen durch den Bösen; seine Adepten werden in das Buch des Todes eingetragen[740] (Kontrafaktur zum Buch des Lebens der *Apokalypse*). Ein besonders gottgefälliger Name muß unbedingt geändert werden, so speziell Maria: Mit der Heldin des Schauspiels *Marieken van Nieumegen* (um 1500) kann ein Incubus erst dann einen Pakt schließen, nachdem sie einen neuen Namen angenommen hat[741]. Signifikanterweise läßt sie sich Emma rufen, worin der Anfangsbuchstabe ihres Taufnamens Maria doppelt erhalten

155

bleibt, ein versteckter Hinweis darauf, daß sie doch noch gerettet werden wird. Auch aus Prozeßakten ist ein solcher Namenswechsel belegt.

Einige Quellen nennen die angesprochene Parallele zwischen Gott und dem Teufel durchaus beim Namen. Wie der christliche Gott seinen Kult erhält, so auch die bösen Geister, weil sie die Funktion der Gottheit erfüllen. Institoris schreibt im *Hexenhammer*, sie «verlangen von den Hexern *göttliche* Verehrung, divinum cultum.»[742] Eine Hexe, so übereinstimmend mit fast allen Quellen ein italienischer Inquisitor 1508, verleugnet Christus und nimmt den Dämon als Gott an[743]. «dusser aller Godt hete Lucifer»[744], ihrer aller Gott hieß Luzifer, so bekannte 1557 eine norddeutsche Angeklagte über die beim Nachttanz Versammelten.

Solches ergibt sich nicht nur aus erfolterten Geständnissen. Der Arzt Johannes Hartlieb, der im Dienste verschiedener Fürsten wirkte, berichtet in seinem *Buch aller verbotenen Künste* um 1455, wie er eine inhaftierte Hexe unter der Vorspiegelung, sie werde freigelassen, wenn sie ihm das Hagelmachen beibringen wolle, um ihren Unterricht bat. «Sie lag mit einem Fuß in einem Eisen und sprach zu mir diese Worte: 'Lieber Sohn, du mußt zuerst Gott verleugnen..., dann mußt du die Taufe und alle Sakramente verleugnen... Dann mußt du alle Heiligen Gottes verleugnen und vor allem seine Mutter Maria, dann mußt du dich drei Teufeln mit Leib und Seele ergeben...»[745]

«Diese Dämonen wollten nicht, daß man von Gott rede, sondern sie wollten, daß man vom Teufel rede», bekannte die 1594 angeklagte italienische Hexe Gostanza, und weiter: «Wer bei dem Feind ist, muß nach seiner Weise handeln. Und er wollte, daß ich ihn als Gott anbete und daß ich ihn für mehr als Gott halte...»[746] Bei der obligaten Opferung eines Tieres für den Teufel Lucibel war, so die 1480 in der Diözese Brescia verhörte Maria la Medica, folgende (manichäisch wirkende) Formel zu sprechen: «Ich opfere dir, o mein Herr und Gott, die Seele, die du schufst und die dir zu geben ich versprach, und das Tier, das du schufst.»[747] Wenn der Sabbat an seinem Ende ist, dann sagt der Böse (nach einer Tiroler Prozeßaussage aus dem ersten Jahrzehnt des 16. Jahrhunderts): «Fahrt hin heim, vergesst eures Gott nicht!»[748] 1629 gestand eine peinlich Verhörte, sie sei vor dem

Dämon niedergekniet und habe gesagt: «Du bist mein Gott und mein Herr!»[749]

Im normalen Leben, wird bisweilen angegeben, darf ein Angehöriger der Teufelssekte weder die Messe hören noch ein Kreuzzeichen machen[750]. Nach anderen Quellen muß er dagegen, um nicht aufzufallen, besonders fleißig die Kirche besuchen[751]. Jedenfalls bekommt der Teufel einen eigenen Kult, der den christlichen bis ins Detail pervertiert bzw. nachäfft. «Zuerst muß der künftige Schüler [und die künftige Hexe] am Sonntag, bevor das Weihwasser geweiht wird, mit den Meistern in die Kirche gehen und dort vor ihnen Christus, den Glauben an ihn, die Taufe und die allgemeine Kirche ableugnen. Darauf muß er dem Magisterulus, d. h. dem kleinen Meister (denn so und nicht anders nennen sie den Dämon) die Huldigung darbringen...»[752]

Diese Spiegelung betrifft alle Einzelheiten des Kultes: so will z.B. der berühmte Jurist Bartolus von Saxoferrato in der Mitte des 14. Jahrhunderts eine Hexe verbrannt sehen, da sie u.a. gestand, den Teufel mit Kniebeugen verehrt zu haben[753]. Dies gehörte zum Ritus der Aufnahme in die Teufelssekte[754]. Der Böse verlangt beim Sabbat zwar dieselben Ehren wie Gott, aber quasi spiegelverkehrt: Nach einem italienischen Prozeß von 1594 muß auch die Hexe auf ein Buch schwören, aber nicht auf die Bibel, sondern eines mit wenigen, ganz groben Seiten, geschrieben in Rot... Hiermit legt sie einen Eid ab, der der liturgischen Abschwörung des Täuflings nachgebildet ist: «io mi vi do in carne in ossa a voi Satanasso Maggiore e rinnego Dio, il santissimo battesimo, li santi et ogni cosa»[755] (Ich gebe mich hier dir in Fleisch und Bein, Obersatan, und verleugne Gott, die heiligste Taufe, die Heiligen und alles). Dabei besteht die Anbetung des Bösen eben darin, Gott und seinen Heiligen den Rücken zuzuwenden[756]. Das Kreuz muß mit der linken Hand geschlagen werden bzw. von unten nach oben[757], der Altar ist mit schwarzen Paramenten bedeckt, schwarz sind auch der Kelch und die Hostien und der Meßwein und der Ornat[758]; das Weihwasser besteht aus Urin; die Hostien tragen nicht das Bild des Lammes Gottes oder des Christkindes, sondern das des Satan[759]. Sogar eine Beichte gibt es, wenigstens nach den Prozessen gegen die Hexen von Logroño 1610, wobei es als Sünde bekannt werden muß, wenn man die Messe besucht hat, wonach der Teufel Busse auferlegt und Absolution erteilt[760]. In den Berichten über diese Versammlungen findet man dementsprechend auch Elemente tatsächlich praktizierter Riten aus dem Brauchtumsbereich der «Verkehrten Welt», wie namentlich der Liturgieparodie des Eselsfestes[761], verbunden mit Wunschvorstellungen (die herrlichsten Festmähler und schrankenlose sexuelle Befriedigung). Als Ort dieser Lustbarkeiten wird u.a. angegeben: der Palast des Teufels. Er befindet sich in der Hölle [762], so wie der Palast Gottes, das apokalyptische Jerusalem, im Himmel.

Das Heiligste des offiziellen Kultes muß dabei desakralisiert und zum Unheiligsten werden: Gostanza berichtet mehrfach, daß die Hexen sich das Sanctissimum in ihre «natura», in die Vagina, stecken[763]. Sie nehmen also die Kommunion zu sich, aber in einer besonders anstößigen Weise. Die 1523 vor Gericht stehende Santina Lardini berichtet, daß die Hexen mit dem linken Fuß das Kreuz treten, darauf urinieren und defäkieren[764]. Maria Klee, eine 1677/78 angeklagte Salzburger Bettlerin, muß beim Hexentanz mit einer im linken Schuh mitgeschmuggelten Hostie dem Teufel den Hintern auswischen, auf das Sakrament treten, hineinstechen usw.[765]

Die so häufig bevorzugte Korrelation des Teufelskultes mit der Frau bringt Luther, der hier wie so oft spätmittelalterliche Ansichten in Konzentration zum Ausdruck bringt, zu seiner schärfsten Invektive gegen das andere Geschlecht; er setzt Frauen geradezu mit Teufelspriesterinnen in eins, was wieder die Karikierung der kirchlichen Liturgie durch die Hexen impliziert: «Sichstu wie gelwillig hat der tüfel in sinen wercken daz wybisch geschlecht... alles das gott befohlen hat den mennern (als die heilige ding, die priesterschafft vnd gottes wort), daz befilcht der böß find den wybern, die sind syn priester...»[766]

«Deum pro oculis non habendo, sed potius inimicum humani generis...», ohne Gott vor Augen zu haben, sondern den Feind des Menschengeschlechts, so lautete eine stereotype Formel bei der Aufzählung der Vergehen in Hexenprozessen[767]. Sie skizziert die Alternative: Gott oder Teufel. Im Rahmen dieses Dualismus erscheinen innerhalb der Beziehung der mystisch begabten Heiligen und der Hexen zu ihrer jeweiligen Gottheit immer wieder bestimmte Parallelen, die wir nun an konkreten Phänomenen aufzeigen möchten.

Enthusiasmus und Besessenheit

Sowohl mystische Heilige als auch Hexen glaubten, daß ihre jeweilige Gottheit in ihre Körper einfahre, von ihnen Besitz ergreife. Solche Erscheinungen, wie wir sie einerseits etwa bei Angela von Foligno, andererseits bei Christine von Stommeln und Eustochio von Padua beschrieben fanden[768], haben aller Wahrscheinlichkeit nach keineswegs etwas mit der ausufernden Phantasie ihrer Biographen zu tun, denn sie sind seit der Antike bis in die Gegenwart zahlreich und nicht selten in absolut gesicherter Weise belegt. Zudem ist ja schon aus dem Leben des Religionsstifters bekannt, daß die Schriftgelehrten Züge an Jesus sahen, die sie zu der Meinung brachten, er sei von Beelzebul, einem unreinen Geist, besessen, wogegen Jesus in seiner Antwort darauf hindeutete, es sei ein bzw. der Heilige Geist, der in ihm wirke (Mk 3, 22–30). Dies blieb natürlich auch später in ähnlichen Fällen ein Argument: Constance von Rabastens, eine Visionärin, die im Großen Schisma den römischen Papst unterstützte und deshalb im Gefängnis der Inquisition landete (1385), war selbst oft unsicher, ob Gott oder ein Dämon Urheber ihrer Revelationen sei, wiewohl dieser sich selbst als der Heilige Geist bezeichnete. Als sie sich bei Gott beklagte, weil ihre Offenbarungen so wenig Glauben fanden, «sondern sie sagen, ich habe den Dämon im Leib», antwortete ihr himmlischer Gesprächspartner, daß sie das ja auch ihm gesagt hatten, d.h. Christus, als er auf Erden wandelte[769].

Wir müssen das zugrundeliegende Phänomen kurz ansprechen: Besessenheit[770] und Enthusiasmus meinen, religionsphänomenologisch und -psychologisch betrachtet, denselben Vorgang. Einmal negativ gewendet: Ergriffenheit von Dämonen. Das andere Mal positiv: Ergriffenheit von der Gottheit (griechisch *en* + *theos*, wörtlich: in + Gott, ein Fachausdruck der antiken Dionysos-Religion, dann häufig bei Platon). Das hat im Prinzip bereits Pierre Berulle (1575–1629), der Gründer der Priestergemeinschaft des Oratoriums, gesehen, wenn er die teuflische Besessenheit als Karikatur der göttlichen beschreibt[771]. Ein Unterschied ist allerdings, daß die Gottesbesessenheit für gewöhnlich mit (nachträglicher) Zustimmung des Betroffenen geschieht, die dämonische Obsession dagegen wider seinen Willen.

Enthusiasmus

Beispiele für den Enthusiasmus gibt es auch im Christentum, vor allem natürlich die Besessenheit mit dem Heiligen Geist nach Vorbild der Apostelgemeinde zu Pfingsten. Aber auch die zweite Person kann so erlebt werden: «Er selbst ist in mir gegenwärtig und strahlt in meinem armen Herzen, kleidet mich in unsterblichen Glanz und durchleuchtet alle meine Glieder... Meine, des Allerärmsten Hand ist Christus, und mein Fuß ist Christus. Und Christi Hand und Christi Fuß ich, der Ärmste...», so singt ein ostkirchlicher Mystiker, Symeon der Neue Theologe (949–1022)[772].

Wir werden gleich schildern, welche Phänomene Christine von St. Trond zeigte, aber sie war nicht die einzige Gottbesessene in der lateinischen Kirche, wenn auch vielleicht die bekannteste. «Gott hat von der Seele Besitz ergriffen und handelt in ihr, ohne Wirken und Wissen des Menschen», beschreibt Katharina von Genua den Enthusiasmus[773]. Als Ursula Benincasa von einem Kardinal exorziert wurde, antwortete sie: «Ich bin, der ich bin», also mit einem alttestamentlichen Gotteswort. «Es war der Herr, der an ihrer Stelle antwortete; was sie betraf, so erklärte sie, sie habe nicht selbst geredet, sondern nur bemerkt, daß eine Stimme ganz unabhängig von ihrem Willen geantwortet habe»[774]. Benedetta Carlini zeigte sich von Jesus besessen, der bei seiner feierlichen, öffentlichen Verlobung mit ihr in der Kirche durch ihren Mund sagte: «Es ist nicht sie, die sieht, spricht oder hört, sondern ich bin es, der sieht, spricht und diese Dinge durch sie tut.»[775] Isabella Milone, eine blutschwitzende Wunderwirkerin, die seit 1755 in Neapel auftrat, erklärte, «daß die wahre Isabella 'disinkarniert' lebe und daß an ihrer Stelle ein 'repräsentierender und stellvertretend leitender' Geist agiere, und kein Geringerer als der Erzengelheilige Michael.»[776] Obwohl auch einige

Kleriker sie als lebende Heilige verehrten, endete die Frau in einem Irren-asyl. In christlich-heidnischen Mischreligionen, wie z. B. auf Trinidad, kommt die auch durch Gestik und Symbole ausgedrückte Besessenheit durch Engel und durch Heilige des *Neuen Testaments* häufiger auch in un-serem Jahrhundert vor[777].

Manifestationen des enthusiastischen Phänomens sind u. a. die Prophetie (z. B. bei der frühchristlichen Sekte der Montanisten und der neuzeitlichen der Quäker), die Glossolalie (Zungenreden) als eine besondere Form der Ergriffenheit durch den Heiligen Geist (z.B. bei der hl. Elisabeth von Schönau) sowie der unwillkürliche, leibliche Nachvollzug des Passionsge-schehens (z. B. bei Elisabeth von Spalbeek, Hemme Hayen u.a.). Die Stig-matisation dürfte bisweilen als Zeichen des Besessenwerdens durch Jesus zu verstehen sein. Man könnte hier von einer Unio mit der Hypostase der Gott-heit sprechen, die durch Imitatio erreicht wird. Franz von Assisi und die etwa 400 weiteren Stigmatisierten, die bekannt sind, haben sich jedenfalls vermittels der (meist unbewußten) Hervorbringung der Wundmale Chri-sti direkt mit Gott (in seiner zweiten Person) in der extremsten Form der Nachfolge vereinigt. Die Gottesgeburt in der Seele und die Willensgleich-förmigkeit des Menschen mit Gott, die so bedeutsame Elemente in den Schriften der spekulativen Mystiker (Bernhard von Clairvaux, Meister Eck-hart) sind, können als verwandte Vorstellungen bzw. Erfahrungen gesehen werden, in orthodoxer Form wie in ketzerischer Variante (u.a. bei den Freien Geistern[778]). Der Unterschied zwischen Unio mystica und Enthusiasmus besteht darin, daß bei ersterer das Ich des Mystikers nicht durch Gott «ver-drängt» wird, sondern sich mit ihm vereinigt.

Besessenheit

Fälle von dämonischer Besessenheit sind seit dem *Neuen Testament* in der Geschichte des Christentums zahllos belegt; die Heilung Besessener (Ener-gumenen) durch Exorzismus oder bloße Anwesenheit gehört zu den übli-chen Wundern der Heiligen in der Nachfolge Christi bzw. der Apostel[779] und ist daher auch von zahlreichen Mystikern und Mystikerinnen überlie-

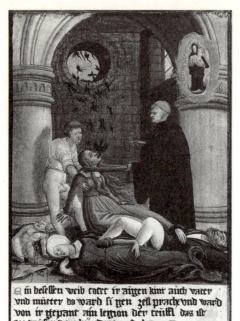

Exorzismus an einer Besessenen; die Dämonen fahren aus ihrem Mund aus; Meister der Brucker Martinstafel, Großer Mariazeller Wunderaltar, 1519. Landesmuseum, Graz

fert (z.B. Bernhard, Hildegard, Birgitta, Ferrer usw.). Vielfach war man im Mittelalter – besonders die kirchlichen Amtsträger – davon überzeugt, daß der jeweilige Gegner vom Teufel besessen sei. Das war noch nicht bloß als Phrase gemeint, sondern man rechnete allen Ernstes damit. Interessanterweise kommt in der Renaissance dann auch hier die Möglichkeit der Erkrankung dazu. So schrieb etwa Willibald Pirkheimer 1529 über Luther, «er scheint völlig in Wahnsinn verfallen oder von einem bösen Dämon in Bewegung gesetzt zu werden.»[780] Ähnlich äußerten sich Erasmus und nicht wenige andere. Luther selbst hatte ja u.a. bei seinem Anfall in der Erfurter Klosterkirche dazu Anlaß gegeben, als er sich bei einer Evangelienstelle, die von der Heilung eines Besessenen berichtet, zu Boden warf und brüllte: «Ich bin's nicht! Ich bin's nicht!»[781] Ernstgemeinte Bezichtigungen und Selbstbezichtigungen der Besessenheit gibt es – sehr vereinzelt – in katholischen Kreisen bis in die Gegenwart.

Der in der Renaissancephilosophie bedeutende neuplatonische Einfluß mit seiner umfangreichen Dämonenlehre scheint das Erklärungsmodell «Besessenheit» als Verhaltensursache gefördert, der wachsende Rationalismus es dagegen zurückgedrängt zu haben. Die spektakulären Fälle von Besessenheit fallen jedenfalls zeitlich erst mit der Epoche der vollentfalteten Hexenjagden zusammen. In Frankreich ist im frühen 17. Jahrhundert eine Anzahl von ihnen zu vermerken, die besonders zwielichtigen Charakter hatten und manche Opfer forderten. Sie standen im Spannungsfeld zwischen Katholizismus und Hugenottentum, zwischen lokaler Cliquenbildung und dem Eingreifen des zentralistischen Staates. Besonders berühmt wurden die Nonnen von Loudun[782]. Einen anderen bemerkenswerten Fall von Besessenheit – einer von vielen in jener Epoche – stellt die Geschichte der Elisabeth von Ranfaing (1592–1649) dar[783]. Früh verheiratet und früh verwitwet, stand die junge Frau aus dem niederen Adel vierundzwanzigjährig mit drei Töchtern allein da. Sie benützte die Situation, ihrem lange gehegten Wunsch nach einem Leben klösterlicher Art zu folgen. Dazu begab sie sich mit ihren Kindern unter die geistliche Leitung der Jesuiten. Zwei Jahre später zeigen sich an ihr die Zeichen dämonischer Besessenheit, deren Echtheit sogar von Experten der theologischen Fakultät der Sorbonne bestätigt wird. Die sechs Jahre andauernden öffentlichen Exorzismen ziehen die Massen von nah und fern nach Nancy, wo sie seit 1619 lebt. Die Besagungen, die die Dämonen in ihr herausschreien, bringen drei Menschen auf den Scheiterhaufen: einen Arzt, der ihr angeblich einen Zaubertrank verabreichte; einen Kammerdiener des Herzogs von Lothringen, den die Witwe auf dem Sabbat gesehen haben will und den auch Protektion von höchster Seite nicht zu retten vermag. Das dritte Opfer ist eine Bäuerin, Anne-Marie Boulay, die anscheinend von einem der Exorzismen, denen sie beiwohnte, so beeindruckt war, daß sie sich schließlich selbst der Komplizenschaft mit den Teufeln bezichtigte, die in Elisabeth eingefahren waren. Auch Mitglieder von mit den Jesuiten in Konkurrenz stehenden Ordensgemeinschaften, Kapuziner und Minimen, die Elisabeths Besessenheit als Verstellung und ihre Frömmigkeit als Hypokrisie denunzieren, werden von den Teufeln beschuldigt, was jedoch nur zur Versetzung des Minimenprovinzials führt.

163

Nachdem die Scheiterhaufen verraucht sind, findet Elisabeth ihre Ruhe wieder; ihr steht noch eine bedeutende religiöse Karriere als Gründerin eines Frauenordens für bußfertige gefallene Mädchen nach der Regel des hl. Augustinus bevor. Sie sollte diese Gemeinschaft bis zu ihrem Tode als Mutter Maria-Elisabeth vom Kreuz Jesu leiten, freilich zunächst ohne den Segen Roms. Beliebte Talismane sind von ihrer Hand berührte Medaillen, die ihr Engel der Dreifaltigkeit vorgelegt haben sollen und die gegen Krankheit, Gefahr und Hexerei schützen. Eine eigene Sekte der «Médaillistes» bildet sich um sie, vor allem aus reichen Laien bestehend, die sich auf geheimen Zusammenkünften – schwarzer Magie befleißigen. Dennoch gilt Elisabeth der katholischen Kirche als «verehrungswürdig»[784] (das ist die erste Stufe vor «selig» und «heilig»).

Zu ihrer Zeit nicht viel weniger bekannt war wohl die Birgittinernonne Marie de Sains. Einerseits bekennt sie – oder der Teufel in ihr im Exorzismus –, auf dem Sabbat gewesen zu sein und ein Kind von einem Zauberer empfangen zu haben. Ihre Anschuldigungen bringen eine ehemalige Novizin ihres Klosters auf den Scheiterhaufen. Marie gilt als «Prinzessin der Magie» und sagt für 1606 die Geburt des Antichrists Belzebuth und das Ende der Welt voraus. Der *Mercure français* von 1624 faßt die kontroversen Meinungen über sie zusammen: Die einen nennen diese Affäre Tollheit oder einen modernen «Teufelsroman»; die anderen sagen, Gott habe in seiner Güte denen die Augen geöffnet, die bislang Magie und Zauberei für Wahnideen gehalten haben. Trotz oder wegen ihrer Besessenheit hat Marie «eine so große Reputation von Heiligkeit», daß die Frömmsten sich für unwürdig halten, die Erde zu küssen, auf der sie gegangen ist, und sie «hervorragend, heilig, fromm und weise» nennen[785].

Keineswegs beendete die Aufklärung das Auftauchen solcher Phänomene, wenn sie auch seltener wurden und seltener religiös interpretiert[786]. Ein Beispiel wäre das «Mädchen von Orlach», eine Zwanzigjährige, die 1832 Aufsehen in ihrem kleinen schwäbischen Heimatort erregte. Wiewohl sonst augenscheinlich ganz gesund, hörte Magdalena Gronbach Stimmen, hatte sie Erscheinungen eines kopflosen, schwarzen Kapuziner-Mönchs, eines vielfachen Mörders, und einer guten weißen Nonne, eines seiner Opfer, und

erlebte schließlich vier bis fünf Stunden während Krampf- und Ohn-
machtsanfälle. Der böse Geist – der schwarze Mönch – pflegte währenddessen in sie einzufahren, indem er zu ihrer linken Seite auftauchte und ihr
eine kalte Hand in den Nacken legte. Damit verschwand ihre Individua-
lität, sie sprach in einer «rohen Baßstimme», verzerrte das Antlitz, hielt die
Augen geschlossen usw. Wie die meisten Besessenen eröffnete sie den zahlreichen Besuchern Geheimnisse, gab aber teilweise so triviale Auskünfte,
daß man sie nur ironisch als «Königin der Hellseherinnen» bezeichnete[787].
Nach dem Erwachen aus diesen Zuständen hatte Magdalena keine Ahnung
von dem mit ihr Vorgegangenen, sondern glaubte, mit ihrer Gemeinde gesungen oder gebetet zu haben[788]. Auch hier werden zahlreiche Umfeldphä-
nomene berichtet[789], die an die mittelalterliche Christine von Stommeln erinnern[790]: immer wieder findet man glühende Kohlen, den Kühen werden
die Schwänze zusammengeflochten etc.

Ein anderer Fall ist der der 1905 geborenen Ida Peerdeman aus Amster-
dam, die seit ihrem zwölften Lebensjahr Marienerscheinungen schaute.
«Bei I. Peerdeman wurden plötzlich Türen von Zimmern und Kästen auf-
gerissen und zugeschlagen, der Zeiger der großen Wanduhr begann rasend
zu kreisen und die Deckenlampe fing zu schleudern an, grelle Pfiffe und
helles, hohes Pfeifen waren zu hören, Klauengriffe hinterließen Spuren an
ihrem Hals usw.»[791] «Nachts hatte sie das Gefühl, erwürgt zu werden.»[792] Die
kirchliche Untersuchungskommission erkannte hier auf natürliche Erklär-
barkeit der Phänomene, ein Zeugnis für den Paradigmenwechsel, dem sich
nun auch die Catholica größtenteils angeschlossen hat.

Heute beschäftigen sich zwar immer noch gelegentlich kirchliche Exorzisten mit solchen Erscheinungen, sie sind aber primär Forschungsgebiet
einer naturwissenschaftlichen Disziplin, der Parapsychologie, geworden.
Hier geht man davon aus, daß besonders in jüngeren Menschen unkon-
trolliert und ungewollt telekinetische Fähigkeiten frei werden können. Das
heißt, daß geistige Kräfte, die noch nicht näher definierbar sind, so auf die
physische Welt einzuwirken vermögen, daß Gegenstände bewegt werden u.
ä. Meist treten diese Erscheinungen in Krisensituationen, unter besonderer
Spannung, auf und wirken wie eine unkontrollierbare Entladung aufge-

stauter mentaler Energien. Sie sind durchaus nicht geschlechtsspezifisch, auch der berühmte Psychologe C. G. Jung z. B. berichtete Ähnliches von sich selbst[793]. Offenbar spielt dabei die körperliche Verfaßtheit eine Rolle; denn Christine von Stommeln erlebte keine übersinnlichen Phänomene mehr nach dem Eintritt der Menopause, und das Mädchen von Orlach hatte ihre Erscheinungen nie während der Menses[794].

Analog zur Entwicklung bei der Einschätzung der mystischen Heiligen wurden in der Renaissance explizit dieselben Erklärungsmodelle auch für Besessenheit diskutiert: Krankheit, Trug oder übernatürliches, hier dämonisches Wirken[795]. Und analog zur Mystik gilt Besessenheit heute auch vielen Theologen als eine Erscheinung, die den Arzt mehr angeht als die Kirche. Freilich findet man katholischerseits auch in der Gegenwart noch berühmte Fachvertreter (wie Karl Rahner[796]) und Spezialisten für Dämonologie, denen die Wirklichkeit und das Wirken teuflischer Wesen außer Frage stehen[797].

Wiewohl Besessenheit und Hexereivorwurf miteinandergehen können[798], besteht eine wesentliche Differenz doch darin, daß bei Teufelspakt und -buhlschaft der Böse außerhalb des Menschen bleibt, bei Besessenheit aber in diesen einfährt. Doch unterschied man in der Praxis vielfach nicht nach diesem Kriterium. Die Tortur der Hexen wurde häufig von Beweihräucherung begleitet, von Segensprüchen und Exorzismen, um eine Anwesenheit des bösen Feindes im Leib der Delinquentin oder in der Folterkammer auszuschließen[799]. Tatsächlich bekannte eine Mitte des 15. Jahrhunderts in Luzern verhörte Hexe, sie sei von ihrem Meister Krütli eine Zeit lang «besessen worden, der keme zü jr jn einer geist wise [auf Geisterart]»[800]. Eine der in Schleswig verhörten Frauen gab an, «der Teufel ist in ihr gewesen und hat sie leibhaftig besessen»[801]. Auch die Gottesgelehrten vermochten nicht immer klar zu trennen: Ein Kapuziner gab 1626 vor dem Heiligen Officium unwillkürlich zu, daß er nicht zwischen Hexe oder Dämon in Menschengestalt unterscheiden könne[802]. Die besessenen Nonnen von Loudun galten manchen als Hexen[803]...

166

Massenphänomene

Es ist bemerkenswert, daß sich Ergriffenheit und Besessenheit gelegentlich – wie auch die mystischen Charismata – in Form von Massenphänomenen zeigen. Die spektakulären Besessenheitsepidemien des 17. Jahrhunderts sind gut dokumentiert, denn sie riefen eine ausgedehnte theologische Kontroversliteratur hervor, dazu in jener Zeit auch die Stellungnahmen der Mediziner[804].

In den Jahren nach 1588 wurden etwa in Throckmorten (England) nacheinander zwölf junge Mädchen besessen, alle aus demselben Haushalt, zuerst die Töchter und dann die Dienstmädchen[805]. Am berühmtesten aber ist wohl der Fall «Loudun»[806]: 1632 bricht bei der Priorin des neugegründeten Ursulinenkonvents in Loudun, Johanna von den Engeln, dämonische Besessenheit aus, und bald zeigen einige ihrer Mitschwestern dieselben Symptome, speziell Konvulsionen mit deutlichen Untertönen unausgelebter Sexualität. Die Nonnen «legten sich auf ihren Rücken und zeigten alle Zeichen einer ausgesprochen erotischen körperlichen Beziehung, die in einer Serie von Orgasmen kulminierte... Dämonische Besessenheit sorgte für ein Ventil für Frustration und Bedrückung und erlaubte dem Opfer, sicher ein Verhalten zu zeigen, daß normalerweise in einer christlichen Gesellschaft unakzeptierbar ist...»[807] Johanna fühlt sich derartig von sexuellen Phantasien ergriffen, daß sie sich auf glühenden Kohlen und im Schnee wälzt, um sich von ihnen zu befreien[808]. Auch manche der Frauen, die in Scharen den öffentlichen Exorzismen beiwohnen, verspüren plötzlich das Wirken böser Geister in sich. Hugenotten bekehren sich angesichts der bisweilen erfolgreichen Exorzismen der katholischen Geistlichen. Ärzte sprechen dagegen von Hypokrisie. Ein libertinöser und von vielen angefeindeter Priester, Urbain Grandier, wird von den Nonnen als Verursacher des Massenphänomens bezeichnet und in einem zeittypischen Intrigenspiel vom königlichen Abgesandten, einem Verwandten Johannas, zugrundegerichtet. Die Nonnen, mit denen der Gefangene konfrontiert wird, zerreißen ihn unter Drogeneinfluß fast. Dann wieder bezeugen sie seine Unschuld. Am 18. August 1634 wird Grandier hingerichtet, am ganzen Körper von den Nadeln zerstochen, mit denen man nach seinen Teufelszeichen suchte. Sein eigener Beichtvater steckt den Scheiterhaufen in Flammen. Nun breitet sich das Gefühl, besessen zu sein, auch auf in diesen Fall verstrickte Männer aus, den Chirurgen, der den Angeklagten untersucht hatte, Priester und Exorzisten. Wie sich Wellen kreisförmig um einen in den See geworfenen Stein ausbreiten, so hatten sich die Zeichen der Besessenheit von Johanna aus auf die anderen Ursulinen übertragen, dann sogar auf unbeteiligte Zuseherinnen, um nach dem Tod des «Urhebers» langsam wieder zu verebben.

Mutter Johanna allerdings wurde schwanger – eine Bosheit des Unkeuschheitsdämons Isaakaaron. Sie beschloß, sich den Bauch aufzuschneiden, das Kind herauszuziehen und es zu taufen, um ihm die Hölle zu ersparen, und es dann zu ersticken. Da sie beim Einschnitt aber das Bewußtsein verlor, kam es nicht zur Ausführung der Tat. Vielmehr fruchtete ein geistliches Mittel: die Exorzisten beschworen den Dämon, die Leibesfrucht zu zerstören, und dieser gehorchte, indem er sein Opfer Blut erbrechen ließ. Damit waren alle Zeichen der Schwangerschaft – die von erfahrenen Ärzten bestätigt worden war! – verschwunden[809] (sei es, daß es sich um eine Scheinschwangerschaft gehandelt hatte, sei es, daß eine Abtreibung vorgenommen worden war). Diese Frau aber wies gleichzeitig Zeichen der Heiligkeit auf, sie heilte Kranke, legte ein Vollkommenheitsgelübde ab, auf ihrer linken Hand zeigten sich Stigmata in der Form von Heiligennamen, die sie zu einem wahren Publikumsmagneten machten. Der Jesuit Surin übernahm bis 1637 die Mühe der Exorzismen und fühlte sich bald selbst besessen[810]; ein Jahr später reist Johanna triumphal nach Paris, wo sie die Königin, die eben Ludwig XIV. das Leben geschenkt hat, mit ihrem von himmlischem Öl getränkten Hemd berührt. Sie wird auch von Richelieu empfangen, der den ganzen Vorfall als «zum Wohle Frankreichs» geschehen interpretiert[811]. Johanna, nach vier Jahren der Besessenheit durch sieben böse Geister, lebt weiter ein mystisches Leben mit Visionen und Wundern, von denen im ganzen Lande die Rede ist. Die von ihr ursprünglich «infizierten» Mitschwestern dagegen versinken in der Anonymität.

Ähnliche «Massenhysterien» gab es bei den Ursulinen im 17. und 18. Jahrhundert häufiger. In Auxonne erweist sich im Frühjahr 1658 eine Nonne als besessen; am Jahresende sind es bereits fünfzehn. Zahlreiche Frauen der

Stadt werden von ihnen als Hexen besagt und daraufhin von der Obrigkeit eingekerkert; Priester legen sich nächtens auf die Lauer, um zu beobachten, wer zum Sabbat ausfährt. Das Eingreifen der übergeordneten Gerichtsbehörde in Dijon rettet vier schon zum Scheiterhaufen verurteilten «Hexen» vorübergehend das Leben. Neuerliche Besagungen vonseiten der Religiosen während eines Exorzismus enden jedoch damit, daß Einwohner der Stadt eine Hexenjagd auf eigene Rechnung beginnen und die verleumdeten Frauen in Lynchjustiz verbrennen. Schließlich greift die Epidemie auch auf Mädchen außerhalb des Konvents über. Wie sich die Besessenen betragen haben müssen, geht aus der Aussage einer Abteilung Soldaten hervor, die die hauptbeschuldigte Nonne – das Opfer ihrer Mitschwestern – abholen sollten: sie hätten ihren Auftrag nicht ausführen können, da sie eine Legion von Dämonen im Habit von Nonnen den Glockenturm des Klosters umschwärmen sahen, weshalb sie es vorzogen, lieber unverrichteter Dinge umzukehren. Nach einer langen Folge von Anklagen, Gegenklagen, Gutachten und Kompetenzstreitigkeiten zieht schließlich das Parlament von Paris die Sache an sich, um sie im Sande verlaufen zu lassen[812].

Wie die mystische Heiligkeit (z.B. Rosa von Lima) so vermachte Europa auch den Hexenwahn und die Besessenheitsepidemien der Neuen Welt, wie etwa die Verfolgungen und Hinrichtungen in Salem 1692 zeigen[813].

Enthusiasmus oder Besessenheit?

Christine von St. Trond

Die Unterscheidung der Geister bereitete aufgrund der im Prinzip gleichen Phänomene nicht selten Schwierigkeiten: Selbst manche Heilige wußte nicht, ob sie besessen, wahnsinnig oder begnadet war; Angela von Foligno und Eustochio von Padua sind Beispiele. Die hl. Veronica Giuliani nennt selbst von sich Symptome, die sehr denen der Besessenheit gleichen: «Ich fühlte… mich in Glut geraten, was mich wahnsinnig machte («impazzire»). Ich konnte nichts anderes mehr als laufen, jetzt an diesen, dann an jenen

Ort, schreiend: 'Mein Gott, meine Liebe, verbrennt mich, verzehrt mich in den Flammen euerer Liebe..'.»[814]

Ein deutliches Beispiel für diese Ambivalenz gibt das Leben einer frühen flämischen Mystikerin: Christine von St. Trond (St. Truiden, †1224)[815] war eine der ersten Frauen, die sich der neuen Armutsbewegung anschlossen und die Lebensform der Beginen wählten. Das Mädchen einfacher Herkunft erlebte eine Fegefeuervision, die es so erschütterte, daß es ein Bußleben begann, um Arme Seelen aus den Qualen zu erretten. Bald stellten sich die später so üblichen mystischen Charismen wie Visionen, Weissagungsgabe, Television usf. ein. Allerdings zeigte Christine ein merkwürdig ambivalentes Verhalten: Sie fühlte sich nur in den höchsten Höhen wohl, auf Baumwipfeln und Turmspitzen. «Man hielt sie für voll von Dämonen und schloß sie mit großer Mühe in Eisenfesseln ein», berichtet ihre Vita. Nach einer Zeit des Leidens in dieser Situation gelang es ihr jedoch, sich zu befreien und in den Wäldern «nach Art der Vögel zu leben». Sie ernährte sich von der wunderbarerweise aus ihrer Brust fließenden Milch. Wieder gefangen, entfloh sie abermals, was sich mehrfach wiederholt zu haben scheint[816]. Ihr Biograph berichtet die erstaunlichsten Wunder von ihr: immer ohne Verletzungen davonzutragen, warf sie sich in kochendes Wasser, in Feuer, in reißende Ströme, flocht sich in Räder, hängte sich an Galgen... Die Reaktion des Pfarrers, der sich um sie kümmerte, war die, sie im Namen Christi wie eine Besessene zu beschwören, als sie sich gerade in einem Loch in der Eisschicht eines Stromes tummelte. Diesem Zwang konnte sich die fromme Frau nicht entziehen[817]. Andererseits sang sie Psalmen, wenn sie auf Zaunpfählen stand, und klagte über die Sünden der Menschen, wenn sie sich in Gräbern aufhielt[818], was die Dämonen in Besessenen eigentlich nicht zu tun pflegen.

Die Reaktion ihrer Familie auf dieses Verhalten war tiefe Scham. Sie «erröteten nicht wenig, deswegen weil sie die Leute für völlig besessen hielten». Sie heuerten einen Schläger an, der die Heilige so lange verfolgte, bis er ihr das Schienbein zerbrechen konnte, womit ihre Eskapaden beendet schienen[819]. Christine wurde im Keller gefangen gehalten, fest an eine Säule gefesselt; ärztliche Hilfe verschmähte sie. Tatsächlich wurde sie von selbst –

oder mittelalterlich: durch Gottes Hilfe gesund, so daß sie im Keller herumtanzen und dann wiederum fliehen konnte[820]. Als man ihrer diesmal habhaft wurde, legte man sie bei Wasser und Brot in einen Holzstock, wiederum wie es bei Besessenen üblich war. Als Christinas Wunden zu faulen begannen, ließ Gott aus ihren jungfräulichen Brüsten Öl fließen, mit dem sie sich heilte. Nun reichte es allen: sie ließen die Charismatikerin frei und baten sie um Verzeihung[821]. Christina aber setzte ihr Bußleben fort, «sehr heftig vom Geiste getrieben»[822]. So sah sie sich selbst, zu ihren Handlungen vom Geist gezwungen, «a Dei spiritu cogebatur»[823]. Von welchem Geist? Was ihren Familienangehörigen und dem Priester als Geist der Unterwelt erschienen war, entpuppte sich nun als Geist Gottes. Doch blieb ihr Verhalten weiterhin zwiespältig: Sie schlug sich die Brust, kleidete sich närrisch, ging barfuß... Wenn sie meinte, jemand sei in schwerer Sünde verstorben, «weinte sie und beugte sich hin und her, bog die Arme und Daumen zurück, als ob sie keine Knochen hätten, so weich und biegsam»[824]. Wenn von Christus gesprochen wurde, fiel sie in Trance, «rapiebatur a spiritu», vom Geiste entrafft. «Ihr Leib rotierte in Drehungen wie der Kreisel spielender Kinder, daß wegen der übergroßen Geschwindigkeit der Drehung ihre Köperglieder nicht mehr unterscheidbar waren. Nachdem sie ziemlich lange so herumgewirbelt war, ruhten alle ihre Glieder, als ob ihre Kraft zu Ende wäre. Zwischen ihrer Kehle und der Brust entsprang ihr dann ein Ton von erstaunlicher Harmonie, den kein Sterblicher verstehen oder durch irgend einen Kniff nachahmen konnte...»[825] Aus der Trance erwacht, fühlte sie sich wie trunken, klagte sich auch der Dummheit an[826] (in Selbsterkenntnis oder um sich als «Närrin Gottes» zu stilisieren?).

Mittlerweile war die ganze Stadt jedoch von Christines Heiligkeit überzeugt, man flehte sie um Gebete für Verwandte an, und der Graf Ludwig von Loo machte sie zu seiner geistlichen Beraterin und beichtete (!) vor seinem Tod bei ihr[827]. Daß sie offenbar katharisches Gedankengut aufgenommen hatte (sie prophezeite den Zorn Gottes, da «fast das ganze Menschengeschlecht durch die Ausgießung des Samens verdorben sei»[828]) störte anscheinend weder ihre Zeitgenossen noch hindert es ihre Verehrung als Heilige. Dieselben Symptome, die in ihren frühen Jahren als Zeichen der

Besessenheit galten, gelten nun als Manifestationen der Heiligkeit. Christine war selbst der Überzeugung, von einem Geist besessen zu sein, und das glaubte auch ihre Umwelt. Je nach dem, welchen Geist man in sie eingefahren dachte, behandelte man sie als Besessene oder als Heilige. Letztere Meinung hat sich durchgesetzt, in der offiziösen *Bibliotheca Sanctorum* des Istituto Giovanni XXIII wird sie als «santa» geführt[829].

Christines Verhalten war sicher extrem, aber nicht ganz singulär. Um 1300 wurde das Krampfleiden der ekstatischen Lukardis von Oberweimar[830] von ihrem Hagiographen als Vorbereitung Gottes auf ihre Existenz als mystische Heilige gedeutet, «bei manchen Verständnislosen und Außenstehenden galt sie jedoch als von einem Geist getrieben, also als besessen.» Denn bisweilen pflegte sie sich mit den Händen zu schlagen, daß es widerhallte, im Bett krümmte sie sich zu einem Bogen, stand auf dem Kopf, raste im Kreis herum und schlug sich an die Wände. Solche Erscheinungen haben auch die Nervenärzte des 19. und 20. Jahrhunderts als «hysterischen Bogen» beschrieben. Dies und Ähnliches mehr bezeichnet der Verfasser ihrer Vita jedoch ausdrücklich als «Tot et tanta opera, quae Deus in famula sua mirabiliter operatus est»[831] (So viele und so große Werke, die Gott in seiner Dienerin wunderbarerweise gewirkt hat).

Über Eustochio von Padua haben wir schon berichtet[832]. Colomba von Rieti hielt sich selbst eine zeitlang für besessen und meinte, die bösen Geister durch Erbrechen loszuwerden[833]. Die hl. Marguerite Marie Alacoque (1647–1690) beschreibt in ihrer Autobiographie eine Besessenheit durch Jesus, die die Beobachter jedoch gegenteilig, nämlich als dämonische Besessenheit interpretierten[834].

Daß beiden Gruppen, den von Gott und den vom Dämon besessenen Menschen, dieselbe Funktion zukommen konnte, weist ebenso wie die partielle Gleichheit der Symptome darauf hin, daß es sich im Grunde um dasselbe Phänomen handelt. Die Energumenen konnten von ihrer kirchlichen Umgebung genauso benützt oder ausgenützt werden wie die MystikerInnen, nämlich als übersinnliche Auskunfteien. Dafür gibt es zahlreiche Beispiele.

Eine der ersten Frauen, die als Mystikerin bezeichnet werden darf, die hl. Elisabeth von Schönau, wurde von ihrem Bruder Egbert, dem Abt ihres Doppelklosters, immer wieder veranlaßt, in ihren Ekstasen von ihrem Engel und den himmlischen Personen Nachrichten über verschiedene Themen zu verlangen: über das Schicksal von Verstorbenen oder über Echtheit und Herkunft bestimmter Reliquien oder über theologische Fragen. Auch (kirchen)politische Äußerungen der Visionärin dürften so zustandegekommen sein. Und dies auch dann, wenn sie das selbst gar nicht wollte, wie Egbert in einem Brief zugibt[835]. Eine ähnliche Funktion ist auch bei späteren Mystikerinnen bezeugt, z.B. den Helftaer Nonnen.

Andererseits liefen vor allem in der Frühneuzeit die Gläubigen von weither zusammen, um sich bei einer Besessenen wie bei einem Orakel übersinnliche Informationen zu holen. Von der besessenen Marthe Brossier heißt es 1599, «jeder befragte sie, die einen, ob ihre verstorbenen Väter und Mütter im Paradies oder im Fegefeuer seien, die anderen, ob ihre Ehemänner, die im Feld waren, gesund wiederkehren würden... und tausende andere solcher nichtiger Fragen.»[836]

Erscheinung der Gottheit

Wiewohl man auch im Mittelalter durchaus «wußte», daß Gott sowie die Dämonen «eigentlich» unkörperliche Geistwesen waren, erschienen beide je und je in menschlicher Gestalt. Das theoretisch-theologische Wissen hinderte also keineswegs die konkrete Manifestation (für die die Theologie wiederum eine Erklärung finden mußte, nämlich die göttliche Hilfestellung, den noch im Fleische lebenden Menschen auf ihrer eigenen Ebene des Begreifens entgegenzukommen). Für die Gottheit galt die sichtbare Manifestation freilich primär für die Zweite Person der Trinität, die ja als einzige als Mensch auf Erden lebte; beim Teufel war diese Gestalt eine der vielen Masken, unter der er den Menschen begegnen konnte. Da dieses Phänomen der sichtbaren Erscheinung der jeweiligen Gottheit in fast jedem Text von und über eine Mystikerin sowie in den meisten Prozeßakten figuriert und deshalb gut bekannt ist, können wir uns kurz fassen.

Christuserscheinungen

Die Zahl der Christuserscheinungen in den Biographien und Autobiographien der Mystikerinnen ist unzählbar. Typisch ist etwa folgende von der hl. Gertrud der Großen selbst in ihrem Offenbarungsbuch beschriebene Begegnung mit dem Heiland: «Ich stand in jener Stunde mitten im Schlafsaal... da sah ich an meiner Seite einen liebenswürdigen, zarten, etwa sechzehnjährigen jungen Mann stehen von solcher Gestalt, wie er damals, in meiner Jugend, für meine äußeren Augen wünschenswert gewesen wäre und ihnen gefallen hätte. Mit strahlendem Gesicht und milden Worten sprach er zu mir... Während ich dies hörte, sah ich, wie seine zarte rechte Hand die meine nahm...»[837] Christus erscheint dabei hier und oft nach dem Psalmvers «an Gestalt schön vor den Menschensöhnen» (44, 3), aber auch äußerst häufig als kleines Kind[838] und als Schmerzensmann[839].

Ein Beispiel für den Schmerzensmann bietet etwa eine Vision der sel. Angela von Foligno: «Der am Kreuz Gekreuzigte erschien mir im Schlafe und im Wachen selbst mehrmals ob seiner Liebe. Und er sagte mir, ich solle auf seine Wunden schauen... wobei er mir von den Füßen bis zum Haupt seine Leiden zeigte. Sogar die ihm ausgerissenen Haare des Bartes, der Brauen und des Hauptes wies er vor und zählte alle Geißelschläge her, indem er nämlich die einzelnen Hiebe zeigte»[840].

Eine typische Christkindererscheinung, wie sie hunderte Male in der erlebnismystischen Literatur (auch von Männern) vorkommt, sei dem autobiographischen Traktat *Le sette armi spirituali* der hl. Katharina Vegri von Bologna (1413–1463)[841] entnommen: die Franziskanerin erzählt von sich in der dritten Person das Erlebnis einer Weihnachtsnacht: «unvermittelt erschien vor ihr die glorreiche Jungfrau mit ihrem hochgeliebten Sohn auf dem Arm. Und er war genauso gewickelt, wie man es mit den anderen Kindern macht, wenn sie zur Welt kommen. Und indem sie [die Mutter Gottes] sich der Schwester [Katharina] näherte, legte sie ihn ihr höflich und mit großer Güte in die Arme. Und da sie durch göttliche Gnade erkannte, daß dies der wahre Sohn des göttlichen Vaters war, drückte sie ihn in die Arme und schmiegte ihr Gesicht an das des süßesten Kindes Jesus Christus, mit solcher Süße und Lieblichkeit, daß es schien, sie schwinde ganz dahin, wie Wachs im Feuer... Diese Vision ereignete sich nicht im Schlaf, noch in der Vorstellung, auch nicht in einer Ekstase des Geistes, sondern klar und deutlich ohne jedes Phantasieren.»[842]

Die Mensch gewordene Gottheit ist also so präsent, wie jedes gewöhnliche, irdische Lebewesen, sichtbar und be-greifbar. Nichts anderes gilt für die Widergottheit.

Teufelserscheinungen

Was den Bösen betrifft, so kommt auch er in Menschengestalt, schön vor den anderen Männern. So berichtet schon im frühen 13. Jahrhundert Caesarius von Heisterbach, wie der Dämon das Aussehen eines hübschen Jünglings annimmt[843]. Im *Hexenhammer* liest man, daß der Teufel «in irgendeiner menschlichen Gestalt den Hexen selbst sinnfällig erscheint und sinnfällig mit ihnen redet und zur Sünde überredet...»[844] Magdalena vom Kreuz wurde von ihrem Dämon Balban u.a. in Gestalt eines schönen jungen Mannes besucht[845]. Gostanza beschreibt den Oberteufel als «schön gekleidet», «in Gestalt eines schönen Mannes, sehr schön... das Schönste, was man überhaupt sehen kann...»[846] Die anderen Dämonen «erschienen als Personen wie wir, schön, äußerst schön, und so gut in Ordnung, wie niemand von dieser Welt»[847]. In den Nördlinger Hexenprozessen aus dem späten 16. Jahrhundert tritt der Böse auf «in Gestalt eines stattlichen Jünglings, federgeschmückt und buhlerisch; erst als es zu spät ist, gewahrt die Hexe des Pferdefußes oder Gänsefusses.»[848] Regelmäßig sehen die Hexen ihren Liebhaber, wenn sie im Gefängnis eingesperrt sind. Johanna soll er so mit zwei Dämonen erschienen sein und sie dazu bewegt haben, ihre Männerkleider wieder anzuziehen[849].

Freilich konnte der Böse sogar die Gestalt des Herrn und seines Gefolges annehmen. Johannas Heiligenerscheinungen z.B. galten ihren Gegnern als die von Dämonen[850]. Waren sie ihr nicht zuerst bei einer verzauberten Feenquelle erschienen?[851] 1430 wurde eine Frau namens Piéronne u.a. deshalb verbrannt, weil sie Gott in ihren Schauungen falsch gekleidet erblickte, nämlich mit einer roten Kapuze[852]. Das konnte in Wahrheit nur ein teuflisches Trugbild sein.

Ausgesprochen ungewöhnlich ist es dagegen, wenn der Böse in Gestalt einer Frau mit den Unholdinnen zusammenkommt[853]; erstaunlich, wenn man den misogynen Hintergrund des Phänomens bedenkt. Die Erscheinungen einer Holda, guten Göttin, Diana usf. sind Quantité négligeable im Vergleich zu der Flut männlicher Dämonenfiguren; sie verweisen auf eine ältere, vorchristliche Glaubensschicht[854].

Theriomorphe Gottesbegegnungen

Heilige und Hexen berichten also gleicherweise von der in greifbarer Gestalt erfahrenen Anwesenheit derjenigen Gottheit, von der sie abhängig sind. Am Rande sei bemerkt, daß der Besuch der Gottheit bei ihren Bräuten auch in Tiergestalt erfolgt. Im Hexenwesen sind solche Erscheinungen nicht selten, Kater, Hund, Bock usw. galten als typische Transformationen des Bösen[855]. Die Berichte sind so zahlreich und bekannt, daß nur ein Beispiel genügen möge: 1557 geben zwei Schleswiger Hexen an, sie hätten «den swarten Hundt, de de Duwell was... upegegrepen» (den schwarzen Hund, der der Teufel war, aufgenommen...). So ziemlich alle anderen Tiere, Schwein, Schaf, Wolf, Pferd, Kuh, Fuchs, Affe usf. werden ebenfalls genannt, auch Mischwesen fehlen nicht.

Tatsächlich gibt es aber auch nicht wenige Mystikerinnen, die in ihren Visionen mit einem Tier konfrontiert waren, in dem sie ihren Herrn Jesus erkannten. Die übliche Form ist hier die des Lammes. Eines Freitags, als sie das Marienresponsorium sang, schien es der Schutzpatronin Flanderns, der hl. Lutgard von Tongeren (1182–1246)[856], «daß Christus in Gestalt eines Lammes sich solcherart auf ihre Brust setzte, daß es ein Bein über ihre rechte Schulter, das andere über die linke, und seinen Mund an ihren Mund legte»[857]. Eine eigenartige Christuserscheinung hatte die verehrungswürdige Agnes Blannbekin (†1315): In ihrer Betkammer «erschien ihr ein Lamm, groß wie ein Kalb von einem Jahr und angetan mit menschlichem Fleisch, nackt, ein menschliches Antlitz besitzend und wie ein Lamm auf vier Beinen einherschreitend... «»[858]. Kein Wunder, daß die Begine davon verwirrt war; bald wiederholte sich die Erscheinung, um dann am folgenden Tag in der Kirche von der eines weißen, wolligen Lammes gefolgt zu werden: «Und siehe, plötzlich fand sie das Lamm bei sich stehen, das ihre Wangen mit seinem Mund abküßte: aus der Berührung mit ihm wurde sie süß entflammt, sogar körperlich»[859]. Die hl. Klara vom Kreuz[860], besonders berühmt dadurch, daß sich in ihrem Herzen nach dem Tode (1308) ein wirkliches Kruzifix mit den Passionswerkzeugen gefunden haben soll, «hielt in einer Vision in ihren Händen vor der Brust ein wunderschönes Lamm mit dem Gesicht eines Knaben, dessen Wolle weißer als Schnee war... Das Lamm aber blickte Klara ins Antlitz und Klara fühlte unsichtbare Süße und Liebe von dem Lamm und seinen Augen ausstrahlen...»[861]. Evident ist in diesen Beispielen die durchaus körperlich nahe Beziehung zu dem in dieser symbolischen Form auftretenden Gottessohn.

Erotik

Wie die Heiligen Gottesbräute sind und diese Beziehung oft in ausgesprochen erotischer Form mit der Zweiten Person der Trinität durchleben, sind die Hexen Teufelsbräute, deren Verkehr mit dem Bösen sich ebenfalls im Bereich der Sexualität abspielt.

Christusminne

Eindrucksvoll beschrieb schon in der 1. Hälfte des 13. Jahrhunderts aus eigener Erfahrung ein hoher kirchlicher Würdenträger, der spätere Patriarch von Jerusalem Jakob von Vitry, in einem Brief die Verhaltensweisen der mystisch begnadeten Frauen in der Diözese Lüttich; viele von ihnen sollten als Heilige oder Selige verehrt werden: «Du hast auch im Liliengarten des Herrn an verschiedenen Orten viele Scharen heiliger Jungfrauen gesehen und Dich darüber gefreut, die für Christus jeder fleischlichen Lust entsagten,... auch heilige Matronen, die Gott dienten, die, so wie sie ihren Männern vormals im Fleische zu gefallen suchten, jetzt ihrem himmlischen Bräutigam umso mehr im Geiste zu gefallen suchten... Du hast auch einige Frauen gesehen, die in so besonderer und wunderbarer Liebesergriffenheit zu Gott aufgehen, daß sie vor Verlangen krank wurden und sich durch viele Jahre nur selten vom Bett erheben konnten. Sie hatten keinen anderen Grund für ihre Krankheit als Ihn, aus Verlangen nach Dem ihre Seelen vergingen, süß ruhend mit dem Herrn... Im Herzen riefen sie – mochten sie es auch anders mit der Stimme verheimlichen –: ʻStützt mich mit Blumen, stärkt mich mit Äpfeln, denn krank bin ich vor Liebeʼ. Einer magerten auch wunderbarerund sichtbarerweise die leiblichen Wangen ganz ab, als sich ihre Seele ob der Intensität der Liebe auflöste... Andere aber wurden in solche geistliche Trunkenheit aus sich entrafft, daß sie fast den ganzen Tag in jener heiligen Stille ruhten, während der König sich an seiner Stätte befand ...»[862] Dies alles sind sprachliche Metaphern für die mystische Liebesvereinigung, erwachsen aus der Lektüre des *Hohen Liedes*. Aber hinter ihnen stehen eben die entsprechenden ekstatisch-erotischen Erlebnisse, die dadurch nicht weniger real werden, daß sie mithilfe von Topoi beschrieben sind.

So spricht der Herr beispielsweise zur hl. Gertrud von Helfta in Anspielung auf den alttestamentlichen Propheten Elischa: «Lege deine Hände in meine Hände; das meint: befiehl mir alle Werke deiner Hände. Dann lege deine Augen auf meine Augen und jedes deiner Glieder auf meine Glieder, das meint: in Vereinigung mit meinen unschuldigsten Gliedern empfiehl mir die einzelnen Glieder deines Leibes mit allen ihren Bewegungen...ʼ Während sie so tat, schien aus dem Herzen Gottes ein goldener Gürtel hervorzugehen. Dieser umschlang ihre Seele und fesselte sie an den Herrn durch die unauflösbare Fessel der Liebe.»[863] Der erotische Ton dieser Christusbegegnung ist unüberhörbar, auch wenn sie sogleich allegorisch umgedeutet wird. Schon das Symbol des Gürtels (Brautgürtel) verweist auf die geistliche Gemahlschaft, das «connubium spirituale», die mystische Vereinigung, die «unio mystica». Oder bei Gertruds Mitschwester, der hl. Mechthild von Ha[c]keborn: Nachdem sie aus der Herzwunde Christi «Becher voll von aller Süße und Lieblichkeit» getrunken hat, entspinnt sich ein Liebesgespräch, an dessen Ende die Nonne nur mehr verzückt stammeln kann: «Eia, eia, Liebe, Liebe, Liebe!»[864]

178

Allerdings ist das brautmystische Erleben in den Offenbarungen der Beginen Mechthild von Magdeburg, Hadewijch, Margery Kempe und der Dominikanerin Adelheid Langmann noch stärker, noch eindeutiger erotisch[865], doch sollen sie hier außer Betracht bleiben, da diese Frauen zwar ebenfalls den Typus der «mulier sancta» verkörperten, aber nicht zur liturgischen Verehrung gelangten. Ihre Schriften werden aber heute in katholischen Kreisen durchaus geschätzt; besonders Hadewijch wird im katholischen Flandern geradezu als verehrungswürdig betrachtet.

Als Beispiel sei aus den Offenbarungen der sel. Margareta Ebnerin (um 1291–1351)[866] aus dem Konvent des Zweiten Dominikanerordens in Medingen (Bistum Augsburg) zitiert. Ihre Verehrung hat Papst Johannes Paul II. 1979 der Catholica besonders ans Herz gelegt, indem er ihre Heiligmäßigkeit bestätigte[867]. Wenn sie die Gnade am «allerkräftigsten» überfällt, sperrt sie sich ein, so daß die Mitschwestern das Türschloß aufsprengen müssen[868]. Wochenlang kann sie nicht sprechen, muß dann wiederum stundenlang schreien, besonders den Namen Jesu[869]. Margareta vergleicht ihre Empfindung bei diesem – wie sie selbst feststellt: zwanghaften «aus dem Herzen durch den Mund Brechen» der Rufe mit gärendem Most im Faß, dem der Spund geöffnet wird[870]. Diese Phänomene sind oft verbunden mit mystischen Ekstasen und intensiven Süßigkeitsempfindungen, «mit ainem so gar süezzen lust in dem süezzen namen Jhesus Christus»[871]. Diese Lust ist ausdrücklich körperlich und seelisch: wenn «ich mich auf die Stelle lege oder sie mit der Hand berühre [wo sich der süße Namen Jesu eingedrückt hat], so empfinde ich eine gar so süße Gnade, die mir in alle meine Glieder geht...»[872] Ihre Begierde, «daß mir Gott einen Minnegriff [minnengrif] in das Herz täte», wird durch Eindrücken des Namens Jesu erfüllt[873]. In ihren Verzückungen stöhnt und schreit sie, daß man es bis in den Kreuzgang hört. Wie viele andere Mystikerinnen fühlt sie sich schwanger[874]. Diese Vereinigung von «allersüßester Lust und den größten Schmerzen»[875] ist charakteristisch für die gesamte Passionsmystik. Sie verdichtet sich in Konformität zu den liturgischen Heilszeiten besonders im Advent und zur Fastenzeit. Margarete schläft auf einer Miniatur der Kreuzigung[876], die sie sonst auf dem Busen trägt. Sie hat ein (erhaltenes) Jesulein, eine lebensgroße Holz-

plastik des Christkindes, das man aus der Krippe nehmen konnte, das «leg'
ich an mein bloßes Herz mit großer Lust und Süße und empfinde also die
allerkräftigste Gnade der Gottesgegenwart... Meine Begierde und Lust liegt
in dem Säugen, daß ich damit in das Genießen seines göttlichen Wesens
gezogen werde»[877]. Diese Handlung ist nicht symbolisch, sondern das Säugen des wirklichen Christkindes – es führt unmittelbar zur Vereinigung.
Heimlich nimmt sie eine große Plastik des Gekreuzigten zum Schlafen mit
ins Bett; das Chorkreuz, das sie lieber gehabt hätte, ist ihr allerdings zu
schwer[878]. «Ich habe einen großen Kruzifixus, da werde ich von großer Liebe
und der Gegenwart Gottes gezwungen, dieses Kreuz zu nehmen und an
mein bloßes Herz zu drücken und zu zwingen so sehr ich es mit meinen
Kräften nur vermag. Und vor der Lust und süßen Gnade, die ich dabei habe,
kann ich es nicht mehr spüren, obwohl ich so fest drücke, daß an meinem
Herzen und auf meinem Körper Totenmale [blaue Flecken] entstehen.»
Lust und Begierde sind so groß, daß sie den Kruzifixus nicht mehr von ihrem
Leib wegbewegen kann, «so lange mir die Gegenwart Gottes mit so intensiver Süße und Gnade anliegt»[879]. Dies ist eine Form der Unio mystica, des
«minneglichen Werkes» und «süßen Spieles»[880], bei der das Übergewicht auf
der somatischen Komponente liegt. «Gelüstet dich nach mir, so gelüstet
mich nach dir!» hört sie einmal unter der Messe[881]. Margareta pflegte jedes
Kreuz abzuküssen, dessen sie habhaft werden konnte. Aber Christus erschien ihr auch als Mann, nackt, «da empfing ich die allergrößte Gnade und
Süße von diesem Leib». Er soll geteilt und gegessen werden: «der zarte fron-
lichnam unsers herren»[882].

Wenn die Mystikerinnen teuflische Begegnungen haben – was sehr oft der
Fall ist[883] –, dann will sie der Böse vor allem körperlich und seelisch peini-
gen oder zu einer Sünde wie Trägheit (*acedia*) oder Stolz verleiten, aber
kaum sich mit ihnen sexuell vereinigen. Ziemlich häufig dagegen spiegelt
er ihnen erotische Phantasien vor, um sie zu sündhaften Gedanken zu ani-
mieren, die aber regelmäßig von den heiligen Frauen abgeblockt werden
können, wenn auch bisweilen erst nach heftigen Kämpfen[884].

Teufelsbuhlschaft

Martin Luther hat die deutsche Sprache auch um eine neue Bezeichnung für die Hexen bereichert, er nennt sie «Teufelshuren»[885]. Denn auch die Hexen kannten nach allgemeiner Überzeugung seiner Zeit eine erotische Beziehung zu ihrem Herrn, Höhepunkt einer «schwarzen Mystik»[886]. Sie erfolgte freilich in unverhüllter Form, sei es erlebt oder phantasiert oder von den Inquisitoren in sie hineinprojiziert und aus ihnen herausgefoltert: der Böse vereinigt sich mit ihnen in der Form eines Incubus im heimischen Bett oder als Teufel während des Sabbats. Der antike Glaube an einen Frauen nächtens vergewaltigenden Dämon wurde durch Augustinus und Thomas von Aquin fester Bestandteil der katholischen Theologie[887]; Priester wie Thomas von Cantimpré mußten nach eigener Angabe oftmals in der Beichte hören, daß Frauen solcherart von Dämonen sexuell besessen wurden[888]. Institoris reflektiert darüber, wie es mit dem von den Dämonen an-

Teufel und Hexe; Holzschnitt aus Ulricus Molitor, De lamiis et phitonicis mulieribus, *Straßburg 1490*

genommenen Körper stehe, was für einen Samen er ergieße, ob er es zu einer bestimmten Zeit am liebsten tue, ob der Liebesgenuß dabei nur gering sei usw.[889] Er berichtet aus der Schweiz: «Ein Weib, das endlich gefangen und eingeäschert worden ist, hatte sechs Jahre einen Incubus im Bette gehabt, sogar an der Seite ihres schlafenden Mannes; und zwar dreimal in der Woche, am Sonntag, Dienstag, und Freitag... In seiner Liebe rettete sie Gott jedoch: denn im sechsten Jahre eingefangen und dem Feuer übergeben, hat sie ein wahres und ganzes Geständnis abgelegt...»[890] Nach einer Quelle über den großen sog. «Waldenserprozeß» von Arras von 1459 erschien der Teufel bald in Gestalt eines Mannes, bald in der einer Frau, um sich fleischlich mit seinen Anbetern zu vermischen[891].

Gostanza und andere schildern die erotischen Begegnungen mit dem Bösen durchaus lustbetont (wobei der von einem Schreiber aufgezeichnete Bericht zwischen der ersten und dritten Person schwankt): «er nahm mich, umarmte mich und gab mir tausende Zärtlichkeiten und hatte ganz schnell mit mir Umgang (usava subito subito secho), wie sie es mit ihrem Gatten tat, und dann gab er ihr zu essen und zu trinken, und dann hatte sie abermals Geschlechtsverkehr mit dem Oberteufel... Im Verhör gefragt, daß sie sage, ob sie bei solchen Akten mit dem Teufel Vergnügen empfände, wenn sie sich mit ihm fleischlich vermische, wie sie es auch mit ihrem Gatten getan, [antwortete sie]: ‹Ich war jung, und mir schien, ich hätte dieselbe Lust mit dem Dämon wie mit meinem Gatten, nämlich weil der Dämon mir mehr Zärtlichkeiten gab als mein Mann, und daher schien mir, daß ich rascher mehr Vergnügen beim Geschlechtsverkehr mit dem Dämon hätte als mit meinem Mann, denn er gab mir mehr Zärtlichkeiten und mehr Liebkosungen und Spaß rundum.› Und als man zu der Verhörten sagte, sie solle erklären und im Detail diese Zärtlichkeiten dartun, die ihr der Dämon gab, und worin sie bestünden, antwortete sie: ‹Diese Zärtlichkeiten bestanden darin, daß er mich umarmte, mich küßte und mich auf alle Weisen betastete, um mich herumsprang, mir die Brust streichelte, und mich überhaupt am ganzen Leib berührte (mi toccava per tutta la vita). Und es schien mir, ich hätte so viel Kurzweil und Vergnügen, daß mir vorkam, ich sei auf einem großen Fest. Und wir plauderten miteinander, und er sagte mir: ‹Vergiß mich nicht!› und daß ich ihn lieben und nicht verlassen solle.›»[892] Mehrfach macht sie deutlich, daß der Böse ein Liebhaber ist, der seine Partnerinnen zu befriedigen versteht: wenn er ejakuliert, hört er trotzdem nicht mit seinem Werk auf. «Und obwohl er mir den Samen durch die Vagina in den Körper spritzte, hörte er keinesfalls damit auf, sondern fuhr fort, zu schwemmen (guazzare[893]) und zu stoßen wie am Anfang und verspritzte den Samen sechs oder sieben Mal bis ich mich von ihm löste. Und ihr sagt, daß er kein Glied habe, aber mir schien es, daß er eines hatte, und es sehr real hatte...»[894] Viele Male wird Gostanza von den Inquisitoren darauf hingewiesen, daß die bösen Geister ja gar keine Körper hätten und deshalb auch kein Glied, worauf sie jedesmal überzeugt antwortet: «Mir jedenfalls schien es so, daß er der schönste Junge war, den man überhaupt unter Christen sehen kann, mir schien es so, und daß er Mund, Arme, Beine und alle anderen Glieder habe...»[895] Wenn man dann noch die Schilderung der abends von der Arbeit todmüde in ihre Betten fallenden Bauern liest, die in ihrem Schlaf gar nichts von der nächtlichen Ausfahrt ihrer Frauen merken[896], dann ist es nicht so schwer einzusehen, daß solche Phantasien offenbar nicht nur der Geilheit der Inquirierenden entsprangen, sondern auch einem Bedürfnis vernachlässigter Frauen (wenn es denn nur Phantasien waren, und nicht geheime Liebschaften unter satanistischer Maske).

Spanische Beatas bekannten vor der Inquisition u. a., der Teufel sei als Jüngling nächtens zu ihnen gekommen und habe mit ihnen gehandelt «wie ein Gatte mit seiner Frau»[897]. Eine von ihnen habe oft mit ihm in Menschen-, aber auch Pferde- und Fuchsgestalt verkehrt. «Bei den fleischlichen Akten spürte sie in sich selbst ein männliches Glied, als ob es ein Mann gewesen wäre, der mit ihr zusammengewesen sei; und außerdem sagte sie, daß sie schon so an diese Liebesakte gewohnt war und so angestachelt zu dieser Schamlosigkeit, daß sie, wenn der Dämon sie nicht besuchte, um diese Akte zu vollführen, mit derartig entfesselter Begierde durch die Gassen sprang, daß sie daran war, die Männer zu bitten, mit ihr diesen Akt zu vollziehen.»[898] Manche wußte freilich auch von harmloseren Vergnügen zu berichten, so daß die Dämonen mit ihr nächtens Ball gespielt hätten; am anderen Tag sei der Hof voller Hufspuren von Böcken gewesen[899].

Eine italienische Hexe des frühen 16. Jahrhunderts gestand folgende Formel, die ausdrücklich Liebe impliziert: «Ich habe mich dir ergeben und ergebe mich dir mit Leib und Seele, ich habe verleugnet und verleugne alles, was mit Gott zusammenhängt, die Taufe und den Glauben und alle himmlischen Dinge: Dich will ich lieben.»[900] Magdalena vom Kreuz gab an, fast jede Nacht im Kloster von ihrem Dämon besucht und in unaussprechlicher Weise befriedigt worden zu sein[901]. Eine französische Hexe des frühen 16. Jahrhunderts sagte über den Sabbat aus: «Der genannte Teufel Moretus weilte währenddessen in menschlicher Gestalt bei ihr. Er hieß die genannte Angeklagte sich nach vorne beugen und ritt sie und erkannte sie fleischlich durch das unziemliche Geschlechtsteil: anal von hinten. Der Teufel hatte sein Glied wie ein Mann, aber kalt. Dies getan, gab der genannte Moretus der Genannten, die spricht, eine Pechkerze, und [sie] ging, um einem anderen Teufel das Homagium zu erweisen, indem sie seinen Hintern mit dem Mund küßte...»[902] 1514 bekennt eine andere Französin Ähnliches, und dazu, daß der Dämon sie «besser als ihr Gatte küßte und liebte, obschon sie ihn immer ziemlich kalt empfand...»[903] Auch der Teufel, mit dem Bellezza Orsini verkehrte, ein schöner schwarzgekleideter Kavalier, tat es von hinten, «denn er kann es nicht von vorne» – das Motiv der Verkehrten Welt, wie alles beim Sabbat das Gegenteil des Normalen ist –, aber das macht nichts, er schafft es so bis zu acht mal, «und es ist schön und dick und steht wie eine Stange...»[904] «Außerhalb des Sabbats tat sie nie etwas Böses, aber auf dem Sabbat empfand sie wunderbares Vergnügen bei diesem Verkehr», heißt es von einer Sechzehnjährigen um 1610[905]. Ganz explizit sind auch die Schilderungen des Sabbats im Baskenland, wo der Teufel sowohl mit Männern als auch Frauen so brutal anal verkehrt, daß sie blutig heimkommen[906].

Es ist schwer, bei solchen Berichten nicht anzunehmen, daß es tatsächlich satanistische Treffen gab, bei denen als Teufel Verkleidete sich entsprechend vergnügten. Was alles im religiösen Bereich von Gläubigen akzeptiert wird, kennen wir ja schließlich auch von gegenwärtigen Sekten. Aber selbst wenn es sich nur um Phantasien handeln sollte, so waren sie für nicht wenige lustvoll (ohne daß sadistische und sadomasochistische Komponenten zu übersehen wären[907]). Natürlich reagierten die zeitgenössischen Ge-

Teufelsbuhlschaft – hier darf die Frau zum Zeichen der «Verkehrung» oben liegen. Holzschnitt aus Ulrich Tengler, Der neü Layenspiegel, Augsburg 1511

lehrten mit den wildesten Theorien: der Teufel könne deswegen den Frauen mehr Vergnügen beim Sex verschaffen, weil er ihre Vagina magisch verenge oder weil er einen riesigen Penis besässe oder gar einen dreiteiligen, mit dem vaginaler, analer und oraler Verkehr zugleich möglich sei...[908] Da von der Moraltheologie und dem Kirchenrecht jede Form der körperlichen Liebe, die sich nicht in der Missionarshaltung abspielte, geradezu in den Bereich des Dämonischen gerückt wurde[909], kam man zu der Annahme: Wenn der Teufel sich als Incubus mit einer Frau vermischt, dann tut er dies in einer verbotenen Position[910], wie u.a. an einer Illustration zum *Layenspiegel* Tenglers zu sehen ist.

Gerade in diesem Bereich manifestiert sich übrigens bisweilen der Kontrast zwischen gelehrter und volkstümlicher Konzeption besonders eklatant. Gostanza muß wiederholt betonen, daß ihre Teufel materielle Wesen waren, was die untersuchenden Theologen nicht glauben wollen. «Die

ganze Nacht über», berichtet sie während ihres Prozesses, in dem sie viele
Male aus dem Kerker zum Verhör gebracht wurde, «habe ich mir bei mir
Gedanken gemacht, wie es möglich ist, daß der Teufel das erscheinen läßt,
was er – wie ihr sagt – nicht hat, also kein Glied, keine Arme, Mund, Beine,
um zu koitieren, zu umarmen, zu küssen und Ähnliches zu tun. Und trotzdem, – was mich betrifft – als ich dort war, wo er mit mir gemacht hat, was
ich euch vorher gesagt habe und er mit mir geschlafen hat, da schien er mir
eine Person wie alle anderen Leute (com li altri christiani [!])»[911]

Gelegentlich wird die Hexe ausdrücklich als «Teufelsbraut» verschrieen[912], und gelegentlich heiratet auch der Teufel seine Adeptin auf dem
Sabbat, wie 1611 die Catharina Bruch[913]; in einem Fall lebte er sogar jahrelang mit einer Hexe zusammen, und sie gebar ihm zwei Kinder[914]. Es ist die
vollkommene Umkehrung der mystischen Vereinigung, wenn die baskischen Hexen zu Beginn einer Sabbatorgie die Formel: «Ich bin ein Teufel,
eins mit dem Teufel»[915] aussprachen.

Handelt es sich bei solchen Aussagen um Männerphantasien, die den
verhörten Gefangenen aufgezwungen wurden? Um erotische Träume un-
befriedigter Frauen? Um Erinnerungen an tatsächliche sexuelle Orgien
(eine Erklärung, die nicht so leicht eliminiert werden sollte: aufgrund
bischöflicher Sentenz wurde 1643 die Pförtnerin des Klosters von Louviers
exorziert und dann zur Strafe eingemauert, u.a. «weil sie schändlicherweise
ihren Leib den Teufeln, Zauberern und anderen Personen prostituierte, ein
Verkehr, von dem sie schwanger wurde...»[916])? Es wäre freilich nicht vertretbar, sich auf eine dieser Erklärungsmöglichkeiten festzulegen; alle kommen in Betracht. Eine Entscheidung läßt sich nur selten in dem einen oder
anderen Fall treffen.

Schwangerschaft

Ein besonderes Phänomen ist ein Resultat des erotischen Umgangs mit der
Gottheit, das der paranormalen Schwangerschaft. Sie trat gleicherweise bei
anerkannten katholischen Heiligen, wie etwa Birgitta von Schweden, als

auch bei «Ketzerinnen» auf[917]. Das Phänomen ist freilich medizinisch auch völlig unabhängig von der religiösen Sphäre bekannt: «Wunsch oder Furcht, geschwängert zu sein, kann bei disponierten Individuen dazu führen, daß die Monatsblutungen schwinden, die Brüste schwellen und Vormilch auszuscheiden beginnen, daß der Leib anschwillt, und daß es schließlich zu fruchtlosen Geburtswehen kommt»[918]. Nach heutigem Verständnis dürfte die Erklärungshypothese von der göttlichen oder diabolischen Verursachung ersatzlos zugunsten einer rein autosuggestiven Genese zu streichen sein.

Göttliche Gravidität

Die sel. Christine Ebnerin (1277–1356)[919] fühlte wiederholt, «als ob sie unsers herren schwanger wär... ich empfing Jesum und hab ihn nun geboren», verkündet sie ihren Mitschwestern. Zu Ostern 1344 «sich mert di gnade gotes in irem herzen in unsprechenlicher reicheit also daz sich die gnade übergoz uz der sel in den leip und in alle ire glider, daz si von gnaden besezzen und beswert was als ein swangere frau eins kindes.»[920] Die sel. Margareta Ebner, die gewohnt war, ein hölzernes Jesulein, das Faschenkind aus der paraliturgisch gebrauchten Wiege, an ihre Brust zu legen und zu säugen[921], empfand «under irn henden, a[l]ls sich etwaz lebendigez umb ker inwendik und niendert anderswa.» Ebner wird «grösselich geswollen... als ain frawe diu groz mit ainem kinde gaut.»[922] Es ist diese Gravidität von außen am Körper zu beobachten.

In den *Offenbarungen* der hl. Birgitta von Schweden lesen wir: Zu Weihnachten «fühlte sie im Herzen eine empfindliche und wunderbare Regung, als wenn ein lebendiges Kind im Herzen wäre, das sich hin und her wälzte. Da diese Bewegung anhielt», ließ sie ihren Beichtvater und ihre Vertrauten sich «durch Sehen und Fühlen» von der Wirklichkeit der Schwangerschaft überzeugen; diese waren verwundert. Bald aber erscheint ihr die Muttergottes, um zu erklären, daß es sich um keine Täuschung handle, sondern um eine Gnadengabe, «das Zeichen der Ankunft meines Sohnes in deinem Herzen», weswegen Maria die Mystikerin als ihre Schwiegertochter bezeichnet[923]. Birgitta erlebt also in ihrem Innersten die leibliche Konkretisierung der in der christlichen Literatur seit Origenes bekannten Metapher von der Gottesgeburt im Menschen. Ihr Beichtvater und ihre Freunde überzeugten sich auf ihren Wunsch «durch Sehen und Fühlen» von der Faktizität dieses körperlichen Vorganges. Und dafür haben wir Quellen, die eine innerliterarische Interpretation nicht zulassen: Bischof Alphons von Pecha, einer der Vertrauten Birgittas, bekräftigt in einem Brief: Die Bewegung im Körper der Heiligen war von außen sichtbar[924]. Und ebendies wird auch, unabhängig vom mystographischen Text, durch eine Quelle ganz anderer Art bestätigt, nämlich die kirchenrechtliche des Kanonisationsprozesses, wo die Beichtväter wiederum zu Protokoll geben, daß dieses Phänomen körperlich war, von außen zu sehen und zu tasten[925].

Die im Vergleich zu Birgitta um eine Generation jüngere hl. Dorothea von Montau, die schon am Beginn dieses Buches erwähnte Patronin des Preußenlandes, berichtete noch wesentlich ausführlicher ähnliche Phänomene[926]. In ihrem letzten Lebensjahr zerreißt ihr Christus das Herz so, daß sie meint, sterben zu müssen. Mit uns heute fast pathologisch anmutender Ausführlichkeit berichtet sie, wie sie von ihrem himmlischen Bräutigam mit Speeren und Pfeilen gequält wird, die er in ihren Körper stößt[927]. Dorothea fühlte sich aufgrund dieser Durchbohrungen von Gott schwerer und schmerzhafter schwanger als je bei einer der ihr ja wohlbekannten natürlichen Graviditäten (sie hatte neun Kinder[928]), konnte sogar nicht mehr gehen oder aufstehen. Dazu erhielt sie folgende Offenbarung, in der ihre mystische Schwangerschaft mit der natürlichen verglichen wird: «Ich bin es, der dich so stark drückt...» «Ego sum hoc fortiter premens te...» Ihre Gebärmutter vergrößert und verkleinert sich, «wie es dem Herrn gefiel». Ihrem Beichtvater berichtet sie: «Der lebende Fötus in mir begann zu springen und sich so fühlbar zu bewegen (fetus vivus in me cepit saltare et tam sensibiliter se movere...[929])». Und es gibt noch andere Beispiele mystischer Schwangerschaft wie etwa die der hl. Liedewij von Schiedam. Wenn auch die Quellen des Mittelalters und der frühen Neuzeit die Unio mystica nicht expressis verbis als sexuelle Vereinigung ansprechen konnten, so sind die Früchte dieser Unio doch eklatant genug. Damit sei nicht behauptet, jede Unionserfahrung in der Erlebnismystik sei ein imaginierter Geschlechtsverkehr mit dem Mensch gewordenen Gott gewesen, zumal es auch andere, wesens- und nicht brautmystische Gottesvereinigungen gibt. Aber für viele der in der nuptialen Mystik geschilderten Erfahrungen trifft offenbar die Deutung als phantasierte Liebesbegegnung durchaus konkret-erotischer Natur mit dem «schönsten aller Menschensöhne» zu.

Dämonische Gravidität

Nun berichten gerade die *Revelationes* Birgittas, die ihre mystische Schwangerschaft als Zeichen göttlicher Begnadung vorstellen, daß der Teufel dasselbe Phänomen hervorrufen kann. «Ein Weib wurde von einem Teufel geplagt. Ihr Bauch schwoll dermaßen an, als wenn sie gleich gebären müßte, und nahm dann wieder allmählich ab, als wenn sie nichts im Leibe gehabt hätte.» Letzteres traf genau auch auf Birgitta zu, nur daß ein anderer Verursacher angenommen wurde. Bei der nicht Begnadeten aber ist es für sie und die Theologen in ihrer Umgebung sogleich klar, daß das Phänomen mit dem Wirken eines Inkubus zu erklären sei[930].

Nachdem die Lehre von den Incubi und Succubi festes Glaubensgut der Catholica geworden war, verknüpfte sich damit ein ganzes Bündel von Vorstellungen der mittelalterlichen und späteren Hoch- und Volkskultur. So berichteten Legenden davon, daß sowohl der Antichrist als auch der Zauberer Merlin, sowohl der Hunnenkönig Attila als auch der Herzog der Normandie Robert der Teufel den Satan zum Vater hätten[931]. Ein Intellektueller der Frührenaissance, Albertino Mussato (1261–1329), machte eines dieser Teufelskinder zur Hauptfigur eines lateinischen Dramas, der *Ecerinide*. Es handelt sich um den Tyrann von Padua, Ezzelino III. da Romano (1194–1259), dessen Grausamkeit ihm den entsprechenden Ruf eintrug. Als er erfährt, daß seine Mutter ihn mit Luzifer gezeugt, bricht er in Frohlocken aus: «Wir sind Söhne eines Gottes! Solchen Ruhm hätten wir nicht, stammten wir von Mars, Romulus oder Remus ab. Viel größer ist unser Vater, König eines Reiches ohne Grenzen, König des Blutes und der Rache...»[932]

Kein Produkt der Eliten, sondern Volksglaube war es ursprünglich, daß elbische Wesen (die nach der Christianisierung mit Dämonen identifiziert wurden) ihre eigenen Kinder mit denen von Menschen austauschten. Dieser Glaube wurde aber mit dem an die Incubi verschmolzen: «Bis weit ins 18. Jahrhundert beschäftigt man sich mit dem Wechselbalg und seiner nach derzeitiger Meinung unzweifelhaften Beziehung zum Teufel als einem wissenschaftlichen Problem, zu dessen Lösung man Antwort sucht auf die Frage, ob der Teufel Kinder von Menschen stiehlt und sie anderen unterschiebt, oder ob die Wechselbalge seine eigenen Kinder sind, die er mit Menschenfrauen gezeugt hat.»[933] Luther hielt solche Kinder für seelenlose Fleischstücke und hat mehrfach empfohlen, ein solches Kind zu ersticken[934]. 1654 verbrannte man im schlesischen Zuckermantel über hundert Menschen, darunter auch Säuglinge und Kinder, als deren Vater der Teufel galt[935].

Schon die ältesten Zeugnisse für die paranormale Schwangerschaft werden von Mystikerinnen berichtet, die von der Kirche verworfen wurden. So heißt es in einem dem hl. Albertus Magnus zugeschriebenen Häresie-Gutachten, das nach 1270 entstanden ist, von den Anhängerinnen der Sekte im Schwäbischen Ries bei Nördlingen, sie behaupteten, mit Christus fleischlichen Umgang zu haben (dicunt se *carnaliter* cognosci a Christo) und sich mit seinem Leib zu beflecken (pollunt se *corpore* Christi)[936]. Die 1325 als Ketzerin verurteilte Provenzalin Prous Boneta[937] hatte eine Offenbarung, in der ihr der Herr verkündete, die hl. Maria sei es, die den Menschen den Sohn Gottes schenkte, und sie werde ihnen den Heiligen Geist schenken[938]. Damit erscheint Prous als neue Maria, die Gott abermals gebären wird, gleichwertig der allerheiligsten Jungfrau. Auch die Geliebte des Ketzerführers Fra Dolcino (†1306), Margarita, betrachtete sich als vom Heiligen Geist schwanger[939]. Mit Brief vom 10. September 1437 denunzierte der hl. Johannes Kapestrano eine bereits verstorbene Venezianerin namens Mina, die augenscheinlich zahlreiche Offenbarungen erhalten hatte, unter anderem die, einen Knaben zu gebären, der Papst werden würde, und ein Mädchen, das den Glauben der Frauen verteidigen werde. Ihr selbst seien die Schlüssel des Himmelreichs gegeben. Bereits gab es einen Kreis von Verehrern, darunter auch Männer der Kirche, gegen die Kapistran den Papst um Strenge bat; auch dachte er daran, ihre Gebeine ausgraben und einäschern zu lassen[940] – man erinnert sich an die Sekte der (in Mailand bereits als Heilige verehrten) Wilhelmina von Böhmen, die im späten 13. Jahrhundert eine weibliche Kirchenhierarchie (Päpstin usw.) errichten wollte und deren Anhängerinnen auf dem Scheiterhaufen endeten[941].

Die neuzeitlichen Überlieferungen über Kinder, die den Teufel zum Vater hätten, erscheinen auf die katholische Welt beschränkt. Im Gegensatz zum Glauben an Hexen und Incubi, den Luther voll teilte, verwarf er nämlich den an die Zeugungskraft der Dämonen; nur verunstalten könnten sie die Kinder noch im Mutterleib[942]. Ironischerweise wurde er von der katholischen Polemik selbst als Sohn Satans verschrieen und seine Mutter als Hexe: «Seine Mutter habe mit dem Teufel verkehrt, der als 'ein schon iüngling ynn rotten kleydern... bey verschlosner thür offt komen...'» So der Dominikaner Magister Petrus Sylvius (†um 1536)[943].

Die genannte Magdalena vom Kreuz behauptete: «An einem Himmelfahrtstag [1518] habe sie sich schwanger gefühlt, und sie sei vom Heiligen Geist schwanger. Und in der Weihnachtsnacht habe sie ein Kind empfangen und es zu Weihnachten geboren; und sie freute sich sehr darüber, und das Kind über sie. Und das Neugeborene habe sie in ihre schwarzen Haare eingehüllt, die nun rot wurden [wohl durch Christi Blut, vorausweisend auf die Passion]. Sie gab sie später den Leuten als Reliquien. Und später verschwand das Kind, und sie sagte zu ihm: 'Dies ist mein Sohn' [in Latein, Anspielung auf das Wort Gottes bei der Taufe Jesu im Jordan[944]]. Diese Sachen sagte sie, um für eine Heilige gehalten zu werden."[945] Vor dem Inquisitionstribunal bekannte die Nonne dagegen, sie habe eine große Raupe geboren, die wiederum niemand anderes als ihr Inkubus Balban war[946]. Jedenfalls vermehrte sie in der Zeit ihrer Schwangerschaft die Bußübungen, besonders die heftige Selbstgeißelung bis aufs Blut, ging auch barfuß über Scherben, bis sie bewußtlos zusammenbrach[947]. Drei vom Erzbischof von Sevilla als Untersuchungskommission eingesetzte ehrbare Frauen kamen nach genauer Prüfung zum beeideten Schluß, daß Magdalenas Jungfräulichkeit unversehrt war, weswegen es sich bei ihrer Schwangerschaft um ein Wunder handeln müsse. Tatsächlich löste sich das zu Weihnachten ohne Zeugen geborene Kind nach einem Tag ohne Zeugen in Luft auf; die wiederum herbeigerufenen Damen fanden alle körperlichen Veränderungen an der Mystikerin, die eine Geburt zu hinterlassen pflegt, mit Ausnahme der Unversehrtheit des Hymens[948]. Der Schluß auf eine Scheinschwangerschaft, die von dem wörtlich genommenen Theologumenon der Gottesgeburt im Menschen induziert worden sein dürfte sowie vom Ideal der Imitatio Mariae, ist wohl unausweichlich.

Die Vorstellung, der Teufel könne Frauen schwängern, tritt auch sonst auf. So behauptete 1567 ein (jungfräuliches) Mädchen in Graz, sie sei «durch den häufigen verbrecherischen Umgang mit dem Teufel, der sich ihr in Gestalt eines jungen Mannes oftmals näherte, schwanger geworden». «Getäuscht durch das Vergnügen an der Lust», verschwieg sie dies ihrem Beichtvater, einem Jesuiten, zunächst einige Zeit und wollte, als sie endlich davon erzählte, nicht mit diesem sündhaften Umgang aufhören, bis es dem Pater endlich gelang, sie eines besseren zu belehren[949].

Wie sehr im religiösen Milieu in erster Linie himmlische oder höllische Verursacher (wie es scheint, sogar in aller Naivität) in Betracht gezogen werden konnten, illustriert folgender Vorfall[950]: Im wenig streng geführten Magdalenenkloster zu Sevilla wurde 1578 eine der Nonnen, deren Klostername passenderweise Theresia von der Empfängnis lautete, schwanger. Als die Priorin dies bemerkte, erklärte die Nonne, daß dies Gottes Wunsch sei und «ganz natürlich, angesichts der glühenden Vereinigung, die sie mit Gott habe»[951]. Den Verdacht, ein «bösartiger Inkubus» sei der Schuldige, wies sie heftig zurück, sie wäre ja noch Jungfrau. Der Fall löste sich, als man erkannte, daß eine ihrer Mitschwestern in Wirklichkeit ein verkleideter Mann war.

Pakt

Sowohl bei den Heiligen als auch bei den Hexen kommt es zu einer regelrechten, quasi juristischen Vereinbarung: dem Verlöbnis der Mystikerinnen mit Gott bzw. dem formellen Teufelsbund. Diese Vereinbarung tritt bei den Charismatikerinnen ergänzend zum Taufsakrament hinzu, bei den Hexen ist sie meist mit dem Beginn ihres Abfalles von Gott und der Zuwendung zum Bösen identisch.

Gottesverlöbnis

«Noch heute», schreibt Heiler 1961, «wird in Benediktinerinnenklöstern nach der Nonnenweihe (die Jungfrauenweihe ist die Vermählung mit Christus als dem Bräutigam) ein Brautbett zugerüstet und mit Blumen geschmückt. Auf dem Kopfkissen befindet sich ein Kruzifixus, in dessen Gemeinschaft die neuvermählte Jungfrau ihre Hochzeitsnacht feiert.»[952] Vermählung ist in unserem Konnex aber nicht nur als Weihe der Jungfräulichkeit zu verstehen, wie sie diejenigen Heiligen ablegten, die früh ins Kloster gingen. Nach einer bis zur Jahrhundertwende gehenden Statistik gibt es unter den Mystikerinnen wenigstens 77, die die Verlobung mit Gott erfahren haben, wovon 52 auch den Brautring erhielten und 43 die Stigmen[953]. Dieser Ring kann für alle anderen außer für die Trägerin unsichtbar sein, wie der Katharinas von Ricci, Katharinas von Racconigi (nur zwei

Mystische Vermählung der hl. Katharina; Giovanni de Vecchi (16. Jh.). Fresko in S. Maria sopra Minerva, Rom

Priestern erscheint er einmal wunderbarer Weise) oder der Stephanas von Orzinuovi (der aber einmal einer Mitschwester sichtbar wird)[954]. Es kann sich aber ebenso um einen materiellen Ring handeln, wie bei dem Arcangelas, dessen Wunderkraft sogar Karl Borromäus anerkennt[955], oder dem Stefana Quinzanis[956]. Katharina von Racconigi empfing den Heiligen Geist vier Mal in sichtbarer Gestalt und wurde drei Mal mit dem Erlöser vermählt, jedesmal mit einem anderen Ring[957].

Manche Mystikerinnen schlossen auch einen schriftlichen Pakt mit Gott, so wie die Hexen mit dem Teufel. In Veronica Giulianis Autobiographie ist diese Form der Gottesbindung beschrieben: «Ich schnitt mir den Namen Jesu [IHS] mit dem Federmesser in die Brust ein, dann nahm ich Feder und Papier und schrieb mit dem eigenen Blut eine förmliche Erklärung... [Aus der Ekstase] zu mir zurückgekehrt, fand ich meinen Habit ganz mit Blut getränkt. Ich hatte noch die Feder in der Hand und das Papier, worauf ich die Erklärung geschrieben hatte, die meines Erinnerns so begann: 'Mein Herr... ich verspreche Euch, Euch immer zu lieben, niemanden anderen will ich als Euch, jetzt übergebe ich mich ganz und gar Euch, als Euere Braut.»[958] Die Funktionalisierung des Leibes als Träger des heiligen Namens kennen wir genauso vom sel. Heinrich Seuse und anderen MystikerInnen. Sie dient gleichsam als Besiegelung der getroffenen Selbstübergabe.

Dämonenpakt

Analog zum Wirken der Heiligen aufgrund ihres besonderen Verhältnisses zu Gott wird schwarze Magie geübt, wenn der Böse «derartiges durch die Hexen und auf Bitten der Hexen wegen des mit ihnen eingegangenen Paktes besorgt», wie es im *Malleus* heißt[959]. Der Pakt der Unholdinnen wird von den Kirchenoberen, Dämonologen und Hexenverfolgern immer wieder angesprochen: 1437 z.B. beklagt Papst Eugen IV. in einem Schreiben an alle Inquisitoren, daß viele Christen den Dämonen «Huldigung leisteten und zum Zeichen dessen sogar eine geschriebene Urkunde oder etwas anderes übergeben» mit der Verpflichtung, wann sie wollten, Kranke zu heilen, Wetter zu erregen usw[960]. Diese Diplome werden gern mit Blut, speziell aus der

Linken des neuen Sektenmitgliedes entnommen, unterzeichnet[961]. In feierlicher Art, mit feierlichem Gelübde, mit dem rechtschaffenden Gestus des Handschlags verbinden sich Teufel und Mensch beim Sabbat; dazu kommt die Huldigung vor dem Dämon[962]. Eine typische Formel, in der Gott durch den Gegengott ersetzt wird, lautet: «Ich verleugne den Schöpfer des Himmels und der Erde, ich verleugne die Taufe, ich verleugne die von mir Gott üblicherweise erwiesene Verehrung. Dir gehöre ich an, an dich glaube ich.»[963] Dies war, in der Terminologie der Dämonologen, die «professio expressa», die ausdrückliche Verbindung. So unterschrieb Magdalena vom Kreuz mit ihrem Blut das Pergament, das ihre Seele dem Dämon Balban versicherte, der sie dafür vor der Welt zu einer lebenden Heiligen machen würde[964]. Maria Klee ließ sich in den Finger stechen, worauf der Teufel sie mit ihrem Blut in ein schwarzes Buch einschrieb[965]. In Ungarn sollten die Hexen sich selbst mit ihrem Blute in dieses Buch eintragen[966]. Oder der Pakt erfolgt formlos als «professio tacita»[967], «wenn der Ausführende zum mindesten stillschweigend in den Beistand des Teufels willigt»[968].

Zeichnung

Der über- bzw. unterirdische Liebhaber zeichnet seine auserwählte Braut mit einem auch körperlich manifesten Stigma – eben den verschiedenen Formen der Wunden Christi oder dem sog. Hexen- bzw. Blutmal. Schmerz ist die zentrale Komponente beim Empfang dieser Zeichen. Die Körper der Frauen aus beiden Gruppen werden so zu Trägern einer auch für die Umwelt «lesbaren» Botschaft, die ihre Zugehörigkeit zu einem außerweltlichen Herrn bezeugt.

Die Stigmata

Es ist ein vielfach in die Literatur eingegangener Irrtum, den Heiligen aus Assisi als den ersten Träger der Wundmale Christi zu bezeichnen. Bereits 1222 traten in England zwei Stigmatisierte auf, die allerdings auf dem Scheiterhaufen als Zauberer verbrannt wurden[969]. Vor Franziskus hat die sel.

Maria von Oignes sich absichtlich so verletzt, daß sie die Wundmale trug[970].
Andere stigmatisierte Frauen des späten Mittelalters waren z. B. Lukardis
von Oberweimar, Katharina von Siena, Gertrud von Oosten, Katharina von
Genua, Katharina von Ricci...[971]

Die Liebeswunden Christi erscheinen meist an den Händen, Füßen, als
Seitenwunde und am Kopf als Blutring der Dornenkrone. Die sel. Lukardis von Oberweimar schilderte ihre Stigmatisation so: Christus erscheint
ihr «von Hieben zerschlagen und von Blut erbarmungswürdig übergossen»
und befiehlt: «Verbinde deine Hände mit meinen Händen und deine Füße
mit meinen Füßen und deine Brust mit meiner Brust...!» Als die Dienerin
Gottes dies getan hatte, spürte sie im Augenblick, wie der schärfste Wund-
schmerz in ihr war, innen sowohl in den Händen wie in den Füßen und in
der Brust, wenn die Wunden auch noch nicht [sichtbar] vor Augen erschienen.[972]

Katharina von Siena wurde von ihrem himmlischen Geliebten die Hand
mit einem Nagel durchbohrt, dann erhielt sie von ihm auch die anderen
Stigmen, womit er ihrem Wunsch nach Imitatio nachkam. Doch konnte
nur sie diese fürchterlich schmerzenden Verletzungen sehen[973]. Die Diskussion um die Art der Stigmen Katharinas hatte übrigens interessante Wirkungen auf ihre Darstellung in der bildenden Kunst, denn 1475 verbot Papst
Sixtus IV., die Heilige mit den Wunden zu malen. Das Generalkapitel des
Ordens unterwarf sich dem erst zwei Jahre später. Daraufhin wurden zahlreiche Bilder entsprechend geändert, bis der folgende Nachfolger Petri, Innozenz VIII., diese Entscheidung wieder aufhob[974].

Ähnlich erfolgte die Stigmatisierung nur innerlich, also ohne physisch
erkennbar zu werden, z.B. bei Katharina von Genua[975] und anderen. Osanna
von Mantua erlebte die Schmerzen der unsichtbaren Seitenwunde und der
Dornenkrone. Katharina von Racconigi erbat, daß die Verwundungen
nicht sichtbar werden sollten, es blieb aber die Blutkrone. Ein Augenzeuge
beschreibt sie: «ein wundersam in den Knochen eingegrabener Kreis, daß
man den kleinen Finger eines Kindes darin verbergen konnte»[976]. Meist jedoch bluteten die christomimetischen Wunden, am häufigsten an Freitagen: Lucia von Narni hatte blutende Stigmen aufzuweisen, die Franziska-

nertertiarin Klara Bugni die besonders am Gedächtnistag der Stigmatisation ihres Ordensstifters blutende Seitenwunde[977]. Elisabeth von Herkenrode, Katharina von Ricci und Stefana Quinziani erlebten periodisch die Kreuzigung an ihrem Leib, was ebenfalls mit der Zeichnung durch die Christus-Wunden einherging. Wie auch die Stigmatisierten der vergangenen Jahrhunderte ausgesehen haben müssen, zeigen eindrucksvoll die Photographien, die von Therese Neumann von Konnersreuth und ihren stark blutenden Wunden gemacht wurden.

Das Hexenmal

Vielfach war es bei den Hexenverhören üblich, die Angeklagten zu entkleiden und ihnen alle Haare abzuscheren, um die Stelle zu entdecken, an der sie ein besonderes Teufelszeichen, das «punctum» oder «stigma diabolicum», trugen[978]. Dieses Hexenmal galt als unempfindlich, weswegen man die entsprechenden Stellen mit Nadelstichen herauszufinden suchte. In England gab es dafür eigene Spezialisten, die deswegen «prickers» genannt wurden. Gelegentlich bohrte man das Eisen so tief ins Fleisch der Verdächtigen, daß es nicht mehr herauszuziehen war[979]. Hatte man eine solche Narbe gefunden, genügte dies oft als Indiz, das die Folter fällig machte[980]. Die Hexen mußten ihren Richtern schildern, wie sie von Satan stigmatisiert worden waren: Antonia Rose aus Savoyen z. B. gab 1477 an, der Teufel habe sie am linken kleinen Finger gezeichnet, der seitdem abgestorben («mortificatum») sei, als sie ihm ihre Seele verschrieb[981]. Bei der Unterzeichnung des Teufelspaktes berührte der Böse zwei Finger der kindlichen «Pseudomystikerin» Magdalena vom Kreuz, die daraufhin nicht mehr weiterwuchsen, sondern klein und ohne Schmerzempfindung blieben[982]. Die Tringerin von Breisig gesteht 1507 in Köln, daß der Böse sie, nachdem sie Gott verleugnet, «an ire styrne gerytz und gezeichenet und vort genoitsoichtiget [genotzüchtigt] have»[983]. Eine französische Hexe fragt um 1600 den Bösen, warum er sie so «markieren» will. «Das sei, weil sie zu den Seinigen gehöre, daß er sie zeichnen wolle, aber er würde ihr gar nicht wehtun. Und tatsächlich biß der genannte Teufel in das rechte Auge der genannten Aussagenden, und seit der Zeit kann die genannte Aussagende auf

197

dem genannten Auge nur mehr wenig sehen.»[984] Daß nicht Luzifer, sondern die Hexen selbst andere Frauen mit einem Brandzeichen als ihrer Gruppe zugehörig markieren wollen, ist eine seltene Ausnahme[985].

Nach dem berüchtigten Dämonologen Jean Bodin beschränkte sich der Teufel allerdings darauf, nur diejenigen Hexen zu zeichnen, derer er sich nicht vollkommen sicher war[986], anscheinend eine Erklärung dafür, warum nicht bei allen Unholdinnen ein solches Mal zu finden war. Sie impliziert, jede Unregelmäßigkeit der Haut als Indiz werten zu können, und genauso das Fehlen einer solchen!

Doch waren diese Male für die Verhörenden nicht schwierig zu konstruieren. Wie das gemacht wurde, zeigen in aller Deutlichkeit die Akten über die Salzburger Bettlerin Maria Klee: «Weilen sich bey abscher- und besichtigung ihres leybs verschidene zaichen, am ruckhen 4 oder 5, an der linggen hand 2, an beeden khnien auch zaichen befunden worden, als[o] solle sie sagen, woher sie ain und anders und sonderlich die geschwulst am haimblichen orth bekhommen?» Beim ersten Verhör erklärt die Verhaftete diese Anomalien völlig natürlich: bettlägrig habe sie sich Aufreibungen am Rücken geholt, mit der Hacke habe sie sich an der Hand verletzt, bei einem Sturz an den Knien, und «von der gschwulst wisse sie nichts.» Kaum wird die Frau gefoltert, kommen die Wunden jedoch von den Ritualen, die die Obrigkeit bekannt wissen will. Frage: «wie ihr die gschwulst am undern leyb worden, ob nicht vom Teufl, weil er ein so grober gesell?» Antwort: Der Satan «brauch die unkheischheit mit ihr, derentwegen sie dan die gschwulst am haimblichen orth, weil er einem roß gleich, habe.» «Ob er ihr nicht auch zaichen gemacht? wo? warumben?» «Am ruckhen und an der hand mit den khrällen und zum zaichen, das sie sein seye.»[987]

Gelegentlich ahmt der Böse auch die Signatur seines göttlichen Widerparts nach: so im Fall einer gewissen Virginie, die sich 1835 im französischen Agen als Mitglied einer satanistischen Sekte bekannte, von der sie sich befreien wollte. Als die angeblich ungetaufte Fünfunddreißigjährige, die sich vor allem mit der Beschaffung geweihter Hostien für finstere Zwecke beschäftigt hatte, getauft wurde, erkrankte sie. Stark blutende Wundmale traten auf, die ihr ein großer schwarzer Mann zugefügt hätte, der Teufel selbst.

Erst ein monatelanger Exorzismus brachte Virginies Gesundheit zurück. Seit damals trat sie als stigmatisierte Mystikerin auf, vom örtlichen Bischof natürlich als Betrügerin verurteilt[988].

Leiden

Sich um Gottes willen körperliches (und seelisches) Leiden zuzufügen sowie darüber zu meditieren (Dolorismus), gehörte zu den hauptsächlichen Devotionen der Heiligen besonders seit dem späten Mittelalter bis ins 18. Jahrhundert. Was in der modernen Hagiographie als zeitbedingte Askese und Kasteiung zumeist mit vornehmem Verschweigen übergangen wird, war ein existenzieller und nicht selten existenzzerstörender Bestandteil des damaligen Heiligkeitsmodelles. Dies freilich wiederum aus heutiger Sicht: denn der traditionelle christliche Asket will ja gerade die Zerstörung des Leibes, um die Seele daraus für die wahre Existenz zu befreien, nämlich die in der «wahren Heimat», in der anderen Welt[989]. In der Regel waren die Frommen im traditionellen Katholizismus deshalb aktiv auf der Suche nach dem Leid, was von der kirchlichen Obrigkeit wohlgefällig vermerkt wurde, so lange es ihr nicht allzu exzessiv erschien. In der Kanonisationsbulle für Birgitta wird z.B. lobend verzeichnet, daß sie sich jeden Freitag die brennenden und flüssig gewordenen Tropfen der Wachskerzen auf ihr bloßes Fleisch fallen ließ, so daß ihr davon Narben blieben[990].

Ein weiteres Element, typisch für die Frömmigkeit jener Epoche überhaupt, war die Betonung vor allem des körperlichen, aber auch des seelischen Leidens des Religionsstifters. Das Leben und die Passion des Heilands werden intensivst meditiert, werden in der «Imitatio Christi» nachzuahmen versucht. Dies führt zu einer regelrechten Suche nach Leid, zu für den heutigen Betrachter unvorstellbaren physischen Selbstquälereien, die manche Heilige bis an den Tod bringen. Katharina von Siena hat sich als «Amboß für Gottes Schläge» angeboten und ihre Durstaskese bis zum tödlichen Extrem getrieben[991].

Aber nicht selten ist es der Herr selbst, der ganz unmittelbar sein Geschöpf quält. Besonders die schon eingangs genannte hl. Dorothea von Montau hat dies intensiv erlitten: Ihr himmlischer Bräutigam verletzte sie «bald mit Liebesdornen, bald mit Pfeilen, bald mit Lanzen und Speeren, die er in ihr Herz abschoß». In ihrem letzten Lebensjahr zerreißt ihr Christus das Herz so, daß sie meint, sterben zu müssen. In einer Vision schaut Dorothea, «wie zwei neue und schöne Lanzen in ihr Herz gestochen waren, ...deren Schäfte sehr lange waren und von ihrem Herzen aufsteigend bis zum wunderbar geschmückten Himmelsthron reichten, wo der Herr und seine geliebteste Mutter saßen... Und als sie sahen, daß sie ihre Seele deutlich sah und erkannte, daß es ihr Werk war, da begannen sie die Lanzen vermittels der Schäfte etwas tiefer in das Herz der Braut hineinzustoßen, kräftiger hineinzudrücken und so tief hineinzustecken, als ob sie ihr Herz durch den Rücken hinausstoßen wollten. Sie spürte die sehr heftigen Schmerzen, deren Intensität sie überhaupt nicht ausdrücken konnte, lebhaft sowohl im Herzen als auch in dem dem Herzen gegenüberliegenden Teil des Rückens... Nachdem sich die Schmerzen sosehr gesteigert hatten, wie sie sie überhaupt nur ertragen konnte, zogen sowohl der Herr als auch seine Mutter beide die bewußten Lanzen nach und nach vermittels der Schäfte zurück, so wie sie sie allmählich hineingebohrt hatten. Und so linderten sie ihr die Schärfe des Schmerzes allmählich. Bei diesem Herausziehen der Lanzen verspürte sie einen sehr quälenden Schmerz im Herzen und an den Rippen, durch die sie die Lanzen hinauszogen...» Ein anderes Mal spricht der Herr zu ihr: «Oft geschieht es, daß ein fleischlicher Gemahl sich so seiner Braut zeigt, daß sie darüber ihren Freunden genug zu berichten hat. Auch ich will dir jetzt Gewalt antun, daß du deinen liebsten Freunden genug zu erzählen hast... Ich habe jetzt in dein Herz harte, finstere und riesige Lanzen gesteckt, damit du und deine Freunde wirklich wissen und offen zugeben können, daß du einen ungeheuer potenten ['magnipotentem' heißt es im Original] und ernstzunehmenden Bräutigam hast.» Wiederum werden die Lanzen herausgezogen, «und ihr Uterus, der während dieser Durchbohrungen sehr groß zu sein schien, wie bei einer Frau vor der Geburt, schwoll wieder ab...» Und so geht es weiter, unablässig durchbohrt der göttliche Geliebte seine Auserwählte mit seiner Waffe, bis sie nicht einmal mehr beten kann, sondern nur mehr schreien und weinen[992]. Man wird diese Schilderung heute wohl als somatisches Leiden (Rippenfellentzündung? Lungeninfarkt? Herzinfarkt?) deuten, wobei sowohl die volkstümliche Vorstellung vom Krankheitsprojektil als auch die hier in Erleben umgesetzte Metapher vom Liebespfeil sich vermengen.[993] Daß ein erotischer Unterton mitschwingt (Brautverhältnis, Phallussymbol, Vergewaltigung, der aufschwellende Uterus!), erscheint unüberhörbar, und man kann nur bedauern, daß Freud und Pfister diesen Text nicht kannten.

Aber die preußische Heilige ist keineswegs die einzige von ihrem Geliebten Gemarterte, nicht wenige Mystikerinnen wurden von ihrem Himmelsbräutigam ähnlich behandelt. Jede Stigmatisation ist ja mit intensiven Schmerzen verbunden. Aber auch ohne dieses Charisma werden die Frauen, wie sie es selbst interpretierten, von Gott gequält: Katharina von Genua etwa «hatte auch oftmals bestimmte Liebespfeile so tief im Herzen, daß der Leib wie tot zu Boden stürzte; sie konnte, schien ihr, kaum atmen... Sie blieb stumm und wie ohne Puls, und das Herz klopfte ihr mit solcher Beklemmung, daß es ihr aus dem Körper entweichen zu wollen schien. Die Augen hielt sie dabei ob der inneren Gewalt geschlossen, und wenn sie sie je öffnete, sah sie so gut wie nichts mehr...»[994] Im mystischen Kontext wird, was wir heute als pathologischen Anfall beschreiben würden, als Gnade des Leidens interpretiert.

Zitieren wir nur noch aus der Autobiographie der sel. Elsbeth von Oye (um 1290 – um 1340), einer Dominikanerin im Züricher Konvent von Oetenbach[995]: Elsbeth erstrebt und begehrt die möglichst vollkommene Gleichheit mit dem leidenden Heiland. Neben der Geißel bedient sie sich dazu besonders eines Nagelkreuzes, ohne deshalb andere Methoden, wie Selbstfesselung oder Ungeziefer, zu vernachlässigen. Immer wieder möchte sie diese unerträglichen Martern abbrechen, aber jedesmal fordern sie Gottvater, Christus, der Heilige Geist, Maria, Johannes zum Ausharren auf. Denn auch der Vater empfand ob der blutenden Wunden des Sohnes unendliche «Herzenslust»; deshalb soll auch der Mensch in «allerblutigster Gleichheit» (Imitatio) bei dem Sohn an seinem Kreuz hangen, um dem Herrn zu gefallen: «Mit der blutigen Wunde von deinem Kreuz will ich die dürstende Herzenslust kühlen, die ich ewiglich nach der Minne deines Herzens gehabt», sagt Gott[996]. Wie ein Kind bei der Mutter, so findet der Schöpfer Ruhe und Zuflucht bei den Schmerzen der Mystikerin. Wie ein Kind saugt er aus der Ader ihres Kreuzes ihr Blut und Mark. Er wird durch ihr Blut «so sehr gesättigt, daß er sein göttliches Wesen und seine Natur... in ihren innersten Seelengrund eingießt.» Der gedankliche Meditationskomplex Blut und Kreuz ist konkret verbunden mit dem physischen Marterinstrument des Nagelkreuzes. Es sind keine Metaphern, sondern es handelt sich um das richtige, warme Blut der Mystikerin, das sie durch die von ihr selbst vermittels ihres Folterinstrumentes zugefügten Wunden Gott aufopfert. Wie sehr Elsbeths Religiosität faszinierte, zeigt sich daran, daß ihre Aufzeichnungen (ohne Namensnennung) im 14. und 15. Jahrhundert in mehr Handschriften bzw. Fragmenten (fast alle aus Frauenklöstern) verbreitet waren als die jeder anderen deutschen Mystikerin. Ihr entspricht übrigens in seinen ganz ähnlichen Askesepraktiken bei den Heiligen ihres Ordens ein Zeitgenosse, der sel. Heinrich Seuse[997].

Auch die Dämonen muten den Hexen viele Qualen zu. Deutlich schreibt der dominikanische Inquisitor in seinem *Hexenhammer*: «Die Erfahrung hat uns oft belehrt und aus den Geständnissen aller derer, die wir haben einäschern lassen, ist es klar geworden, daß sie selbst zur Begehung von Hexentaten nicht willig gewesen waren; und das sagten sie nicht in der Hoffnung, loszukommen, da sich die Wahrheit an den Schlägen und Prügeln zeigte, die sie von den Dämonen bekamen, wenn sie ihnen nicht auf den Wink gehorsam waren; hatten sie doch sehr oft bläulich geschwollene Gesichter.»[998] Einer in Luzern gefangenen Hexe stieß nach eigenen Angaben Luzifer sein Schwert ins Herz und schlug sie, da sie bei der Untersuchung ein Geständnis abgelegt hatte. Eine andere «schlug und stieß er vielmals übel, hat sie auch von der Erde hinauf geführt und dann wieder fallen lassen...»[999]

Wie häufig sind die Geständnisse von Auspeitschungen während des Sabbates oder die Berichte von der Qual, die die sodomitischen Praktiken des Teufels diesen Frauen verursachen. Die toskanische Hexe Cecha gesteht

1540: «Wenn sie dem Satan einmal nicht zustimmte, dann begann der Teufel sie zu schlagen und zu peitschen...»[1000] 1606 bekennt die dreizehnjährige Magdalena des Aymards: «Der Teufel hat sehr schwarze Haut. Und er nahm sein Glied mit seiner Hand und stieß es in das Geschlechtsteil der genannten Aussagenden und verursachte ihr große Qual, sosehr, daß die genannte Aussagende gezwungen war, ganz laut zu schreien. Und darauf sagte der genannte Teufel zu der genannten Aussagenden, daß sie überhaupt nicht schreien dürfe, und hieß sie schweigen.»[1001] Analverkehr praktiziert er besonders mit baskischen Hexen[1002].

Gottes- und Teufelsbegegnung als Fest

Mit dem spätmittelalterlichen und frühneuzeitlichen Vorstellungskomplex «Hexen» untrennbar verbunden ist der Sabbat[1003]. Was auch immer seine Ursprünge sein mögen – die Interpretationen gehen von tatsächlich tel quel abgehaltenen Hexentreffen bis zu reinen Phantasien der Verfolger –, die Gelegenheit eines Treffens mit der Gottheit im Rahmen eines Festes bewegte sowohl die Phantasie der Heiligen als auch die der Zauberfrauen. Der ganze Sabbat ist eine Gegenveranstaltung gegen die christliche Religion und enthält deshalb oft eine schwarze Messe, eine Nachäffung des kirchlichen Gottesdienstes vielfach gerade an den Hochfesten des liturgischen Jahres[1004], und es fehlen weder Weihwasser in der Form von Teufelsharn[1005] noch die Elevation einer schwarzen Hostie[1006], die nicht das Bild des Lammes Gottes, sondern das des Teufel eingeprägt hat[1007] usw.

Aber greifen wir nur ein besonderes Motiv heraus, das des Tanzes. Wiewohl immer wieder von Konzilien verboten, gibt es aus dem gesamten Mittelalter vereinzelte Berichte über seine Existenz auch als liturgische Zeremonie innerhalb der Kirche[1008]; mancherorts hat er sich auch bei kultischen Umgängen erhalten (z.B. bei der Springprozession in Echternach). Nicht von dieser Form soll aber hier die Rede sein, sondern nur von den Tanz-Visionen der Heiligen und der Hexen.

Die sel. Margareta Ebner spricht in einer ihrer Visionen den Christusnamen aus, worauf alle Seligen oder Engel (?) auf die Knie fallen. «Ich sang den süßen Namen Jesu Christi, und sie mir nach. Und ich sagte, 'Wir wollen tanzen!' Und sie antworteten mir: 'Wir wollen miteinander tanzen und essen und trinken.'»[1009] Eine (unedierte) ausführliche Beschreibung gibt es auch bei der sel. Christine Ebner, wobei der Herr, seine Mutter und die Heiligen tanzen. Im Lied an ihrem Totenbett heißt es:

«Wol her an den raien
den schone kint wol sehen.
Jubiliren, meditiren,
jubiliren, contempliren,
jubiliren, speculiren,
jubiliren, concordiren.»[1010]

Die hl. Francesca von Rom schaut im August des Jahres 1431: Auf einem weiten Feld voll Licht befand «sich eine äußerst prächtige Weide, und darin stand ein Lamm von unausdenkbar hellstem Weiß..., und dann kamen viele gut in verschiedene Farben gekleidete Menschenwesen, alle mit sehr schönen Girlanden auf dem Haupt... Und der genannte Jüngling begann den Tanz mit allen den genannten Personen, sie folgten ihm und tanzten in der Reihe, und wenn sie vor dem Lamm vorbeikamen, erwies ihm jeder große Ehrerbietung», wobei alle Loblieder sangen...[1011] Dieser Bericht sei unmittelbar mit dem von einem Sabbat in der Toskana von 1594 konfrontiert: Beim Tanz «erwiesen sie dem Feind ihre Ehrerbietung, der auf einem schönen, äußerst schönen Sitz stand, wie ihnen schien, und jeder, der dorthin kam, erwies dem Feind mit einer gefälligen Verbeugung seine Ehrerbietung...»[1012] Die epochentypischen Formen eleganten Tanzverhaltens gehen quer durch die Fronten!

Bei manchen Heiligen manifestierte sich die Tanzbegeisterung auch diesseits der visionären Entrückung. Wenn die hl. Teresa von allzugroßer Liebesglut erfaßt wurde, ergriff sie ihr (noch als Reliquie aufbewahrtes) Tamburin, verließ ihre Zelle und begann zu tanzen. Ihre Mitschwestern begleiteten den Rhythmus des Tanzes mit Kastagnetten oder Händeklatschen[1013].

Verschiedene Elemente mischten sich beim Tanz der Hexen, von den volksläufigen Traditionen über Elfen und ähnliche Wesen (die ursprünglich nicht
nur hilfreich waren!) bis zum von der Kirche immer wieder angegriffenen
«unmoralischen» Gesellschaftstanz des ausgehenden Mittelalters und der
Neuzeit. Lassen wir aber den Tanz der hl. Johanna um den Feenbaum bei-
seite, den ihre Richter als Beginn ihrer Hexenkarriere auslegten, und beschränken wir uns auf die Sabbat-Tänze. In Schleswig wurde das nächtliche Treffen der Unholde gleich mit einem Pars pro toto «Zaubertanz» genannt[1014].

Wie es dort zugeht, beschrieb ein Sekretär des Papstes Felix V., der Dich-
ter Martin Le Franc (um 1441):
«Là faisoient choses diverses:
Les unes du dyable aprenoient
Arts et sorceryes perverses,
Dont plusieurs maulx elles faisoient.
Aux aultres les danses plaisoient
Et aux plusieurs mengier et boire...»[1015]
(Dort taten sie Verschiedenes: die einen lernten vom Teufel perverse
Künste und Magie, womit sie viel Böses taten. Anderen gefielen die Tänze,
und den meisten Essen und Trinken...)

Tanz und Hochzeit halten die Teufel und Hexen nach Hans Sachs auf den
Bäumen und Ästen[1016]. Nach der ausführlichen Beschreibung Pierre de Lan-
cres, der 1609 baskische Hexen verfolgte, führt nach dem Mahl «jeder
Dämon diejenige, die neben ihm an der Tafel war, unter diesen ver-
wünschten Baum, und dort tanzen sie, indem der erste das Gesicht zum
Tanzkreis gewendet hält und der zweite nach außen... sie trippeln und machen den Dreischritt mit den unanständigsten und schmutzigsten Bewegungen, die sie können.»[1017] Getanzt wird auch Rücken zu Rücken[1018] und
nach links...[1019]

Solche Festszenen beschäftigten die Phantasie mannigfach; bisweilen
klingen sie an das Motiv vom Schlaraffenland an. Der Tiroler Adelige Hans
Vintler gibt in seinen *Pluemen der tugent* (1411) eine Legende über den hl.

Thomas von Aquin wieder, bei der ein Mittelding zwischen Himmel und Sabbat geschildert wird[1020]: Eine Frau erzählt dem Theologen von ihren Himmelsvisionen, denen der Dominikaner aber Skepsis entgegenbringt, da dort die Leute

«...trinken und essen
und hübscher minn wirt nicht vergessen.
auch sicht man stechen und turnieren
und darzu manige hübsche dieren [Mädchen]
an dem tanz her springen.
von pfeifen und von singen
hört man da vil manigen schall,
so spilt man dort mit dem pall.»

Die Frau ist auch bereit, Thomas mitzunehmen; tatsächlich fallen beide in Ekstase und kommen in dieses wunderbare Reich. Als aber der Mönch die vorsorglich mitgenommene Hostie aus der Kutte zieht, «verswant die trugnuss gar», und die Frau mußte zugeben, vom Teufel getäuscht worden zu sein.

Beim Nußbaum von Benevent, dem klassischen Sabbatort für die oberitalienischen Unholde, versammeln sich die Adepten zu einem großen Fest, «in tanto gran feste», mit Musik, Gesang und Tanz, man kann es gar nicht erzählen. «Und immer sind die Teufel bei uns zum Vergnügen, in menschlicher Gestalt, schön und weiß wie Milch.» Freude über Freude, «tanti e tanti piaceri», spendet der Teufel auf Erden, um sich der Seelen zu versichern (Bellezza Orsini, um 1528)[1021]. Ausführlich und viele Male muß Gostanza das Teufelsfest ihren Inquisitoren ausmalen: Ihr Teufel namens Poletto «kam sogleich in Gestalt eines Tieres, d.h. eines Ziegenbockes, und ich stieg auf und er trug mich an einen Ort, wo man tanzte und sang und es tausende Festlichkeiten» gab[1022]. Dieser Festcharakter scheint ein wichtiger Bestandteil volksläufiger Phantasien vor ihrer Dämonisierung durch das kirchliche Lehramt gewesen zu sein und erinnert an Utopien wie das Schlaraffenland. Eine Frau aus der Gegend von Eger berichtete 1724, «wie sie von Hexen regelmäßig 'in die Berge und zu den Palästen' geführt wurde, um

206

dort zu essen und zu trinken»[1023]. Ein ungarisches Mädchen rühmte sich 1727 vor dem Gericht, «mit ihrer Großmutter oft an den Rand der Welt zu gehen, um dort an großen Festmählern teilzunehmen und auch auf den Grund der Wasser hinabzugehen, um dort zu großen Festen zu gelangen»[1024] (wobei hier bei der Lokalisierung schamanistische Reminiszenzen anklingen). In Kärnten nannten die Hexen den Sabbat gleich nach seinem Hauptcharakteristikum «Hexenmahlzeit»[1025].

Ekstasen und Visionen

Visionäre Erlebnisse sind praktisch aus allen Kulturen und Epochen bekannt. Das christliche Mittelalter ist besonders reich an einschlägigen Berichten. Allerdings zeichnen sich die spätmittelalterlichen Mystikerinnen (und Mystiker) durch den Empfang von bestimmten Visionen aus, die so im frühen Mittelalter noch nicht vorkamen[1026].

Es ist fast schwierig, in der Hagiographie des 13.–16. Jahrhunderts Frauen zu finden, denen diese Charismata unbekannt gewesen wären; die Chronistin des Dominikanerinnenklosters Engelthal bemerkt im 14. Jahrhundert sogar, daß in ihrem Konvent alle Schwestern bis auf eine solcher Erlebnisse teilhaftig würden[1027] (auch bei dämonischer Besessenheit funktionierten die gleichen massenpsychischen Mechanismen, wie bereits gezeigt[1028]).

Was im Mittelalter an literarischen Werken von Frauen verfaßt wurde, ist vergleichsweise wenig. Aber der größte Teil dieses Corpus besteht aus den Aufzeichnungen der Offenbarungen der Mystikerinnen. Darunter finden sich bedeutende Werke der Weltliteratur, z. B. die *Visioenen* der Hadewijch, *Das fließende Licht der Gottheit* der Mechthild von Magdeburg, der *Libro* der Katharina von Siena, die *Shewings* der Julian von Norwich. Aus der Neuzeit sind viele ähnliche Texte bekannt, wenn auch im allgemeinen weniger berühmt; sehr verbreitet waren etwa die von Clemens Brentano aufgezeichneten Schauungen der Anna Katharina Emmerick. Die Biographien der mittelalterlichen Mystikerinnen wurden oft von ihren Beichtvätern oder Mitschwestern verfaßt und enthalten zahlreiche Mitteilungen über Visionen. Auch in andere Werke von und über religiöse Frauen als die Viten und die eigentliche Offenbarungsliteratur bricht immer wieder das visionäre Element ein. So verfaßte z. B. die hl. Katharina von Bologna einen Traktat über die *Sieben Waffen des geistlichen Kampfes*, wo sie aber immer wieder ihre Gesichte einfließen läßt, oder schrieben Petrus von Dacien und Christine von Stommeln einander Briefe, die die Schauungen der letzteren behandeln.

Daß der häufige Empfang von Visionen zu den typischen Merkmalen der mystischen Heiligkeit gehörte, ist durch die bisher zitierten Beispiele gewiß deutlich genug geworden. Wie ernst diese unmittelbare Kommunikation mit Gott genommen wurde, zeigt sich etwa daran, daß Geschichtsschreiber des 12. Jahrhunderts ihre auf historischen Quellen basierende Chronologie aufgrund der «besseren» Quelle der Visionen der hl. Elisabeth von Schönau korrigierten[1029]. So verwendeten zeitgenössische Theologen auch die angeblichen Offenbarungen der Anna Laminit als Argumente in ihren Fachdisputationen und Fachpublikationen[1030]! Denn natürlich gaben auch die Schwindlerinnen vor, solcher visionärer Erfahrungen gewürdigt zu werden. Laminit berichtete z.B. eine Schauung, die die Interzession Mariens für die Menschheit zum Inhalt hat (wie sie auch anerkannte Mystikerinnen wie z.B. Margarete von Savoyen berichteten[1031]), nämlich, «daß sie in ainem gesicht gesehen hett, daß der himlisch vatter... über die welt erzürnet worden were, und were Jesus Christus mit seiner lieben mutter Maria, der rainen junckfrawen, für Got, den himlischen vatter, auff ire knie gefallen und sein hailige allmächtigkeit gebetten...»[1032]

Sowohl die heiligen als auch die unheiligen Frauen erlebten ihre Schauungen meist in besonderer körperlicher Verfassung, d. h. im Schlaf oder in der Ekstase. Dabei sind die äußerlichen Perzeptionen durch die Sinne suspendiert und der Körper oft ohne Bewegung, was der Umwelt zu mannigfachen grausamen Experimenten Anlaß gab[1033].

Ekstasen und Trancezustände werden nun auch von den Hexen geschildert: Schon der spanische Theologe Alfonso Tostado (Tostat) bemerkte in seinem Genesiskommentar (nach 1435), daß die Hexen seiner Heimat Salben verwenden würden, die sie in einen tiefen Schlaf versetzten, aus dem sie nicht einmal Feuer aufwecken könne[1034]. Es wird auch im *Hexenhammer* ausführlich die Fähigkeit der bösen Frauen diskutiert, nur im Schlaf am Sabbat teilzunehmen; dazu müssen sie sich im Namen ihres Teufels und aller Dämonen auf die linke Seite legen. Dann geschieht es, daß ihnen die Einzelheiten in bildhafter Schauung («imaginaria visione») gezeigt werden[1035]. Allen Ernstes wird behauptet, die Ausfahrt in der Phantasie beweise, daß es auch eine körperliche gebe. Eine in Breisach von den Inquisitoren befragte Hexe bestätigte ihnen, sie verfüge wahlweise über beide Möglichkeiten: «illusorie aut corporaliter»[1036]. Im 1521 gedruckten *Opus de magica superstitione* des Pedro Ciruelo, der dreißig Jahre als Inquisitor in Saragossa tätig war, liest man, daß die Körper der Hexen völlig steif liegen, völlig ohne Gefühl, kalt und wie tot, wenn sie ihre Halluzinationen vom Sabbat erleben. Der Teufel, der in sie eingefahren ist, gibt ihnen ihre Visionen vom Sabbat ein, und wieder erwacht, erinnern sie sich daran[1037].

Solche Beschreibungen sind nicht selten. Wie groß der Anteil des Visionären tatsächlich am Zustandekommen der Hexenfahrten war, läßt sich freilich nicht mehr statistisch erfassen. Daß er daran teil hatte, ist mehr denn wahrscheinlich.

Weissagungsgabe

Prophezeiungen

Ein wesentlicher Teil der Offenbarungen, den die Mystikerinnen empfangen, besteht in Prophezeiungen zukünftiger Ereignisse. Bei vielen von ihnen wird dies ausdrücklich als Grund angegeben, warum sie als Heilige zu verehren seien, so z.B. in der Kanonisationsbulle für Birgitta von Schweden: «Diese vorzügliche Witwe verdiente es durch die Gnade des Heiligen Geistes, vielen ihre Gedanken und innersten Bewegungen zu eröffnen und verschiedene Visionen und Offenbarungen zu sehen und zu hören und in prophetischem Geiste viel vorherzusagen, wovon sich einiges schon faktisch erfüllt hat...»[1038] Die Genannte hatte etwa Papst Urban V. persönlich verkündet, wenn er Rom wieder verlasse, werde er in Kürze sterben[1039]. Tatsächlich erkrankte Urban bald nach seiner Rückkehr nach Avignon und war in weniger als drei Monaten tot.

Die meisten der spätmittelalterlichen Heiligen waren als Prophetinnen mehr oder minder berühmt. Coletta hatte «Kenntnisse der Vergangenheit, Gegenwart und Zukunft». Sie sagte nicht nur die Sterbestunde des Papstes Martin V. voraus, sondern auch das Kirchenschisma, das Ende des Basler Konzils und die Wahl Papst Felix' V., und zwar schon drei Jahre vorher[1040]. Solche Gaben waren ein wesentlicher Grund, warum Renaissance-Fürsten sich eine «lebende Heilige» an ihren Höfen hielten[1041]. Das übernatürliche Wissen der Mystikerinnen bezog sich freilich auch auf weniger spektakuläre Dinge als die Papstgeschichte; Katharina von Siena wird etwa deshalb bestaunt, da Gott ihr zeigte, wer zu Besuch kam, noch ehe er eingetreten war, usf.[1042]

Daß solche Fähigkeiten als Beweis der Heiligkeit galten, das wußten auch die Imitatorinnen. Laminit z. B. tat so, «als ob sy heilig und ain prophetissin wer»[1043], «und sie ward von vilen menschen für hailig geacht, sie nam sich auch an etlicher massen, künftig ding zu sagen»[1044].

Mantik

Auch die Zauberfrauen sehen in die Zukunft, wie bereits Pico della Mirandola vergleichend bemerkt hatte. Der Dämon versetzt sie oft in Ekstase, was nicht nur aus antiken Quellen bekannt sei, wie der *Hexenhammer* feststellte[1045], sondern es «auch viele andere Hexen in unseren Tagen» gezeigt hätten, aus deren Bauch der böse Geist redet[1046]. Öfter bedienen sie sich jedoch anderer Mittel. Das ganze Ensemble mantischer Techniken, das seit dem griechisch-römischen wie dem germanischen Altertum in gelehrter wie volksläufiger Tradition überliefert war, sollen sie beherrscht haben, etwa das Loswerfen und das Bleigießen[1047], wovon noch heute ein zum Spiel gesunkener Rest als Orakelbrauch zu Neujahr existiert. Diese Techniken wurden zwar von Männern wie Frauen praktiziert, werden aber letzteren viel häufiger zugeschrieben, man denke an die griechische Phyto, Kassandra, Medea, die altnordische Volva usf.

Geheimes Wissen

Auch besonderes Wissen, das anders unerklärlich scheint, wird der Vermittlung der jeweils entsprechenden Gottheit zugeschrieben. Die Kenntnis der Geheimnisse des Seelenlebens anderer Menschen, besonders das Wissen um ihren jeweiligen Gnadenstand, gehört zu den typischen Charismata der spätmittelalterlichen Heiligen. Es gibt wohl kaum eine Mystikerinnenvita aus jener Zeit, in der der Protagonistin nicht die Gabe der Herzensschau beigelegt wird, also eine Fähigkeit, die wir heute am ehesten mit Telepathie erklären würden: diese Frauen wissen oft, was jemand denkt oder getan hat, ohne daß sie dabei gewesen wären. Besonders berühmt waren darob Katharina von Siena und Maria Magdalena von Pazzi. Von ersterer berichtet einer ihrer Beichtiger: «Viele Leute, und besonders ihre Hausgenossen, fürchteten sich sogar, etwas nicht Gutes zu denken, denn mehrfach sagte sie ihnen ihre guten und bösen Gedanken und geheimen Taten.»[1048] Ganz besonders spezialisiert waren die Mystikerinnen allerdings auf Informationen über das Schicksal der Toten: War ein Verstorbener bereits im Himmel und konnte deshalb den Verwandten auf Erden helfen, oder litt er noch im Fegefeuer und mußte mit Armenalmosen und Messen unterstützt werden, oder war er der Hölle verfallen, und lohnte es sich daher nicht mehr, für ihn zu beten? Es handelt sich bei solchem vor anderen verborgenen Wissen ausdrücklich um eine Gabe Gottes. Um nur ein Beispiel zu zitieren: so fragt die hl. Elisabeth von Schönau, offenbar auf Betreiben ihres Bruders Egbert, wo sich denn jetzt ein verstorbener Kleriker, ein vormaliger Gefährte Egberts, befinde. Sogleich antwortet ihr ihr Engel, daß er gerettet sei, und zeigt den Verstorbenen glänzend und froh[1049]. Solche eschatologische Auskünfte holt die Nonne noch oftmals auf Bitten Gläubiger ein.

Im Artois nennt man die dörflichen Zauberkundigen noch heute «penseurs de secrets», Denker des Geheimen[1050]. Den als Hexen verdächtigten Frauen wurde bisweilen genau dasselbe Wissen um persönliche Geheimnisse zur Last gelegt, wie wir es eben bei den Charismatikerinnen sahen: Als ihre Knechte einen Birnbaum geplündert hatten, heißt es von einer beklagten Schweizerin: «Das konnte ihnen die Frau dann stets sagen und verweisen, so daß sie meinten, der Teufel müsse ihr dieses sagen, anders könnte es nicht möglich sein, daß sie solches wüßte.»[1051] Eine 1384 verhörte Lombardin will auf den Versammlungen der Hexensekte alles mögliche Geheime erfahren haben, was sie dann den sie Fragenden weitergeben konnte[1052]. Zum charakteristischen Profil besonders der vom Teufel Besessenen gehört das Wissen namentlich um die Verfehlungen der Umgebung, wie fast jeder ausführlicher geschilderte Fall bezeugt.

Magie

Während die Heiligen unter dem Namen «Wunder» aufgrund ihrer besonderen Beziehung zu Gott eine spezielle Form von weißer Magie wirken, üben die Hexen schwarze Magie, Zauber, aus. Überdeutliche Analogien bestehen speziell im Bereich der Krankenheilung und in dem der Bestrafung von Feinden. Mag sein, daß diese Form des Handelns vorwiegend bei Frauen verbreitet war, da sie ein Substitut für die ihnen rechtlich und sozial verwehrten Aktivitäten in der Öffentlichkeit bieten konnten, ein Mittel, sich selbst in einer machistischen Gesellschaft wertvoller zu machen[1053].

Wie sehr magisches Handeln im Prinzip ein und dasselbe ist, mag es nun im Kontakt mit guten oder bösen Wesen praktiziert werden, zeigt sich an vielen Einzelheiten. Ein um 1400 in der Schweiz verbrannter Hexer namens Stadelin gab an, man könne mit bestimmten Formeln und einem schwarzen Huhn ein Unwetter heraufziehen lassen, und durch ein Gebet zu den Kreuzesnägeln Christi könne man es wieder in harmlosen Regen verwandeln[1054]. Die dämonolatrische Zauberei – darauf verweist nämlich das Tier – wird von einem christlichen Gebet aufgehoben. Ein Gelehrter wie

der Kölner Philosophieprofessor Heinrich von Gorkum (†1431) verurteilt
es als schwarze Magie, Zauberformeln niederzuschreiben und als Amulett
um den Hals zu tragen; tut man dasselbe aber mit dem Namen der Hl. Drei
Könige, so ist dies seiner Ansicht nach ganz in Ordnung[1055]. Es gab übrigens
auch Formen, wo schwarze und weiße Magie kaum zu trennen sind, z.B.
wenn ein Gewitter zwar durch Zauber verursacht wurde, aber für einen
guten Zweck, etwa um zusätzliche Arbeitskräfte zu bekommen[1056].

Nicht nur Heilige und Hexen standen untereinander in einem Konkur-
renzverhältnis, sondern beide Gruppen auch gegenüber den von der Amtskirche verwalteten geistlichen Heilmitteln. «Eigentlich betrieben die Zauberinnen, partiell, das gleiche Geschäft wie die kirchliche Liturgie. Die Themen sind die gleichen: Benediktionen oder Besegnungen gegen Fieber,
Augenleiden, fallende Sucht u. a. ... Im Grunde unterhielten sie einen Kon-
kurrenzbetrieb zur römischen Liturgie.»[1057] Das Nämliche gilt von den Charismatikerinnen, die nicht aufgrund einer Weihe wie die Priester über Heilmittel verfügten (z.B. Segensformeln, geweihtes Wasser, Kerzen, die Eucharistie usw.), sondern aufgrund einer unmittelbaren, mystischen Beziehung
zu Gott. Er ermöglichte ihnen, ganz ohne die in der Obhut der kirchlichen
Hierarchie befindlichen Sakramente und Sakramentalien zu heilen, die verborgene Gesinnung Lebender zu erkennen, mit den Toten zu sprechen usf.
Am Rande sei angemerkt, daß auch die Vertreter des Klerus vom Mittelalter bis zur Gegenwart die Fähigkeiten der Hexer usurpierten. Nicht nur die
Exempelliteratur kennt diese Gestalten der zaubernden Priester, sie sind
auch in Gerichtsakten belegt[1058]. In Süditalien verbreiteten noch vor kurzem
Mönche und Priester unter den Bauern den Glauben, sie könnten auf Ge-
witterwolken reiten und die Ernte derer zerstören, die ihre Abgaben nicht
richtig leisteten[1059].

Die Historizität der Zauberei

Es soll an dieser Stelle darauf hingewiesen werden, daß es in der seriösen historischen und volkskundlichen Forschung völlig unbestritten ist, daß sowohl diejenigen Männer und Frauen, die sich selbst als Hexer oder Hexen

verstanden, als auch viele Durchschnittsbürger tatsächlich zu zaubern versuchten[1060]. Es ist eindeutig, daß «Zaubereivorstellungen im Alltag der ländlichen Bevölkerung eine enorme Rolle gespielt haben»[1061]. Nicht anders war es im urbanen Bereich: «Magie zählte – das ist unserem Material zweifelsfrei zu entnehmen – zum Alltag in der spätmittelalterlichen Stadt Innsbruck. Mit Magie zu tun hatte jeder, vom Erzherzog angefangen bis zum letzten Taglöhner.»[1062] Übrigens ist eine ganze Reihe von Zauberbüchern aus dem Spätmittelalter und der Frühneuzeit erhalten, also eine rein auf die Praxis ausgerichtete Textsorte, deren Existenz ohne Anwender nicht denkbar wäre[1063].

Es war und ist dies ein in den noch nicht technisierten Gesellschaften auf der ganzen Erde und in allen Epochen anzutreffendes Verhalten, das auf einem Weltbild basiert, in dem von korrespondierenden Wirkungen zwischen ähnlichen Vorgängen ausgegangen wird und in dem mit der Existenz von unsichtbaren, aber dennoch sehr realen Wesen gerechnet wird, die durch bestimmte Handlungen (Opfer, Beschwörungen, Segen) zu Diensten veranlaßt werden können. Zauberei ist in diesem Sinne ein Phänomen, daß von der Vorzeit in Kontinuität bis zur Gegenwart auftritt (oder als Phänomen der «longue durée», wenn man diesen Begriff der französischen Geschichtswissenschaft bevorzugt, nachdem eine einflußreiche Richtung innerhalb der deutschen Volkskunde ein Verdikt über den Terminus Kontinuität ausgesprochen hat). Nur war die Einstellung der Intellektuellen gegenüber diesem Phänomen in den einzelnen Epochen unterschiedlich. Sie bestimmten jeweils, welche Formen von Zauberei als normenkonform gelten sollten und welche als verboten zu verfolgen waren. Erst seit der Aufklärung verwarfen sie meistenteils die Magie generell als wirkungslos – weshalb seit dieser Epoche sowohl die Hexenprozesse aufhörten, als auch die Zahl der lebenden Heiligen und die Wirksamkeit der Reliquien.

Dieser Zauber wirkte auch in vielen Fällen tatsächlich, so wie der von Magiern in außereuropäischen Kulturen auch heute noch oft wirkt. Denn entweder kamen ganz materielle Substanzen zur Verwendung, die auch nach heutigen Kenntnissen Krankheiten zu heilen oder Vergiftungen hervorzurufen vermögen, oder es wurde durch den Zauber ein psychosomatischer Prozeß eingeleitet, den man als induzierte Autosuggestion bezeichnet. Es ist hier das Wissen des Opfers um seine Verzauberung, das psychogen faktische Krankheitserscheinungen bis zum Tod verursachen kann[1064]. Eine Notiz in den Akten des Innsbrucker Hexenprozesses von 1485 bestätigt diese an modernem Material gewonnene These: «Es ist anzumerken, daß es den Hexen eigen ist, daß sie nie jemandem schaden können, wenn sie sich nicht mitgeteilt haben (se manifestas reddiderint), sei es mit Worten oder indem sie sich sehen ließen...»[1065] Die Menschen in den vortechnischen Kulturen glaubten bzw. glauben fast durchwegs an diese Möglichkeit, da sie in einer noch nicht «entzauberten» Umwelt leben[1066]. Als weitere Erklärungsmöglichkeit für funktionierende Magie ist damit zu rechnen, daß es auch unter den Hexern und Hexen der Vergangenheit parapsychisch begabte Individuen gegeben haben wird, genauso wie unter den Heiligen.

Zauberworte

Segen und Fluch sind im Prinzip die gleichen Versuche magischer Weltbeherrschung, einmal mit positivem und einmal mit negativem Vorzeichen[1067]. Sie wurden von den hier untersuchten Gruppen reichlich verwendet; bisweilen genügten aber auch nicht ritualisierte Anreden, die die Macht der Worte eines außernatürlich begabten Menschen noch deutlicher machen, als Segens- und Zauberformeln, da bei letzteren die schon den Sprüchen an sich innewohnende Kraft auch dem normalen Menschen zur Verfügung steht.

Oft und oft sind es tatsächlich nur die heilenden Worte allein, die das Wunder bewirken: die hl. Coletta Boillet von Corbie (1381–1447) etwa, eine berühmte französische Mystikerin, sagte einer an einer schweren Kopferkrankung leidenden Äbtissin «so viele schöne heilkräftige und tröstende Worte (tant de belles parolles salutaires et consolables)», daß ihre Gesundung nicht lange ausblieb[1068]. Als Stefana Quinzani wollte, daß eine Frau der Konkubine ihres Gatten verzeihen sollte, wogegen jene sich heftig wehrte, sagte sie nur: «ich will, daß du mir das machst!», und begann zu beten. Binnen kurzem fing die Frau an zu schreien: «Es reicht mir,

Mutter, ich werde alles machen, werde alles machen, Mutter!» Und so geschah es[1069].

Natürlich «funktionieren» solche Worte laut theologischer Theorie deshalb, weil sie Gott zum Eingreifen veranlassen, so wie auch die Worte der Hexen den Bösen dazu bewegen. Denn umgekehrt konnte eine Hexe (so eine schweizerische Quelle von 1493) ohne weiteres «par parolles quelles scait», mit den ihr bekannten Worten, Krankheiten heilen[1070] (auch das ein Verbrechen, da nach der Kirche der Zeit genauso verboten wie jeder andere Zauber, auch wenn er ausdrücklich zu gutem Zweck angewandt wurde[1071]). Es war ganz üblich, daß Menschen, die sich mit besonderen Kräften ausgestattet wähnten, bekannten, sie hätten durch «aberwünschen» (d. h. eigentlich «entgegenwünschen, etwas Böses wünschen») ihrer Umwelt Schaden zufügen können[1072].

Gesten

Neben dem wunderkräftigen Wort steht genauso der Gestus: für Heilige wie Hexen oft ein Mittel ihres Wirkens. Erstere bedienten sich natürlich vor allem des Kreuzzeichens. Ein Fußkranker schickte nach der sel. Sperandea, um ihre Hilfe zu erlangen; sie machte über ihn das Kreuz, und er war geheilt[1073]. Der hl. Coletta wurde ein Kind gebracht, das sich mit der Nadel einer Brosche am Auge verletzt hatte, so daß sein ganzes Gesicht blutüberströmt war und alle fürchteten, es müsse erblinden. «Sie machte das Zeichen des Kreuzes über ihm, und sogleich war es geheilt und gesund»[1074]. Die Heiligenviten sind voll von solchen Geschichten.

Von einer in Schleswig lebenden Hexe hören wir, sie habe versucht, ein Haus zu verzaubern, indem sie mit nacktem Hintern an die Türe lief[1075]. Auch habe sie böse Geister ins Haus geblasen[1076]. Bereits das Schwenken eines Stockes konnte als aggressiv-magische Handlung ausgelegt werden[1077]. Eine 1609 in Bern verhörte Frau bekannte, «durch Berührung mit der Hand, durch bloßes Streifen der Kleider» Lähmungen und Tod verursacht zu haben[1078]. Man klagte noch im Frankreich des beginnenden «Zeitalters der

Magischer Gestus einer Hexe mit Dämon, darüber Hagelmachen. Holzschnitt aus Cicero, De officiis, Augsburg 1531

Vernunft», 1670, eine Frau als Hexe an, weil sie «einige Personen augenblicklich geheilt hatte, nur indem sie sie berührte, ohne irgendwelche andere Mittel zu verwenden»[1079].

Zauberdinge
Es ist jedoch durchaus nicht so, daß die Heiligen ihre Wunder nur vermittels des Gebets und der Gebärde gewirkt hätten, vielmehr wurden auch immer wieder heilkräftige Dinge eingesetzt. Hatte nicht auch der Religionsstifter mit seinem Speichel geheilt (Mk 8, 22 ff.)? War nicht schon von der Berührung mit seinem Gewand ein Wunder zu erwarten (Mt 9, 20 ff.)? So gab z.B. Birgitta einer auf den Tod kranken Epileptikerin ihre Paterno-

sterschnur, und die Frau fand sich sogleich von ihrem Leiden befreit[1080]. Der Einsatz eines magisch wirkenden Objekts, einer Reliquie der lebenden Heiligen, bewirkt hier die Gesundung. Zwei todkranke Mitschwestern heilte die hl. Coletta, indem sie ein kleines Stückchen Brot kaute und es den Frauen in den Mund steckte; kaum hatten diese den Brei geschluckt, waren sie gesundet[1081]; eine dritte bekam von ihr Wermut mit demselben Effekt[1082]. Von einer spanischen Beata heißt es, sie habe mit ihrem Speichel zahlreiche Kranke kuriert[1083]. Noch intimer war das Heilmittel, das Helena Duglioli anzubieten hatte: wiewohl Jungfrau, gab ihre Brust Milch zur Speisung ihrer Anhänger[1084]. Chiara Bugni hatte ihr vom Himmel zugekommenes Blut Christi und Milch seiner Mutter in zwei Ampullen als wunderkräftige Reliquien bei sich. Wer das Blut mit wahrem Glauben betrachtete, erhielt Indulgenz und volle Sündenvergebung[1085]. Diese heiligen Substanzen wirkten also gegen die Krankheit der Seele, die Sünde.

Solche Mittel der weißen Magie funktionierten sogar, wenn die Charismatikerin nicht anwesend war, also als Kontaktreliquien einer Lebenden. So befreite eine Haube der sel. Stefana Quinzani ein Mädchen und eine Frau von hohem Fieber und ihr Blut einen Sterbenden vom Tode[1086]. Es ist im Prinzip nur die Berührung mit dem Körper der Heiligen, die ein Objekt magisch auflädt; um welchen Gegenstand es sich handelt, bleibt zweitrangig. «Habt ihr *irgendetwas* von dieser heiligen Frau? Denn wenn ihr es auflegt, wird sie befreit sein», sagte eine verzweifelte Mutter angesichts ihrer kranken Tochter[1087]. «Irgendetwas» – alles konnte durch den Kontakt zu einem Charismatiker wundertätig werden, wie man ja im Mittelalter auch Schamhaare des hl. Marcus[1088] oder Exkremente des hl. Johannes Columbini[1089] als Reliquien aufbewahrte und die Gläubigen zu ihrer Verehrung anhielt.

Eines der beliebtesten Zaubermittel der Magier war der Ring, der in verschiedenen Quellen angesprochen wird[1090]; ein Exemplar, versehen mit magischer Inschrift, ist z.B. aus dem 13. Jahrhundert erhalten (Donauwörther Ring)[1091]. Am bekanntesten dürfte jener Ring sein, in den Lorenzo de' Medici angeblich für mehrere Jahre einen Dämon eingeschlossen hatte, dessen Freilassung zu dem Ungewitter vom 5. April 1492 führte, bei dem ein Blitz in den Dom von Florenz einschlug und mannigfache Zerstörung anrichtete[1092].

Ringe erhielten auch die Mystikerinnen oft bei der Vermählung vom Himmelsbräutigam[1093]. Stefana Quinzani etwa besaß ein solches Requisit. Der hl. Paulus selbst hatte ihn ihr gegeben, ein Objekt wahrlich «pieno de misterii» (voll von Wundern), das sich von selbst vergrößerte und verkleinerte. Wenn sie ihn am Finger trug, fürchtete sie weder Teufel noch Menschen. Stand ihr ein größeres Leiden bevor, dann verfärbte er sich schwarz; hatte sie ihn verlegt, war sie besonders dämonischen Angriffen ausgesetzt. Christus selbst prophezeite ihr: «Meine Tochter, mit diesem Ring wirst du wunderbare Dinge tun und sprechen». Quinzani versucht damit u.a., eine Besessene zu heilen, deren Dämon sich natürlich gegen die Macht («virtude») dieses Mittels wehrte; trotzdem schreibt ihr Biograph, sie könne «über die bösen Geister befehlen»[1094]. Über die bösen Geister befiehlt freilich auch, wer bestimmte schwarzmagische Ringe besitzt: Ein in München befindliches Handbuch der Nigromantik aus dem 15. Jahrhundert beschreibt einen geweihten Ring, der, an die Hand eines Toten gesteckt, sechs Dämonen herbeiruft, die den Leichnam lebendig erscheinen lassen; wenn der Ring dagegen an die Hand eines Lebenden gesteckt wird, geben sie den Eindruck, er sei tot[1095]. Wie die Zauberringe Inschriften tragen, so auch die der Mystikerinnen: Margery Kempe mußte sich auf Befehl Gottes, dem sie eine «einzigartige Geliebte (synguler lover)» und seine «gesegnete Gattin»[1096] war, einen Ehering mit der Inschrift «Ihesus et amor meus» machen lassen[1097].

Daß Objekte bei der Ausübung weißer oder schwarzer Magie faktisch mitwirkten, war auch, so ist nochmals zu betonen, durchaus die Meinung der Intelligenzija des späten Mittelalters und der frühen Neuzeit: um ein von Colomba von Reate genähtes Taschentuch stritten sich zu ihren Lebzeiten der Ordensgeneral der Dominikaner und ein hochrangiger Inquisitor[1098]; die Glieder einer ihrer Bußketten verteilte ihr gelehrter Beichtvater heimlich an Gläubige[1099]. Welch gigantische Reliquiensammlungen Könige und Fürsten mit hohen Kosten anlegten, ist bekannt[1100].

Solche konkreten, berührbaren Beweise der Heiligkeit imitierten die geistlichen Schwindlerinnen natürlich besonders gern: Anna Laminit vollbrachte nicht nur die obligaten Heilwunder[1101]; sie hatte sogar «ein klein Jhessussili in einm wiegen gehept», das nach ihren Angaben von Gott mit Blut bespritzt wurde. Aber hat nicht auch die sel. Margareta Ebner ein hölzernes Jesulein besessen, liebkost und gesäugt?[1102] Weiters wies Laminit zwei an Wunden, Händen und Füßen blutschwitzende Kruzifixe vor, die u. a. auch Martin Luther auf seiner Rückkehr von Rom 1511 bewunderte, offensichtlich ohne damals daran Anstoß zu nehmen. Später, in seinen Tischreden, urteilte er in seiner nicht ungewöhnlichen Direktheit: «lauter Bescheißerei» und wies darauf hin, daß solche Erscheinungen mit Harz und Blut gefälscht werden konnten[1103].

Dagegen wurde die mit vier bis fünf Blutstropfen[1104] bespritzte Hostie der hl. Liedewy von Schiedam, die sie unmittelbar vom Himmel bekommen zu haben behauptete, als Zeichen ihrer Heiligkeit anerkannt[1105]. Freilich nicht von allen sogleich. Der herbeigeeilte Kurat glaubte nicht an die Echtheit dieses Sakraments, ließ sich aber doch bewegen, es der Mystikerin zur Kommunion zu reichen, die es auch problemlos verschluckte (was ihr bei nicht konsekrierten Hostien unmöglich war). Der weiterhin skeptische Priester aber ließ in der Kirche öffentlich für die Kranke beten, «daß sie von dem Trug befreit bleibe, da sie, ihrer Sinne nicht mächtig, in dieser Nacht von teuflischen Versuchungen heimgesucht worden sei...» Dann begab er sich mit den Gläubigen zu Liedewy. «Wisset, meine Liebsten, daß in der Nacht der Teufel hier war und die Jungfrau versucht hat. Er hat eine profane Hostie bei ihr gelassen, die nicht Gott war! Daß dem in Wahrheit so ist, dafür lasse ich mich lebendig verbrennen!» Als Gegenmittel bot er der Frau eine seiner Hostien an. Liedewy blieb freilich bei ihrer Sicht der Dinge. Sie hatte unter der Bevölkerung schon so viele Anhänger, daß diese den Geistlichen derartig unter Druck setzten, daß er sich nicht mehr aus der Kirche nach Hause wagte. Der Schulze und die Schöffen der Kommune begannen, ihn zu befragen; nun wollte er die dämonische Hostie selbst verbrannt, dann wieder sie ins Wasser geworfen haben. Als sich schließlich noch der Bischof einschaltete, blieb dem Priester nichts übrig, als klein beizugeben. Liedewy und ihre Familie bekräftigten nochmals das Mirakel in Anwesenheit des Suffragans des Bischofs; das Tüchlein, worauf die Hostie gelegen hatte, wurde künftig als Altartuch verwendet[1106].

Wie eine Mystikerin sich bei solchen Phänomenen zu verhalten hatte, um heiliggesprochen zu werden, zeigt das Beispiel der Katharina von Ricci. Der Kruzifixus, mit dem sie vertrautesten Umgang pflegte, begann an einem Freitag zu bluten. Sie aber zeigte ihn ihrem Beichtvater und wurde dann in einer Vision von Savonarola, den sie für einen Heiligen hielt, belehrt, daß es sich um einen Trug des bösen Feindes handle, denn das Blut trocknete ein, anders als es bei dem des «unbefleckten Lämmchens» zu erwarten gewesen wäre. Es handelte sich nämlich bloß um Spuren des Nasenblutens der Nonne[1107]. Das Wesentliche war offensichtlich, daß Katharina nicht auf einem Mirakel beharrte (wie Laminit), sondern den Vorgang einem Priester zur Entscheidung vorlegte.

Die Augsburger Begine besaß auch, wie Sybille von Marsal, ein ihr angeblich von der hl. Anna verehrtes Tüchlein[1108]. Maria von der Heimsuchung behauptete, von ihrem himmlischen Bräutigam bunten Stoff und einen Ring erhalten zu haben[1109]. Solche Betrügereien waren nicht ganz selten; wie der sel. Heinrich Seuse in seiner Autobiographie schreibt, wurde er selbst einmal verdächtigt, einen Kruzifixus mit Blut aus seinem Finger beschmiert zu haben, um aus diesem «Wunder» Geld zu ziehen. Er mußte deshalb nachts aus der Stadt fliehen[1110].

Da ist in vielen Fällen phänomenologisch kein Unterschied zwischen diesen sakralen Objekten und den Zaubermitteln, die die Hexen verwenden. Es wird aus einer ganzen Reihe von Prozeßakten klar, daß zahlreiche der inkriminierten Frauen und Männer Naturheilkundige waren, die in eher harmloser Weise auch Segen- und Zaubersprüche gebrauchten. Zu Dämonenbündlern wurden sie erst unter der Folter aufgrund der Suggestionen der Verhörenden. Das zeigt z.B. das Verfahren gegen Gostanza, die «Hexe von San Miniato» (1594), die sich zunächst nur als eine solche Heilerin beschrieb, dann unter der Tortur die wildesten Dämonengeschichten erzählte, um schließlich zu widerrufen, weil sie alles nur aus Angst vor den Schmerzen aus volksläufigen Traditionen und kirchlicher Dämonenlehre konfabuliert hatte. Was sie anfangs berichtete, hätte auch jede Heilige erzählen dürfen: Gostanza behandelte Kranke mittels einer Brühe aus verschiedenen Pflanzen, die sie immer «im Namen Gottes und der Madonna» anwandte[1111]. Natürlich läßt sich nicht mehr exakt feststellen, wie unschuldig diese Frau wirklich war, was Schutzbehauptungen waren, und wo sie am Streckseil doch wahr gesprochen hatte. Aber die hier sehr ausführlichen Prozeßakten machen die gebotene Interpretation recht wahrscheinlich.

Aretin (oder wer immer der Verfasser dieses Dialoges ist) beschreibt im *Ragionamento dello Zoppino* (1533/39) ausführlich, was die Hexen alles tun: Sie formen Figuren und Körperteile aus Wachs oder Bronze, verwenden geschmiedete Nägel, um ihre Zaubersprüche zu schreiben, salben sich mit geweihtem Öl etc.[1112] Und der Jurist Antonio Maria Cospi bemerkte: Dornen, Knoten, Ringe, Zeichen, Plättchen, Nummern... alles sind Objekte ohne Bedeutung an sich, aber durch den Teufelspakt der Hexen werden sie zu furchterregenden Dingen[1113]. Welche Kraft hat schon ein Schatten, Symbol der Wesenlosigkeit? Aber heilte nicht schon der Schatten des Apostels Petrus (Apg 5, 15)? Alles kann in den vortechnischen Kulturen zu magischer Kraft gelangen...

1583 hielt der Jesuit Georg Scherer in Wien eine Predigt, die er auch drucken ließ. Ihr Thema: die Befreiung der sechzehnjährigen Anna Schlutterbauer von 12.652 Teufeln. Ihre Großmutter, daraufhin als Hexe verbrannt, hatte sie u.a. verprügelt, um sie dem Teufel zu vermählen, und «dem Diernlein etlich verzauberte Öpfell zufressen geben unnd war der Teufel inn dem letsten Apffel, welchen es ungeschelt mit sampt dem Teufel hinabschlicken müssen.»[1114] Wie Christus in der Hostie, so befindet sich auch der Teufel in einer verzauberten Speise. Dafür gibt es in der kirchlichen Literatur zahlreiche Beispiele seit den Ausführungen des Kirchenlehrers Gregor d. Gr. über die Nonne, die den Dämon versehentlich zusammen mit einem Salatblatt verschluckte[1115]. Und darüber wurde auch in der Neuzeit gepredigt[1116].

Manche dieser Zaubermittel stammen wohl weniger aus den volksläufigen naturmedizinischen oder magischen Traditionen, sondern wurden absichtlich als Kontrafakturen christlicher Kultobjekte gewählt. Wenn die Hexe Matteuccia di Francesco 1428 angibt, für Heilungen brauche man ein «ossum paganum, hoc est sepultorum sine baptismo»[1117], also ein Knöchelchen eines ungetauft verstorbenen Kindes, dann wirkt dies als Nachahmung der Verwendung von Reliquiengebein bei den Heilungsversuchen der Priester und Heiligen.

Heilwunder

Auch für die mystischen Heiligen im späten Mittelalter und weiterhin war nach wie vor neben den Begnadungen der Vita interior auch das traditionelle Wirken von Wundern nach außen wichtig. Hier sind besonders die medizinischen Wunder an Kranken sowie die Strafwunder von Interesse, zwei Kategorien, die im Spätmittelalter absolut nichts Neues verkörperten, alldieweil sie ja von zahllosen Heiligen aller Epochen in Nachahmung biblischer Mirakel berichtet werden. Wie von den Reliquien der verstorbenen Heiligen erwarteten die Gläubigen auch von den zu Lebzeiten Verehrten Hilfe in ihren Krankheiten. Die Heilwunder sind die wohl häufigste Kategorie christlicher Mirakel und in so gut wie jeder Vita in Fülle zu finden. Wir dürfen uns daher mit einem Beispiel begnügen.

Als die hl. Birgitta das Bergheiligtum des Monte Gargano besuchte, stürzte der sie begleitende Bischof von Wexiö vom Pferde und brach sich zwei Rippen. Um die Weiterreise zur Nikolausreliquie nach Bari nicht zu verzögern, bat er die Heilige um ein Wunder. Nach einer Demutsformel kniete sie sich zum Gebet nieder und berührte dann die Seite des Bischofs mit den Worten: «Der Herr Jesus Christus möge dich heilen! Sofort verschwand der Schmerz; der Bischof stand auf und folgte der Frau auf ihrer ganzen Reise»[1118].

Ebenso fungierten, wie bereits bemerkt, viele der Hexen primär als Heilerinnen; daß sie daneben gelegentlich wirklich oder nach dem Argwohn ihrer Umgebung auch Schadenzauber betrieben, lag von der Materie her nahe. Sich als Heilkundige betätigt zu haben, war ein in den Prozessen dauernd vorkommender Vorwurf[119]. Vielfach wurden dabei die Frauen erst unter der Folter dazu gezwungen, ihre an sich harmlosen Rituale dämonisch umzudeuten. Dies geht aus einer ganzen Reihe von Prozessen klar hervor, z.B. aus dem gegen Bellezza Orsini (um 1528), die anscheinend nichts anderes tut, als umherzuziehen und Krankheiten mit einer Salbe im Namen Gottes zu heilen. Unter der Folter wird sie zur Giftmischerin und Mörderin, hörig den Teufeln Mohammed und Caesar (!)[1120]. Katastrophal konnten die Folgen wohl am schnellsten dann werden, wenn eine Kur nicht anschlug. Catherine de Chynal, die 1449 im Aostatal vor Gericht stand, war von einem Pfarrer aufgrund ihres einschlägigen Rufes aufgesucht worden, da er an einem Geschwür am Brustbein laborierte. Trotz oder wegen der verschiedenen Mittel, die die Angeklagte zur Behandlung anwandte, verstarb ihr Klient binnen kurzem. Das belastete diese Heilerin besonders[1121].

In den skandinavischen Traditionen vor der Christianisierung sind die Zauberfrauen als mit besonderen Fähigkeiten ausgestattete Menschen, die Hilfe oder Schaden bringen konnten, noch relativ gut zu fassen[1122]. Manche von ihnen wanderten von Hof zu Hof und waren respektierte Gäste, ehe sie durch die Interpretatio christiana der Verteufelung anheimfielen. So zauberte die «Hexe» Thurid nach dem altisländischen *Landnámabók* bei einer Hungersnot Fische in die Buchten Helgolands[1123]. Gudrun, eine Figur der *Laxdaela saga*, hat weissagende Träume und die Unterstützung von Geistern, die sie im voraus warnen; sie wird zur ersten Nonne Islands. Doch behält sie ihre magischen Fähigkeiten, wird zu einer christlichen Charismatikerin und verhindert nun heidnischen Schadenzauber[1124].

Nur selten ist dieser Aspekt der guten Zauberfrau auch noch in kontinentalen Quellen zu finden: Nach Gregor von Tours (†594) gab es zu seiner Zeit in Paris eine Frau, die die Bewohner vor einem Brand warnte, der sich ihr im Traume angekündigt hatte. Allerdings schwankten die Leute, ob sie dies durch Mantik erfahren habe oder vom Mittagsdämon oder ob es sich um leeres Gerede handle[1125], bis das Unheil eintraf. Die Vita des hl. Corbinian (†720/30) berichtet von einer Frau, die durch Zaubersprüche und Magie einen Herzogssohn gesund machte[1126]. 1409 löschten zwei Kärntner Hexen einen Brand[1127]; Bernhardin von Siena berichtete 1423 von nacht-

fahrenden Frauen, die verhexten Kindern, Gebärenden und Kranken bei-
standen[1128].

Umgang mit Gegnern: Strafwunder und Schadenzauber
Heiligkeit manifestiert sich aber auch in mirakulösen Bestrafungen der Gegner der CharismatikerInnen. Dies ist ein in sehr vielen Viten wiederkeh-
rendes Motiv, sowohl bei männlichen als auch bei weiblichen Heiligen, und
nicht nur bei MystikerInnen[1129]. Während es überflüssig sein dürfte, bei den
Wunderheilungen an die vorbildlichen Taten des Religionsstifters zu erinnern, sind die Strafwunder der *Heiligen Schrift* wohl weniger präsent. Nur
ein Beispiel je aus dem *Alten* und dem *Neuen Testament*: Als der Prophet
Elischa wegen seiner Glatze von einigen Burschen verspottet wurde,
verfluchte er sie im Namen des Herrn. «Da kamen zwei Bären aus dem Wald
und zerrissen zweiundvierzig junge Leute.» (2 Kön 2, 23 ff.). – Am Morgen
nach der Tempelreinigung hatte Jesus Hunger. «Da sah er am Weg einen
Feigenbaum und ging auf ihn zu, fand aber nur Blätter daran. Da sagte er
zu ihm: ‹In Ewigkeit soll keine Frucht mehr an dir wachsen.› Und der Feigenbaum verdorrte auf der Stelle.» (Mt 21, 18 f.).

Auch die Strafwunder der Mystikerinnen ähneln deutlich genug einem
Schadenzauber. Wäre aus Katharina von Siena eine heilige Kirchenlehrerin
geworden, wenn die Dominikanertertiarin, die der Meinung war, Katharina habe ihr eine Augenentzündung durch bestimmte Worte angezaubert,
sich an die Inquisition gewandt hätte, statt bloß die Heilige zu bitten, die
Krankheit mit Kräutern wieder rückgängig zu machen?[1130] Birgitta wurde
von ihrem Seelenführer, Magister Matthias von Linköping, über einen an-
gesehenen Ordensgeistlichen informiert, der sich weigerte, an ihre Offenbarungen zu glauben. Daraufhin begab sie sich in das Gebet, in dem ihr
Christus erschien, die Überheblichkeit dieses Mannes mit Kot verglich und
ihr versprach: «Deshalb will ich ihm mit meiner Hand einen Backenstreich
reichen... Der nämliche Ordensmann ward hiernächst durch Trübsal ge-
demütigt und starb gichtbrüchig.»[1131] Krankheit und Tod dieses Priesters
sind also unmittelbare Folgen des von der Heiligen wegen seiner negativen
Einstellung ihr gegenüber gesprochenen Gebets.

Die hl. Liedewy von Schiedam litt u.a. an offenen Wunden, die «reichlich von Würmern wimmelten» (bei der damaligen Hygiene ein durchaus reales Phänomen, mit dem Ärzte in der dritten Welt auch heute konfrontiert sind; es handelt sich meist um Insektenlarven). Die Kranke bat einen Prämonstratenser, den Kurat der Kirche ihrer Stadt, um das Fett eines Kapauns, das sie unbedingt für eine Heilsalbe benötigte. Der Priester schlug ihr aber diese Bitte ab, obwohl sie mit Butter bezahlen wollte. Darauf die Heilige: «‹Gott gebe, daß alle [Kapaune] von Mäusen gefressen werden!› Daß sich dieser Wunsch wenig später rasch erfüllte, meldete der Jungfrau wenig später mit Freude der Priester Johannes Pot, der damals auch ihr Beichtvater war.»[1132] Wenn sich ein von einer Frau ausgesprochener Wunsch oder eine Verwünschung («imprecatio») dieser Art im 15. Jahrhundert so rasch erfüllte, konnte sie von Glück sagen, daß ihr das nicht als Hexenwerk ausgelegt wurde. Übrigens bekam Liedewy danach von anderen die Heilmittel, die sie benötigte, aber nicht aus Nächstenliebe, sondern da sie eine ähnliche Bestrafung befürchteten.

Ein gewisser Prälat, der die sel. Stefana Quinzani nicht für eine Heilige hielt, erkrankte. Sie und ihr Kreis interpretierten dies so, daß Gott aufgrund ihres Gebetes für ihn ein Wunder gewirkt habe. Denn eigentlich wäre er dem Tod geweiht und der Verdammung anheimgefallen gewesen, da er Gott durch seine Kritik erzürnt habe[1133]. Diesen Vorfall hätte man natürlich auch so deuten können, daß ihm die Krankheit von Quinzani angehext worden wäre. Ein Mädchen, das dieselbe Mystikerin mehrfach verleumdet hatte, wurde von einem Dämon befallen, ein Zusammenhang, der ihm selbst ganz klar war: «Weil ich diese Schwester verleumdet habe, bin ich besessen!». Ein Mann, der sich derselben Ruchlosigkeit schuldig gemacht hatte, wurde zur Strafe von schrecklichen Gichtanfällen heimgesucht; «zwar starb er nicht, wurde aber leprös, und wenn ihm das Gebet dieser Jungfrau nicht hilft, wird er verdammt.»[1134] Wie oft war das Anzaubern von Gicht ein Anklagepunkt in Hexenprozessen![1135] Luther nennt das «schiessen die schenkel» als Hauptbeschäftigung der Hexen und beschuldigt sie, einen seiner Brüder auf diese Weise lebensgefährlich verletzt zu haben[1136]. Im 17. Jahrhundert verurteilte man z.B. in Sachsen Frauen als Hexen, die mit Dornen oder Nadeln je-

Hexenschuß. Holzschnitt aus Ulricus Molitor, De lamiis et phitonicis mulieribus, *Konstanz 1489*

mandem den Hexenschuß (Lumbago) beigebracht hätten – es ist die Bezeichnung «Hexenschuß» nicht zufällig in die Sprache gekommen[1137]. Noch die letzte in Deutschland (Würzburg 1749) eingeäscherte Hexe, Maria Renata Singer, wurde u.a. beschuldigt, sechs Personen «Aufzehrung, Glieder Schmerzen, Gichter und dergleichen» zugefügt zu haben[1138].

Wenn es sich nicht um die hl. Margareta von Ungarn und die hl. Birgitta von Schweden und die sel. Stefana Quinzani handeln würde, dann würde man von Schadenzauber gesprochen haben und sprechen, als sich die folgenden Episoden abspielten. Eine Zeugin des Kanonisationsprozesses der magyarischen Königstochter erklärte 1276: «An jenem Tag, als die Jungfrau Margareta ins Gebet vertieft war, verschob sich einer der Knochen ihrer Schulter, was ihr einen heftigen Schmerz verursachte. Die Priorin und

einige andere Schwestern waren darüber sehr aufgeregt und suchten nach
einer Medizin... ich fand das einfach lächerlich und lachte heimlich über
sie. Im gleichen Moment verspürte ich jedoch einen heftigen Schmerz in
meiner Schulter, und zwar an genau der gleichen Stelle, an der auch sie
Schmerzen hatte». Als sich die Zeugin daraufhin Margareta zu Füßen warf
und diese Sünde beichtete, «sagte die Jungfrau Margareta zu mir: ‹Der Herr
möge dich erlösen›, und sofort waren die Schmerzen verschwunden.» Wie
Klaniczay richtig bemerkte, ist diese Abfolge gleichermaßen «eines der
häufigsten Grundmuster in den zahllosen Geschichten, die von den Zeugen in den Hexenprozessen der Frühneuzeit über ihre Verhexung und die
darauffolgenden Heilungsversuche berichtet werden.»[1139]

In Birgittas Offenbarungsbuch wird beschrieben, wie ein Mann, der
«die Ermahnung der Braut Christi vernahm und dieselbe ausschlug,...
plötzlich mit auf den Rücken gedrehtem Kopfe tot im Bette gefunden»
wurde. Für Birgitta und ihre Umgebung war der Grund offensichtlich, daß
dieser Mann mit dem Bösen verbunden war, denn er gebrauchte «Zauberei und etliche teuflische Worte, um viele Fische auf dem Binnensee zu fan-
gen...»[1140] Wie oft wurde aber in den Hexenprozessen ein Nexus zwischen
einer abgewiesenen Bitte und einem nachfolgenden Unglück des Betref-
fenden hergestellt!

Besonders deutlich erweist sich, daß das Gebet der Heiligen gegen ihre
Widersacher eigentlich ein Fluch ist, bei der sel. Sperandea von Gubbio
(†1276): ein Amtmann (oder Hauptmann) hatte einem Bauern die Frau
weggenommen; auch die Vorhaltungen der Seligen vermochten nichts. Da
verfluchte sie ihn mit den Worten: «Das Urteil Gottes komme bald über
dich beim Zeugnis Christi!» Und sofort wurde er sehr krank und erinnerte
sich an ihre Worte und entließ die Bäuerin. Und sogleich war er geheilt[1141].
Unter anderen Umständen hätten diese Worte der Mystikerin das Leben
kosten können, da sie ganz einem Schadenzauber bzw. dessen Androhung
entsprechen. Die *Carolina*, das Reichsgesetz Kaiser Karls V., sollte im Artikel 44 bestimmen: Wenn jemand einem anderen mit Bezauberung
droht und dann tatsächlich ein Schaden eintritt, so ist dies ein Indiz, um
ihn auf der Folter zu befragen[1142]. Was Sperandeas Vita als Wunder zu ihrer

Verherrlichung erzählt, könnte man genauso als schwarze Magie interpretieren. Doch noch war die Welt nicht auf jener fanatischen Suche nach Hexen.

Von der Struktur her gut vergleichbar ist z.B., was Institoris aus der Diözese Basel berichtet. Dort stieß einmal ein arroganter Geistlicher eine alte Frau bei einer Brücke in den Dreck, «weshalb sie empört in Schmähreden ausbrach und ihm sagte: ‹Pfaffe, ungestraft sollst du nicht hinübergehen!›». Und noch in der nämlichen Nacht fühlte der Mann sich «unterhalb des Gürtels» behext («se maleficiatum sensit») und brauchte Hilfe, wenn er die Kirche betreten wollte. Vor ihrem (natürlichen) Tode versprach ihm die Hexe noch Heilung, und binnen dreißig Tagen war er gesund[1143]. In diesen Zusammenhang gehört eine Besagung beim Innsbrucker Hexenprozeß 1485, wo Hans Portner beeidigt, er habe mit Agnes Witwe Peter-Sneiderin fleischlichen Umgang gehabt. Als er sich jedoch entschloß, eine andere zu heiraten, «da legte die Angeklagte die Hände ineinander und fuhr hitzig heraus: ‹So se dir mein trwe an aydes stat, ich wil dir und ir tuon, daz ir keinen gesunden tag nimmer bei einander haben sollen.›» Seitdem hatte Portner tatsächlich keinen gesunden Tag mehr, weswegen er seine frühere Freundin beim Erzherzog verklagte[1144].

Die Ambivalenz zwischen der göttlichen und der teuflischen Hilfe bei der Schädigung von Mitmenschen wird besonders deutlich in einer Aussage aus dem Fribourger Waldenserprozeß von 1430. Dort hieß es von einer Frau, sie habe Gott so gut gedient, daß sooft «sie Gott bat, er möge für sie an einer Person Rache nehmen, die sie beleidigt hatte, daß Gott sie sogleich erhörte...»[1145] War das die Bitte einer Heiligen oder einer Hexe?

Wetterbeherrschung

Eine der häufigsten, stereotyp wiederholten Anklagen, aufgrund derer man die Hexen verfolgte, war das Hervorrufen von Unwettern. So hieß es z.B., die Jungfrau von Orléans könne es «donnern lassen, wann sie wolle»[1146]. Maria Klee, eine der in Innsbruck 1485 angeklagten Frauen, brauchte Salben oder die «maisterwurz», um damit Wetter zu machen, damit «Khraut, rueben, äpfl, pirn und das getraid erschlagen» werden[1147], und ähnliche Angaben finden sich in praktisch jeder Hexenprozeßakte, so daß auf weitere Beispiele verzichtet werden darf.

Doch auch nicht wenige der heiligen Frauen beherrschen mit ihrem Gebet die Witterung. Vorbildlich war hier wohl die hl. Scholastika, die Schwester des Mönchsvaters Benedikt von Nursia. Als ihr Bruder einmal das Gespräch mit ihr nicht fortsetzen wollte, legte sie ihre verschränkten Hände auf den Tisch und darauf ihr Haupt, um zu beten. Kaum hatte sie es wieder erhoben, da entströmte im Augenblick das furchtbarste Ungewitter dem zuvor völlig klaren Himmel. «Indem sie ihre Tränenbäche auf den Tisch ergossen hatte», so kommentiert der hl. Gregor d. Gr., der diese Episode überliefert, «zwang (traxit) sie die heitere Luft in Regen.» «Jetzt geh', wenn du kannst!» wandte sich Scholastika an den Bruder. Benedikt mußte die Nacht zusammen mit seiner Schwester verbringen[1148]. Bei einer weniger heiligen Frau würde man von Analogiezauber sprechen: das Vorbild der strömenden Tränen provozierte die Regenströme.

Solches vollbrachte z.B. auch die hl. Margareta von Ungarn: Als sich einmal zwei Dominikaner weigerten, ihrem Wunsch gemäß längere Predigten zu halten, sondern das Kloster wieder verlassen wollten, drohte sie: «Ich werde zu Gott beten, daß er einen solch gewaltigen Regen kommen läßt, daß ihr nicht abreisen könnt... Kurz darauf begann es so heftig zu regnen, daß die beiden Mönche umkehren mußten und nicht abreisen konnten.»[1149]

Von Gertrud d. Gr. berichten ihre Mitschwestern: «Als es einmal zur Erntezeit mehr als zuträglich regnete und alle die Gefahr fürchteten, die Preise für das Getreide und die anderen Früchte würden sich deshalb vervielfachen, bedrängte sie den Herrn mit so erfolgreicher Hartnäckigkeit des Gebets, daß er ihr fest versprach, ihretwegen die Unbändigkeit der Luft zu bändigen. Das tat er auch. Denn am selben Tag, obschon mehrere Wolken zu sehen waren, erleuchtete trotzdem die Sonne mit ihren Strahlen hell den Umkreis.» Will die Heilige es regnen lassen, regnet es sogleich, will ihr Konvent im Freien arbeiten, ohne naß zu werden, wartet der Himmel mit dem

Guß, bis alle ins Kloster zurückgekehrt sind usf.[1150] Und dies alles auf ihre natürlich in schuldiger Demut vorgetragenen Bitten hin.

Als sich gegnerische Truppen der Stadt Perugia näherten, begann die dort als lebende Heilige gehaltene Colomba zu beten: ein solcher Regenguß entströmte den Wolken, daß die Angreifer ihr Vorhaben aufschieben mußten[1151]. Die sel. Katharina von Racconigi (1486–1547) beschützte von früher Kindheit an ihre Heimatstadt (die es ihr so wenig danken sollte) gegen Hagel, der die Umgebung heimsuchte, wahrlich eine «Hexe Gottes» (wie sie die einfachen Leute nannten)[1152] im Kampf gegen die Hexen des Teufels – fast ist man versucht, an Ginzburgs Benandanti zu denken.

Hexen und Heilige beherrschten also gleichermaßen das Wetter, was freilich jedesmal anders bewertet wurde. Allerdings meinte man gelegentlich auch, die Priester könnten den Hagel «versegnen»[1153], und das kirchliche Wetterläuten ist bekanntlich bis in die Gegenwart in Gebrauch[1154].

Andere Wunder- oder Hexenwerke

Auch die anderen Wunder, die so häufig von den Heiligen berichtet werden, finden sich gelegentlich als Taten von Hexen. So die wunderbare Speisenvermehrung, ein sehr häufiges Mirakel in der Nachfolge Christi (Mk 6, 32 ff. etc.)[1155]. In den Viten der heiligen Mystikerinnen des 13. Jahrhunderts aus Faenza z.B., Umiltà und Margareta, wird ausdrücklich zur Bezeugung ihrer göttlichen Begnadung erzählt, wie sie Nahrungsmittel für ihre Mitschwestern und Bedürftige außerhalb ihres Konvents wundersam vermehren[1156]. Einer 1451 hingerichteten schweizerischen Hexe dagegen, von ihrem eigenen Mann besagt, wurde vorgeworfen, daß sie eine kleine Portion Hirsebrei durch Umrühren in einem Melkkübel auf eine Portion für zehn Personen vergrößert habe[1157].

Ungemein häufig ist bei den Mystikerinnen der Verkehr mit den Seelen der Toten[1158]. Kaum eine gibt es, der nicht die eine oder andere Arme Seele aus dem Purgatorium erscheint, um von ihr losgebetet zu werden. Ein Beispiel mag genügen: Gertrud von Helfta schaut eine Seele in Krötengestalt, schwarz wie Kohle, von der Sündenlast in sich zurückgekrümmt. Die Heilige schmeichelte («blandiretur») ihrem süßesten Bräutigam, der ihr antwortet: «Nicht nur jener Seele, sondern tausendmal tausender will ich mich aus Liebe zu dir erbarmen.» Und sogleich erhält die Seele menschliche Gestalt, erhebt sich, die schwarze Farbe verliert sich[1159]. Manche dieser Frauen sind geradezu spezialisiert auf das Losbitten solcher Geister. Die sel. «Christine Ebner begehrt einmal nach der Kommunion die Seelen im Fegfeuer und sofort gibt ihr Christus hundert Seelen»[1160].

Seltener, aber doch, beschäftigen sich auch die Hexen mit den Abgeschiedenen. Es sind Versuche der Nigromantie (Nekromantie), der Totenbeschwörung, von denen hier berichtet wird. Eine schweizerische Chronik des 16. Jahrhunderts klagt darüber, daß «allte wyber, ouch bisswylen manspersonen, deren ettliche jch bekennt... funden worden..., die sich nit allein der gmeinen zoubery sonder ouch noch vmb so vil wytter, die seelen der abgestorbnen vnd die geister zuo beschwören... vndernommen»[1161].

Auch der «Geruch der Heiligkeit»[1162], ein Topos, der sich besonders auf die Erhebung von Leichen und Reliquien heiliger Personen bezieht und oft durch Einbalsamierung zu erklären sein dürfte, auch dieses Phänomen wurde von einigen der zweifelhaften spanischen Beatas nachgeahmt, die dazu Parfums und Blumenwässer verwendeten[1163].

Wir führen nun solche marginalen Parallelen nicht weiter; sie weisen aber darauf hin, daß die Thematik noch nicht ausgeschöpft ist.

Die Macht der Wundertäter

All diese Wunder, und das zeigt wiederum die angesprochene Analogie, werden aber «eigentlich» nicht von den jeweiligen Frauen verursacht, sondern von ihrer Gottheit. Es ist ein in jeder Heiligenvita anzutreffender Topos, daß alles Gute, was die Charismatikerin wirkt, nur Gott zugeschrieben wird. Ein Beispiel genüge: Die hl. Gertrud, deren Regenwunder wir eben erwähnt haben, «hielt sich aller Gottesgeschenke so unwürdig, daß... sie sich selbst [nur] ein Kanal zu sein schien, durch den die Gnade in die Erwählten Gottes einfließe..., während sie selbst völlig unwürdig sei und völlig unwürdig und unfruchtbar alle Gottesgeschenke empfange, sowohl die kleinsten als auch die größten...»[1164]

Anders als die Zauberinnen das wohl selbst ursprünglich sahen, wurde aufgrund der Rezeption der scholastischen, neuplatonischen und hermetischen Dämonologie das im Prinzip selbe Modell auf sie übertragen: sie wirken nicht von sich aus, sondern der Böse gibt ihnen die entsprechenden Kräfte oder führt die Untaten für sie aus. «Es steht nun eindeutig fest, daß die Macht der Hexen gänzlich im Zusammenwirken mit den Dämonen besteht»[1165], schrieb der gelehrte Benediktiner Johannes Trithemius (1462–1516). Erst der Teufel macht eine Hexe zur Ärztin, die mit Kräutern alle Erkrankungen heilen kann («sorcière cirurgienne sur toutes maladies»), war im mittelfranzösischen Roman *Perceforest* zu lesen[1166]. Der Verfasser des *Hexenhammers* legte großen Wert darauf zu erklären, daß die Ausfahrt der Unholdinnen, auch wenn sie sich einer Salbe bedienen, *eigentlich* durch die Macht ihrer «Gottheit» bewirkt wird[1167]. In diesem Buch ist auch festgehalten, daß die Magie nicht von den Menschen selbst zu bewirken ist, sondern nur durch die Hilfe der bösen Geister[1168]. Genauso wissen die dämonologisch indoktrinierten Hexen selber, daß es nur ihr Teufel ist, der ihnen besondere Kräfte verleiht. «Ebenso hat sie auch bekannt, daß sie und andere diese Sachen nicht könnten, denn allein der Teufel bewirke sie», so die Angeklagte Els von Mersburg um 1450[1169]. Dieses Wissen mochte freilich genausogut authentisch sein wie ein erzwungenes Eingehen auf die obrigkeitliche Annahme vom Teufelspakt. So zauberte z.B. in folgendem Fall von Impotenz, die einer 1526 verbrannten Frau angelastet wurde, ausdrücklich der Teufel: «Item Sy hab den tuffel bätten, das er einem zuo hägglingen [Ortname], genannt Heinj, den schwantz genommen; denn der selb heinj hette sy beschelkt [betrogen]. Do neme der tüffel jm den schwantz. Darnach Aber bätt sy den tufel, das er dem heinj den schwantz wider gäb. Das geschehe ouch...»[1170] Die 1540 im Sarntal hingerichtete Barbara Pachler bekannte, das Wettermachen habe sie «mit Hilf des Teifels», «mit des pessn Veints hilff», «durch den Teyfel», vermittels des «Teiffls gspenst» u.ä. praktiziert[1171].

Doch kommt ab und zu, anscheinend wesentlich seltener, die umgekehrte Meinung vor, auch der Böse sei auf seine Gefolgsleute angewiesen: er bedient sich der Hexen, um durch «die Gliedmassen seines Gefallens zu betreiben, was er selbst nicht zuwege bringen kann» (so eine Feststellung in Prozeßakten aus Schleswig 1551)[1172]. Eine dortige Hexe prügelte einen kleinen schwarzen Kater, den sie für einen Teufel oder Troll (!) hielt, sogar so lange, bis er tat, was sie von ihm wollte[1173]!

Es scheint demnach, daß im Hexenglauben seit dem Spätmittelalter jedes schwarzmagische Handeln als mit Hilfe des Teufels vollbracht interpretiert wurde. Das dürfte ursprünglich nicht so eindeutig gewesen sein. Denn auch Gott wurde mit Gebeten und Messen angerufen, Feinden Schaden zu tun, wie der nicht so seltene Brauch zeigt, für diesen Zweck Totenmessen lesen zu lassen[1174]. Auch in Hexenprozessen kommt die versuchte Schädigung durch das *Vaterunser* vor[1175] – ein weiterer Hinweis auf die funktionale Ambivalenz der beiden Mächte.

Eine Hexen-Mystikerin

Quasi anhangsweise sei eine Frau erwähnt, die von ihrer Umgebung als Hexe bezeichnet wurde und sich wohl auch faktisch des Schadenzaubers bediente, um für schlechte Behandlung Rache zu nehmen, die sich jedoch im Verhör ungewöhnlicherweise als Mystikerin stilisierte. Sollte hier einer der Fälle dokumentiert sein, wo die Betroffene tatsächlich so stark zwischen beiden Verhaltens- und Erlebensstereotypen schwankte, daß für sie ein charismatisches Leben und schwarze Magie eine Einheit bildeten? Die Rede ist von Chiara Signorini, die 1519 vor dem Inquisitionsgericht in Modena stand[1176].

Von verschiedenen Seiten wurde Signorini angeschuldigt, Leuten, die mit ihr nicht auskamen, und das scheinen nicht wenige gewesen zu sein, Krankheiten angehext zu haben. Die zu dieser Zeit in einigen Besessenen hausenden Dämonen verkündeten beim Exorzismus dieselbe Beschuldigung. Daß die Bäuerin sich vor der Verhaftung versteckt und sogar Widerstand geleistet hatte, machte ihre Situation nur noch schlechter.

Interessanterweise gab die Angeklagte nun zu, besondere Kräfte zu besitzen, Krankheiten erzeugen und heilen zu können – aber nicht vermittels eines Teufelspaktes, sondern als göttliches Charisma, genauso wie jede anerkannte Mystikerin[1177]. Das Gebet und die Gebetshilfe ihrer Kinder nannte Signorini als Mittel, mit dem sie auf andere Menschen wirkte. Das könnte bloß eine Finte ihrer Verteidigung gewesen sein, ist aber nicht unwahrscheinlich, wenn man berücksichtigt, daß das Krank- und Totbeten ein damals durchaus auch unter Klerikern verbreitetes Mittel war, um sich unliebsamer Personen zu entledigen[1178]. Mehrere Aussagen der Angeklagten und der Ankläger, die entsprechende Bemerkungen ihres Mannes zitierten, lassen es als das Wahrscheinlichste erscheinen, daß diese Frau selbst, und gleicherweise ihre Familie und ihre Umgebung, von ihren übernatürlichen Fähigkeiten überzeugt war. Die Verhaftete versuchte nun aber, dem Inquisitor einzureden, sie sei eigentlich eine Heilige: mehr als hundert Mal sei ihr die Mutter Gottes erschienen, «in Gestalt eines sichtbaren Weibes, angetan mit weißen Kleidern und von schönem Aussehen», und sie würde «sie immer in allem, um was sie bat», erhören, auch wenn sie sich an jemandem rächen wollte. Wenn die allerheiligste Jungfrau ihre Verehrerin dann wieder besuchte, berichtete sie ihr: «ich kann dir sagen, daß ich sie [Chiaras Gegner] gezüchtigt habe; und sie fügte hinzu, daß sie, Chiara, Unsere liebe Frau bat, daß die Kranken gesund werden könnten»[1179]. Auch ihren Mann hatte die «Heilige» dazu gebracht, sich der Madonna zu verschreiben, und ihr weihte sie jedes ihrer Kinder. Dies alles wurde natürlich vom Gericht als Vorspiegelungen Satans qualifiziert, wie seinerzeit auch die Engelserscheinungen der Jungfrau von Orléans. Die «Gottheit», zu der hier die entscheidende Beziehung besteht, ist die Madonna, nicht, wie sonst in der Mystik, Jesus. Es wirkt erstaunlich, wenn man die ungeheure Rolle der Marienfrömmigkeit im katholischen Volk seit dem Spätmittelalter bedenkt und die intensive kirchenamtliche Förderung ihrer besonderen Verehrung (Hyperdoulie), daß ähnliche Fälle nicht häufiger aufzutreten scheinen.

Erst in einer zweiten Phase des Verhörs änderte sich alles: an die Folterseile gebunden, gesteht Signorini nun, es sei der Teufel gewesen, den sie angebetet habe, der ihre Malefizien ausführte usf. – die ganze Litanei, die die Richter hören wollten, die sie wahrscheinlich auch von Johanna gehört hätten, falls sie sie der Tortur überliefert hätten. Nur die Teufelsbuhlschaft und den Sabbatbesuch leugnet die Gefangene weiterhin; und sie hat im Gefängnis weiterhin Erscheinungen, bald der Gottesmutter, bald des Bösen. Da sich Signorini bußfertig zeigt, verzichtet das Gericht auf ein Todesurteil und begnügt sich mit lebenslänglichem Kerker.

Wer ist der Urheber der Magie? Gott, Maria oder der Teufel? Jedenfalls wachsen die übermenschlichen Kräfte der Charismatikerin oder der «dämonologisierten Hexe»[1180] beiden immer von außen, von einer guten oder bösen Gottheit zu.

Flug

Sowohl die Levitation als auch die ekstatische Vision der Heiligen[1181] erinnern an den Flug der Hexen durch die Lüfte. Generell erfolgt bei Visionen eine räumliche Versetzung in Himmel, Fegefeuer oder Hölle, an einen symbolischen oder irdischen Ort, doch ist der dorthin zurückgelegte Weg selbst kaum Gegenstand des Berichtes, wird also in der Regel nicht miterlebt. Bei der Levitation dagegen hat die Mystikerin das Gefühl, über dem Boden zu schweben: Wenn z.B. Ida von Löwen etwas zerstreut war, dann fühlte sie sich ekstatisch über den Altar erhoben und konnte sich sogleich wieder geziemend auf die Meßfeier konzentrieren. Sie blieb sich jedoch dessen bewußt, daß es sich um ein seelisches Phänomen handelte[1182].

Nicht selten wird dieses Schweben jedoch auch von außenstehenden Zeugen beobachtet, ist also ein körperliches Charisma. Die hl. Douceline (†1274), eine südfranzösische Beginenmystikerin[1183], «blieb in ihren Entraffungen bisweilen ohne Unterstützung in der Luft hängen, berührte mit dem Fuß nicht die Erde, außer mit den großen Zehen..., so daß zwischen ihr und der Erde gut eine Handbreit Abstand war und daß man ihr... die Fußsohlen küssen konnte.» Einmal sah sie ein gewisser Raimon de Puy aus Marseille in dieser Erhebung: «Dieser Bürger kniete sich in großer Verehrung nieder und maß mit eigener Hand den Abstand vom Boden und fand, daß er gut eine Handbreit betrug. Mit großem Glauben legte er sein schmerzendes Haupt ganz unter ihre heiligen Füße und küßte sie mit großer Verehrung. Und von da ab hatte er kein Kopfweh mehr.»[1184]

Von der sel. Agnes von Böhmen († ca. 1282) wird berichtet, daß sie an einem Himmelfahrtstag beim Gebet durch die Luft aus dem Garten entschwebt sei, um erst nach einer Stunde mit freudestrahlendem Antlitz wiederzukehren[1185]. Katharina von Racconigi wurde einmal im Flug über eine große Entfernung in den Palast eines Adeligen versetzt, um ihm eine himmlische Botschaft zu unterbreiten; der Überraschte hielt sie zunächst für einen Dämon[1186]. Katharina von Genua erzählte gegen Ende ihres Lebens, sie fühle sich in der Luft schweben, ihr Geist wolle sich dem Himmel verbinden und die Seele mit sich nehmen. Engel erschienen ihr, und sie lachte mit ihnen. Bald darauf starb sie[1187]. «In der Ekstase», schrieb die hl. Teresa, «wird mein Körper so leicht, daß er kein Gewicht mehr besitzt, so daß ich bisweilen spüre, daß meine Füße nicht mehr die Erde berühren.»[1188]

Daß die Unholde und Unholdinnen auch fliegen konnten, war ein weitverbreiteter Glaube[1189]. In der christlichen Tradition wußte man das a priori u.a. aus den apokryphen *Petrusakten*. Danach hätte der Magier Simon den Apostelfürsten zu einem Wettkampf herausgefordert und sich im Flug zum Himmel erhoben. Petrus aber betete ihn schnell herab, und der Konkurrent blieb beim Sturz auf den Erdboden mit zerbrochenem Schenkel liegen[1190]. Doch konnten die Theologen sich auch auf das *Alte Testament* stützen: Da ein Engel den Propheten Habakuk am Haar durch die Luft getragen hatte (Dan 13 f.), mußten die Dämonen, die ja gefallene Engel waren, dieselbe Fähigkeit besitzen[1191].

Es gab seit der Karolingerzeit, wenigstens seit dem *Canon episcopi*, eine Tradition, daß diese Flugerlebnisse nur Träume seien, die allerdings vom bösen Geist eingegeben würden. Dies liest man auch noch in einigen katechetischen Schriften des ausgehenden Mittelalters[1192], und gelegentlich bekannten Beschuldigte selbst, daß ihre Ausfahrten nur im Traume geschähen[1193] (was manche Juristen freilich als genauso schuldhaft beurteilten wie die körperliche Teilnahme am Sabbat, da solche Träume nur aus einer entsprechend kriminellen Disposition heraus kämen[1194]). Genauso wie in der Ekstase ist der zurückbleibende Körper auch bei der Ausfahrt empfindungslos.

Hier wäre der ganze Komplex der schamanistischen Trance und der Wahrsageträume anzusprechen, wie er auch bei den Germanen bekannt war[1195]. In der altnordischen *Fóstbroedhra saga* (Ende 13. Jh. ?) berichtet eine Frau ihrem Sohn: «Weit bin ich auf meinem Stab heute Nacht geritten, und ich weiß nun Dinge, die ich zuvor nicht wußte.»[1196] Deshalb wird sie noch nicht als Hexe bezeichnet. Erst die konsequent dämonologische Interpretatio christiana des Spätmittelalters macht solche Erlebnisse zu Sabbatfahrten.

Matteuccia di Francesco mußte 1428 bekennen, oft und oft das Hexentreffen beim verrufenen Nußbaum von Benevent aufgesucht zu haben, nachdem sie sich mit einer Salbe aus Kinder- und Eulenblut bestrichen hatte. In ihrem Prozeßakt ist auch der zugehörige Zauberspruch überliefert:

»Unguento, unguento,
mandame a la noce di Beniuento,
supra acque et supra ad uento
et supra ad omne maltempo»[1197]

(Salbe, Salbe, bringe mich zum Nußbaum von Benevent, über Wasser und Wind und jedes Unwetter hinweg). Und sofort erschien ein Dämon in Ziegenform und brachte sie wie der Blitz zum Versammlungsort.

Wenn von Johanna von Orléans bemerkt wird, sie sei von einem hohen Turm herabgesprungen, ohne sich zu weh zu tun[1198], so schwingt hier wohl die Hexenfluganschuldigung mit. Faktisch wollte sie sich mit diesem Sprung nur vor der Auslieferung an die Engländer retten und verletzte sich dabei.

Wo solche Flugvorstellungen authentisch sind, liegen ihnen sowohl bei den Mystikerinnen als auch bei den Hexen einerseits Traumerlebnisse zugrunde, andererseits ekstatische Erlebnisse. Beides hängt bei den Heiligen wohl am ehesten mit Erkrankungen zusammen – praktisch sämtliche Mystikerinnen, deren Biographien wir kennen, hatten unter oft schweren Krankheiten zu leiden. Bei ihnen kommen die üblichen Askesepraktiken wie Fasten,

Schlafentzug, Selbstgeißelung u.ä. hinzu, die entsprechende Halluzinationen fördern[1199], wie sich auch in volkskundlichen Forschungen zeigt[1200]. Schon Hans Vintler bemerkte in seinen 1411 verfaßten *Pluemen der tugent*:

»vil leut seind also gewissen,
das si vasten mit drein pissen,
und etleich unz si die steren sehen.»[1201]

(Viele Leute sind so gewesen, daß sie bis auf drei Bissen fasten, und manche, bis sie die Sterne sehen).

Wiewohl es eindeutig irrig wäre, da von den Quellen nicht getragen, psychische Erkrankungen als hauptsächliche Ursachen für die Besagungen von Frauen als Hexen anzunehmen, müssen sie dennoch in einer Reihe von Fällen eine Rolle gespielt haben. Spee beantwortet die Frage danach, wer am ehesten vor die Hexenrichter käme, so: «In der Regel sind es Frauen, denen der Prozeß gemacht wird, aber was für welche? Schwachsinnige sind es, Wahnsinnige, Gewissenlose, Schwatzhafte, leicht Beeinflußbare, Niederträchtige...»[1202] Man beachte die Reihenfolge! Und es gab auch im Mittelalter manchen Intellektuellen, der sich die Berichte von nächtlichen Ausfahrten mit den Träumen von «närrischen alten Weibern mit ihren Gesichten» erklärte, wie schon in der 2. Hälfte des 13. Jahrhunderts der generell skeptische Jean de Meun in einem der meistgelesenen altfranzösischen Texte, dem *Rosenroman*[1203]. Ganz ähnlich sagt Vintler von

»...den pösen leuten unrain,
die varen und sein doch hie haim.
als man des guet beweisung hat,
das der leib nicht chumpt von stat,
aber si werden verzucket im sinn,
das si wänen, si varen da hin...»[1204]

Eine der Angeklagten in den Prozessen des 16. Jahrhunderts in Schleswig sagte ausdrücklich, der Körper bleibe zu Hause, während «ihre Seele da in Wetter und Wind eilig hinkäme, dort bleibe, bis ihr Anschlag geschehen sei, und alsdann käme sie danach wieder zu dem Leib»[1205].

In diesem Punkt wurde die angesprochene Ambivalenz auch wenigstens von einem Zeitgenossen bemerkt, nämlich von Gianfrancesco Pico. Er schreibt 1502, daß die Hexen weite Strecken von den bösen Geistern zum Sabbat getragen werden, so wie in der Antike manche Philosophen (Pythagoras, Empedokles). Was die Dämonen können, können natürlich die guten Engel schon lange: deshalb werden die heiligen Frauen von ihren Schutzengeln genauso über lange Strecken getragen. Ebenso können sie «mit dem Geist umherschweifen, während ihr Körper unbeweglich bleibt», wobei er besonders auf Osanna von Mantua verweist[1206]. Katharina von Racconigi bringt nach demselben Autor sogar Kreuzreliquien aus Jerusalem, die sie während der Vision mitnimmt[1207]. Aber auch körperlich schwebt sie von einem Ort zum anderen. Dazu äußert sich Pico eindeutig: die Selige werde «la mascha di Dio» (Gotteshexe) genannt, denn die Bewohner des Piemont nennen die Hexen «masche». Sie wollten mit diesem Namen bedeuten, daß Katharina nicht anders von den guten Engeln getragen werde als die Hexen von den Dämonen. Währenddem die Hexen ihren Flug aber antreten, um sich mit dem Bösen zu treffen oder Schaden zu verursachen, durcheilen die «Hexen Gottes» die Lüfte, um Frieden oder Hilfe zu bringen[1208].

Eine grundlegende Differenz zwischen Charismatikerinnen und Zauberfrauen besteht jedoch darin, daß aus dem Bereich der Hagiographie m. W. überhaupt keine Berichte bekannt sind, die darauf schließen ließen, daß die Ekstatikerinnen je hypnogene Drogen verwendet hätten, wie sie auch des notorischen Besens entbehren können. Im Bereich des Hexenwesens ist dagegen die Verwendung von Salben zur Erzeugung der Flugempfindung sehr wohl belegbar; wir kennen sogar teilweise ihre Zusammensetzungen, und es gibt Experimente, die ihre halluzinogene Wirkung bestätigen[1209].

Wenigstens seit dem frühen 15. Jahrhundert rechneten einzelne Theologen und Ärzte mit dieser Genese der Sabbat-Erzählungen. Johannes Vincentii erklärte in seinem um 1475 verfaßten *Buch gegen die magischen Künste*, die Ausfahrten zu den Sabbaten seien nichts anderes als Traumillusionen, die zwar oft von Dämonen, aber teilweise auch durch Gifttränke, Salben, Kräuter, Pulver u.ä. hervorgebracht würden[1210]. Auch der spanische

Humanist Pedro de Valencia diskutierte 1611, inwieweit diese Erlebnisse real und inwieweit sie durch Halluzinogene hervorgerufene Traumvisionen sein mochten[1211]. Tatsächlich scheint sich gegen Ende des Mittelalters der Gebrauch von Narkotika stärker verbreitet zu haben. So wurde in der Frühneuzeit zur Schmerzlinderung bei Zahnweh besonders der Rauch von Nachtschattengewächsen inhaliert[1212]. In wie vielen Fällen eine solche Behandlung mit Psychodrogen faktisch zu Flug-Phantasien u.ä. führte, läßt sich freilich nicht mehr eruieren.

Doch muß die von so gut wie allen Mystikerinnen exzessiv praktizierte Askese analoge biochemische Wirkungen produziert haben: Schlafentzug, Fasten, Selbstverletzung können halluzinogene Phänomene auslösen; dazu kam die oft ununterbrochene Meditation[1213], die offensichtlich zu einer tranceähnlichen Verfassung führen konnte (wie sie auch aus anderen Religionen bekannt ist).

Hochschätzung der Eucharistie

Die intensive Beziehung, die diese Frauen zu Christus in Form der konsekrierten Hostie besaßen, konnte sich gleicherweise mit gutem oder mit bösem Vorzeichen manifestieren. Der leidenschaftlichen eucharistischen Devotion, die sich bei fast allen «mulieres sanctae» nachweisen läßt, steht ein ebenso intensives Interesse der Hexen am Sanctissimum gegenüber. Erstere wollen das geweihte Brot zu sich nehmen, um sich selbst zu heiligen und mit ihrem Geliebten vereinigt zu werden, letztere versuchen, sich in seinen Besitz zu setzen, um es für ihren Zauber zu mißbrauchen. Es spricht für sich, wenn einerseits eine deutlich über das Übliche hinausgehende häufige Kommunion von den Hagiographen oft und oft als Zeichen besonderen Gottesverlangens und großer Heiligkeit verzeichnet wird, andererseits dasselbe Verhalten den Verdacht erweckt, dies geschähe um der Gewinnung eines Zaubermittels willen: Helena Duglioli etwa wurde aus zwei Kirchen verjagt, weil sie zu oft die Kommunion empfangen wollte[1214].

Da es bereits mehrere Zusammenstellungen der überaus intensiven Eucharistiedevotion der charismatischen Frauen gibt[1215], die von Maria von Oignies bis Therese von Konnersreuth einen «Topos» orthodoxen Verhaltens darstellt, besonders, wo sonst Nahrungslosigkeit herrscht, sei hier nur ein Beispiel erwähnt: Die sel. Ida von Löwen († um 1300)[1216] war von so heftigem Verlangen nach der Eucharistie erfüllt, daß sich ihr ganzes Leben und ihre vielen Visionen fast nur darum zu drehen schienen. So heftig konnte das Sehnen werden, das Blut Christi aus dem Meßkelch zu trinken, daß ihr aus Mund und Nase Ströme von Blut rannen. Wenn sie keine konsekrierte Hostie erlangen konnte, nahm sie eine ungeweihte zu sich, «indem sie sie gierigst schlingend verschluckte, um so wenigstens die Glut ihres Sehnens ein wenig zu lindern und einzudämmen. Aber auch so legte sich diese alles übertreffende Glut nicht...»[1217] Sie erhält schließlich vom Papst das Privileg täglicher Kommunion[1218]. Im späten Mittelalter wurde der häufige Empfang der Eucharistie ein Zeichen von besonderer Frömmigkeit, das von vielen Mystikerinnen überliefert ist; auch Anna Laminit kommunizierte jeden Sonntag[1219], weil das zum Stereotyp charismatischer Heiligkeit gehörte.

Auch die falschen Heiligen liebten die Hostien, denn mit ihnen ließen sich Wunder besonders leicht inszenieren. Katharina aus dem Veltlin, eine Mystikerin aus der Mitte des 17. Jahrhunderts, wurde von der Inquisition überführt, eine nicht konsekrierte Hostie in die Kirche mitgebracht und in den Mund genommen zu haben, um dem Pfarrer, der ihr zur Prüfung das Altarsakrament verweigerte, zu beweisen, daß sie es dann eben von einem Engel erhalte. Eine zehnjährige Kerkerstrafe war die Konsequenz für ihren mißlungenen Versuch der Selbstheiligung[1220]. Bei Coletta von Corbie[1221] und vielen anderen Heiligen galt und gilt hingegen die Materialisierung der Hostie im Mund in derselben Situation als echtes Wunder...

Die Hexen waren ebenso von dem heiligen Brot fasziniert, verwendeten es jedoch zu ganz anderen Zwecken, wie so oft innerhalb und außerhalb von Prozessen erwähnt wird[1222]. Sie schluckten es bei der Kommunion nicht, sondern nahmen es nach Hause mit, um es zur Herstellung magischer Mixturen zu gebrauchen; oder sie brachten es ihrem Meister zum Sabbat mit. Manche Priester verkauften ihnen auch dieses Sakrament. Die Fälle von Hostienfrevel in dieser Umgebung sind so häufig, daß es auch hier genügt, nur ein paar Beispiele zu nennen. 1322, berichtet Johannes von Winterthur, stahl eine Frau im schwäbischen Ehingen eine Hostie vom Altar, um sie für ihren Zauber zu gebrauchen. Der Verdacht richtete sich zwar zuerst gegen die Juden, von denen man achtzehn ermordete. Dann aber stellte sich die Wahrheit heraus, und die Hexe wurde ebenfalls eingeäschert[1223]. Hostienzauber war so üblich, daß das Handbuch für Inquisitoren des Bernard Gui (um 1323) sogar die Abschwörungsformel enthält: «Ich schwöre jeder Zauberei oder jedem Hexenwerk ab, das gemacht wurde oder wird mit dem Sakarament oder dem heiligen Leib Christi»[1224]. Der berühmteste Barock-Prediger, Abraham a S. Clara (1644–1709), beschreibt, wie Hexen das Sakrament zum Wetterzauber verwendeten: «Einige warfen die Hostien in einen Sautrog, zerquetschten sie mit einem hölzernen Stössel, daß Blut hervorquellte, begossen sie mit unflätigem Wasser, und nachdem sie es mit einem alten Besenstiel herumgerührt hatten, verfinsterte sich der Himmel, und Schauer prasselte herunter.»[1225]

Die Hostie blieb eben an sich von magischer Kraft («virtus») erfüllt, unabhängig davon, wer sie wo wozu verwendete. Die Wiener Mystikerin Agnes Blannbekin (†1315) verneigte sich immer auf der Straße vor einem Kellereingang, ohne zu wissen, warum. Als sich eine feierliche Prozession dorthin begab, erfuhr sie, daß eine Hexe dort in einem Weingefäß zu dunklen Zwecken eine konsekrierte Hostie versteckt hatte, die nun in die Kirche heimgeholt wurde. Blannbekin hatte intuitiv das verborgene Sanctissimum gespürt[1226]. Auch Theologen glaubten die Lehre von der unter allen Umständen bleibenden Kraft, die praktisch auf die Möglichkeit zum Gotteszwang hinausläuft. Schließlich behauptete der hl. Thomas, daß «auch wenn eine Maus oder ein Hund eine konsekrierte Hostie frißt, die Substanz des Leibes Christi nicht aufhört zu bestehen,... solange die Substanz des Brotes besteht.»[1227] Die Macht des in der Hostie realpräsenten Gottessohnes läßt sich daher für jede Schandtat mißbrauchen: Z.B. berichtet die *Chronik von St Denis* über die Brunnenvergiftung der Juden 1321, sie hätten das mit einem Gebräu gemacht, das seine Wirksamkeit u.a. durch geweihte

Hostien erhielt. Diese finden sich auch als Bestandteil einiger Rezepte für ebenso wirksame Hexensalben, die den Sabbatflug ermöglichen[1228].

Es gab zwar gelegentlich Hexen, die die Anwesenheit des Herrn in der Hostie leugneten[1229] oder die aufgrund ihres Paktes mit dem Bösen diese nicht mehr sehen konnten[1230], üblicherweise dachten sie aber eher daran, Gott durch Manipulationen mit der Eucharistie dazu zu zwingen, etwas von ihnen Gewünschtes zu bewirken. Dazu nahmen sie das Allerheiligste nach der Kommunion im Mund mit, obgleich allein die Entwendung einer geweihten Hostie ohne weiteres für den Scheiterhaufen reichte[1231]. Deshalb verlangte Institoris, die Frauen sollen das Abendmahl «mit weit offenem Munde und gut vorgestreckter Zunge und ohne Schleier» empfangen[1232]. Bei Piéronne schien es den Zeitgenossen verdächtig, daß sie einmal an einem Tag zwei Hostien bekommen hatte[1233].

Doch wurden von den Magiern immer wieder auch andere Sakramente bzw. Sakramentalien zum Zauber verwendet. Z.B. wurde das Kreuzzeichen mißbraucht[1234]; recht üblich war es, Zauberdinge unter die Altartücher zu legen, damit sie etwas von der Kraft der Meßfeier mitbekämen[1235], usw.

Auch die Besessenen beschäftigte übrigens dieses Sakrament. 1585/86 traten im englischen Denham mehrere Besessene auf, die von Visionen berichteten, die die Realpräsenz des Gottessohnes in der Hostie zum Inhalt hatten, was von der katholischen Propaganda gegen Königin Elisabeth I. und für Maria von Schottland verwendet wurde[1236].

Eine seltenere Analogie: Fasten

Vielleicht könnten noch weitere, wenn auch seltene Vergleichspunkte festgemacht werden, so etwa die Fähigkeit, Feuer und Hitze ohne Schmerzen und Verbrennungen zu ertragen. Von einigen Mystikerinnen wird dieses Phänomen, der Salamandrismus, berichtet[1237]. Ähnlich glaubten manche die Hexen vor der Glut gefeit, weswegen ihnen das Gottesurteil mit dem glühenden Eisen erspart blieb, zu dem zugelassen zu werden sie sich – so der *Hexenhammer* – angeblich bemühten[1238]. Man meinte, daß der Böse sie vor Schaden behüten würde, was z.B. Ulrich Tengler in seinem *Layenspiegel* verbreitete[1239]. Daß die Diskrepanz zu der faktischen Verbrennbarkeit der Magier und Zauberinnen nicht auffiel, gehört zu den so schwer verständlichen mentalen Differenzen zwischen damals und heute.

Ein Beispiel, das praktisch exklusiv zum Heiligkeitsstereotyp zu gehören scheint, war die teilweise oder vollkommene Nahrungslosigkeit (immer ausgenommen der Empfang der Eucharistie), die heilige, oder besser: religiöse Anorexie[1240]. Sie wird von den Hexen als magisches Verhalten praktisch nicht erwähnt. Doch ist dieses Charisma im Katholizismus anscheinend als Reaktion auf die Enthaltsamkeit bestimmter Ketzerinnen entwickelt worden.

Mitunter sehr harte Fasten wurden bereits von den Wüstenvätern und im späteren Mönchtum immer wieder praktiziert, frühmittelalterliche irische Heilige leisteten z. B. eine «superpositio» von bis zu vier Tagen völligen Fastens. Aber es scheint, daß das Charisma einer (für normale Menschen tödlichen) Nahrungslosigkeit erst um 1200 in der katholischen Heiligkeitsvorstellung wichtig geworden ist, und zwar im Zusammenhang mit der Propaganda gegen die zeitgenössischen Katharer. Die Frauen, die in die «Konvente» der Albigenser eintraten, mußten sich ja einem Noviziat unterziehen, das drei sehr strenge vierzigtägige Fasten vorsah. Die erste bekanntere mystische Heilige, Maria von Oignies, nahm gegen Ende ihres Lebens keinerlei Nahrung außer der Eucharistie in beiderlei Gestalt zu sich. Es ging ihr (bzw. ihrem Hagiographen) darum, «die Häretiker auf ihrem eigenen Gebiet zu schlagen, indem gezeigt wurde, daß die katholische Kirche... Heldinnen besaß, die nicht nur die Perfekten [die oberste Stufe bei den Katharern] durch ihre Abstinenz und die Härte ihres Lebens übertrafen, sondern eben dadurch die Grundlage für ein intensives spirituelles Leben zu legen wußten.»[1241] Die Verweigerung der Nahrungsaufnahme in den letzten Monaten der Seligen erinnert deutlich an die «endura»[1242], den Freitod der Katharer durch Verhungern, wodurch sie das Martyrium ersetzen und den Rückfall in die böse Welt des Materiellen verhindern wollten.

Wir haben bereits geschildert, wie die Imitatorinnen eben daran scheiterten, daß sie dieses Charisma tatsächlich nicht «produzieren» konnten, da es eben kontrollierbar ist, anders als etwa der Empfang von Visionen. Auch auf «echte» Heilige fiel ein entsprechender Verdacht. Katharina von Siena wurde (wie später auch Veronika Giuliani) wegen ihres Fastens beschuldigt, sich von Dämonen betrügen zu lassen[1243]. Von Colomba von Rieti vermerkte ein Perugianer Chronist: «Sie folgte dem Weg und der Spur der hl. Katharina von Siena und aß nie, trank auch nie, wenige Male ausgenommen, in den Fasten.»[1244] Es hieß von ihr, «da ist eine Schwester beim hl. Dominikus, die keine Nahrung ißt und zahlreiche Zeichen der Heiligkeit vollbringt»[1245]. Auch Versuche, sie mit körperlicher Gewalt zum Essen zu zwingen, blieben erfolglos[1246]. Stefana Quinzani blieb viele Tage ohne Nahrung, ausgenommen die heilige Hostie[1247]. Chiara Bugni soll wenigstens 40 Tage ohne Essen ausgekommen sein[1248]. Eine andere Charismatikerin soll ausschließlich von der Kommunion gelebt haben, die ihr ein Engel täglich überbrachte[1249]. Viele Namen bekannter MystikerInnen könnten hier noch erwähnt werden, Liedwy von Schiedam, Elisabeth von Reutte, Katharina von Genua, Domenika vom Paradies, Therese von Konnersreuth usw.[1250] Eine Gestalt der Amsterdamer Folklore ist Bessie van Meurs (Heva Vliegen), die siebzehn Jahre ohne Nahrung gelebt haben soll, weil die Schwiegermutter ihr das Essen nicht gönnte. War sie eine fromme Charismatikerin oder das «Lügenweib» («dat leugenachtige wijf»), als das sie die Tradition kennt?[1251]

Der Philosoph Pico della Mirandola jr. nennt die sel. Colomba von Rieti und die Schwindlerin Anna Laminit in einem Atemzug mit wegen ihrer jahrelangen Fasten berühmt gewordene Frauen seiner Zeit[1252], und Sebastian Franck tut dasselbe mit dem hl. Nikolaus von Flüe und der genannten falschen Heiligen aus Augsburg[1253].

Wie verwandt die mystischen Phänomene allerdings mit der «entgegengesetzten» Besessenheit sind, zeigt sich auch in diesem Zusammenhang, da auch hier die Nahrungslosigkeit vorkommt: Nicole Obry lebte in der Mitte des 16. Jahrhunderts monatelang nur von der Eucharistie – was die katholische Propaganda als lebenden Beweis gegen die Hugenotten feierte[1254]. Doch selbst das Fasten als eine der Hauptleistungen der Heiligen konnte gelegentlich von Hexen mißbraucht werden: Nider erwähnt es als Vorbereitung für Wahrsagepraktiken[1255], und 1485 sagte die Kleyberin in Innsbruck aus, daß ein dreimaliges Fasten am Sonntag nötig sei, um jemanden mittels Magie töten zu können[1256].

Gegensätze

WIR HABEN UNS EBEN mit denjenigen Punkten beschäftigt, wo in den Bildern, die man sich von den Heiligen, Ketzerinnen und Hexen machte, vergleichbare Faktoren auftauchten. Man könnte von analog strukturierten Gegenwelten sprechen, die teilweise aus den gleichen Elementen aufgebaut sind. Das darf natürlich nicht übersehen lassen, daß es auch eine Reihe von Elementen gibt, wo diese Gruppen einander tatsächlich diametral gegenüberstehen. Dies betrifft nicht nur die Ziele, die sie bei der Anwendung ihrer faktischen oder vorgegebenen Fähigkeiten verfolgten, indem der Schadenzauber im Hexenstereotyp doch deutlich mehr in den Vordergrund tritt, als Strafwunder in dem der Heiligen. Es gibt bekanntlich grundsätzliche Kontraste: Während die Heiligen Kinder im allgemeinen heilen, tun dies die Hexen zwar ebenfalls, doch sie mißbrauchen sie auch und saugen ihnen das Blut aus. Nach innen wirkende Wunder wie Inspirationen oder Süßempfindungen sind kein Thema der Hexenprozesse. Seit der Verweigerungsbewegung der Beginen und dann der Bettelorden gehörte die Armut in das Stereotyp spätmittelalterlicher Heiligkeit. Den Hexen dagegen ging es eingestandenermaßen um irdische Vorteile. Merkwürdig nur, daß es ihre Verfolger nicht irritierte, daß kaum eine von ihnen reich wurde, ungeachtet der magischen Möglichkeiten, die sie doch dazu hätten haben müssen. Typisch sind für fast alle Charismatikerinnen eine intensive Bußgesinnung und exorbitante Askeseleistungen; beides sucht man bei den Hexen vergebens. Während von Hexen oft berichtet wurde, daß sie sich in Tiere verwandeln, verwandeln Heilige vielleicht einmal andere in Tiere und zurück[1257], aber nicht sich selbst. Zwar sind sie gelegentlich gleichzeitig an zwei Orten anzutreffen, ein Wunder, das als Bilokation bezeichnet wird, aber immer in ihrer menschlichen Gestalt[1258].

Soziologisch betrachtet handelt es sich bei beiden Gruppen um Außenseiter außerhalb der Gesellschaft der «Normalen», um Randgruppen, wenn man diesen Begriff in diesem Sinn ausdehnen will. Doch konnten als Heilige verehrte Personen einen unglaublichen Einfluß in Kirche und Welt erlangen, selbst wenn sie habituell abqualifizierte Frauen waren, wie die Beispiele Hildegard von Bingen, Birgitta von Schweden und Katharina von Siena bezeugen[1259]. Hat sich auch mancher Fürst einen Magier oder eine Zauberin im Hofstaat gehalten, so blieb deren Einfluß auf die Geschichte unvergleichlich geringer.

Und während die Reliquien der Heiligen einen von ihrem Tod bis in die Gegenwart dauernden Kult erfuhren, blieb ein so langdauerndes Interesse an ihren Überresten den Hexen versagt. Nur unmittelbar nach dem Tode versuchte man, ihrer Asche habhaft zu werden, doch machte man es ja bei anderen hingerichteten Verbrechern genauso. Der Lokalhistoriker Giuseppe Rondoni bemerkte über die Hexenverbrennungen im Gebiet von San Miniato: «Es ist beachtlich, wie viele Leute aus unserer Gegend sich um den Scheiterhaufen drängen, um sich eines Stückchens dieser Asche zu bemächtigen, die nach dem beklagenswerten Aberglauben der Zeit die Kraft haben soll, von jedem Übel zu befreien.»[1260]

Wenn Hexen und Heilige eindeutig die eben geschilderten Verhaltensweisen zeigten, waren sie problemlos zu identifizieren. Sie hatten aber in ihrer Erlebniswelt und ihrem Verhalten gleichzeitig nicht wenige Gemeinsamkeiten, und wir haben eine ganze Zahl von Fällen kennengelernt, bei denen deshalb die Zuordnung schwankte. Aber daß es noch mehr Fälle gab, wo sie für die Zeitgenossen eindeutig war, darf natürlich nicht verschwiegen werden. Für das Hexenbild hat man als in der Vorstellung der Zeitgenossen immer wieder auftretende konstitutive Elemente genannt: den Nachtflug, den Pakt, die Verleugnung des Christentums, die Entheiligung seiner Zentralsymbole, den Sabbat, die sexuelle Orgie, den Schadenzauber, den Kindesmord und den Kannibalismus. Diese Elemente zählten teilweise schon zum Ketzerstereotyp seit dem 11. Jahrhundert, das wesentliche Farben für das Bild der Hexe lieferte[1261]. Flug und Pakt, Fest und Erotik haben wir jedoch genauso bei den Heiligen beobachtet. Dazu kommt, daß beide Gruppen Visionen erlebten, beide von ihrer Gottheit gezeichnet wurden und zu leiden hatten, beide Magie gebrauchten, um zu heilen und um ihre Gegner zu schädigen. Wenn bei zwei Gruppen so viele Merkmale, von denen wir eben nur die deutlichsten erwähnten, übereinstimmen, dann dürfte es leichter verständlich werden, warum die Unterscheidung der Geister für die Theologen, aber auch die Betroffenen selbst, zu einer zentralen Frage werden konnte.

Unterscheidung der Geister

Theologisch gesehen, beruhen die oben geschilderten Fälle von Frauen, die als Hexen verleumdet wurden, obschon es sich um anerkannte Heilige der katholischen Kirche handelt, genauso auf einem Irrtum bei der Unterscheidung der Geister wie jene, wo letztlich als Ketzerinnen oder Hexen verurteilte Frauen von Gläubigen guten Gewissens verehrt wurden.

Das Problem der «Discretio spirituum»[1262], die Frage nach der Unterscheidung des Wirkens der bösen Geister von dem der guten, beschäftigte schon die jüdische Antike, in der Propheten ja eine bedeutende Rolle spielten[1263]. Auch an Jesus sahen, wie bereits bemerkt, die Schriftgelehrten Züge, die sie als Besessenheit durch einen unreinen Geist verstanden, währenddem Jesus selbst in seiner Antwort andeutet, in ihm wirke ein oder der Heilige Geist (Mk 3, 22-30). Im *Neuen Testament* wird vor falschen Propheten und Christussen, «pseudoprophetai» und «pseudochristoi» gewarnt[1264]. In der weiteren Geschichte des lateinischen Christentums zeigt sich das Problem vor dem späten Mittelalter in ähnlicher Form m.W. nur beim Auftreten des Montanismus (2./3. Jh.), wo die Kirchenväter auch gegen «falsche Heilige» und Mystikerinnen dieser Sekte kämpfen[1265]. So z.B. gegen die Prophetin Philomene, die Revelationen und Visionen empfängt, die ihr von einem Engel eingegeben erscheinen, aber gemäß katholischem Urteil natürlich Werk des Teufels sind. Andere Prophetinnen imitieren vom Heiligen Geist gesandte Ekstasen und machen Weissagungen, gehen bloßfüßig im

Schnee, etc. Sie verraten sich als Ketzerinnen, da sie es wagen, die Eucharistie zu konsekrieren[1266]. Hier war also das Thema von der Unterscheidung bereits in einer ähnlichen Situation vorgegeben wie dann seit dem Spätmittelalter. Schon in der Alten Kirche beschäftigten sich Bischöfe ebenfalls damit, bei Verstorbenen nachzuprüfen, ob ihnen eine etwa bezeugte Verehrung auch wirklich zukomme; Martin von Tours hat dies mit Hilfe seiner visionären Begabung eindrucksvoll praktiziert und das Grab eines falschen Heiligen zerstört[1267].

Nachdem sich auch später so häufig gelesene Autoren wie Cassian oder Gregor d. Gr. mit diesem Problem befaßt hatten, wurde es im Zeitalter der Mystik und der Hexerei von fast jedem bedeutenderen Theologen oder Seelenführer diskutiert, Pierre d'Ailly, Gerson, Heinrich von Langenstein, Dionysius von Rijkel, Ignatius von Loyola usf. bis in die Gegenwart – ein Zeichen, daß dafür ein dringendes Bedürfnis vorlag. Viele Traktate erschienen seit dem Spätmittelalter zu diesem Thema (wie auch sonst im 14. und 15. Jahrhundert Schriften zur Entlarvung von geheuchelter Armut, Betrug usw. aufkamen[1268]). Das war im 12. und 13. Jahrhundert noch nicht so gewesen, ein Bernhard von Clairvaux oder ein Thomas von Aquin hatten noch ganz en passant über dieses Theologumenon geschrieben.

Besonders problematisch war es für alle Beteiligten, bei Visionen oder Auditionen herauszubekommen, wer ihr Urheber war, ein gutes oder ein böses Wesen der Über- oder Unterwelt (die heutige Erklärung als psychische Störungen wurde ja nur sehr selten vorgebracht). Die von Nider in Regensburg «bekehrte» Frau hatte, so der Dominikaner, «einen bösen Geist als Betrüger, den sie nach innerem Instinkt für einen Engel des Lichtes in falschen Offenbarungen angenommen hatte. Sie hatte sich auch nicht an irgendeinen erfahrenen und belesenen Mann zur Prüfung gewandt, ob diese Offenbarungen von Gott seien, noch hinreichend die Hilfe Gottes gegen den Geist des Irrtums angerufen...»[1269] (Beachtenswert ist die Reihenfolge: für den Theologen kommt die Belehrung durch einen Theologen vor dem Gebet zu Gott). Bekanntlich spielte die Frage, ob die Erscheinungen der Jungfrau von Orléans die von Engeln und Heiligen oder diejenigen von bösen Geistern in falscher Gestalt seien, eine entscheidende Rolle in ihrem

Prozeß[1270]. Nider bemerkte über Johanna: «Sie selbst behauptete, sie besäße einen vertrauten Engel Gottes, der nach dem Urteil der gebildetsten Männer aufgrund vieler Erwägungen und Schlüsse als böser Geist beurteilt wurde»[1271]. Visionen und Erscheinungen, die diese Unglücklichen entweder tatsächlich gehabt hatten oder die zuzugeben ihnen unter Zwang aufoktroyiert worden war, spielten ja nicht nur bei den Heiligen, sondern auch bei den Hexen eine nicht zu geringe Rolle. Die gefallenen Engel haben nicht nur nach der Meinung der mittelalterlichen Theologen die Macht behalten, Gesichte zu bewirken – man liest bei Thomas von Aquin[1272] genauso davon wie im *Hexenhammer*[1273] –, sondern es ist dies auch die Lehre der gegenwärtigen katholischen Theologie[1274].

So wurden auch immer wieder kirchenamtliche Untersuchungskommissionen eingesetzt, um die Offenbarungen der Mystiker und Mystikerinnen zu prüfen. Vor dem Hintergrund der generellen Skepsis gegenüber den Privatoffenbarungen in der letzten Epoche der Menschheitsgeschichte[1275], die ja oft und oft Kritik an schlechten Vertretern der Amtskirche enthielten oder zu deren Lehre in Konkurrenz traten, ist es verständlich, daß die Hierarchie kraft ihres Amtes die Verkünderinnen neuer Offenbarungen auf Herz und Nieren prüfte – wie sie es genauso mit männlichen Propheten tat[1276]. Es hielten sich auch bisweilen weltliche Große dafür für zuständig, z.B. die Königin Johanna von Neapel[1277].

Daß sie zu Objekten kirchlicher Discretio spirituum wurden, das trifft auch auf die berühmtesten Mystikerinnen des mittelalterlichen Christentums zu[1278]. Schon im 12. Jahrhundert wurde die hl. Hildegard dieser Prüfung unterzogen: Nachdem der Beichtvater Volmar und der Abt Kuno den *Scivias* der Seherin gelesen und gebilligt hatten, hielten es der Bischof von Mainz und die höhere Geistlichkeit für gut, 1147 Papst Eugen III. und Bernhard von Clairvaux die Angelegenheit Hildegards zu unterbreiten, um durch die oberste Autorität zu erfahren, «was anzunehmen und was zu verwerfen sei...»[1279]. Der Papst beauftragte eine Abordnung von Theologen, die die Visionärin und ihre Mitschwestern «in Demut» befragten und sich das noch unvollendete Werk aushändigen ließen; – man kennt das überaus günstige Resultat dieser Untersuchung.

Bei Birgitta war es so, daß ihre Offenbarungen in ihrem Heimatland von *dem* Spitzentheologen Schwedens in der 1. Hälfte des 14. Jahrhunderts geprüft und an verschiedene Bischöfe versandt wurden, von Magister Matthias von Linköping. In ihrer italienischen Zeit erzählte die Seherin ihre Visionen sofort («statim») ihren beiden Beichtvätern und stellte sie gänzlich ihrem Urteil anheim, «et omnes illas subiciebat eorum judicio et discretioni»[1280]. Als sich Birgitta auf ihrer Pilgerfahrt ins Heilige Land befand, empfing sie in Famagusta den Befehl des Herrn, alle ihre Offenbarungsbücher Bischof Alfons von Jaén zu übergeben, der sie erklären und ihre Katholizität herausarbeiten sollte: «...catholicum sensum spiritus mei teneat»[1281].

Katharina wurde mindestens fünfmal von Theologen geprüft und einem hervorragenden Mitglied ihres Ordens, nämlich dem sel. Raymund von Capua, anvertraut, der in Rom und Bologna Lektor gewesen war, in Rom auch Prior, in Siena Studienregens, und der nach Katharinas Tod noch zum Ordensgeneral avancieren sollte. Die Heilige und der Selige begegneten einander im Mai 1374 auf dem Generalkapitel in Sta Maria Novella zu Florenz, wohin auch die Seherin geladen worden war, offenbar um sie betreffs ihrer Orthodoxie zu examinieren. Aber ihre entscheidende Beurteilung durch die Kirche fand zweifelsohne in der damaligen päpstlichen Residenz in Avignon statt. Zuvorkommend stellte Gregor XI. ihr als Gesandter der mit ihm verfeindeten Stadt Florenz ein hübsches Haus mit einer prächtigen Kapelle zur Verfügung und bezahlte die Kosten ihres Aufenthaltes. Doch bereits am ersten Tag bekam sie Besuch von drei Prälaten, darunter einem Erzbischof, die sie gründlich über ihre Schauungen und ihr eigenes Vermögen zur «Unterscheidung der Geister» ausfragten. Wiewohl die Herren äußerst arrogant auftraten – sie sprachen Katharina u.a. als «vilis femella» (niedriges Frauenzimmer) an und behelligten sie mit beißenden Worten –, konnten sie kein Fehl an der Italienerin finden und zogen wieder ab. Es ist klar, daß bei einem anderen Ergebnis die Inquisition eingeschaltet worden wäre – und dann hätte Katharina niemals in ihrem Leben eine schlimmere Reise (»pessimum iter») unternommen[1282], wie ein Leibarzt des Papstes es formulierte.

Wie leicht es war, aus einer überzeugten Mystikerin eine sich selbst der Ketzerei beschuldigende Apostatin zu machen, schildert z.B. Johannes Nider aus eigener Erfahrung am Beispiel einer etwa dreiundfünfzigjährigen Jungfrau aus Regensburg, die sich in ihrer Vorstellung als Empfängerin göttlicher Botschaften durch einen Engel sah. Sie hielt sich für die Mutter der Kirche Christi und für gesegneter als die Apostel. Keine Diskussion konnte sie, die klug und widerspruchsfrei antwortete, von dieser Überzeugung abbringen, für die ins Feuer zu gehen sie sich bereit erklärte. Man schritt zur Tortur, und schon war erreicht, was keiner der disputierenden Theologen zuwege gebracht hatte: sie bekannte sich als getäuscht, widerrief ihre Irrtümer öffentlich und versprach Gehorsam. Dies hatte der Erzdiakon, der ihre Folter verlangt hatte, richtig vorausgesagt: «per torturam humilatam magis postmodum idonei eritis ad conuertendum ipsam» (wenn sie einmal in der Folter demütig geworden ist, werdet ihr dann gut im Stande sein, sie umzudrehen)». Natürlich verabsäumte es Nider bei dieser Gelegenheit nicht, die Gepeinigte einläßlich darüber zu katechisieren, wie schwach das weib-

Eine Frau mit Gebetbuch und Rosenkranz gibt Almosen, verrät ihre Hypokrisie aber durch Teufelsfüße. Holzschnitt aus C. Ripa, Iconologia, Rom 1603

liche Geschlecht ohne die Belehrung der Theologen sei[1283]. Ob es heute in
der Catholica etwa eine *selige* Angela von Foligno gäbe, falls auch ihre Äußerungen mit derselben kritischen Aufmerksamkeit geprüft und vermittels
körperlicher Qual erprobt worden wären?

Wenn man eine von ihrer Begnadung überzeugte Frau ohne derartige
Gewalt umdrehen wollte, wie sie eben aus dem 15. Jahrhundert geschildert
wurde, konnte dies freilich ein langwieriger Prozeß werden. 1755 begab sich
in Udine eine Kapuzinerin, Gesualda Forni, freiwillig zum Heiligen Officium und gab an, viele Katholiken durch Vorspiegelung falscher Charismen
getäuscht zu haben. Ihr Leben ohne Nahrung, ihre Ekstasen, die Diszipli-
nen, das Einbrennen des Namens Jesu, die Schwangerschaft mit Christus,
alles sei nicht wahr gewesen. Zu Unrecht habe sie Dinge gesegnet und von
anderen Nonnen Botschaften für das Jenseits entgegengenommen. Diese
Frau war nicht entlarvt worden, wie eine Sybilla oder Laminit, sondern handelte nach eigener Entscheidung. Vorausgegangen war dem aber ein sie-
benjähriges Ringen mit ihrem Beichtvater, der sie nach und nach überzeugt
hatte, sie sei ungeachtet ihrer brennenden Gottesliebe eine Betrügerin, die
nur Verzeihung suchen müsse[1284].

Ursula Benincasa

Im Fortschreiten der Heilsgeschichte (um im christlichen Geschichtsbild
zu bleiben) wurden nach dem Ende des Mittelalters gegenüber charismatisch begabten Frauen die Widerstände immer größer. Konkret wurden sie
in der laufenden Verschärfung der Prüfungen manifest. Wir haben die
Gründe für diese Entwicklung bereits diskutiert[1285]. Wie der katholische
Klerus bei der Unterscheidung der Geister mit einer solchen Frau nach dem
Konzil von Trient umzugehen pflegte, illustriert beispielhaft seine Haltung
gegenüber der Neapolitanerin Ursula Benincasa (1550-1618)[1286]. Die große
Kirchenversammlung hatte ja im Bereich der Mystik eine Tendenz zur Skep-
sis festgeschrieben und allgemein die Gleichschaltung religiösen Verhaltens
vorangetrieben. Benincasa paßte nicht gut in das damit geltende Idealbild:
Sie pflegte seit ihrem zehnten Lebensjahr in Ekstasen zu fallen, die sie in der
Imitatio Katharinas von Siena und Maria Magdalenas von Pazzi mit ihrem

himmlischen Liebhaber, «Gesú Amore», vereinigten. Die Laute, die sie
dabei von sich gab, wurden als Vogelgezwitscher, aber auch als Orgeltöne
bezeichnet. Doch verschrieb Benincasa sich nicht nur der Vita contempla-
tiva; sie wandte sich auch nach Art der Bußpropheten nach außen und be-
fürwortete Kreuzzüge zur Unterwerfung der Heiden und Häretiker. Da sie
daran war, sich zu einer Volksheiligen der Neapolitaner zu entwickeln, begann sowohl die Inquisition als auch der Erzbischof Hannibal von Capua,
sie zu überwachen. Besondere Unterstützung erfuhr sie dagegen von einem
Abt, dem sie geweissagt hatte, er werde der sehnsüchtig erwartete «En-
gelspapst» werden (die Hoffung, endlich einen vollkommenen Papst auf
dem Throne Petri zu sehen, war seit dem 13. Jahrhundert nicht verblaßt[1287]).
1582 begab sich Benincasa aufgrund einer Offenbarung – wie einst Birgitta
von Schweden und Katharina von Siena – nach Rom, um Papst Gregor
XIII. zu einer globalen Reform der Christenheit zu bewegen. Da sie bei dieser Gelegenheit mehrfach in Ekstase fiel, was ja auch das Werk des bösen
Geistes sein konnte, wurde sie einer neunköpfigen Theologenkommission
überantwortet. Der Generalinquisitor selbst exorzierte die Mystikerin fei-
erlichst. Als besonderer Prüfer wurde ihr jedoch Philipp Neri beigegeben.
Dieser, der Gründer der Priestergemeinschaft des Oratorium, der 1622 heiliggesprochen werden sollte, erkannte freilich die Heiligkeit seiner künftigen Standesgenossin nicht recht (dies sollte erst 1793 Papst Pius VI. tun,
indem er sie zur Verehrungswürdigen erklärte). Neri jedoch trennte sie von
ihren Eltern, unterbrach ihre Kontakte mit der Außenwelt und verbot ihr
zu kommunizieren (was damals für eine tieffromme Katholikin eine unge-
heuerliche Qual war). «fu esaminata, provata, mortificata et sperimentata»,
sie wurde geprüft, erprobt, kasteit und getestet, wie ein Zeitgenosse
schrieb[1288]. Mehrfach wurde ihr und ihrer Familie ein Prozeß vor dem Inquisitionstribunal angedroht; in ihrer Heimat war bereits das Gerücht im
Umlauf, die Mystikerin sei zum Flammentod verurteilt worden. Im Hei-
ligsprechungsprozeß Neris, also einer Sammlung von Zeugenaussagen, die
seine Auserwählung dokumentieren sollte, finden sich folgende Angaben
zu seinen Prüfungsmethoden: «Er hielt sie in Demut und Gehorsam, indem
er sie abschätzig behandelte und ihre Ekstasen, die sie täglich erfuhr, ver-

achtete, wodurch er sie tief erniedrigte»[1289]. Sie mußte sich entkleiden, und es wurden ihr alle Haare abrasiert[1290] – die in den Hexenprozessen übliche Methode, um ein etwaiges Teufelsmal zu entdecken[1291]. Ebenso wurde sie anscheinend ausgiebig zur Ader gelassen, was jedenfalls ihre Kraft zu irgendeinem Widerstand schwächen mußte[1292]. Durch acht Monate hindurch hatte sie jeden Tag vor Neri die Beichte abzulegen[1293]. Ihre Verwandten und sie selbst wurde von diesem Priester, der davon überzeugt war, 99 Prozent aller Ekstatiker seien keine Heiligen, mit dem Tod bedroht[1294].

Ursula selbst berichtet: «Er ermüdete sich sehr, meinen Geist zu prüfen [Discretio spirituum], und, nachdem er mir viele Schmähungen gesagt hatte, um mich zu prüfen, kniete ich mich nieder und sagte, daß er mich wahrhaftig erkenne, und küßte ihm die Füße.»[1295] Diese fast übermenschliche Demut und Geduld, mit der sie alles ertrug, veranlaßten Neri schließlich dazu, ihre Unschuld zu akzeptieren; um seinerseits Demut demonstrieren zu können, durfte auch Benincasa ihn beschimpfen. Schließlich wurde ihr gestattet, Rom zu verlassen, freilich mit dem Verbot, Weissagungen zu verbreiten, und weiterhin unter Kontrolle. Trotzdem konnte die Neapolitanerin noch als Stifterin frommer Gemeinschaften hervortreten.

Benincasas Beispiel zeigt, wie sich im Vergleich mit dem 14. Jahrhundert, wo in ganz gleicher Weise Prophetinnen vom Ruf einer Katharina und Birgitta aufgetreten waren, das Klima aus bestimmten Gründen geändert hatte[1296]: noch viel eingehender als damals wurde die Heilige an der Wende vom 16. zum 17. Jahrhundert auf Herz und Nieren begutachtet, und noch viel weniger war nun die kirchliche Hierarchie geneigt, einer Frau Gehör zu schenken, auch wenn ihre Untersuchung positiv ausfiel. Daß das geschilderte Vorgehen Neris dem üblichen entsprach, zeigt u.a. auch die Prüfungsmethode des ebenfalls von Neri geleiteten Seelenführers der stigmatisierten Dominikanerin Katharina (Francesca) Paluzzi (1573-1645), auch sie eine Nachahmerin Katharinas von Siena. Diese Prüfungsmethode bewegte sich ganz auf der gleichen Linie, wie eben geschildert, fügte aber weitere Demütigungen hinzu, wie ins Gesicht spucken, die Augen schließen, das Gebet untersagen usw.[1297]

Auch die Schriften der mystisch begabten Persönlichkeiten wurden genauso strenger Examination unterzogen wie oftmals sie selbst. Bei Angela von Foligno war es eine Kommission von Franziskanertheologen, denen offenbar eine gewisse Verwandtschaft mancher ihrer Aussagen mit den Lehren der Freien Geister entging[1298]. Die Schauungen der hl. Klara vom Kreuz (†1308) wurden bei ihrem Kanonisationsprozeß 1329/30 genau untersucht, obwohl sie eine starke Pressure Group innerhalb der Hierarchie besaß[1299].

Es konnte freilich auch vorkommen, daß sich bedeutende Theologen für ein Werk aussprachen, das dann trotzdem von der kirchlichen Obrigkeit verworfen wurde, wie es der Fall beim *Mirouer des simples ames anienties et qui seulement demourent en desir et vouloir d'amour* (Spiegel der einfachen, vernichteten Seelen und jener, die einzig im Sehnen und Verlangen nach Liebe verweilen) Marguerite Poretes (um 1255-1310) war[1300]. Einige dogmatisch bedenkliche Stellen erlangten besondere Aufmerksamkeit vonseiten der kirchlichen Hierarchie und dann der Inquisition, und das Buch wurde im Beisein der Autorin verbrannt. 1310 mußte diese selbst den Scheiterhaufen besteigen, da sie nicht bereit war, sich von ihrem Werk zu distanzieren. Dies alles, obschon der *Mirouer* durchaus den Beifall einer Reihe hochrangiger zeitgenössischer Theologen gefunden hatte, darunter Gottfried von Fontaines, der sich u. a. auch mit den Werken Hildegards von Bingen beschäftigte. Doch setzte sich die Partei derjenigen durch, die das Werk als häretisch befanden, da es sie offenbar an die Lehren der Sekte vom Freien Geist erinnerte.

»Wie leicht und oft das weibliche Geschlecht irrt, wenn sie nicht ein kluger Mann leitet!« bemerkte der Dominikaner Nider zum Fall Magdalena und Margareta Beutlerin[1301]. Vor dem bekannten Hintergrund, den dieses Zitat repräsentiert, hatten alle diese Frauen nur dann eine Chance, ihre ekstatische Frömmigkeit als Heiligkeit anerkannt zu bekommen, wenn sie die männliche/kirchliche/theologische Leitung willig anerkannten. Was sie in der Regel auch taten. Denn sie selbst – dafür gibt es in ihren Schriften eindeutige Belege[1302] – hatten ein recht gutes Stück weit die herrschende Ideologie internalisiert, nach der die Männer die Krone der Schöpfung waren.

Hildegard von Bingen schmeichelte Bernhard von Clairvaux und ließ seine Briefe in für sie günstigem Licht verfälschen, die hochadelige Birgitta von Schweden ließ sich von den sie umgebenden Theologen durchaus sagen, was in ihren Offenbarungen gut katholisch und richtig war. Solche eindeutigen Aussagen in von den Frauen selbst verfaßten Quellen als Zeugnisse protofeministischer Ironie oder «doppelter Sprache» zu deuten, wie es heute eine bestimmte Richtung feministischer Interpretation aus verständlicher Zielsetzung heraus tut, wird von den Texten selbst schlichtweg nicht getragen; erst seit der Renaissance können m. E. solche Erklärungsmodelle ernstlich erwogen werden.

Es wäre übrigens verfehlt anzunehmen, daß die katholische Geistlichkeit nur aus Machismo und Herrschgier darauf lauerte, eine charismatisch auffällige Frau durch theologische Angriffe zu verderben. Das haben in der Tat manche Mitglieder der Hierarchie absichtlich getan, viele aber, ohne sich dieser Stimuli bewußt zu sein. Doch es gab auch immer wieder Priester, die sich aus echter Besorgnis mit diesem Thema beschäftigten. Gerson oder der Kardinal Federico Borromeo dürften wohl Beispiele dafür sein. Letzterer eilte zu jeder Visionärin, von der er hörte, um sie in Augenschein zu nehmen, und akzeptierte auch die eine oder andere als göttlich inspiriert. Andererseits entwickelte er eine deutliche Skepsis. Aber er hatte auch ungewöhnlich humane Pläne: für Hexen, deren Verwandtschaft mit den Mystikerinnen er wohl erkannt haben dürfte, plante er zusammen mit einigen vornehmen Damen die Errichtung eines Hospizes[1303]. Bisweilen können wir durch autobiographische Berichte sehen, wie Geistliche ernsthaft um die «discretio» gerungen haben; der Beichtvater der sel. Colomba berichtet ausführlich davon, wie er in sie entweder so viel Vertrauen fassen wollte, sie zu verehren, oder so viel Skepsis, sie zu entlarven[1304].

Verwirrt von der Vielfalt einander widersprechender Weissagungen aus dem Munde von Mystikerinnen zeigten sich der Erzbischof Antoninus von Florenz und ihn zitierend der Laientheologe Johannes Franciscus Pico della Mirandola jr. (1470-1533)[1305]. Bei ihm, der selbst ein Anhänger des als Ketzer hingerichteten Savonarola war, können wir gut verfolgen, wie ein Intellektueller der Renaissance zu einem Urteil darüber kam, was es mit dem

Geist einer Charismatikerin auf sich habe. 1502 schrieb er[1306]: «Ich erinnere mich, daß in einer Ortschaft meines Herrschaftsgebietes eine Frau von besonders löblichen Sitten war, die ihrem Beichtvater eröffnete, sie werde von Christus in Gestalt eines Zwölfjährigen fast täglich besucht. Er trage prächtige Kleidung und ein Stirnband, auf dem ein rotes Kreuz leuchte, und forderte sie dazu auf, das vorgenommene Ordensleben zu beginnen.» Dies ist die ganze Information, die Pico von dem Priester erhielt. Die Frau schien untadelig, Erscheinungen des zwölfjährigen Jesus sind bei Heiligen Legion[1307], die Intention der Gesichte war so katholisch wie nur möglich: sie forderte zum Klostereintritt auf. Trotzdem: «Sofort und nicht grundlos ergriff mich der Verdacht, dies sei ein Engel Satans, da ich mich jenes Schmucks erinnerte, den dieser, als sei er der Gekreuzigte, dem heiligsten Bischof Martin wie einen Köder am Haken vorgehalten, von dem zurückgewiesen er sich verzog. Ich erinnerte mich auch, daß sich die Dämonen als Engel Gottes verstellten...» Es ist eine kurze Episode aus der Vita des hl. Martin von Tours, die dem Gelehrten hier einfällt. Jenem war der Teufel einmal in schöner Gestalt, geschmückt mit einem juwelenbesetzten Diadem, erschienen, worauf ihn der Bischof sogleich entlarvte, denn er glaubte nicht, daß «Christus gekommen ist, außer so gekleidet und gestaltet, wie er gelitten!»[1308] Die Voreingenommenheit dieser Kritik wird sofort deutlich, wenn man die zeitgenössische Ikonographie bemüht, wie sie in fast jeder Kirche zu sehen war: In der Szene der himmlischen Krönung der Mutter Gottes sind auch Gott Vater und Christus immer in Prachtgewändern und gekrönt dargestellt: Carlo Crivelli, um ein beliebiges Beispiel zu zitieren, malte 1493 für die Franziskaner von Fabriano eine Marienkrönung, auf der Jesus von seinem Vater ein goldenes, edelsteinbesetztes Diadem aufgesetzt bekommt[1309]. Picos Verdacht freilich rechtfertigte sich noch: zwar wurde die Mystikerin in der Tat Nonne, doch erzählte ihr Christus, nach dem Urteil des Gelehrten, nur Belanglosigkeiten. Schließlich «erkannte ich sicher, daß es ein Dämon war», schrieb Pico, als bestimmte Weissagungen der Seherin nicht eintrafen. Wie ihr weiteres Schicksal verlief, verschweigt er uns leider.

Es waren nur wenige Theologen, die expressis verbis zugaben, zu keiner Entscheidung finden zu können: Gerson hielt es für ebenso gefährlich, die Visionen Birgittas anzuerkennen wie sie zu verwerfen[1310]. Freilich ist für gewöhnlich das hervorstechendste Element in der Praxis der Discretio, d. h. in ihrer Handhabung durch die Priesterschaft und die dazu vornehmlich deputierte Institution der Inquisition, eine geradezu standestypische Selbstüberzeugung, im Besitz der Wahrheit zu sein und diese allen anderen mit Gewalt aufzwingen zu müssen. Von seiten der Amtskirche gesehen, hatte und hat dieses Be- und Verurteilen zwei Funktionen: vermittels der Unterscheidung werden diejenigen Christen ausgesondert und als Häretiker stigmatisiert, die sich selbst zwar als gottbegnadet fühlen, aber aus irgendeinem Grund den jeweiligen Theologen nicht konvenieren. Noch 1781 wurde aufgrund des Urteils der spanischen Inquisition eine Blinde gehängt und verbrannt. Warum? Maria de los Dolores Lopez hatte Visionen und befreite Seelen aus dem Fegefeuer – wie die rechtgläubigen Mystikerinnen des Mittelalters. Sie ließ sich bloß nicht davon überzeugen, daß dies Täuschungen seien[1311]. Als 1820 die Kerker der Inquisition von Córdoba geöffnet wurden, fand man darin auch zwei Beatas, weil sie angeklagt waren, falsche Offenbarungen verbreitet zu haben[1312].

Vermittels der Unterscheidung wurden aber auch zweitens diejenigen Charismatikerinnen gefördert, die für die Kirche brauchbar waren, sei es, um eine Lokalheilige abzugeben, sei es, um weltlichen Herrschern zu schmeicheln etc. Weder Birgitta von Schweden noch Jeanne d'Arc wären wohl heiliggesprochen worden, wenn nicht ganz massive nationale Interessen der Schweden bzw. Franzosen dahintergestanden hätten, die der Heilige Stuhl nicht brüskieren wollte. Das lehrt ein Blick in die Umstände ihrer Kanonisationen[1313].

Aber nicht nur übersinnliche Erlebnisse, auch andere Bereiche des Frömmigkeitslebens konnten von solchen Zweifeln über ihre Herkunft berührt werden, die wiederum nach Experten der Discretio verlangten: so etwa das Fasten, an sich ein Hauptelement rechtgläubiger katholischer Buß- und Askesepraktiken. Wiewohl der Verzicht auf Nahrung als ein Zeichen der Heiligkeit galt und sie kein Bedürfnis danach hatte, zwang sich die sel. Stefana Quinzani bisweilen doch zu essen, um nicht in die Schlinge des Dämons zu fallen, «der mich oft versucht, indem er sagt, ich sei heilig, weil ich nichts esse»[1314]. Auch Katharina von Racconigi tat so, als ob sie Fleisch zu sich nähme[1315]. Schließlich hatte einer der angesehensten Theologen des späten Mittelalters, Johannes Gerson, gelehrt, daß auch fromme Handlungen wie Fasten, Keuschheit, sogar das Pater Noster und die Evangelien als Mittel dazu verwendet würden, die Dämonen anzuziehen[1316]. Wie sollte hier überhaupt noch eine Unterscheidung stattfinden können? Tatsächlich gab es die Praxis, an Sonntagen zu fasten, um einen Menschen innert Jahresfrist zu töten[1317]. Tatsächlich wurden und werden das Kreuzeichen und das Vaterunser und das Weihwasser usw. bis in die Gegenwart als magische Wirkmittel auch von Hexen verwendet[1318]. Tatsächlich kam es bei Hexenprozessen aber auch so weit, daß sogar absolut orthodoxe Handlungen, die in anderem Kontext gelobt worden wären, als Beweise der Anklage vorgebracht wurden, da man in ihnen nicht echte Frömmigkeit, sondern eine vom Teufel eingegebene Verstellung witterte. Die Hexen bergen, so der Luzerner Stadtschreiber Renwart Cysat (1545-1614), ihre «bossheit vnder einem schyn einer falschen frombkeit, andacht, demuott vnd gottsforcht, ouch vndermischung christlicher guotter vnd heiliger wercken vnd gottsdiensts... allmuosen geben, fasten, betten, opfern, wallfarten... das sy von dem pöffel vnd den lychtglöubigen, fürnemlich aber von den wybspersonen, für die allerfrömbsten ja heiligen lütt gehalten wurden.»[1319] Am Ende des 16. Jahrhunderts erklärte der lothringische Oberrichter Niklaus Remigius: «Das Weib, das man überführen will, ist verdächtig, wenn es oft und wenn es nie in die Kirche geht...»[1320] 1627 erkannten die Kölner Jesuiten schon in (vermeintlicher) Linkshändigkeit ein Indiz für Hexerei![1321] 1564 wurde einer verhörten Frau allen Ernstes angelastet, daß sie eine Kranke dazu gebracht hatte, mit ihr eine Wallfahrt zum Grab eines anerkannten Lokalheiligen zu unternehmen. Die Erkrankung wie offensichtlich ebenso die Besserung wurde nämlich nicht dem Heiligen, sondern der als Hexe Beleumdeten zugeschrieben![1322]. Manche für uns völlig harmlose Verhaltensweisen waren im erregten Klima der Hexenjagden schon verdächtig. «So habe man sie bei einem Brunnen sitzend gesehen», heißt es z.B. in den Akten eines Verfahrens von 1547 als Anklage[1323] (was nur verständlich wird, wenn man weiß, daß Hexen nach damals verbreiteter Ansicht zum Wettermachen Wasser brauchen).

Freilich handelte es sich um eine schwierige Sache, denn der Böse befahl ja den Hexen zur Tarnung, «sie sollten häufig die Kirche besuchen und vorgeben, fromm zu sein, damit man nicht erkennen könne, sie seien Hexen und Teufelsanbeterinnen.» (Aussage von 1606)[1324]. Gerade daß Johanna von Orléans nicht erkannt hatte, die Erscheinungen von Engeln und Heiligen rührten von Dämonen her, dieses Manko an «discretio», dieses Manko an Demut gegenüber den Vertretern der Amtskirche – denn sie hatte ja versäumt, einen Priester um die Prüfung ihrer Gesichte zu bitten – sollte im Gutachten der Universität Paris gegen sie besonders schwer wiegen[1325]. Und dies, obschon andere Theologen, die Prälaten und Doktoren in Chinon und Poitiers sowie der Erzbischof von Reims, früher ein günstiges Urteil über sie gefällt hatten, ehe man sie an die Spitze der französischen Armee ließ[1326] (natürlich war die Universität auf Seiten der Engländer, wie die vorgenannten Theologen auf der des Königs von Frankreich).

Wie aktuell diese Unsicherheit bei der Unterscheidung der Geister bleiben sollte, zeigen die Bemerkungen Spees von Langenfeld in seiner 1631 erschienen *Cautio criminalis*, einer bahnbrechenden Kampfschrift gegen die Hexenverfolgungen. Bereits ziemlich am Beginn seines Werkes gibt er zu bedenken, daß sich die Verdächtigungen gerade gegen den richten, der «besondere Andacht in der Kirche merken läßt, wenn er seinen Rosenkranz außerhalb der Kirche betet, wenn er vielleicht auf dem Felde oder in seiner Schlafkammer zum Beten niederkniet, und so fort.»[1327] Und weiter: «Erst kürzlich habe ich von einflußreichen Leuten hören müssen, es sei in manchen Gegenden zu solch übler Gesinnung gekommen, daß schon jeder in den Verdacht der Hexerei gerät, der es wagt, nach frommer Katholikenart ein wenig fleißiger den Rosenkranz zu beten oder ihn auch nur bei sich zu tragen, wer es wagt, sich etwas häufiger mit Weihwasser zu besprengen, eifriger in der Kirche betet, oder auch nur eine Spur wirklicher Andacht merken läßt: ganz so, als ob nur diejenigen sich um besondere Frömmigkeit bemühten, die diesem Verbrechen verfallen sind, oder – wie es auch heißt – der Teufel ihnen anders keine Ruhe ließe.» Sogar wenn Priester täglich die

Messe lesen wollen, ist es so weit gekommen, daß sie «es nur heimlicher-
weise hinter verschlossenen Kirchentüren zu tun wagen, damit nur ja das
Volk nicht von Hexerei zu raunen beginne.»[1328]

Wovon anders also, als vom Zufall der jeweiligen Gegebenheiten, hing es
ab, ob ein solches Verhalten zur Verehrung als Heilige/r oder zur Vernichtung als Hexe/r führte? Wo Generationen von Kirchenhistorikern mit dem
geheimnisvollen Walten der göttlichen Prädestination argumentierten,
bleibt dem Profanhistoriker wenig mehr als Resignation. Er kann zwar Um-
feldbedingungen eruieren, die im jeweiligen Fall zu der einen oder anderen
Reaktion führten, nicht aber ein historisches Gesetz erkennen.

Physische Prüfungsmethoden

Es gab natürlich nicht nur die Möglichkeit, die Aussagen und Schriften
einer Frau mit abweichendem religiösen Verhalten auf ihre theologische
Rechtgläubigkeit hin zu untersuchen. Wenn diese die üblichen körperlichen Phänomene an den Tag legte, speziell wenn sie in Ekstase fiel, waren
auch beweiskräftige Prüfungen der Erlebnisechtheit durchzuführen. Es ging
darum festzustellen, ob dieses Phänomen echt oder nur vorgetäuscht sei.
Das geschah meist in brutaler Weise: So versuchte man immer wieder, die
sel. Douceline aus ihren langen Verzückungen zu reißen, bei denen ihr jede
sensuelle Perzeption nach außen unmöglich war. «In vielen Weisen prüfte
man die Gewißheit, daß ihre Entraffungen echt waren: manche Leute sta-
chen sie mit Pfriemen und piekten sie mit Nadeln, ohne daß sie etwas gespürt oder sich irgend bewegt hätte.» Dies praktizierte man auch, wenn sie
in der Kirche betete; und Douceline behielt die Wunden und Narben dieser Behandlung durchaus am Leibe zurück. «Dann aber, wenn die Heilige
wieder zu sich gekommen war, dann spürte sie oft großen Schmerz und
großes Leid, wiewohl sie nicht klagte.» Als sie König Karl, damals Graf der
Provence, das erste Mal sah, «wollte er prüfen, ob sie wirklich in Ekstase
war. Er ließ eine Quantität Blei schmelzen und vor seinen Augen ko-

chendheiß auf ihre bloßen Füße gießen. Sie aber spürte nichts. Darob empfing der König solche Zuneigung zu ihr, daß er sie als Gevatterin hielt. Aber danach, als sie aus ihrer Ekstase zurückgekehrt war, fühlte sie sehr großen Schmerz an den Füßen, so sehr, daß sie es nicht ertragen konnte. Und lange Zeit blieb sie leidend und konnte nicht gehen.»[1329]

Besonders genau hat der Beichtvater Osannas von Mantua geschildert, welchen Proben man dieses ekstatische Kind unterzog: «Manche nämlich brachten Flammen an ihre jungfräulichen Glieder, andere zogen sie an der Nase, andere verdrehten ihr die Arme. Einige schlugen sie sogar ohne Rücksicht auf ihre Heiligkeit ins Gesicht und quälten sie auf unterschiedliche Weise... Auch wenn sie das Fleisch der Jungfrau sosehr zusammenschnürten, daß sie es wie Kohle schwarz werden ließen, spürte sie doch keinen Schmerz, ehe sie nicht nach langer Verzögerung die Sinne wiedererlangte. Einmal wollte eine verrückte Frau in der Kirche unbedingt erproben, ob sie ihre Entraffung vortäusche: sie stieß eine schreckliche Nadel von der Art, die man zum Zusammennähen von Säcken braucht, fast ganz in ihren Schenkel. Sie aber bewegte sich ebensowenig wie eine Leiche. Erst als sie nach vielen Stunden erwachte, wurde sie von heftigstem Schmerz überfallen...»[1330]

Schon Augustinus berichtete von ähnlichen Peinigungen des ekstatischen Priesters Restitutus[1331], und sich dieses Phänomens durch Schmerzzufügung zu vergewissern, reizte immer wieder die «Normalen». Mit Nadeln gestochen wurden so auch die Negri, Panigarola[1332], Magdalena vom Kreuz[1333] u. a. Bei Ursula Benincasa gebrauchte man zusätzlich Lanzetten, verbrannte sie und riß sie an den Haaren, was sie in der Trance nicht bemerkte, was ihr aber nachher Schmerzen verursachte[1334]. Coletta von Corbie biß eine ihrer Mitschwestern in die Zehen, um sie aus ihrer totenähnlichen Ekstase herauszureißen[1335]. Vergleichsweise gut ging es da noch der genannten Dorothea von Montau, die man bloß mit Wasser übergoß, was sie gleicherweise erst nach dem Erwachen aus der Ekstase fühlte[1336].

Dasselbe Verfahren wandte man auch gegen Besessene an, die in Ohmacht fielen. Ein Beispiel ist das Schicksal der fünfzehn- oder sechzehnjährigen Nicole Obry in Laon, die die Priesterschaft 1566 feierlich auf

266

öffentlicher Bühne inmitten tausender Zuschauer exorzierte (was bis 1788 jährlich in der Kathedrale gefeiert wurde): wenn sie kollabierte, wurde mit Nadeln getestet, ob der Anfall echt war[1337].

Gut kontrollieren, so meinte man, müßte sich auch die Nahrungslosigkeit lassen, desgleichen die Zeichnung mit den Wundmalen Christi. Die bett-lägrige Liedwy von Schiedam konnte seit ihrem 34. Jahr bis zu ihrem Tod mit 53 nichts mehr zu sich nehmen[1338], desgleichen blieb sie schlaflos. Da-durch wurde sie weithin bekannt und ihr Haus zu einem Wallfahrtsort. Be-sonders schätzte man die Reliquien, die man schon zu Lebzeiten von ihr er-halten konnte, da Teile ihrer durch eine Wunde heraushängenden Einge-weide abstarben und weithin gesucht waren[1339]. U. a. erschien auch die Gräfin Margareta von Holland mit ihrem Arzt Govert Sonderdanck, der die Mystikerin aber nicht zu heilen vermochte, desgleichen Herzog Johann von Bayern. Vielen war die Kranke ein religiöses Wunder, anderen dagegen eher ein Kuriosum. Neugierige störten sie oft bei ihren Meditationen[1340]. Auch noch weniger willkommener Besuch stellte sich ein: 1425 die Soldateska des burgundischen Herzogs Philipp des Guten. Für sie war die lebende Heilige der unterworfenen Holländer freilich entweder ein zu enttarnendes Beispiel von Hypokrisie oder bestenfalls ein natürliches Mirabile. Sie randalierten in der Krankenstube, entblößten und beschimpften die Wehrlose, verletz-ten sie selbst leicht und ihre Nichte schwer. Der Hauptvorwurf lautete, sie würde sich in Wirklichkeit die Nächte durchfressen («nocturnis epulis & conviviis vacare») und als Konkubine des Priesters durchhuren («nocturnis fornicationibus deditam»)[1341]. «Danach schlugen sie sie auf die Hände und den jungfräulichen Leib und verletzten sie an drei Stellen so sehr, daß das Blut reichlich von ihrem Bette herabfloß»[1342]. Liedwy nannte diese Angriffe «sinstre interpretari Divinitatis opera»[1343], eine Fehlinterpretation der Phä-nomene, die in Wirklichkeit göttlich seien. Eine genaue, längere Kontrolle erfolgte jedoch erst später: 1426 kam der Herzog wieder nach Holland, und ein Ritter aus seinem Gefolge befahl sechs Mannen, Liedwy Tag und Nacht zu bewachen, um zu untersuchen, ob man von ihr die Wahrheit sagte («om te ondersoeken of die dinghen also waren diemen van haer seyde»)[1344]. Der

Gegenbeweis war nicht zu erbringen. Der «Fall» der visionären Schiedamer Anorektikerin ist durch das oberste kirchliche Lehramt vermittels Dekret von 1890 für die Catholica entschieden –, daß die Zeitgenossen je nach Parteiung schwankten, ob sie ihre Nahrungslosigkeit als Wunder, als Kuriosum oder als Betrug einschätzen sollten, haben die unterschiedlichen Reaktionen ihrer Mitbürger, fremder Soldaten und der weltlichen Obrigkeit sowie ihre Untersuchungen gezeigt.

Die Prüfer auch der neueren Epochen bewegten sich gern in derselben Tradition wie ihre Vorgänger im Mittelalter. So etwa bei Anna Katharina Emmerick (1774-1824)[1345]: sie trug seit 1812 die blutigen Stigmen, erlebte zahllose Ekstasen und Visionen und wurde zum «Publikumsmagneten» für große Besucherscharen im westfälischen Dülmen; ihre weite Bekanntheit verdankt sie dem Dichter Clemens Brentano. «Von März bis Juni 1813 fand eine kirchliche Untersuchung der Wundmale statt, bei der u.a. Hände und Füße vom Arzt für eine Woche fest verbunden wurden, und Anna Katharina eine Woche lang von einer aus Bürgern bestehenden Kommission Tag und Nacht beobachtet wurde. Sie litt dabei durch die festen Verbände an den ohnehin stark schmerzenden Stigmen brennende Schmerzen, der Zustand der Male war nach Abnahme der Verbände unverändert.»[1346] Vom 5.-29. August 1819 unternahm auch die staatliche Obrigkeit eine ähnliche Untersuchung, ohne zu anderen Resultaten zu gelangen.

Louise Lateau (1850-1883)[1347], ein Dienstmädchen aus dem belgischen Bois-d'Haine, wurde 1868 stigmatisiert; die Wunden bluteten jeden Freitag. In etwa zehnstündigen Ekstasen erlebte sie die Passion mit. Die letzten zwölf Jahre ihres Lebens verbrachte sie ohne Nahrungsaufnahme und Schlaf. An ihr zeigt sich, daß die von modernen Medizinern angestellten Versuche nicht unbedingt viel rücksichtsvoller blieben als diejenigen, die man mit den mittelalterlichen Mystikerinnen durchgeführt hatte. So wurden ihre Hände tagelang in Handschuhe gesteckt, zusammengefesselt und versiegelt, um eine Selbstverwundung unmöglich zu machen; Ätzwunden wurden ihr beigebracht; Stromschläge versetzt usw. Lateau wurde mehrfach auch während ihrer Ekstasen von Ärzten untersucht, auch von Priestern dazu gezwungen, Essen und Trinken zu sich zu nehmen. Sie gehorchte immer, erbrach aber auch immer. Besonders ihre Stigmata wurden genauestens kontrolliert; sie waren eindeutig nicht selbstverursacht. Einer ununterbrochenen direkten Beobachtung stimmte sie allerdings nie zu. Ein anderer Fall war der der Mollie Fancher; sie lebte in der zweiten Hälfte des vergangenen Jahrhunderts von minimaler Nahrung; um dies zu überprüfen, gaben ihr die Ärzte Brechmittel mit dem Resultat ein, daß sie die völlige Leere ihres Magens bestätigen mußten[1348].

Selbstkontrolle

Diese Schwierigkeit der «Discretio spirituum» haben die meisten Charismatikerinnen aber auch selbst internalisiert. Die Unterscheidung der Geister versuchten auch sie als Hauptbetroffene auszuüben, und zwar gegenüber den eigenen Erlebnissen sowie denen anderer. Von ihren Schauungen waren in der Regel sowohl die kirchlich anerkannten wie die als ketzerisch beurteilten Frauen aufgrund innerer Evidenz völlig überzeugt, wenngleich nur wenige so unvorsichtig waren, sich ausdrücklich und ausschließlich auf ihre Visionen als Garanten ihrer Heiligkeit zu berufen. Wenn jemand dies tat, wie etwa Marta Fiascaris (1610-?), eine Friaulerin, die sich für die vierte Person der Dreifaltigkeit und die Muttergottes hielt, zog dies natürlich die Aufmerksamkeit der Inquisition auf sich[1349].

Es waren aber nicht nur Klugheit und Vorsicht, die viele Mystikerinnen dazu bewogen, ihr Charisma selbst zu problematisieren. Vielmehr gab es in ihrem Leben bisweilen einzelne Phasen, in denen sie tatsächlich von tiefer Unsicherheit über die Herkunft ihrer Gesichte ergriffen wurden. Fast jede von ihnen erlebte zur Lösung dieses Problems Offenbarungen, die eben die Authentizität ihrer Erfahrungen bestätigten, was als Bewältigung solcher Zweifel interpretiert werden muß. Der hl. Mechthild von Ha[c]keborn z.B. erklärt Christus in einer solchen Situation des Zweifels: «Er [Gott] ist der Wunsch jener, die sie, die Dienerin Gottes, hören wollen; Er ist das Verständnis im Ohr der Hörenden; Er ist im Munde der davon Sprechenden; Er ist in der Hand der Schreibenden...» Aus dem Herzen Gottes gehen direkte Strahlen in die Herzen der Aufzeichnerinnen von Mechthilds Revelationsbuch, dem *Buch der besonderen Gnade*. Christus versichert seiner Braut: «Fürchte dich nicht – ich habe alles gemacht! Mein ist also jenes ganze Werk. Ich habe es dir gegeben... Fürchte dich also nicht und streiche nichts darin! Ich werde es auch von jeder Verunechtung und von Irrtum bewahren...»[1350]

Die sel. Zisterzienserin Lukardis von Oberweimar begann, beunruhigt durch die Skepsis ihrer Vertrauten gegenüber ihren Offenbarungen, selbst zu fürchten, daß die ihr von Gott geschenkten Visionen «illusiones et phantasias» seien, und sie unvorsichtig getäuscht würde. Die Zusprache eines Dominikanertheologen und eine Audition beschwichtigten sie[1351].

Birgitta von Schweden erfuhr in einem Gesicht die Bestätigung, daß die Worte, die sie wie ein Kanal vom Himmel zur Erde vermitteln sollte, nicht dämonischer Trug seien, wie sicher nicht nur der Subprior Petrus von Alvastra, einer ihrer Aufzeichner, anfänglich befürchtete[1352]. Katharina von Siena, die Kirchenlehrerin, schrieb in einem Brief an einen Unbekannten, der sie wegen ihrer extremen Fastenaskese vor dämonischer Täuschung gewarnt hatte, sie sei sich dieser Gefahr durchaus bewußt: «Ich selbst zittere aus Furcht vor der List des Dämons... aufgrund meiner Gebrechlichkeit und der Raffinesse des Dämons habe ich immer Angst, da ich daran denke, getäuscht werden zu können. Denn ich weiß und sehe, daß der Dämon [als gefallener Engel] seine Seligkeit verloren hat, aber nicht seine Klugheit...»[1353] Sie hat daher einen Abschnitt ihres *Dialogo*, ihres in Ekstase diktierten Offenbarungsbuches, der Frage nach den Zeichen gewidmet, an denen man erkennen könne, «ob die Heimsuchungen und geistigen Visionen von Gott oder vom Dämon stammen». Nach Gottes Wort ist es die bleibende Freude und der Hunger nach Tugenden, die seine Heimsuchungen von denen des bösen Geistes unterscheiden[1354]. Solche Kriterien finden sich auch bei den Fachtheologen[1355]. Eine anonyme Bamberger Witwe in der 1. Hälfte des 15. Jahrhunderts, die bereits aufgrund ihrer Visionen bei der Passionsmeditation als Heilige galt, hatte ihre Zweifel so tief internalisiert, daß ihr Jesus erschien, um ihr zu verraten, daß dahinter der Teufel stecke. «solch verpyldung [Einbildung] und erscheinung geschicht in dem hirn und nit in dem gemüt der sel»[1356].

Ein Beispiel für eine solchermaßen verunsicherte Heilige bietet auch Stefana Quinzani. Eines Nachts hatte sie folgendes Gesicht: nach mannigfachen Angriffen des bösen Geistes erschien in ihrer Kammer «eine wunderbare Person, und viele folgten ihr, einer schöner als der andere. Da sie fürchtete, dies sei ein Trug des Dämons, begann sie sogleich im Geiste zu sagen: ‹Mein Herr, ich will dem Dämon nicht willfahren...› und bat den Herrn um Hilfe und wandte ihr Gesicht so, daß sie jene nicht sah. Da begann ihr Herz große Tröstung zu verspüren: erleuchtet erkannte sie deutlich, daß es Jesus Christus war...»[1357] Ein anderes Mal erschienen zwei wunderschöne Damen, und sie fürchtete, «daß es der Dämon wäre, der diese Gestalt angenommen, und fiel zu Boden...» Gefragt, ob sie sie denn nicht erkenne, «antwortete sie: ‹Ich kenne euch nicht und will euch nicht kennen.› Das sagte sie, da sie fürchtete, es wäre der Dämon. Da sagte ihr die erste: ‹Ich bin Magdalena, und das ist Ursula. Wir sind gekommen, um dich gegen den Dämon zu stärken›. Sie gab zur Antwort: ‹Nein, nein, ich weiß nicht, wer ihr seid, ich verdiene es nicht, daß heilige Jungfrauen zu mir kommen.›» Erst als die Mystikerin im Herzen körperlich («carnalmente») große Freude spürte, begann sie, an den himmlischen Ursprung des Gesichts zu glauben, und gab sich der Unterhaltung mit den beiden Heiligen hin[1358].

Ähnliche Äußerungen sind nicht selten. Auch die hl. Katharina von Ricci (1522-1590) fürchtete besonders, von ihren Erscheinungen betrogen zu werden: «Dunkelheit und Schrecken [herrschten in meinem] Geist, der zu zweifeln begann, ob nicht alles an mir vom Teufel käme...»[1359] Zu Savonarola, der ihr als Heiliger erscheint, sagt sie: «‹Ich kenne euch gut, aber ich möchte wissen, ob ihr nicht der Versucher seid, der diese Gestalt angenommen hat!› Er sagte: ‹Keine Angst, denn wir sind nicht der Versucher!› Darauf sagte sie zu ihm: ‹Ich möchte euch über den Rücken spucken› , und er: ‹spucke nur, wie du willst, und fürchte dich vor nichts!»[1360]

Mehrfach haben die Autorinnen selbst oder auch die zeitgenössischen Herausgeber von Offenbarungsschriften ihren Texten prophylaktisch absichernde Passagen vorangesetzt. So heißt es vor dem Briefwechsel der Beginenmystikerin Maria van Hout (†1547): «Niemand soll sich daran stören, daß diese fromme Person so hohe Dinge von sich selbst an einige ihrer vertrauten Freunde schreibt. Das haben auch der hl. Paulus und andere große Heilige getan. Denn Gott zwingt seine Freunde dazu...»[1361]

Besonders deutlich wird die Unsicherheit der Unterscheidung der Geister bei der Kirchenlehrerin Teresa von Avila, initiiert durch Druck von außen. Sie gibt zu: «Mein Beichtvater fragte einmal, ob ich sicher sei, daß es der Herr wäre, den ich schaute, und nicht irgend ein böser Geist. ‹Ich weiß es nicht›, antwortete ich, ‹ich habe sein Gesicht nicht gesehen.›»[1362] Gegen sie liefen zahlreiche Anklagen bei der Inquisition ein. Eine hochadelige Dame, die Teresa aus dem Orden entlassen hatte, rächte sich durch eine Anzeige gegen ihre Autobiographie[1363].

Auch Frauen, die von der katholischen Hierarchie nicht als Heilige beurteilt wurden, kannten natürlich die geschilderte Unsicherheit bei der Unterscheidung der Geister. Ein kaum deutlicher zu formulierendes Beispiel gibt im 4. Viertel des 17. Jahrhunderts die französische Dominikanertertiarin Rosa (in der Welt: Katherina) d'Almayrac[1364]. In einer ersten Phase verläßt sie ihren Gatten, wird von Dämonen befallen und oftmals exorziert. Die Frage, ob ihre Heirat für ungültig erklärt werden kann, beschäftigt die Gerichte, denn der Gatte bezeugt den normalen Vollzug der Ehe, wodurch diese untrennbar wäre, wogegen ihr Exorzist angibt, ein Sukkubus habe den Platz Katharinas im Bett eingenommen. In einer zweiten Phase zeigt sie sich auch als Enthusiastin, als göttlich Inspirierte. Wie fast jede Mystikerin erlebt sie zahlreiche Ekstasen und Visionen, sagt die Zukunft voraus, heilt hoffnungslose Kranke, kann in den Herzen lesen, spricht nie gelernte Sprachen, wird von vielen als lebende Heilige verehrt. Aber sie selbst vermag nicht zu unterscheiden, ob der himmlische Vater in ihr wirkt oder der alte Feind: oft sagt sie, «ich weiß es zwar nicht, ob es Gott ist oder der Teufel, der mich leiden läßt; aber was macht es schon aus, ob es der Herr ist oder der Knecht – Hauptsache ich leide!» Diese solcherart auf die Spitze getriebene Passionsmystik erregte freilich die Bedenken der Obrigkeit. Der berühmte gallikanische Kirchenschriftsteller Jean-Baptiste Thiers[1365], der u.a. durch zu seiner Zeit so nützliche Werke wie das über die *Geschichte der Gefahren, die den Bart der Kapuziner ob der wilden Attacken der Franziskaner bedrohten* (gedruckt Den Haag 1740), besonders aber durch kritische

Werke über den Aberglauben innerhalb der Catholica bekannt wurde, examinierte Rosa persönlich. Er kam – da «man bei Frauen vorsichtiger sein muß, alldieweil ihr Geschlecht desto verdächtiger ist, je schwächer es ist» – zu dem Urteil, die Mystikerin sei eine Betrügerin, ihre Ekstasen falsch, falsch ihre Offenbarungen, falsch ihre Prophezeiungen. Er hat seine Kritik in einer Abhandlung mit dem Titel *Question curieuse si la soeur Rose est sainte* (Wissenswerte Frage, ob die Schwester Rosa heilig ist) niedergelegt, worin er Rosa u.a. mit Madame Guyon und Marie Bucaille vergleicht[1366]. Aber er gibt zu: die Herkunft dieser «überraschenden Dinge» herauszufinden, ist auch dem gelehrten Theologen schwierig.

Nicht alle Mystikerinnen waren sich auch stets sicher, wirklich nur göttliche Inspirationen zu Papier zu bringen. Maria von Agreda schreibt selbst in ihrem großen Opus, der Teufel sage ihr immer wieder, «was ich schreibe, ist bloß meine Einbildung oder eine natürliche Überlegung, dann wieder, es sei falsch und diene zum Betrug der Welt»[1367].

War eine Frau wirklich von der Authentizität des ihr Offenbarten vollkommen überzeugt, dann konnte sie damit rechnen, von Geistlichen dazu gezwungen zu werden, Skepsis zu entwickeln. Paluzzi hatte ihren Christuserscheinungen ins Gesicht zu spucken, worauf sie verschwinden sollten, falls es sich um diabolischen Trug handle[1368]. Es war nötig, in der Vision selbst – ungeachtet des sie begleitenden Evidenzgefühls – Skepsis zu zeigen. Das älteste Beispiel dafür bietet die hl. Elisabeth von Schönau. Hier erweist sich zugleich, wie die Gestalten der visionären Welt reagieren können, wenn ihre himmlische Natur in Zweifel gezogen wird. In einem Brief an Hildegard von Bingen schreibt die Benediktinerin, wie sie im Gehorsam verpflichtet wurde, den ihr immer erscheinenden Engel im Namen des Herrn zu beschwören. «Ich aber meinte, dies sei unverschämt, und unternahm dies nur mit großer Furcht. Eines Tages, als ich in Ekstase gefallen war, kam der Engel wie gewöhnlich zu mir und blieb vor mir stehen. Und zitternd sagte ich zu ihm: ‹Ich beschwöre dich bei Gott dem Vater, dem Sohn und dem Heiligen Geist, mir richtig zu sagen, ob du ein wahrer Engel Gottes bist...›» Was der Himmlische bejahte. Doch bei der nächsten Erscheinung blieb er fern von ihr stehen, mit abgewandtem Antlitz. «Daraus erkannte ich seine Indignation und sagte mit Furcht: ‹Mein Herr, wenn ich dich damit belästigt habe, daß ich dich beschworen habe, trage es mir bitte nicht nach. Ich flehe dich an, wende mir dein Gesicht zu und lasse dich versöhnen, denn ich habe aus der Gehorsamsverpflichtung heraus gehandelt und es nicht gewagt, den Befehl meines Vorgesetzten zu überschreiten.› Nachdem ich bei diesen Worten viele Tränen vergossen hatte, wandte er sich mir zu und sagte: ‹Du hast mir und meinen Brüdern Verachtung bezeugt, weil du mir mißtraut hast. Daher kannst du sicher sein, daß du mein Antlitz nicht mehr sehen und meine Stimme nicht mehr hören wirst, falls der Herr und wir nicht versöhnt werden.› » Erst mehrere Messen des Abtes zu Ehren der Engel sowie Psalmgebete der Schwestern führten zur Beschwichtigung des gekränkten Himmelsboten[1369].

Da löste der Engel, der der hl. Liedewy von Schiedam zu erscheinen pflegte, das Problem besser: «immer trug er an der Stirne das Zeichen des Kreuzes des Herrn, damit sie nicht vom Engel Satans, der ihr öfter in einen Engel des Lichtes verwandelt erschien, getäuscht würde.»[1370] Und Splenditello, einer der Engel, welcher der Theatinerin Carlini zu erscheinen pflegte, bewies, daß er kein verkleideter Dämon war, indem er sich bei der Nennung des Namens Jesu bis zum Boden verbeugte, als die Mystikerin sich auf Geheiß ihres Beichtvaters gegen ihre Visionen auflehnte[1371]. Trotzdem glaubte die Untersuchungskommission nicht an die himmlische Herkunft dieses Wesens mit seinem prächtigen, aber unbiblischen Namen.

Konkurrenz der Mystikerinnen untereinander

Schon in dem Abschnitt über Bar Jesus-Elymas in der *Apostelgeschichte* (13, 6-11) läßt sich ein immer wieder zu erkennendes Element im Wesen des Charismatikertums finden, nämlich das der Konkurrenz zwischen einzelnen Charismatikern: Paulus, «voll des heiligen Geistes», läßt den unliebsamen Mitbewerber um die Gunst des Landpflegers Sergius blind werden.

Bisweilen gibt es ein ähnliches Konkurrenzverhalten auch zwischen Charismatikerinnen, das zu Prüfungsversuchen nun nicht durch die Obrigkeit, sondern sozusagen durch «Fachleute unter sich» führen konnte. Johanna von Orléans betrachtete sich ob des Empfanges ihrer Stimmen selbst unzweifelhaft als begnadete Charismatikerin. Da wurde sie mit einer anderen Seherin, Katharina de la Rochelle, konfrontiert. Diese behauptete, eine in Gold gekleidete weiße Dame besuche sie, und sie sage ihr, sie solle durch die reichen Städte reisen, um Gold, Silber und andere Kostbarkeiten zur Bezahlung von Johannas Soldaten einzusammeln. Die Stimmen der Pucelle wiederum sagten dieser, daß das alles nichts als Unsinn sei. Zu Weihnachten 1429 fragte Johanna Katharina, ob diese weiße Dame sie jede Nacht besuche. Um sie selbst zu sehen, legte sie sich zu Katharina ins Bett (mittelalterliche Betten waren prinzipiell «mehrschläfrig»), schlief aber nach Mitternacht ein. Natürlich erschien die Dame erst jetzt. So machte Johanna einen zweiten Versuch: sie schlief am Tag, ging mit Katharina zu Bett, wachte die ganze Nacht, aber sah wieder nichts, obwohl die andere Frau ihr stets das baldige Kommen der Erscheinung versprach. Johanna äußerte die Meinung, ihre Konkurrentin solle sich lieber um den Haushalt und ihre Kinder kümmern! Ihre Absicht war es, die Rivalin beim König unmöglich zu machen[1372]. Für diese Bloßstellung hat sich jene später an der Heiligen gerächt, indem sie beim Prozeß gegen Johanna so viele Beweise gegen sie lieferte, wie nur möglich, was ihr selbst das Leben rettete[1373].

Ein klares Beispiel für die gegenseitige Sicht zweier Mystikerinnen gibt der Konflikt von Domenica vom Paradies und Dorothea von Lanciuola, beide Verehrerinnen Savonarolas. Domenica da Paradiso (1473-1553)[1374] war eine analphabetische Mystikerin geringer Herkunft, die in Florenz aufgrund ihres charismatischen Lebens ohne Nahrung und ihrer Stigmatisation große Bewunderung erregte. Sie bewies einen ungewöhnlichen Willen zur Unabhängigkeit, nannte sich Schwester, ohne im Kloster zu leben, verkündete ihre Offenbarungen, was ihr 1500 und 1519 Häresieprozesse einbrachte. Während Domenica sich auf ihre Offenbarungen berief, nach denen Christus sie so frei wollte, daß sie sogar predigen konnte, argumentierten die Priester natürlich mit dem bekannten Pauluszitat. Der Apostel persönlich erklärte daraufhin der Visionärin, daß er das «Die Frau schweige in der Gemeinde» keineswegs so ernst gemeint habe[1375]. Erstaunlicherweise blieb die Mystikerin trotzdem unangetastet. Dabei kannte sie anscheinend die *Revelationes* Birgittas und führte ihre Kirchenkritik fort, indem sie etwa die Theologen mit Gänsen verglich, die ohne zu kauen in sich hineinschlingen und sogleich daraus ihre Häufchen machen («e ne fanno subito escrementi»)[1376]. In einer Vision jagt der Herr einen Theologen aus dem Ort seines Stolzes, der Bibliothek, deren Bücher alles Göttliche beurteilen zu können meinen[1377].

Dorothea, ein Mädchen aus Lanciuola, behauptete, nur von der Eucharistie zu leben. Als das der Vikar des Bischofs von Pistoia überprüfen wollte, mußte der Versuch allerdings nach vier Tagen abgebrochen werden, da ihre Anhänger sonst einen Aufstand unternommen hätten. Ihr Seelenführer verbreitete schon öffentlich den Ruhm ihrer Heiligkeit. Berühmte Kirchenmänner richteten sich nach ihren Prophezeiungen[1378].

Die beiden Charismatikerinnen und ihre Adepten verleumdeten einander gegenseitig. Dorothea, so Domenica, könne doch gar nicht ohne Nahrung leben, da sie ihre Monatsblutungen weiter bekam[1379]. Sie forderte sie auf, nach Florenz zu kommen und sich von ihr prüfen zu lassen, was die Bäuerin natürlich verweigerte. Schriftlich forderte sie die Konkurrentin auf, zu bereuen und ihre Täuschungen zuzugeben, und wirkte in diesem Sinne auch auf die Kleriker ihrer Umgebung ein. Schließlich stellte sich Dorothea Ende Dezember 1507 doch der persönlichen Begegnung in Florenz. Domenica exorzierte sie (!) und brachte sie dazu, sich selber als Schwindlerin zu entlarven, was sie noch schriftlich vor Zeugen bestätigen mußte! Kaum hatte Dorothea aber das Haus ihrer Gegnerin verlassen, machte sie wieder die alten Ansprüche und zog triumphal in Lanciuola ein, von vielen als lebende Heilige verehrt[1380].

Domenica ihrerseits wurde beim Erzbischof angezeigt, da sie in ihrem Haus «Konventikel» von Männern und Frauen versammle, wobei es sich eher um eine «colombara», einen Taubenschlag, handle[1381] (offenbar eine Anspielung auf die Taube als Symboltier der Venus). Außerdem war sie leicht der Häresie zu beschuldigen, da sie den als Ketzer verbrannten Sa-

Domenica de Paradiso; Porträtgemälde, 1. Hälfte 16. Jh.

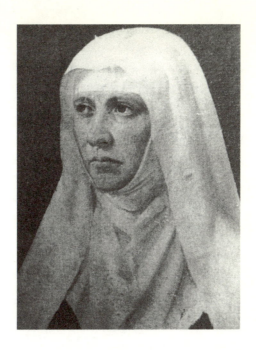

vonarola verehrte und diesen in ihren Schauungen im Paradies erblickt hatte. Die Dominikaner distanzierten sich zwar von ihr, aber irgendwie schaffte es die Mystikerin, ungeschoren davonzukommen, und konnte 1511 sogar ein Kloster für ihre Gemeinschaft gründen. Mehrfache Versuche, sie kanonisieren zu lassen, führten bislang freilich nur zu dem Erfolg, daß Domenica als Verehrungswürdiger gehuldigt werden darf.

Auch eine kirchlich besser anerkannte Ekstatikerin wie die sel. Osanna von Mantua entdeckte und denunzierte eine betrügerische Rivalin, auf die sie zuerst «durch eine bestimmte innere Erleuchtung» und dann «durch himmlische Mitteilung» aufmerksam geworden war: «Da gab es ein gewisses Weibsbild (feminuza), das, um sich in den Ruf der Heiligkeit zu setzen, die Entraffung fingierte». Heftig zur Rede gestellt, versprach sie, solche Verbrechen künftig nicht mehr zu begehen[1382].

Der Sturz einer anderen «Pseudomystikerin», Nicole Tavernier von

Reims, scheint gleicherweise auf ihre Konkurrenz zu einer im katholischen Sinn echten, da von Papst Pius VI. seliggesprochenen Mystikerin, Maria von der Inkarnation (Barbara Avrillot, verehelicht Mme Acarie, 1566-1618), zurückzugehen[1383]. Diese Adelige, die bei den führenden Katholiken ihrer Zeit und Heimat wie Peter von Bérulle und Franz von Sales hohes Ansehen genoß und die Reform der hl. Teresa von Avila in Frankreich einführte, hielt es für richtig, Tavernier eine Falle zu stellen, um sie zu entlarven. Denn auch diese genoß in Paris den Ruf außerordentlicher Heiligkeit; sie verkündete ihre Offenbarungen in Trance, galt als unfehlbare Prophetin, die auch Staatsmänner und Geistliche gläubig konsultierten. Der hl. Franz von Sales berichtete um 1618: «Der Feind in Gestalt Unseres Herrn betete lange Zeit die Stundengebete mit ihr mit einem so melodischen Gesang, daß er sie ständig in Entzücken versetzte... Er ließ sie leben, ohne daß sie irgendetwas aß. Wenn sie Almosen zur Pforte brachte, vermehrte er das Brot unter ihrer Schürze... und zwar ein recht köstliches Brot, von dem sogar ihr Beichtvater, der einem sehr reformierten Orden angehörte, hie und da aus Frömmigkeit seinen geistlichen Freunden etwas sandte.»[1384] Mme Acarie, selbst Ekstatikerin, sah dagegen in ihr eine Besessene, die alle möglichen mystischen Phänomene nur simuliere. Sie vertraute Tavernier, die ihr als Dienerin unterstand und von ihrem Gatten bewußt hart behandelt wurde, einen Brief an, den diese, wie erwartet, öffnete. Das war der gesuchte Beweis ihrer Unredlichkeit, der offenbar auch den bösen Geist so sehr beeindruckte, daß er unter Feuer und Gestank entwich. Seitdem zeigte Tavernier keinerlei paranormalen Phänomene mehr und interessierte sich auch nicht mehr für ein devotes Leben. Franz von Sales plädierte dafür, sie milde zu behandeln, sei sie doch die am meisten Getäuschte. Ihre Offenbarungen seien in keiner Weise zu beachten; schließlich sei sie eine Frau, und diese «meinen oft etwas zu sehen, was sie nicht sehen, etwas zu hören, was sie nicht hören, und etwas zu fühlen, was sie nicht verspüren.»[1385]

Schließlich ist bekannt, daß es auch Frauen waren, die Prinzessin von Eboli und Maria del Corro, die wesentlichen Anteil daran hatten, daß Teresa von Avila vor der Inquisition als «alumbrada» belastet wurde[1386].

Von einer generellen «Frauensolidarität» kann also sogar bei religiös sehr ähnlich Empfindenden keine Rede sein. Daß Frauen auch immer wieder die Entlarvung von Geschlechtsgenossinnen als falsche Heilige betrieben, um sie Männern auszuliefern – Priestern, Inquisitoren, der weltlichen Obrigkeit –, haben die bereits angeführten Beispiele belegt[1387]. Es sei nur noch Joseph-Marie Perollaz hinzugefügt, eine um 1820 in Magland lebende Anorektikerin; nach dreizehn Jahren stellten andere Frauen fest, sie sei eine Schwindlerin. Perollaz mußte ein Schuldbekenntnis unterschreiben, das öffentlich verlesen wurde; bald darauf starb sie[1388]. Daß Frauen immer wieder Frauen als Hexen auf den Scheiterhaufen zu bringen versuchten, wurde ebenfalls bereits dargelegt[1389]. Es wäre überflüssig, dies nochmals zu betonen, gäbe es nicht immer wieder solche Rückprojektionen modern-feministischer Ideale in die Vergangenheit, deren Quellen jedoch eine ganz andere Geschichte erzählen.

Denn nur selten können wir ein Solidaritätsverhalten zwischen mystisch begabten Frauen bemerken. Es gibt Hinweise auf Freundschaften etwa in der flämischen Beginenbewegung[1390]. Im Kloster Helfta lebten im späten 13. Jahrhundert gleich drei Visionärinnen offenbar nicht nur friedlich, sondern sogar einander deutlich inspirierend zusammen[1391]. Zwei der «sante vive», Osanna von Mantua und Lucia von Narni, bezeugten, daß sie Colomba in ihren Visionen in der Himmelsglorie geschaut hatten[1392] – dies freilich nach ihrem Tode. Maria von Agreda, die genannte spanische Mystikerin, die selbst von der Inquisition verhört worden war, jedoch als rechtgläubig befunden wurde, intervenierte 1653 bei König Philipp IV. zu Gunsten der von der Inquisition von Valladolid gefangenen und dort 1636 verstorbenen Mutter Colmenares von Carrión[1393]. Daß viele Mystikerinnen von ihrem Konvent mitgetragen wurden, ist freilich keine geschlechtsspezifische «Schwesterlichkeit»[1394], sondern Ausdruck des Wir-Gefühls einer Gruppe; hat nicht etwa ein Bernhard von Clairvaux in seinem Kloster und bei seinem Orden sowohl vor als auch nach seinem Tode jede Unterstützung gefunden, ohne daß deswegen eine männerspezifische Brüderlichkeit zu konstatieren wäre? Auch das umgekehrte Verhalten, wie es etwa am Geschick von Eckharts Schüler Seuse[1395] zu beobachten ist, der von seinen Konfratres angegriffen

279

und verleumdet wurde, «wie ein Fetzen, mit dem ein Hund spielt», ist ein
Phänomen der Gruppenpsychologie, und nicht der Geschlechtszugehörig-
keit.

Pressure Groups

Weder die Hexen noch die Heiligen agierten sozial in einem «luftleeren»
Raum. Eine Komponente, die bei der Entscheidung über den Geist einer
Charismatikerin von größtem Gewicht war, ist im Verhalten und vor allem
der sozialen Stellung der Gruppe zu sehen, die sie umgab.

Birgitta von Schweden war in ihrer zweiten Lebenshälfte dauernd von
ihren Beichtvätern, anderen Anhängern und Verwandten umgeben. Zu
ihnen gehörte ein Bischof, der später die *Revelationes* redigieren sollte, Alfons von Pecha von Jaén. Katharinas «bella brigada», die «famiglia», von der
die Heilige ungeachtet ihrer Jugend respekt- und liebevoll als «madre» angesprochen wurde, war berühmt und bestand keineswegs nur aus Frauen,
etwa anderen Mantellaten. Nach Avignon z.B. wurde sie von neun Männern und drei Frauen begleitet. Schnell konnte sie eine Atmosphäre um sich
schaffen, die viele ihrer Mitbürger anzog, so daß sich auch Dichter, Künstler, Politiker, Beamte, Mönche u.a. um sie scharten, oft aus bedeutenden
Familien ihrer Heimatstadt. Zu diesem Kreis, in dem man nicht nur betete,
sondern etwa auch Dante las, zählten z.B. der Maler und Politiker Andrea
Vanni oder der Dichter Neri di Landoccio dei Pagliaresi[1396]. Diese Gruppen
waren es auch, die nach dem Tode der beiden Frauen ihr Andenken als Heilige pflegten und auf die päpstliche Kanonisation hinarbeiteten.

Margery Kempe war in York auch deshalb davongekommen, da sie im
bischöflichen Klerus eine Gruppe von Freunden hatte[1397]. Bei der Beurteilung von Liedewys blutiger Hostie[1398] setzte sich die Frau mit ihrer Interpretation durch, und der Priester mußte nachgeben, aber nur, weil eine entsprechend einflußreiche Gruppierung von Laien und Klerikern gegen ihn
stand und gleichzeitig Liedewy verteidigte.

Ein Beispiel für eine äußerst verdächtige Frau, der aber nichts passierte, weil sie die richtigen Leute kannte, ist das der «Beata von Piedrahita»[1399]. Unter diesem Namen wurde die Dominikanertertiarin Maria bekannt, deren Ruf als lebende Heilige sich im Spanien des frühen 16. Jahrhunderts verbreitete. Sie zeigte alle üblichen Phänomene mystischen Lebens wie Ekstasen, Einungserlebnisse, Nahrungslosigkeit, Enthusiasmus, berichtete von himmlischen Erscheinungen etc. Von den Brüdern ihres Ordens war ein Teil der Meinung, es handle sich um eitle «superstitio», die man abstellen müsse, wogegen die anderen meinten, alles was sie tue, komme von Gott. Die Bischöfe von Avila und Burgos sowie der Patriarch von Alexandrien leiteten einen Prozeß gegen sie ein.

Entscheidend war jedoch, daß König Ferdinand sie besuchte und ihr glaubte und daß auch der Kardinalprimas von Spanien, Cisneros, auf ihrer Seite stand. Papst Julius II. setzte daraufhin seinen Nuntius als Untersuchungsrichter ein, der 1509 feierlich bestätigte, daß ihr Frömmigkeitsleben löblich und nachahmenswert sei, und alle Opponenten zu ewigem Schweigen in dieser Angelegenheit verpflichtete.

Nun wurden von dieser Beata aber Verhaltensweisen berichtet, die sie gar nicht abstritt und die ohne die genannte höchste Protektion zweifelsohne zu ihrer Verurteilung geführt hätten. So trug sie z.B. immer wieder wertvollen Schmuck, besonders Korallen (angeblich nur, weil sie die Spender dieser Gaben nicht kränken wollte)[1400]. Obwohl im Katholizismus der Tanz, auch der religiöse, für Angehörige von Orden streng verboten war, tanzte sie und geriet dabei in Ekstase, oder geriet in Ekstase und tanzte dann (was mit Hinweis auf Davids Tanz vor der Bundeslade entschuldigt wurde)[1401]. Sie pflegte auch Schach zu spielen, was zwar nicht ausdrücklich untersagt war, aber für eine Tertiarin als unpassend erachtet wurde. Da sie auch dabei in Verzückung geriet, so wurde das als Beweis gewertet, daß ihr Geist trotzdem mit frommen Dingen beschäftigt sei. Vor allem aber hatte sie in ihrer Wohnung oft Besuch von Männern, wobei sie auch die Türe versperrte, was natürlich eine bestimmte Interpretation nahelegte. Zumal unwidersprochen behauptet wurde: «Oftmals liegen Männer auf dem Bett dieser Schwester Maria» und daß Maria sie auch vor anderen Wange an Wange umarmte[1402]. Nicht einmal der einen ebenso sensiblen Bereich be-

treffende Vorwurf, Prophezeiungen gemacht zu haben, die nicht eintrafen[1403], konnten die Stellung dieser Beata ins Wanken bringen.

Auch die oben genannten Betrügerinnen wurden von einer Gruppe
Frommer getragen: Sybilla von Marsal von den (wohl den Dominikanern
angeschlossenen) Beginen ihrer Stadt und Anna Laminit vom Kreis ihrer
vertrauten «Gespielinnen», ebenfalls Beginen[1404], dazu scheint ihr Beichtvater, den sie hinters Licht führte, auf ihrer Seite gestanden zu haben[1405],
nicht zuletzt aber die mächtigen Welser.

Dasselbe gilt für die postume Anerkennung oder Verurteilung eines Mystikers oder einer Mystikerin bzw. die Beurteilung ihrer Schriften: auch hier
ist das Wirken einer Pressure Group entscheidend. Es ist kein Wunder, daß
die englischen Theologen die *Revelationes* Birgittas von Schweden verteidigten, während die französischen sie angriffen, da erstere darin Stellungnahmen fanden, die die Diplomaten ihres Reiches politisch zu Ungunsten
Frankreichs ausnützen konnten[1406]. Dasselbe galt natürlich in umgekehr-
tem Sinne von den Stimmen Jeannes d'Arc[1407]. Ebenso waren die Offenbarungen der Schwedin bei denen beliebt, die im Schisma die Rom-Obedi-
enz unterstützten, da sich Birgittas Stimmen in dem Sinn geäußert hatten,
daß sogar ein häretischer Papst die Kirche regieren dürfe, und sie wurden
von denen als falsch angefochten, die den Konziliarismus gegen den Papst
stärken wollten[1408]. Am Konzil von Basel wurde deshalb 1433 verlangt, «daß
die Offenbarungsbücher der hl. Birgitta von Schweden, in denen sich mehrfach falsche Visionen finden sollen, verworfen werden»[1409].

Ein solches nicht exzeptionelles Hin und Her läßt sich auch unmittelbar an der Handschrift des Offenbarungsbuches *Libro del conorte* der spanischen Franziskaner-Visionärin Johanna vom Kreuz (1481-1534) beobachten (einer der originellsten, wenn auch heute so gut wie unbekannten christlichen Mystikerinnen überhaupt): Bald nach ihrem Tode notierte ein
gewisser Ortiz, wahrscheinlich der uns bereits bekannte[1410], zustimmende
Bemerkungen an den Rand des Textes. Dann fiel das Werk einem unbekannten Zensor der Inquisition in die Hand, der zahllose Passagen mit
schwarzer Tinte unleserlich machte oder durchstrich. Etwas später be-

schäftigte sich ein positiv eingestellter Geistlicher damit und formulierte seine Verteidigung Mutter Johannas auf den noch verbliebenen Leerstellen... Als 1621 der Seligsprechungsprozeß eröffnet werden sollte, begann das Spiel von kritischen Gutachten der vatikanischen Behörde und positiven Gegengutachten des Ordens, das bis heute zu keiner Entscheidung führte[1411].

Ein deutliches Exempel für das Wechselspiel der Kräfte, das auch in diesem Fall mehr von nationalen und anderen Interessen bestimmt erscheint als von theologischen, ist die Beurteilung des in Inspiration verfaßten Hauptwerkes der verehrungswürdigen Maria von Jesus von Agreda (1602-1665)[1412]. Ihre *Mistica Ciudad* – bekannt als Lektüre Casanovas in den venezianischen Bleikammern – wurde nach ihrem Tode von acht Theologen revidiert und mit bischöflicher Empfehlung 1670 gedruckt. Die römische Inquisition verbot jedoch 1681 die Lektüre und setzte das Werk auf den *Index*. Dagegen bestätigte nach einer langen Prüfung die spanische Inquisition 1686 die Katholizität des Werkes. Inzwischen hatte sich aber auch der spanische Hof eingeschaltet, der vom Vatikan eine Suspendierung der Publikation des Urteils des Heiligen Officiums erreichte. Auch die theologischen Fakultäten der Universitäten versagten sich nicht: während die Sorbonne gegen die Werke Marias Stellung bezog, verteidigten sie die spanischen Universitäten, unterstützt von südfranzösischen und einer flämischen. Bis heute ruht die Causa, da sich keiner der Päpste zu einer Entscheidung durchringen konnte[1413].

Unterscheidung der Geister war und ist in der Praxis kein bloß theologischer Vorgang. Die verschiedenen hier hereinspielenden Momente verweisen einmal mehr darauf, daß Menschen zu Heiligen, Ketzern und Hexen je nach kirchenpolitischer Opportunität gemacht wurden.

Der Dualismus der christlichen Religion

»Es ist keine Neuigkeit in der Welt, daß wenn der Heilige Geist über seine Diener kommt, um an sie seine Gabe zu verteilen, ebenso der Dämon über die seinen kommt, in der Weise wie er in das Herz des Judas eingefahren ist...»[1414] So räsonierte der berühmte Prediger Ortiz im Kerker der Inquisition und brachte damit weniger die Zeitanschauung als eine Grundkonzeption des christlichen Glaubens auf den Punkt. Oder in der Sprache von heute: «Kollektive externalisierte Über-Ich-Konfigurationen eigneten dem feudalen ordo weit mehr als individuell internalisierte... verbürgte sich etwa die Realpräsenz Gottes über eine feudal hierarchisierte Gefolgschaft jenseitiger wie diesseitiger Repräsentanten, Engel, Heilige, mehr oder weniger Heiligmäßige, vom Papst bis hinunter zum Leutpriester, so konnte das gegnerische Lager mit einer gleichfalls beeindruckenden Heerschau an Ober- und Unterteufeln wie weltlichen Helfershelfern und Spießgesellen, die weibliche Vasallität nicht zu vergessen, aufwarten»[1415]. Wir müssen uns abschließend diesem religionsgeschichtlichen Hintergrund zuwenden, denn nur aus ihm heraus – namentlich aus der Bedeutung des Teufelsglaubens in der untersuchten Epoche – läßt sich die Möglichkeit der oben angesprochenen kontroversen Reaktionen der Normalen überhaupt verstehen. Sie basierten – abgesehen von den Umständen des jeweiligen Einzelfalls – wesentlich darauf, daß paranormale Phänomene innerhalb einer letztlich dualistisch angelegten Religion, wie es das traditionelle Christentum war, stets als göttlich oder als dämonisch verursacht interpretiert werden konnten.

Dualistisch, d.h. von der Überzeugung des schicksalsbestimmenden Gegensatzes guter und böser Mächte durchdrungen, war das Weltbild der Gläubigen aller christlichen Konfessionen vor der Aufklärung in wesentlich stärkerem Maß als das gegenwärtige. Es sei daran erinnert, daß die ein extrem dualistisches Weltbild predigenden Katharer bzw. Albigenser im 12. Jahrhundert, vor ihrer Ausrottung durch päpstliche Kreuzzüge, in Südfrankreich und Oberitalien geradezu eine eigene Konfession neben dem Katholizismus darstellten. Auch dieser zeigte sich dualistisch, jedoch gemäßigter, da von der endgültigen Eliminierung der Bösen beim Weltgericht überzeugt. Gegenteilige Äußerungen moderner Theologen, die diese wesentliche und bis heute unverzichtbare Komponente ihrer Religion bestreiten[1416], gehen völlig an der historischen Wirklichkeit vorbei, ganz zu schweigen davon, daß sie für den Katholizismus im Widerspruch zu den einschlägigen Lehraussagen stehen, die doch die jüngsten Päpste wieder gemacht haben, um den Glauben an einen persönlichen Teufel einzuschärfen[1417]. Der Teufel muß vom Lehramt verteidigt werden, denn er ist die einzige Möglichkeit, das Böse und das Leid in der Welt zu erklären. Ohne den Teufel ist eine christliche Theodizee unmöglich. Und ohne Teufels- und Höllenfurcht – die in Alteuropa in heute unvorstellbarer Intensität in Wort, Schrift und Bild von den Kirchen verbreitet wurde (wie Pfister in seinem für das Verständnis dieser Religion fundamentalen Werk gezeigt hat[1418]) – hätte sich die Herrschaftsmöglichkeit der Hierarchie über ihre geistlichen und vor allem laikalen Untertanen auf ein vor dem 19. Jahrhundert ganz undenkbares Maß reduziert. Es widerspräche jedoch den Quellen anzunehmen (wie es die Aufklärer taten), daß diejenigen, die die Drohbotschaft predigten, diese nur als schlaues Angstszenario konstruiert hätten, vielmehr dürften die meisten von ihnen selbst unter dem Druck von Höllen- und Teufelsfurcht gestanden sein – was sie jedoch nicht hinderte, diese bewußt oder unbewußt als Herrschaftsmittel zu instrumentalisieren.

Diese Lehren wurden in heute ebenfalls undenkbarem Maß von den Gläubigen rezipiert und internalisiert, freilich ab und zu nicht im Sinne der Priester. Denn immer wieder ist der Böse ob seiner Macht von einzelnen, aber auch von Sekten tatsächlich als Gott angebetet worden. Hier spannt sich ein weiter Bogen von den mittelalterlichen Luziferanern[1419] über die schwarzen Messen des Barock und der Romantik[1420] bis zu heutigen Satanisten, die immer wieder einmal in den Schlagzeilen der lokalen Presse auftauchen[1421]. Daß hier die dämonologischen und rechtlichen Quellen immens übertreiben, um ein Feindbild zu schaffen, ist äußerst wahrscheinlich, daß aber der Teufel im volkstümlichen Zauberglauben gar keine Rolle gespielt haben sollte, wie die Prozeßakten in Ungarn nahezulegen scheinen[1422], wird man kaum verallgemeinern dürfen. Es ist wohl äußerst unwahrscheinlich, daß es im späten Mittelalter und in der frühen Neuzeit eine die Christenheit unterwandernde, organisierte «Kirche des Antichrist» gab, wie die Dämonologen annahmen, aber keineswegs so unwahrscheinlich, daß hier und da einzelne Teufelsverehrer oder satanistische Gruppen existierten.

Die ganze Geschichte der Teufelspakte wäre hier aufzurollen, die immer wieder als Alternativen zur Anbetung eines offensichtlich als wirkungslos empfundenen Gottes geschlossen wurden[1423]. Solche Bündnisse sind auf keinen Fall nur der Legendenfreudigkeit der Mönche und den Phantasien der Inquisitoren entsprungen, sondern lassen sich eindeutig nachweisen, wie es der aufsehenerregende Fall des Gilles de Ray lehrt. Es handelt sich hierbei um eine Persönlichkeit aus dem französischen Adel des 15. Jahrhunderts, die historisch wohldokumentiert ist. Dieser Mitkämpfer der Jungfrau von Orléans versuchte über viele Jahre hindurch eifrig, vermittels von Magiern zu einem Dämonenbündnis zu gelangen[1424]. Was einer der größten Künstler der Spätrenaissance, Benvenuto Cellini, in seiner Autobiographie (2, 1) über seine eigenen Dämonenbeschwörungen berichtet, dürfte allgemein bekannt sein.

Dadurch, daß dieses Modell des Teufelspaktes, der faktisch wohl nur von einigen wenigen praktiziert wurde, in den Hexenprozessen dann stereotyp von den Richtern vorausgesetzt und daher in unzähligen Fällen in die Angeklagten hineingefoltert wurde, konnte bei manchen Historikern der Eindruck entstehen, hier handle es sich um Phantasien bloß der gelehrten Theologen und Juristen. Doch wurden diese Phantasien oft auch ohne Zwang von Gläubigen verschiedenster Herkunft geteilt[1425]. Das Hexenbild in seiner Kombination aus Elementen des Volksglaubens und der gelehrten Spekulation wirkte ja via Predigt, «Zeytung» etc. traditionsbildend[1426] und schrieb Imaginationen fort, und zwar in allen Schichten. «So wie die Missionare bestrebt waren, die polytheistischen Gottesvorstel-

287

lungen der Massen in einem Gott zu vereinigen, so wurde durch die Hexenverfolgungen in der Gestalt des Teufels ein Gegenbild zu Gott geschaffen»[1427] – und internalisiert. Denn manche Menschen meinten dann tatsächlich, sie hätten ein Bündnis mit dem Bösen abgeschlossen – eine Alternative zum vorgegebenen Pakt mit Gott, wie er durch die Taufe gestiftet wird, ohne daß das Kind eine Entscheidungsmöglichkeit hätte. Gerade die Hexenverfolgungen bestärkten das dualistische Bild, das das ältere Christentum bietet: «Sicherlich sind die Inquisitoren selbst meilenweit entfernt von jeder Idolatrie. Aber zweifellos haben sie ihr doch – ohne es zu wollen – unter ihren Zeitgenossen Vorschub geleistet, indem sie dem Satan als einem regelrechten Gegengott solche Macht zuerkannten.»[1428] Einer der Theologen, die gegen den Hexenglauben auftraten, der reformierte niederländische Pastor Baltasar Bekker (1634-1698) mit seinem dreibändigen Werk über *Die bezauberte Welt* sah dies genau: «Den Befürwortern des Hexenglaubens machte Bekker den Vorwurf, sie konzipierten den Teufel als einen zweiten Gott, der aus eigener Macht Böses tue.»[1429]

Kaum jemand, von einigen Philosophen abgesehen, verfällt im alten Europa vor der Aufklärung dem Atheismus, vielmehr ist eine persönliche übermenschliche Gewalt immer supponiert, wenn Erklärungen für ungewöhnliche Phänomene gesucht werden. Nur die Frage, welche es sei, wird kontrovers beantwortet. Gelegentlich gibt eine Zauberfrau sogar ihre außergewöhnlichen Fähigkeiten zu, führt sie aber auf Gott zurück, wogegen ihre Richter den Teufel als Verursacher erkennen[1430]. Es ist also immer ein übernatürliches Wesen, nichts, was im Menschen selbst gelegen wäre, das als Grund angesetzt wird.

Diese religiöse Mentalität illustrieren – um einen Blick über das engere Thema zu tun – etwa die Lollarden, die den Kult um die Gottesmutter ablehnten. Sie bezeichneten jedoch Maria nicht einfach als einen machtlosen Menschen, sondern als Hexe. Man sprach so etwa von der «Hexe von Lincoln»[1431] (einem Marienwallfahrtsort der Katholiken). Nicht die Macht Mariens wurde damit in Abrede gestellt, sie wurde nur umgewertet. Auch die Reformatoren hatten ihre Schwierigkeiten, die Verehrung der Heiligen trotz aller Bilderstürme vollständig abzuschaffen. Die «protestantischen Märtyrer» und die Lutherverehrung in Wort und Bild[1432] sind partielle funktionale Äquivalente zur altgläubigen Hagiodulie.

Die Ambivalenz der beiden personifizierten Mächte wird auch immer wieder in Aussagen einzelner Menschen deutlich. 1493 wurde in Fribourg eine Frau verbrannt, die bekannt hatte: «Aufgrund ihres großen Unglücks, das sie daher hatte, daß sie ihr Gatte schlug, ging sie in der Nacht durch einen Wald auf einen Felsen und begann zu rufen, daß ihr Gott oder der Teufel helfen möchte (que dieu ou le diable ly voulissent aydier); da kam einer zu ihr, der sich Sathanas nannte... er sagte ihr, wenn sie an ihn glauben wolle und ihn zum Meister nähme und Gott verleugne, dann würde er sie trösten und ihr Gatte sie nicht mehr schlagen. Und zur selben Stunde verleugnete sie Gott und nahm Sathanas zu ihrem Meister...»[1433] Die Geschichte dieser Unglücklichen war kein Einzelfall, vielmehr erwähnen die Prozeßakten immer wieder, daß Frauen sich an Hexen wandten oder selbst zu solchen wurden, weil ihre Männer sie habituell verprügelten. Ob es nun Gott oder der Teufel ist, der einer solchermaßen Gepeinigten zu Hilfe kommt – sie erscheinen als gleichwertige Mächte. Und was blieb ihr angesichts eines schweigenden Gottes übrig, als zu seinem Widerpart zu flüchten? Was wir nicht wissen, ist nur, ob in der Realität (Mann in Teufelsverkleidung) oder in der Phantasie. Auch Luther erkannte diesen Zusammenhang: Da sich Gott oft als fremder Gott («alienus Deus») zeigt, um die Menschen zu erproben, laufen sie zu den Heiligen – oder zu Satan, «denn diese helfen früher, da unser Gott seine Hilfe aufzuschieben pflegt»[1434].

Etwa um 1500 entstand eines der interessantesten Stücke des spätmittelalterlichen Dramas, *Mariken van Nieumeghen*. Thema sind Teufelsbund und Reue einer jungen Frau. Auch sie ist in verzweifelter Situation, als sie den Pakt eingeht, auch sie klagt und ruft zuvor um Hilfe[1435]:

«Nu ga ik zitten ondere deze hage,
Mi zelve bevelende in den handen
Van Gode of alle die helse vianden.»
(Nun setze ich mich unter diese Hecke und befehle mich in die Hände

von Gott oder die aller höllischen Dämonen). «God of die duvel, ‹t es mi alleleens.» (Gott oder Teufel, das ist mir einerlei).

«Bitt gott und unse liebe frow», lautete der Rat einer Schweizer Hexe an eine Kranke. Als diese weiterjammerte, hieß es: «Willt nit an got glouben, so gloub an tüffel»![1436] Eine Frau bekannte 1591 in Innsbruck in der Beichte, sie habe bei einem Gewitter sowohl Gott als auch den Teufel gehöhnt: «Dämon, so mächtig bist du nicht, daß du mich rauben könntest[1437]. Oder du, Gott, so viel Kräfte hast du nicht, daß du mich mitten aus diesem Sturm holen könntest!»[1438] Drei Jahre später erzählt die Hexe Gostanza vom Sabbat: «und solange wir dort waren, empfahlen wir uns ihnen [den Dämonen], und wenn wir zurückkehrten, empfahlen wir uns Gott»[1439]. Es hängt hier nur von der Situation ab, an welche der beiden Mächte sich ein glaubensmäßig nicht ganz gefestigter Mensch wendet. In anderen Fällen hat der Gegengott tatsächlich den christlichen ersetzt, so wenn eine Hexe auf der Folter nicht, wie die meisten der Unglücklichen, Gott oder Maria um Hilfe anrief, sondern tatsächlich den Teufel[1440].

Bekannt, da von Sigmund Freud in seiner Schrift *Eine Teufelsneurose im 17. Jahrhundert* untersucht[1441], ist der Fall des Malers Christoph Haitzmann, der sich einerseits dem Teufel als sein leibeigener Sohn verschrieb, andererseits Christus, dem er im Kloster diente. Tiefenpsychologisch betrachtet, sind es die ambivalenten Gefühles des Kindes für den Vater, die sich in der Hingabe an einen positiven und einen negativen «Übervater» spiegeln[1442].

Wenn man sich dem Teufel verschreibt, dann wird eine Beziehung, die zu Gott, durch eine gleichwertige, die zum Widergott, ersetzt: Die als Hexe verbrannte Maria Klee verfluchte Christus als Teufelsaas und Teufelstier (!), Kröte und Rabenfleisch, desgleichen seine Mutter, um dann fortzufahren: «du gefalst mir nit mehr, ich will nit mehr dein sein, sondern gehöre einem anderen zue»[1443].

Es wird von manchen mystischen Heiligen ein besonderer Abscheu vor Zauberei berichtet, der nicht nur aus ihren zutiefst christlichen Idealen zu verstehen ist, sondern ebenso als unbewußter Konkurrenzneid interpretiert

werden kann. Schon Hildegard von Bingen hat heftig gegen die Magier ge-
wettert und sie im Jenseits in «einen riesigen Sumpf, der ganz und gar im
Feuer brodelte und einen äußerst üblen Gestank von sich gab, in welchem
sich eine Unmasse von Schlangen und anderem Gewürm tummelte», versetzt[1444]. Birgitta ließ ausführliche Offenbarungen gegen die an herrschaft-
lichen Höfen gehaltenen Zauberer, Wahrsager und Hexen aufzeichnen, die
u.a. die Zukunft voraussagten oder Kranke heilten[1445], wie es die Heilige
selbst tat[1446]. Besonders eklatant ist das Verhältnis, wenn man weiß, wie Birgitta einerseits Wahrsagerinnen verdammte und andererseits in *derselben*
Sache Prophezeiungen verbreitete. Von Rom aus bemühte sich die «princi-
pissa Nericiae», ihren Verwandten, den König Magnus II., bei dem sie einst
Hofmeisterin gewesen war, vom Thron zu stürzen[1447]. Sie scheint sich dabei
ihren Sohn und ihren Schwiegersohn als Anführer gegen den in der Tat pro-
blematischen Herrscher vorgestellt und einen Dynastiewechsel zugunsten
des ersteren geplant zu haben. Ihr Umsturzprogramm von 1361 gehört zu
den wenigen Fragmenten, welche in ihrer eigenhändigen Aufzeichnung bewahrt geblieben sind, und sollte einer unmittelbaren Anwendung als Agi-
tationsschrift dienen. Der Text, der als «eine hemmungslose Agitations-
schrift, die unter ihrer religiösen Hülle von parteiischer, persönlicher Ani-
mosität geprägt ist, mit einer guten Portion Herrschsucht und im ganzen
kraß irdischen Motiven»[1448] charakterisiert wurde, ist nichtsdestoweniger
keine bewußte Erfindung der Seherin, sondern eine Rede der Himmelskö-
nigin an sie! Es geht, so Maria, um die Stärkung des schwedischen Reiches
gegen Gottes seelische und leibliche Feinde. «iac vara(l) idar vithar at guzs
raet viso domba skal kunung oc hans af kømd vith thaet rike skilia [.] en
annan man... skal rikeno styra aepte guz vina rathum...»[1449] (Ich teile ihnen
weiter mit, daß die Gerechtigkeit Gottes zeigt, den König und seine Nach-
kommen von diesem Reich zu trennen. Ein anderer Mann wird das Reich
nach dem Rat der Gottesfreunde lenken...). Dazu sollen die Empfänger der
Botschaft Geld sammeln. Vieles aus diesem Pamphlet scheint von den auf-
ständischen schwedischen Adeligen tatsächlich übernommen worden zu
sein; jedenfalls wurde Magnus abgesetzt und gefangengenommen. Als aber
nun ein Ritter in derselben Sache, nämlich ob eine Empörung gegen den

schwedischen König ratsam sei, eine Wahrsagerin bzw. Hexe konsultierte
(»consuluit Phitonem«), und es dann so geschah, wie die «Phitonissa» prophezeit hatte, hört die Heilige die Stimme Christi, der ihr sagt, daß dies
Teufelswerk sei, das freilich wegen des bösen Glaubens des Volkes von ihm
zugelassen würde. «Sage dem König, daß solche Leute aus der Gemeinschaft
der Gläubigen ausgerottet gehören, denn das sind Betrüger der Seelen,...
die dem Teufel huldigen, damit noch mehrere betrogen werden!»[1450] Wenn
zwei das Gleiche tun, dann ist es noch lange nicht das Gleiche.

Franziska von Rom verjagte eine Heilerin als «malefica», die von ihrer
Familie geholt worden war, um sie aus schwerster Krankheit zu retten; als
ihr Sohn ebenfalls zu einer solchen Frau Zuflucht nehmen wollte, weil die
Heilige im Sterben lag, handelte er sich damit ihren schärfsten Tadel ein.
Früher hatte sie schon die Zauberbücher ihres Gatten verbrannt[1451]. In ihrer
großen und schrecklichen Höllenvision schaute sie auch die «fattuchiari et
incantori», die Magier, die mit bösem Blick und Zaubersprüchen arbeite-
ten. Sie – aber auch alle, die an sie glaubten – werden von den Dämonen
u.a. mit glühenden Eisenkugeln gesteinigt und dann in einen großen brennenden Scheiterhaufen eingeschlossen[1452].

Genauso kämpften die Mystikerinnen heftig gegen die Dämonen selbst,
die sich ihnen ja in verschiedensten Gestalten zeigten; ganze Abschnitte der
Viten der spätmittelalterlichen bis barocken Heiligen sind ihren psychi-
schen und vor allem auch physischen Konfrontationen mit den bösen Geistern gewidmet. Nicht nur die oben erwähnte Eustochio von Padua erlebte
die verschiedenen Formen der dämonischen Angriffe, Circumsessio, Ob-
sessio und Possessio in der Terminologie der Theologie der römischen Kirche[1453], sondern buchstäblich fast jede Mystikerin jedenfalls in den romanischen Ländern[1454].

Die religionsphänomenologisch vergleichende Betrachtung bestimmter
Symptome der mystischen Heiligkeit und des Hexenwesens ergab manche
Parallelen, die verständlich machen, daß die «Normalen» oft vor Erscheinungen standen, die ihnen die Wahl einer Reaktion *in bonam* oder *in malam*
partem freistellte. Grund dafür war das dualistische System des Christen-

tums, das von zwei übermenschlichen Wesen ausgeht, die beide dieselben Phänomene hervorbringen können. Soweit bisher zu sehen, war es in vielen Fällen nur von den jeweiligen spezifischen Verhältnissen und involvierten Personen abhängig, deutlicher: vom jeweiligen Zufall, welcher dieser beiden Gottheiten ein konkretes Eingreifen in die irdischen Geschicke zugeschrieben wurde. Ob eine Frau, die bestimmte Phänomene erfuhr oder imaginierte oder imitierte, letztendlich als Heilige verehrt werden sollte oder als Hexe verbrannt, hing jeweils davon ab, welche Pressure Group stärker war, die, die ihre Symptome göttlichem Ursprung zuschrieb, oder die, die sich für teuflische Einwirkung entschied. Diese Wahl war dabei von zahlreichen außerreligiösen Faktoren beeinflußt. Ein komplettes strukturelles Muster, unter welchen Umständen diese oder jene Konsequenz ein Lebensschicksal beherrschte, ist m. E. nicht festzustellen.

Man könnte die These Ginzburgs[1455] weiterspinnen und nicht nur einen Teil des hexerischen Tuns, sondern auch der mystischen Phänomene als jüngere Sonderformen des eurasischen Schamanismus[1456] interpretieren. Etwa die Motive des ekstatischen Verkehrs mit den guten und bösen Gottheiten, der Vermittlung von Hilfe aus dem Jenseits sowie des Kontakts mit den Toten bilden entsprechende Gemeinsamkeiten. Beide Formen erscheinen in den Quellen in die Normen des Christentums gezwängt. Doch ist dies wohl keine haltbare Hypothese, denn es lassen sich bei den Mystikerinnen keine Kontinuitäten etwa zur germanischen Volva nachweisen; gerade das Fehlen jeglicher Erlebnismystik im Frühmittelalter[1457] verweist auf einen Neuansatz im hohen Mittelalter. Auch daß zahlenmäßig die Frauenmystik vor allem in den romanischen Ländern blühte, ist ein Argument gegen eine so geartete Verbindung mit dem germanischen Schamanismus.

Eine «longue durée» bis zur Gegenwart dagegen existiert, aber erst beginnend mit dem späten 12. Jahrhundert, wobei sie bei den Weisen Frauen und Hexen – nicht bei den Mystikerinnen – phänomenologisch Formen zeigt, wie sie sich vielleicht tatsächlich in einer Tradition aus der Zeit vor der Christianisierung herleiten. Diese läßt sich jedoch schlecht dokumentieren. Gewiß kann die Möglichkeit nicht ganz ausgeschlossen werden, daß die Amtskirche erst durch die Auseinandersetzung mit den Katharern für Magie sensibler wurde und ihr erst im 13. Jahrhundert vorchristliche Riten etc. auffielen, die in Wirklichkeit permanent praktiziert worden waren. Doch erscheint dies nicht so wahrscheinlich wie eine Innovation. Auch die Hypothese, daß in diesem Jahrhundert im Volk ältere Praktiken tatsächlich eine Renaissance erlebt hätten, etwa als Reaktion auf die Totalisierung christlicher Normen seit dem IV. Lateranum, dürfte nicht beweisbar sein[1458].

Die angesprochene Neuentwicklung schließlich ist typisch für den Katholizismus der alteuropäischen Epoche – es fehlen Parallelen bei Frauen der Orthodoxie (wie auch des Islams); im Protestantismus traten nur sehr gelegentlich unterdrückte Formen der Erlebnismystik im Pietismus auf. Daß andererseits in den reformierten Gebieten genauso fanatisch Hexen geortet wurden wie in den katholischen, zeigt, wie sehr Mentalitäten obrigkeitlich geformt werden können[1459]: währenddem die katholischen Traditionen der Mystik und Heiligenverehrung abgebrochen wurden, perpetuierte man die des Hexenwahns.

Männer und in wesentlich größerer Zahl Frauen hatten aufgrund entsprechender psychischer Veranlagung und/oder entsprechender Techniken (Askese, Meditation; Drogen) außerordentliche religiöse Erlebnisse und Fähigkeiten oder beanspruchten solche und wichen in ihrer Lebensführung von den sozialen Normen ab. Ihre Umwelt erklärte sie zu Heiligen oder zu Hexen, vielfach glaubten sie dies selbst von sich oder wurden gezwungen, es zu glauben. Sie wurden zu Idealen und Wunschfiguren erhoben, die man verehrte (und verehrt), oder zu Sündenböcken, die man verbrannte. Ihre Verhaltensmuster ließen Stereotype entstehen, *die* Mystikerin, *die* Hexe, die sekundär auch auf Menschen projiziert werden, die ihnen nur teilweise oder kaum entsprechen. Daher das massenhafte Auftreten der mystischen Heiligen und dann der Hexen im ausgehenden Mittelalter, nachdem vorher nur Einzelfälle existierten. Beide Male wurden also Einzelne aus der Gesamtgesellschaft ausgesondert, oder sonderten sich selbst aus, und wurden dann durch die Applikation positiver oder negativer Stereotype für die Sozietät brauchbar gemacht: einmal als magische Helfer mit besonderem Draht zur

Gottheit, das andere Mal als Aggressions-Objekte, deren Tod sozialen Frieden wiederherstellen konnte.

Die alteuropäische christliche Gesellschaft reagierte auf jede Abweichung, indem sie die betreffende Person entweder in nächste Nähe mit der angebeteten Gottheit oder dem verfluchten Gegengott rückte. Da das Christentum eine Religion war und ist, die öffentlich bekannt werden muß, mußten alle Gläubigen, die in eine Richtung vom Durchschnitt abwichen, sich in besonders demonstrativer Weise bekennen: sei es, daß sie ein vollkommenes Tugendleben mit härtester Askese entwickeln mußten, um als Heilige anerkannt zu werden, sei es, daß sie sich als Hexen entlarven und dann bekehren mußten. Obwohl sich faktisch immer wieder an einem Menschen so viele Widersprüche zeigen konnten, mußte es sich nach dem Urteil der «Normalen» entweder um eine Heilige oder eine Hexe handeln, mußte Gott oder der Teufel regieren, denn die christliche Religion kennt nur Weiß und Schwarz. «Euere Rede aber sei: Ja, ja; nein, nein!» (Mt 5, 37). «Wer nicht mit mir ist, der ist wider mich!» (Mt 12, 30).

Nachwort

Es gehört heute zum Grundbestand historischen Denkens, sich darüber im klaren zu sein, daß jeder Geschichtsschreiber immer eine Synthese herstellt aus den Informationen, die er in den Quellen vorfindet, und dem Weltbild, das er aufgrund seiner persönlichen Erfahrungen (zu denen auch die sozialen und wissenschaftlichen gehören) mitbringt. Er baut sozusagen mit vorgegebenen Steinen, den kritisch betrachteten Informationen der Quellen, aber das Muster, nach dem er sie zusammenfügt, ergibt sich nicht nur aus ihrem Ineinanderpassen, sondern auch aus dem ihm (bewußt oder unbewußt) vorschwebenden Bauplan. Zwar wird er versuchen, dem alten Ideal, die Vergangenheit «sine ira et studio» zu beschreiben und zu rekonstruieren, «wie es wirklich gewesen ist», so weit wie möglich zu folgen, ist sich dessen jedoch bewußt, daß dieses Ideal eo ipso nicht erreicht werden kann. Es gibt eine ausführliche theoretische Literatur, die über diese hier in einfachem Bild vorgestellten gnoseologischen (erkenntnistheoretischen) Beziehungen auf hoher Abstraktionsebene, aber mit etwa diesem Ergebnis reflektiert.

Wenn schließlich dieser «Bau» errichtet ist, hat der Historiker wie jeder seiner Leser nicht nur das Recht, sondern als «homo politicus» auch die Pflicht, zu dem Eruierten Stellung zu nehmen und gegebenenfalls Konsequenzen für sein Weltbild und Handeln zu ziehen. Das heißt z.B., sich sein Urteil darüber zu bilden, welche bis in die Gegenwart reichenden Verhaltensweisen zu fördern, welche zurückzudrängen seien.

Eine gegenwartsbezogene Bemerkung sei in diesem Sinne erlaubt: Die hier untersuchten Schicksale und Vorfälle, soweit sie Heilige betreffen, wurden und werden, speziell im deutschsprachigen Raum, traditionellerweise fast ausschließlich von der katholischen Kirchengeschichte dargestellt; eine unabhängige Hexenforschung dagegen hat sich auch hier seit längerem etabliert. Es ist evident, daß kein Theologe und kein Kirchenhistoriker einer derjenigen christlichen Konfessionen, die noch die Heiligenverehrung praktizieren, diesen phänomenologischen Standpunkt teilen kann, da er so die Raison d'être seiner Profession auflösen würde, die in der Bewertung der Geschichte nach den jeweiligen konfessionellen Normen besteht. Wie ein Ordinarius dieses Faches kürzlich (1989) schrieb: «Die Kirchengeschichte versteht sich als theologische Wissenschaft... Daraus folgt, daß der Kirchenhistoriker, der sich als Theologe versteht, die historischen Vorgänge auf dem Hintergrund der christlichen Glaubensbekenntnisse sieht... Diese vorgegebene Wertordnung beeinflußt das Endergebnis...» Die Kirchengeschichte wird «dankbar das Licht der Dogmatik annehmen, es sei denn, sie gibt sich mit der Perspektive von Maulwürfen zufrieden.»[1460] Man darf nicht vergessen, daß schließlich bis 1967 jeder katholische Kirchenhistoriker einen feierlichen Eid darauf ablegte, daß es unmöglich sei, daß ein von der Kirche vorgeschriebener Glaubenssatz geschichtswissenschaftlichen Forschungsergebnissen widersprechen könne[1461], was nur dementsprechende Forschungsergebnisse zuließ.

Bisher hat m. W. weder die kirchliche noch die profane Geschichtsforschung die hier untersuchte Ambivalenz dargestellt. Aufgrund der phänomenologischen Betrachtung zeigte sich, daß die Qualifizierung eines Menschen sei es als Hexe oder sei es als Heilige jedesmal ein *Konstrukt* darstellt, mit dem diese Person sich selbst interpretiert und/oder von ihrer Umwelt interpretiert wird. Dies würde für die Hexen heute wahrscheinlich auch von den meisten katholischen Kirchenhistorikern unterschrieben werden, muß für sie aber a priori unannehmbar für die Heiligen sein[1462].

In der Sicht des profanen Historikers jedoch erweist sich die Frage «Hexen oder Heilige» als überhaupt nur innerhalb eines axiomatischen Systems – des Katholizismus – sinnvoll. Für ihn kann die Antwort nur lauten: Diese ambivalent beurteilten Frauen waren Menschen, die aufgrund ihrer religösen Erlebnisse und ihres religiösen Verhaltens von den durchschnittlichen Normen abwichen. Sie waren aber weder «Hexen» noch «Heilige». Beides sind von der Religion erzeugte Bewertungskategorien, kollektive Phantasien im Rahmen eines längst falsifizierten Weltbildes, auch wenn sie noch von vielen Menschen weitergebraucht werden.

Das mag den einen, für die diese Begriffe ohnehin obsolet sind, nach überholter Spätaufklärung klingen und den anderen, die auch heute zu den Heiligen beten, ketzerisch. Doch nur demjenigen, der die Bedeutung der amtskirchlich empfohlenen Heiligenverehrung in der Praxis auch des gegenwärtigen Katholizismus nicht kennt, könnte eine historisch fundierte Kritik am Phänomen «persönliche Heiligkeit» überholt oder überflüssig erscheinen. Die Heiligenverehrung hat immer noch große Bedeutung in der Liturgie. Fast kein Gläubiger, er sei denn Priester, weiß z.B., daß es auch heute in einer katholischen Kirche keinen Altar geben darf, in dem nicht ein Knöchelchen, ein Haar, ein Gewandteil usw. eines Heiligen eingeschlossen ist. Ein Altar ohne Heiligenreliquie ist auch nach der neuesten Ausgabe des *Codex Iuris Canonici* liturgisch nicht funktionsfähig[1463]. In mentalitätsgeschichtlicher Perspektive erweist sich immer wieder, daß der Katholizismus mehr als alle anderen Institutionen der westlichen Kultur seine Anhänger dazu zwingt, längst obsolet gewordene Strukturen zu perpetuieren.

Wie aktuell die Frage nach der Heiligkeit charismatisch begabter Frauen ist, erweist sich u.a. daran, daß gerade jetzt, aufgrund feministischen Drucks, intensive Bestrebungen zur Aufwertung der mittelalterlichen Mystikerinnen im Gange sind. So soll z.B. Hildegard von Bingen zur Kirchenlehrerin erklärt werden oder ausgerechnet Birgitta von Schweden zur Patronin der Ökumene. Ihre Revelationen, in denen sie allen nicht der römischen Kirche untertänigen Christen die Ausrottung mit Feuer und Schwert androht, und speziell den Orthodoxen[1464], prädestinieren sie offenbar gerade dazu. Andererseits existieren feministische Gruppen, deren Mitglieder sich selber als Hexen bezeichnen und paranormale Fähigkeiten beanspruchen[1465]. In diesem Fall führen Frauen, die gar nicht gläubig im Sinne des Christentums sind, eine von dort entlehnte Kategorisierung umgewertet weiter und setzen damit ein mentalitätsgeschichtlich überholtes System fort.

Teuflische Besessenheit, dämonische Verführung und göttliche Erwähltheit sind Erklärungsmodelle, die den Verweis auf außermenschliche Kräfte gemeinsam haben, die die Geschicke der Sterblichen beeinflussen.

Sie alle fungieren in dem Sinn, daß sie den Menschen zu einem Teil aus seiner Eigenverantwortung entlassen. Solche über Jahrtausende gültige Stereotype sind nicht leicht zu überwinden. Es ist eine der Funktionen der Geschichtswissenschaft, dies zu tun. Wie ihr grundlegender Methodiker, Johann G. Droysen, schrieb: «Den Dualismus von Gott und Teufel widerlegt die Geschichte.»[1466]

Anhang

Abkürzungen

AASS	Acta Sanctorum, Antwerpen bzw. Paris (Erscheinungsort und Auflage je nach Erscheinungsdatum)
CC	Corpus Christianorum, Turnhout
CCCM	Corpus Christianorum, Continuatio Mediaevalis, Turnhout
CSEL	Corpus Scriptorum Ecclesiasticorum Latinorum, Wien
DIP	Dizionario degli instituzioni di perfezione, Roma
DS	Dictionnaire de spiritualité ascétique et mystique, Paris
DThC	Dictionnaire de théologie catholique, Paris
HDA	Handwörterbuch des deutschen Aberglaubens, Berlin
LcI	Lexikon der christlichen Ikonographie, Freiburg
LexMA	Lexikon des Mittelalters, München
LThK	Lexikon für Theologie und Kirche, Freiburg (Auflage je nach Erscheinungsdatum)
MGh	Monumenta Germaniae historica, Hannover etc.
ND	Neudruck
PL	Patrologiae cursus completus, series latina, ed. J.-P. Migne, Paris
SC	Sources chrétiennes, Paris
SS	Scriptores
TRE	Theologische Realenzyklopädie, Berlin
VL	Die deutsche Literatur des Mittelalters, Verfasserlexikon, Berlin, 2. Aufl.
WA	Martin Luther, Werke, Weimar
Zs.	Zeitschrift

Bibliographie

Zu den beiden Bereichen Heiligkeit und Hexerei existiert eine umfangreiche wissenschaftliche Literatur. In der Bibliographie ist keinesfalls eine einläßliche Zusammenstellung dieser Werke zu erwarten, sondern es sind nur die näherhin verwendeten Arbeiten zitiert. Es sei für ernsthaft Interessierte immerhin darauf verwiesen, daß die für den Bereich Heiligkeit maßgeblichen historischen Studien primär in französischer und italienischer Sprache vorliegen, wogegen die Forschung im Bereich Hexenwesen international genannt werden kann. Zu einer weiteren Beschäftigung ist es unerläßlich, mit Hilfe der Fachzeitschriften zu bibliographieren, für die Heiligen bes. den *Analecta Bollandiana*, der *Revue d'histoire ecclésiastique* und dem neuen Periodicum *Hagiographica*; vgl. in der Bibliographie bes. Dinzelbacher, Bauer, Heiligenverehrung, 15 f.

Die Literatur zu Magie und Hexenprozessen erschließt sich primär vermittels der allgemeinen historischen und volkskundlichen Periodika wie z. B. *Historische Zeitschrift, Frühneuzeit Info, Internationale volkskundliche Bibliographie* etc. Vgl. in der Bibliographie besonders die Arbeiten von Krenn und Behringer.

1. Quellen

Achler, Elisabeth: Die schwäbische Mystikerin Elisabeth Achler von Reute, hg. v. Bihlmeyer, Karl: Festschrift Ph. Strauch, Stuttgart 1932, 96–109

Agrippa von Nettesheim, Cornelius, De occulta philosophia, ed. Perrone Compagni, V., Leiden 1992

Akten: Hoffmann-Krayer, E. (Hg.), Luzerner Akten zum Hexen- und Zau-

berwesen: Schweizerisches Archiv für Volkskunde 3, 1899, 23–40;
81–122; 189–224; 291–329

Angela von Foligno: Le livre de la bienheureuse Angèle de Foligno, ed. Doncoeur, P., Toulouse 1925

– Il libro della b. Angela da Foligno, ed. Thier, L., Calufetti, A., Grottaferrata 1985

Apokryphen: Neutestamentliche Apokryphen II, hg. v. Schneemelcher, W., Tübingen ⁵1989

Beutlerin, Magdalena, von Freiburg: Greenspan, Karen, Erklaerung des Vaterunsers. A critical edition of a 15th century mystical treatise by Magdalena Beutler of Freiburg, Diss. Massachusetts 1984

Birgitta von Schweden: Revelationes S.tae Brigittae, Romae 1628

– Dass., München 1680

– Heliga Birgittas Originaltexter, ed. Högman, B., Uppsala 1951

– Clarus, L. (Übers.), Leben und Offenbarungen der hl. Brigitta, Regensburg 1856

– Acta et processus canonizationis b. Birgittae, ed. Collijn, J., Uppsala 1924/31

Blannbekin, Agnes: Leben und Offenbarungen der Wiener Begine Agnes Blannbekin (+ 1315), hg. v. Dinzelbacher, Peter, Vogeler, Renate, Göppingen 1994

Boillet, Coletta: Pierre de Reims, Perrine de la Roche, Vies de Sainte Colette Boylet de Corbie, ed. d'Alençon, U.: Archives Franciscaines 4, 1911, pass.

Boneta, Prous: Confession, hg. v. May, W.: Mundy, J. u.a. (Hgg.), Essays in medieval Life and Thought, New York 1955, 3–30

Christine von St. Trond: Thomas von Cantimpré, Vita, AASS Juli 5, 1727, 637–660

Christine v. Stommeln: Petrus von Dacien, Vita Christinae Stumbelensis, ed. Paulson, J. (Scriptores latini medii aevi suecani 1), Gotoburgi 1896

Coletta s. Boillet

Columba von Rieti: Sebastianus, Vita: AASS Mai 5, 1866, 149*–226*, 810

Constance de Rabastens: Les révélations de Constance de Rabastens, ed. Pagès, A.: Annales du Midi 8, 1896, 241–278

Dorothea von Montau: Die Akten des Kanonisationsprozesses Dorotheas von Montau, hg. v. Stachnik, R., Triller, A., Köln 1978

– Marienwerder, Johannes, Das Leben der seligen Frau Dorothea...: Scriptores rerum Prussicarum 2, Leipzig 1863, 197–350

– Marienwerder, Johannis, Vita Dorotheae Montoviensis, hg. v. Westpfahl, H., Triller, A., Köln 1964

Douceline: La vie de sainte Douceline, ed. Gout, R., Paris 1927

Ebner: Margaretha Ebner und Heinrich von Nördlingen, hg. v. Strauch, Ph., Freiburg 1882

Elisabeth von Schönau: Die Visionen der hl. Elisabeth und die Schriften der Äbte Ekbert und Emecho von Schönau, hg. v. Roth, F. W. E., Brünn 1884 (^{2}1886)

Gertrud von Helfta, Legatus divinae pietatis: SC 139, 143, 255, 331

Gerson, Jean, Opera omnia, Antwerpen 1706

Gostanza, la strega di San Miniato, a cura di Cardini, F., Bari 1989

Hartlieb, Johannes, Buch aller verbotenen Kunst, hg. v. Ulm, Dora, Halle 1914

Ida von Löwen: Vita: AASS April 2, 1866, 156–189

Institoris, Heinrich: Malleus Maleficarum von Heinrich Institoris (alias Kramer) unter Mithilfe Jakob Sprengers aufgrund der dämonologischen Tradition zusammengestellt, hg. v. Schnyder, André, Göppingen 1991

– Malleus Maleficarum 1487. Von Heinrich Kramer (Institoris), hg. v. Jerouschek, Günter, Hildesheim 1992

– Jakob Sprenger, Heinrich Institoris, Der Hexenhammer, übers. v. Schmidt, J. W. R., ND München 1982

Der Innsbrucker Hexenprozess von 1485, hg. v. Ammann, H.: Zeitschrift des Ferdinandeums III/34, 1890, 3–87

Jeanne des Anges (Johanna von den Engeln): Sœur Jeanne, Memoiren einer Besessenen, hg. v. Farin, M., Nördlingen 1989

Johanna von Orléans: Procès de condamnation et de réhabilitation de Jeanne d'Arc, ed. Quicherat, J., Paris 1841/49

Journal d'un Bourgeois de Paris, ed. Beaune, C., Paris 1990

Katharina von Siena: Il processo castellano, hg. v. Laurent, M. H., Siena 1947

– Raymund von Capua, Legenda: AASS Apr. 3, 1866, 862 ff.

– Thomas Antonii de Senis «Caffarini», Libellus de supplemento, ed. Cavallini, I., Foralosso, I., Roma 1974

Kempe, Margery: The Book of Margery Kempe, ed. Meech, S. B., London 1940

Liedewy: Het leven van Liedewij, de maagd van Schiedam, hg. v. Jongen, L., Schotel, C., Schiedam 1989

– Vita prior: AASS Apr. 2, 1675, 267–368

Lukardis von Oberweimar: Vita ven. Lucardis: Analecta Bollandiana 18, 1899, 305–367

Luzerner Akten s. *Akten*

Marienwerder s. *Dorothea*

Matteuccia: Processo alla strega Matteuccia di Francesco, ed. Mammoli, Domenico (Res Tudertinae 8), Todi ²1983

Mechthild von Ha[c]keborn: Monachi Solesmenses (Hgg.), Revelationes Gertrudianae ac Mechthildianae 2, Pictavii 1875

Neri, Philipp: Primo processo per S. Filippo Neri, hg. v. Incisa della Rocchetta, G., Vian, N., Vatikan 1957/63

Neumann s. *Therese*

Nider, Johannes: Formicarium Ioannis Nyder, Duaci 1602

Oehl, Wilhelm (Übers.), Deutsche Mystikerbriefe des Mittelalters, ND Darmstadt 1972

Osanna von Mantua: Vitae, AASS Juni 3, 1701, 667–800

Pico della Mirandola jr., Opera omnia, Basel 1573 (ND 1972)

Pierre de Reims s. *Coletta*

Procès s. *Johanna*

Quellen und Untersuchungen zur Geschichte des Hexenwahns und der Hexen-verfolgung im Mittelalter, hg. v. Hansen, J., Bonn 1901

Quinzani: La prima «legenda volgare» de la b. Stefana Quinziani d'Orzi-nuzovi: Memorie storiche della diocesi di Brescia 1, 1930, 65–186

Raymund s. *Katharina von Siena*

Sperandea: Vita: Sarti, M., De episcopis Eugubinis, Pesaro 1755, civ–cxx
Therese [Neumann] von Konnersreuth: Visionen der Therese Neumann, hg.
    v. Steiner, J., München 1973
Thomas, Libellus s. *Katharina*
Vintler, Hans, Die pluemen der tugent, hg. v. Zingerle, I., Innsbruck
    1874

2. Literatur

Aus der älteren Sekundärliteratur wird im Text fallweise unter Modernisie-
rung von Orthographie und Interpunktion zitiert.

Arenal, Electa, Schlau, Stacey, Untold Sisters. Hispanic Nuns in Their Own
    Works, Albuquerque 1989
Arnold, Klaus, Humanismus und Hexenglaube bei Johannes Trithemius:
    Segl, Hexenhammer 217–240
Behringer, W., Erträge und Perspektiven der Hexenforschung: Historische
    Zeitschrift 249, 1989, 619–640
Behringer, Wolfgang, Hexenverfolgung in Bayern, München 1988
Bell, Rudolph M., Holy Anorexia, Chicago 1986
Biondi, Albano, L'«inordinata devozione» nella Prattica del Cardinale Scag-
    lia (ca. 1635): Zarri, Finzione 306–325
Blauert, Andreas, Frühe Hexenverfolgungen. Ketzer-, Zauberei- und
    Hexenprozesse des 15. Jahrhunderts, Hamburg 1989
Boehmer, Eduard, Franzisca Hernandez und Frai Franzisco Ortiz, Leipzig
    1865
Boglioni, Pietro, Streghe e credenze demonologiche popolari nel Medioevo:
    Sacra Doctrina 16/61, 1971, 51–90
Browe, Peter, Die Eucharistie als Zaubermittel im Mittelalter: Archiv für
    Kulturgeschichte 20, 1930, 134–154
Brown, Judith C., Immodest Acts. The Life of a Lesbian Nun in Renais-
    sance Italy, New York 1986

Büchi, A., Das Ende der Betrügerin Anna Laminit in Freiburg i. Ü.: Zeitschrift f. Kirchengeschichte 47, 1928, 41–46

Burghartz, Susanna, The Equation of Women and Witches: Evans, R. J. (Hg.), The German Underworld, London 1988, 57–74

Bynum, Caroline W., Holy feast and holy fast, Berkeley 1987

Cardini, Franco, Hexenwesen und Volkskultur im Spätmittelalter an Beispielen aus der Toskana: Dinzelbacher, Mück, Volkskultur 73–88

Cardini, Franco, Magia, stregoneria, superstizioni nell'Occidente medievale, Firenze ²1984

Cohn, Norman, Europe's Inner Demons, St Albans ²1976

Coulton, G. G., Life in the Middle Ages, ND Cambridge 1967

Craveri, Marcello, Sante e streghe, Milano 1980

De Maio, Romeo, Donna e Rinascimento, Milano 1987

de Martino, Ernesto, Katholizismus, Magie, Aufklärung, München 1982

Delumeau, Jean, Angst im Abendland, Reinbek 1985

Dienst, Heide, Feindseligkeit zwischen Frauen (Innsbruck 1485): Die ungeschriebene Geschichte (Frauenforschung 3), Wien 1984, 208–213

Dienst, Heide, Hexenprozesse auf dem Gebiet der heutigen Bundesländer...: Valentinitsch, Hexen 265–290

Dienst, Heide, Lebensbewältigung durch Magie. Alltägliche Zauberei in Innsbruck gegen Ende des 15. Jhs.: Kohler, Alfred, Lutz, Heinrich (Hgg.), Alltag im 16. Jahrhundert, Wien 1987, 80–116

Dienst, Heide, Vom Sinn und Nutzen multidisziplinärer Auswertung von Zaubereiprozeßakten: Mitteilungen d. Instituts f. österreichische Geschichtsforschung 100, 1992, 354–375

Dinzelbacher, Peter (Hg.), Europäische Mentalitätsgeschichte, Stuttgart 1993

Dinzelbacher, Peter (Hg.), Sachwörterbuch der Mediävistik, Stuttgart 1992

Dinzelbacher, Peter (Hg.), Wörterbuch der Mystik, Stuttgart 1989

Dinzelbacher, Peter, Auf der Suche nach dem Leid. Der Dolorismus des Spätmittelalters, i. Dr.

Dinzelbacher, Peter, Bauer, Dieter (Hgg.), Frauenmystik im Mittelalter, Ostfildern ²1990

Dinzelbacher, Peter, Bauer, Dieter (Hgg.), Heiligenverehrung in Geschichte und Gegenwart, Ostfildern 1990

Dinzelbacher, Peter, Bauer, Dieter (Hgg.), Religiöse Frauenbewegung und mystische Frömmigkeit im Mittelalter, Köln 1988

Dinzelbacher, Peter, Bauer, Dieter (Hgg.), Volksreligion im hohen und späten Mittelalter, Paderborn 1990

Dinzelbacher, Peter, Christliche Mystik im Abendland. Ihre Geschichte von den Anfängen bis zum Ende des Mittelalters, Paderborn 1994

Dinzelbacher, Peter, Der Kampf der Heiligen mit den Dämonen: Santi e demoni. Settimane del centro italiano di studi sull'alto medio evo 36/2, Spoleto 1989, 647–695

Dinzelbacher, Peter, Die Gottesgeburt in der Seele und im Körper. Von der somatischen Konsequenz einer theologischen Metapher, i. Dr.

Dinzelbacher, Peter, Die Realität des Teufels im Mittelalter, in: Segl, Hexenhammer 151–175

Dinzelbacher, Peter, Die «Realpräsenz» der Heiligen in ihren Reliquiaren und Gräbern nach mittelalterlichen Quellen: Dinzelbacher, P., Bauer, D. (Hgg.), Heiligenverehrung in Geschichte und Gegenwart, Ostfildern 1990, 115–174

Dinzelbacher, Peter, Die tötende Gottheit. Pestbild und Todesikonographie als Ausdruck der Mentalität des späten Mittelalters und der Renaissance: Analecta Cartusiana 117/2, 1986, 5–138

Dinzelbacher, Peter, Diesseits der Metapher. Selbstkreuzigung und -stigmatisation, i. Dr.

Dinzelbacher, Peter, Körperliche und seelische Vorbedingungen religiöser Träume und Visionen: Gregory, Tullio (Hg.), I sogni nel medio evo, Roma 1985, 57–86

Dinzelbacher, Peter, Mirakel oder Mirabilien?: Schmidtk, D. (Hg.), Das Wunderbare in der mittelalterlichen Literatur, Göppingen 1994, 177–208

Dinzelbacher, Peter, Mittelalterliche Frauenmystik, Paderborn 1993

Dinzelbacher, Peter, Mittelalterliche Sexualität – die Quellen: Erlach, Daniela u.a. (Hgg.), Privatisierung der Triebe? Frankfurt 1994, 47–110

Dinzelbacher, Peter, Mittelalterliche Visionsliteratur, Darmstadt 1989

Dinzelbacher, Peter, Mück, Hans-Dieter (Hgg.), Volkskultur des europäischen Spätmittelalters, Stuttgart 1987

Dinzelbacher, Peter, Nascita e funzione della santità mistica alla fine del medioevo centrale: Collection de l'école française de Rome 149, 1991, 489–506

Dinzelbacher, Peter, Religiosität/Mittelalter: Ders., Mentalitätsgeschichte 120–137

Dinzelbacher, Peter, Revelationes (Typologie des sources du Moyen Age occidental 57), Turnhout 1991

Dinzelbacher, Peter, Vision und Visionsliteratur im Mittelalter, Stuttgart 1981

Dülmen, R. v., Die Dienerin des Bösen: Zs. f. historische Forschung 18, 1991, 385–398

Edsman, Carl-M., Trolldom, Kyrkligt: Kulturhistorisk Leksikon for nordisk middelalder 18, 1974, 661–667

Eliade, Mircea, Schamanismus und archaische Ekstasetechnik, Zürich 1957

Endres, Rudolf, Heinrich Institoris, sein Hexenhammer und der Nürnberger Rat: Segl, Hexenhammer 195–216

Erba, A. M., Il «caso» di Paola Antonia Negri nel Cinquecento italiano: Schulte, Women 193–212

Ewald, Gottfried, Die Stigmatisierte von Konnersreuth, ND Darmstadt 1971

Ferlampin, Christine, Le sabbat des vielles barbues dans Perceforest: Le Moyen Age 99, 1993, 471–504

Ganay, M.-C. de, Les bienheureuses Dominicaines, Paris ³1924

Garçon, Maurice, Madeleine de la Croix, Abesse Diabolique, Paris 1939

Gehrts, Heino, Das Mädchen von Orlach. Erlebnisse einer Besessenen, Stuttgart 1966

Gérest, Claude, Der Teufel in der theologischen Landschaft der Hexenjäger des 15. Jahrhunderts: Concilium 11, 1975, 173–183

Ginzburg, Carlo, Hexensabbat, Berlin 1990

Ginzburg, Carlo, Spurensicherungen, München 1988

Goodich, Michael, Miracles and Disbelief in the Late Middle Ages: Mediaevistik 1, 1988, 23–38

Görres, Josef v., Die christliche Mystik, Regensburg [2]1879

Grabmayer, Johannes, Volksglauben und Volksfrömmigkeit im spätmittelalterlichen Kärnten, Wien 1994

Graef, Hilda C., Konnersreuth. Der Fall Therese Neumann, Einsiedeln 1953

Graf, Arturo, Il Diavolo, ND Roma 1980

Grimm, Jacob, Deutsche Mythologie, ND Frankfurt 1981

Grisar, Hartmann, Luther, Freiburg 1911/12

Grundmann, Herbert, Religiöse Bewegungen im Mittelalter, Darmstadt
[4]1977

Günter, Heinrich, Die christliche Legende des Abendlandes, Heidelberg
1919

Günter, Heinrich, Psychologie der Legende, Freiburg 1949

Habiger-Tuczay, Christa, Magie und Magier im Mittelalter, München 1992

Hansen, Joseph, Zauberwahn, Inquisition und Hexenprozesse im Mittelalter und die Entstehung der großen Hexenverfolgungen, München
1900

Harmening, Dieter, «aufsecz» und «zuosatz». Der Fall der Hexen: Seibt, F.,
Eberhard, W. (Hgg.), Europa 1500, Stuttgart 1987, 510–525

Harmening, Dieter, Hexenbilder des späten Mittelalters: Segl, Hexenhammer 177–194

Harmening, Dieter, Zauberei im Abendland, Würzburg 1991

Haustein, Jörg, Martin Luthers Stellung zum Zauber- und Hexenwesen,
Stuttgart 1990

Heikkinen, Antero, Paholaisen Liittolaiset. Noita- ja magiakäsityksiä
ja -oikeudenkäyntejä suomessa 1600-luvun jälkipuoliskolla, Porvoo
1969

Heimann, Heinz-Dieter, Über Alltag und Ansehen der Frau im späten Mittelalter – oder Vom Lob der Frau im Angesicht der Hexe: Sitzungsbe-
richte d. österr. Akademie der Wiss., Philosoph.-histor. Kl. 473, 1986,
243–282

Heiss, Gernot, Konfessionelle Propaganda und kirchliche Magie. Berichte der Jesuiten über den Teufel aus der Zeit der Gegenreformation in den mitteleuropäischen Ländern der Habsburger: Römische historische Mitteilungen 32, 1990, 103–152

Henningsen, Gustav, The White Sabbath and other Archaic Patterns of Witchcraft: Acta Ethnographica Academiae Scientiarum Hungar. 37, 1991/92, 293–304

Henningsen, Gustav, The Witches' Advocate. Basque Witchcraft and the Spanish Inquisition (1609–1614), Reno, Nev. 1980

Henting, H. v., Über das Indiz der Tränenlosigkeit im Hexenprozeß: Schweizerische Zs. f. Strafrecht 48, 1934, 368–81

Höcht, Johannes M., Träger der Wundmale Christi, Stein a. R. ⁴1986

Huerga, Alvaro, La vida seudomística y el proceso inquisitorial de sor María de la Visitación: Hispania sacra 12, 1959, 35–130

Hügel, Friedrich v., The Mystical Element of Religion as Studied in Saint Catherine of Genoa and her Friends, London ²1923

Imirizaldu, Jesus, Monjas y Beatas Embaucadoras, Madrid 1977

Jerouschek, Günther, 500 Jahre Hexenhammer: Ders. (Hg.), Malleus maleficarum, Hildesheim 1992, v–xxix

Johnston, F. R., English defenders of St. Bridget: Analecta Cartusiana 35/19, 1993, 263–275

Kieckhefer, Richard, Unquiet Souls. Fourteenth-Century Saints and Their Religious Milieu, Chicago 1984

Kieckhefer, Richard, European Witch Trials. Their Foundation in Popular and Learned Culture, 1300–1500, London 1976

Kieckhefer, Richard, Magie im Mittelalter, München 1992

Kirchhoff, Dr., Beziehungen des Dämonen- und Hexenwesens zur deutschen Irrenpflege: Allgemeine Zs. f. Psychiatrie 55, 1888, 329–398

Kittell, E., Toward a Perspective on Women, Sex, and Witches in the Later Middle Ages: Matschinegg, Ingrid u.a. (Hgg.), Von Menschen und ihren Zeichen, Bielefeld 1990, 13–40

Klaniczay, Gábor, Der Hexensabbat im Spiegel von Zeugenaussagen in Hexen-Prozessen: kea, Zeitschrift für Kulturwissenschaften 5, 1993, 31–54

Klaniczay, Gábor, Heilige, Hexen, Vampire. Vom Nutzen des Übernatürlichen, Berlin 1991

Klaniczay, Gábor, Miraculum und maleficium. Einige Überlegungen zu den weiblichen Heiligen des Mittelalters in Mitteleuropa: Wissenschaftskolleg-Jahrbuch 1990/91, 224–252

Kleinberg, Aviad, Prophets in Their Own Country. Living Saints and the Making of Sainthood in the Later Middle Ages, Chicago 1992

Klosa, Josef, Das Wunder von Konnersreuth in naturwissenschaftlicher Sicht, Aschaffenburg 1974

Krap, Frans W., Emmeken. Ik ben 'sduuels amie, Nijmegen 1983

Krenn, Karin, Moderne italienische Literatur zum Thema Hexenwesen, Dipl. Arbeit Wien 1988

Kunstmann, Hartmut, Zauberwahn und Hexenprozeß in der Reichsstadt Nürnberg, Nürnberg 1970

Lauwers, Michel, Paroles de femmes, sainteté féminine. L'église du XIIIe siècle face aux béguines: Braive, G., Cauchies, J. (Hgg.), La critique historique à l'épreuve, Bruxelles 1989, 99–115

Lea, Charles Henry, Geschichte der Inquisition im Mittelalter, ND Nördlingen 1987

Lea, Charles Henry, Geschichte der spanischen Inquisition, ND Nördlingen 1988

Lecouteux, C., Le Double, le Cauchemar, la Sorcière: Etudes Germaniques 43, 1988, 395–405

Levack, Brian P., The Witch-hunt in early modern Europe, London 1987

Lhermitte, Jean, Echte und falsche Mystiker, Luzern 1953

Llorca, Bernardino, Die spanische Inquisition und die «Alumbrados», Berlin 1934

Lucie-Smith, Edward, Johanna von Orleans, Düsseldorf 1977

Magoulias, H. J., The Lives of Byzantine Saints as Sources of Data for the History of Magic in the Sixth and Seventh Centuries A. D., Sorcery, Relics and Icons: Byzantion 37, 1967, 228–269

Mandrou, Robert, Magistrats et sorcières en France au XVIIᵉ siècle, Paris 1980

Marchetti, Valerio, La simulazione di santità nella riflessione medico-legale del sec. XVIII: Zarri, Finzione 202–227

Martin, Anna, Christina von Stommeln: Mediaevistik 4, 1991, 179–263

Menendez Pelayo, Marcellino, Historia de los heterodoxos españoles, ND Madrid 1956

Meyer, Carl, Der Aberglaube des Mittelalters und der nächstfolgenden Jahrhunderte, o. O. 1884

Michelet, Jules, Satanism And Witchcraft, London 1965 [La sorcière]

Monter, William, Women and the Italian Inquisitions: Rose, Mary B. (Hg.), Women in the Middle Ages and the Renaissance, Syracuse 1986, 73–87

Morris, Katherine, Sorceress or Witch? The Image of Gender in Medieval Iceland and Northern Europe, Lanham 1991

Muchembled, Robert, Kultur des Volks – Kultur der Eliten, Stuttgart ²1984

Muchembled, Robert, Sorcières du Cambrésis: Dupont-Bouchat, M.-S. u.a., Prophètes et sorcières dans les Pays-Bas XVI–XVII siècle, Paris 1978

Muchembled, Robert, Sorcières, justice et société aux 16e et 17e siècles, Paris 1987

Müller, Daniela, Die Frau als Hexe – notwendiger Ausfluß scholastischer Theologie?: Studiengenossenfest des Kronberg-Gymnasiums Aschaffenburg, Aschaffenburg 1990, 93–103

Müller, Daniela, Hintergründe des historischen Hexenwahns: Zs. f. französische Sprache u. Literatur, Beiheft 14, 1989, 79–88

Murray, Alexander, Medieval Origins of the Witch Hunt: The Cambridge Quarterly 7, 1976, 63–74

Niccoli, Ottavia, Il confessore e l'inquisitore: Zarri, Finzione 412–434

Oesterreich, Traugott K., Heilige und Seherinnen: Velhagen und Klasings Almanach, Berlin 1927, 81–100

Orlandi, Giuseppe, Vera e falsa santità in alcuni predicatori popolari e direttori di spirito del Sei e Settecento: Zarri, Finzione 435–463

Palacios Alcalde, Maria, Las beatas ante la inquisición: Hispania Sacra 40, 1988, 107–131

Paolin, Giovanna, Confessione e confessori al femminile: Zarri, Finzione 366–388

Paretino, Luciano, Streghe e politica, Milano 1983

Pater, Thomas, Miraculous Abstinence. A Study of one of the Extraordinary Mystical Phenomena, Washington 1946

Petrocchi, Massimo, Storia della spiritualità italiana, Roma 1978 ff.

Peuckert, Will-Erich, Die große Wende, ND Darmstadt 1966

Pfister, Oskar, Das Christentum und die Angst, ND Frankfurt 1985

Picasso, Giorgio (Hg.), Una santa tutta Romana… Francesca Bussa dei Ponziani, Siena 1984

Pou y Martí, J. M., Visionarios, beguinos y fraticelos catalanes, Vich 1930

Prosperi, Adriano, Dalle «divine madri» ai «padri spirituali»: Schulte, Women 71–92

Prosperi, Adriano, L'elemento storico nelle polemiche sulla santità: Zarri, Finzione 88–118

Ribet, M. J., La mystique divine, Paris [2]1895

Roeck, Bernd, Christlicher Idealstaat und Hexenwahn. Zum Ende der europäischen Verfolgungen: Historisches Jahrbuch 108, 1988, 379–405

Roeck, Bernd, Wahrnehmungsgeschichtliche Aspekte des Hexenwahns – ein Versuch: Historisches Jahrbuch 112, 1992, 72–103

Roskoff, Gustav, Geschichte des Teufels, ND Nördlingen 1987

Roth, F., Die geistliche Betrügerin Anna Laminit von Augsburg: Zeitschrift f. Kirchengeschichte 43, 1924, 355–417

Rubin, Miri, Corpus Christi. The Eucharist in Late Medieval Culture, Cambridge 1991

Rummel, W., Die «Ausrottung des abscheulichen Hexerey Lasters»: Geschichte und Gesellschaft, Sonderheft 11, 1986, 51–72

Russell, Jeffrey B., Lucifer. The Devil in the Middle Ages, Ithaca 1984

Russell, Jeffrey B., Witchcraft in the Middle Ages, Ithaca 1972

Russell, Jeffrey B., Wyndham, M. W., Witchcraft and the Demonization of Heresy: Mediaevalia 2, 1976, 1–22

Saintyves, Pierre, La Simulation des merveilleux, Paris 1912

Salzmann, A. M., Therese Neumann, die Stigmatisierte von Konnersreuth, Dessau 1927

Sargant, William, The Mind Possessed, London ²1976

Scattigno, Anna, Le visioni di suor Caterina De' Ricci: Vasta, esperienza 43–76

Schallenberg, Gerd, Visionäre Erlebnisse. Erscheinungen im 20. Jahrhundert, Aschaffenburg 1979

Schleußner, W., Magdalena v. Freiburg: Der Katholik 87, 1907, 15–32, 109–127, 199–216

Schleyer, F. L., Die Stigmatisierten mit den Blutmalen, Hannover 1948

Schulte van Kessel, Elijsa (Hg.), Women and Men in spiritual culture, 's-Gravenhage 1986

Seabrook, William, Witchcraft, New York ND 1968

Segl, Peter (Hg.), Der Hexenhammer. Entstehung und Umfeld des Malleus maleficarum von 1487, Köln 1988

Selke de Sánchez, Angela, El caso del bachiller Antonio de Medrano, iluminado epicureo del siglo XVI: Bulletin hispanique 58, 1956, 393–420

Selke, Angela, El santo oficio de la Inquisición. Proceso de Fr. Francisco Ortiz, Madrid 1968

Serrano y Sanz, M., Francisa Hernández y Antonio de Medrano: Boletín de la Real Academia de la Historia 41, 1902, 105–138

Siller, Max, Zauberspruch und Hexenprozeß: Tradition und Entwicklung (Innsbrucker Beiträge zur Kulturwissenschaft/Germanistische Reihe 14), Innsbruck 1982, 127–154

Simon, Dieter (Hg.), Religiöse Devianz, Frankfurt 1990

Soldan, W. G., Heppe, H., Geschichte der Hexenprozesse, ND Kettwig 1986

Speyer, Wolfgang, Religiöse Betrüger. Falsche göttliche Menschen und Heilige in Antike und Christentum: MGh Schriften 33/5, Hannover 1988, 321–343

Summers, Montague, The Physical Phenomena of Mysticism, London ²1950

Terranova, A., Colomba da Rieti, mistica, pellegrina, ausiliatrice: Quaderni medievali 29, 1990, 83–101

Thurston, Herbert, Die körperlichen Begleiterscheinungen der Mystik, Luzern 1956

Thurston, Herbert, Surprising Mystics, London 1955

Toussaint Raven, J., Toverende vrouwen: Utrechtse Bijdragen tot de Medievistiek 3, 1984, 56–72, 189–191

Tussen heks en heilige. Het vrouwenbild op de drempel van de moderne tijd (Katalog), Nijmegen 1985

Unverhau, Dagmar, Kieler Hexen und Zauberer zur Zeit der großen Verfolgung (1530–1676): Mitteilungen der Gesellschaft für Kieler Stadtgeschichte 68/3–4, o.J., 41–96

Unverhau, Dagmar, Volksglaube und Aberglaube als glaubensmäßig nicht-sanktionierte Magie auf dem Hintergrund des dämonologischen Hexenbegriffs der Verfolgungszeit: Dinzelbacher, Bauer, Volksreligion 375–396

Unverhau, Dagmar, Von Toverschen und Kunsthfruwen in Schleswig 1548–1557, Schleswig 1980

Valentinitsch, H. (Hg.), Hexen und Zauberer, Graz 1987

Valerio, Adriana, Domenica da Paradiso e Dorotea di Lanciuola: Zarri, Finzione 129–144

Valerio, Adriana, Domenica da Paradiso, Spoleto 1992

Vasta, Marilena M. (Hg.), Esperienza religiosa e scritture femminili tra medioevo ed età moderna, Acireale 1992

Vasta, Marilena M., La santità negata. Esperienze religiose e inquisizione nella Sicilia moderna: Zarri, Finzione 389–411

Vauchez, André, La diffusion des «Révélations» de sainte Brigitte dans l'espace français à la fin du Moyen Age: Santa Brigida profeta dei tempi nuovi, Roma 1993, 151–163

Vauchez, André, La nascita del sospetto: Zarri, Finzione 39–51

Vauchez, André, La sainteté en Occident aux derniers siècles du Moyen Age, Rom 1981

Vauchez, André, Les laïcs au Moyen Age, Paris 1987

Vauchez, André, Les théologiens face aux prophéties à l'époque des papes d'Avignon et du Grand Schisme: Mélanges de l'école française de Rome/Moyen Age 102, 1990, 577–588

Volken, Lorenz, Die Offenbarungen in der Kirche, Innsbruck 1965

Walker, D. P., Unclean Spirits. Possession and exorcism in France and England in the late 16th and early 17th centuries, Philadelphia, Mass. 1981

Weiß, Otto, Die Redemptoristen in Bayern (1709–1909), Diss. München 1977

Williams-Krapp, Werner, «Dise ding sint dennoch nit ware zeichen der heiligkeit». Zur Bewertung mystischer Erfahrung im 15. Jahrhundert: LiLi, Zs. f. Literaturwissenschaft und Linguistik 20/80, 1990, 61–71

Wollgast, Siegfried, Philosophie in Deutschland 1550–1650, Berlin ²1993

Zacharias, Gerhard, Satanskult und Schwarze Messe, Wiesbaden 1964

Zarri, Gabriella (Hg.), Finzione e santità tra medioevo ed età moderna, Torino 1991

Zarri, Gabriella, La vita religiosa femminile tra devozione e chiostro: I frati minori tra '400 e '500, Napoli 1986, 127–168

Zarri, Gabriella, Le sante vive. Per una tipologia della santità femminile nel primo Cinquecento: Annali dell'Istituto Storico Italo Germanico in Trento 6, 1980, 371–445 [auch in Zarri 1990, 87–163]

Zarri, Gabriella, Le sante vive. Profezie di corte e devozione femminile tra '400 e '500, Torino 1990

Anmerkungen

Alle abgekürzt zitierten Titel sind oben
S. 302 ff. verzeichnet.

1 Craveri, sante 154 f., gekürzt.
2 Hier und im folgenden wird «charismatisch» im Sinne von Boglioni, P.,
I carismi nella vita della Chiesa Medievale: Sacra Doctrina 15, 1970, 383–430
verstanden, d.h. mit Visionen, Weissagungsgabe, Herzensschau, Telepathie,
Unio mystica u. ä. «Gnadengaben» aus-
gezeichnet.
Die Ausdrücke: Heilige, Hexen, Ketzer,
Teufelsbünder etc. werden so gebraucht
wie in den Quellen bzw. in der Kirchengeschichtsschreibung bis zur Gegenwart.
Von unserem Standpunkt aus müßten sie
freilich stets unter Anführungszeichen
stehen.
3 Es sei nur erwähnt, daß die einzige
Monographie, die sich m. W. unmittelbar mit dem hier behandelten Thema
befaßt, Craveri, Sante, in keiner öffentlichen Bibliothek Deutschlands oder
Österreichs vorhanden ist.
Bei der nach Autoren und Titel vielver-
sprechenden Publikation: Henningsen,
G. u. M., Hekse og hellige Kvinder
(DFS NYT 77/1), København 1977 handelt es sich faktisch nur um 11 Seiten
hektographierter Zeitungsausschnitte.
4 Vgl. dazu die Ausführungen von Ernst
Benz – Ordinarius für Dogmenge-
schichte – in seiner Beschreibung des
Christentums, München 1975, 158 ff.
u.ö.
5 Dinzelbacher, Mystik 398 ff.
6 Cleve, G., Semantic Dimensions in Margery Kempe's ‹Whyght Clothys›: Mystics
Quarterly 12, 1986, 162–170; vgl. Mueller,
J., Autobiography of a New «Creature»:
Rose, M. B. (Hg.), Women in the

Middle Ages and the Renaissance, Syracuse 1986, 155–171, 160 ff.
7 Book, ed. Meech 48 f.
8 Ebd. 314.
9 Ebd. 7.
10 Ebd. 91.
11 Ebd. 81, 141.
12 Ebd. 140.
13 Ebd. 138.
14 Adnés, P., Larmes: DS 9, 287–303.
15 Imhof, P., Tränengabe: Dinzelbacher,
Wörterbuch 498 f.
16 PL 145, 308 B.
17 Ebd. 311 ff.
18 Kempe, Book, ed. cit. 315.
19 Ebd. 154.
20 Hentig, Indiz.
21 3, 15, 11, Malleus, ed. Schnyder 213 BC.
22 Book, ed. Meech 27 f.
23 Ebd. 27 ff.
24 Ebd. 28 f.
25 Ebd. 111 ff.
26 Ebd. 112.
27 Ebd. 124.
28 Ebd. 126.
29 Ebd. 160.
30 Ebd. 121 ff.
31 Ebd. 165.
32 Ebd. 156.
33 Ebd. 137.
34 Erskine, J., Margery Kempe and Her
Models: Mystics Quarterly 15, 1989,
75–85.
35 Procès, ed. Quicherat 4, 459 f.
36 Ebd. 1, 203.
37 Ebd. 1, 304.
38 Journal 572, ed. Beaune 292.
39 Procès, ed. Quicherat 4, 470.
40 Lucie-Smith, Johanna – Tanz, Sabine,
Jeanne d'Arc, Weimar 1991 – etc.
Vgl. die nächste Anm.
41 BS 6, 568–578 – LexMa 5, 342–344.

42 Zit. Guérin, André, Palmer-White, Jack, Johanna sagt euch ewig lebewohl, Stuttgart 1963, 199.

43 Zit. Nitschke, August, Heilige in dieser Welt, Stuttgart 1962, 136.

44 Procès, ed. Quicherat 2, 7.

45 Ebd. 5, 334 f.

46 Ebd. 4, 474.

47 Pruz, Hans, Die falsche Jungfrau von Orléans, 1436–1457, München 1911, 32.

48 Nider, Formicarius 5, 8 – Procès, ed. Quicherat 4, 504.

49 Akten, hg. v. Stachnik/Triller 276.

50 Ebd. 84, 108 f., 473.

51 Ebd. 108.

52 Lea, Mittelalter 1, 247 f.

53 Dinzelbacher, Mystik 268.

54 S. unten S. 190.

55 Dinzelbacher, Mystik 349 ff.

56 Zur (wütenden) patriotisch-katholischen Reaktion darauf s. Stachnik, R., Zur Ehrenrettung unserer hl. Mutter Dorothea. Das Andenken Dorotheas durch einen aus Westpreußen stammenden Schriftsteller verunglimpft: Der Dorotheenbote 38, 1978, 407–413.

57 Akten 275 f.

58 Ebd. 108 f., 275 f.

59 Marienwerder, Leben, ed. cit. 225.

60 Akten 108 f.

61 Ebd. 473.

62 Ebd. 84, 473.

63 Ebd. 109.

64 Marienwerder, Leben 35, ed. cit. 320.

65 S. unten S. 251 ff.

66 Formicarius, ed. cit. 385 ff. – Zu Nider vgl. VL 5, 1987, 971 ff.

67 1, 6, ed. Schnyder 40 B.

68 Dinzelbacher, Mystik 340 ff. – Ders., Die hl. Birgitta und die Mystik ihrer Zeit: Santa Brigida profeta dei tempi nuovi, Roma 1993, 267–302 – Birgitta, hendes vaerk og hendes klostre i Norden, ed. Nyberg, Tore, Odense 1991 – Studies in St. Birgitta and the Brigittine Order I (Analecta Cartusiana 35/19), Salzburg 1993.

69 Revelationes 6, 90 – 3, 18 –6, 30 – Acta, ed. Colijn 503, 628.

70 Johnston, defenders 255 f.

71 Revelationes 4, 113, ed. 1680, 346 H – Acta, ed. Colijn 493.

72 Revelationes 6, 9, ed. 1680, 450 L.

73 Zit. Fogelklou, Emilia, Die hl. Birgitta von Schweden, München 1929, 129.

74 Acta, ed. Colijn 492.

75 Revelationes Extrav. 8, ed. 1628, II, 418. Vgl. Studies [Anm. 68] 12, ohne Beleg. Gemeint ist Rev. 6, 9, dort ist jedoch nichts über Birgittas Ruf als Hexe zu finden.

76 Acta, ed. Colijn 429 ff. Vgl. weiters Rev. 4, 124.

77 Acta, ed. Colijn 488.

78 Revelationes 6, 92.

79 Silverstolpe, Carl, Om kyrkans angrepp mot Revelationes S. Birgittae, Stockholm 1895 [mir nicht zugänglich].

80 Vita abbreviata, 8. mirac., in: Revelationes, ed. 1628, II, 482.

81 Holböck, Ferdinand, Gottes Nordlicht, Aschaffenburg 1983, 178 ff. – Vauchez, André, Saint Brigitte de Suède et sainte Catherine de Sienne: la mystique et l'église aux derniers siècles du moyen âge: Temi e problemi nella mistica femminile trecentesca (Convegni del centro di studi sulla spiritualità medievale 20), Todi 1983, 227–248, 241 ff. – Colledge, E., Epistola solitarii ad reges. Alphonse of Pecha as Organizer of Birgittine and Urbanist Propaganda: Medieval Studies 17, 1956, 19–49, 44 ff.

82 Vita Abbreviata, 6. mirac., in: Revelationes, ed. 1628, II, 480 f. – AASS Oct. 5, 534 E.

83 Revelationes 6, 90; 92.

84 Bell, Anorexy 156, 155.

85 Vita, ed. cit. 186* D.

86 Blasucci, A., Colomba: BS 4, 101–103 – Terranova, Colomba di Rieti – Casagrande, G., Menestò, E. (Hgg.), Una santa, una città. Atti... Firenze 1990 [mir nicht zugänglich].

87 Vita, ed. cit. 184* C.

88 Ganay, Dominicaines 330.

89 Terranova, Colomba 97.

90 Vita, ed. cit. 184* B.

91 Ebd.

92 Ganay, Dominicaines 337.

93 Goodich, Michael, The Unmentionable

Vice. Homosexuality in the Later Medieval Period, Santa Barbara 1979, 83.

94 Vita, ed. cit. 209* C.

95 Vita, ed. cit. 180* CD.

96 S. unten S. 170.

97 Pierre de Reims, Vie 18, 188, ed. cit. 160 f.

98 Craveri, sante 17.

99 Weitere Beispiele nennen etwa Llorca, Inquisition 109, Palacios Alcalde, beatas, pass.

100 Llamas Martinez, E., S. Teresa y la Inquisición española, Madrid 1972.

101 S. unten S. 146.

102 Dinzelbacher, Mystik 212 f.

103 Oehl, Mystikerbriefe 264, 265, 263 – Martin, Christina 227 ff.

104 Petrus, Vita, ed. cit. 59.

105 Ebd. 41 ff., 49 ff., 91.

106 Ebd. 114.

107 Oehl, Mystikerbriefe 258 ff.

108 Ebd. 262.

109 Petrus, Vita, ed. cit. 68.

110 Ebd. 72.

111 Martin, Christina 228.

112 Ebd. 206.

113 Oehl, Mystikerbriefe 263, 265 f.

114 Petrus, Vita, ed. cit. 53.

115 Ebd. 84.

116 Ebd. 84.

117 Ebd. 112 f., 115.

118 Ebd. 111.

119 Ebd. 116.

120 Ebd. 113.

121 Martin, Christina 215 ff.

122 Petrus, Vita, ed. cit. 93.

123 Ebd. 114.

124 Ebd. 13.

125 Martin, Christina 237 f.

126 Petrus, Vita, ed. cit. 122.

127 Martin, Christina 239.

128 Petrus, Vita, ed. cit. 123.

129 Martin, Christina 201.

130 Wo nicht anders angegeben, folge ich Görres, Mystik 4, 103 ff., 183 ff., 411 f., der die mir nicht zugänglichen Aufzeichnungen des Beichtvaters zitiert. Vgl. auch Thurston, Mystics 133–146.

131 Thurston, Mystics 139.

132 Ebd. 140.

133 Dinzelbacher, Mystik 301 f.

134 Alberich von Trois Fontaines, Chron., MGh SS 23, 936.

135 Philippe Mousket, Chronique rimée, MGh SS 26, 804 ff.

136 Döllinger, Iganz, Beiträge zur Sektengeschichte des Mittelalters 2, München 1890, 706–711.

137 Gottfried u. Theoderich, Vita 1, 2, 7, PL 197, 96 B.

138 Dinzelbacher, Mystik 266 f.

139 Vgl. (überkritisch) Debongnie, P., Essai critique sur l'histoire des stigmatisations au Moyen Age: Etudes Carmelitaines 20, 1936, 22–59.

140 Dinzelbacher, Peter, Blo(e)mardinne: LexMA 2, 282.

141 Böhmer, Hernández – Serrano y Sanz, Hernández – Selke, oficio – Selke de Sánchez, Medrano.

142 Boehmer, Hernandez 38.

143 Selke, oficio 46.

144 Scivias, Prol., übersetzt von Böckeler, M., Wisse die Wege, Salzburg 7. Aufl. 1981, 89. Vgl. Gottfried u. Theoderich, Vita Hildegardis 2, 2.

145 Vita, ed. cit. 870.

146 Hemleben, Johannes, Nikolaus von Flüe, Frauenfeld 1977, 78 f.

147 Dinzelbacher, Vision 223 f.

148 Boehmer, Hernandez 104 ff., 161.

149 Ebd. 126.

150 Selke, oficio 104 f.

151 Boehmer, Hernandez 107.

152 Ebd. 36.

153 Ebd. 111.

154 Ebd. 6.

155 Ebd. 8.

156 Ebd. 65, 102.

157 Selke, oficio 370.

158 Acelbal Luján, M., Ortiz Yáñez: DS 11, 1982, 1004–1008 [zahlreiche neuere Literatur].

159 Boehmer, Hernandez 11, 48, 53 – Selke, oficio 192.

160 Boehmer, Hernandez 16 – Selke, oficio 55.

161 Boehmer, Hernandez 29.

162 Selke, oficio 169.

163 Boehmer, Hernandez 104 – Selke, oficio 57 u. ö.

164 Boehmer, Hernandez 145.

165 Selke, oficio 58.
166 Boehmer, Hernandez 75, 53.
167 Ebd. 42 – Vgl. Selke, oficio 58, Anm. 32.
168 Boehmer, Hernandez 31.
169 Ebd. 233.
170 Ebd. 105, 161.
171 Ebd. 26.
172 Ebd. 16 – Selke, oficio 56.
173 Selke, oficio 104.
174 Boehmer, Hernandez 28.
175 Ebd. 33, 113, 149.
176 Selke, oficio 182.
177 Boehmer, Hernandez 101 f. – Selke, oficio 108.
178 Boehmer, Hernandez 104.
179 Vgl. Bynum, feast, Register s.v. lactation, nursing.
180 Boehmer, Hernandez 149.
181 Llorca, Inquisition 20 f.
182 Boehmer, Hernandez 38, 102.
183 Ebd. 53.
184 Ebd. 102.
185 Selke, oficio 62.
186 Boehmer, Hernandez 80 – Selke, oficio 33.
187 Selke, oficio 350.
188 Boehmer, Hernandez 83.
189 Ebd. 97.
190 Selke, oficio 68.
191 Ebd. 78.
192 Boehmer, Hernandez 103.
193 Ebd. 170.
194 Ebd. 166 f.
195 Ebd. 173.
196 Llorca, Inquisition 128 f.
197 Ebd. 129.
198 Selke de Sánchez, Medrano 399.
199 Ebd. 405 – Serrano y Sanz, Hernández 119.
200 Ebd. 121.
201 Ebd. 109 – Llorca, Inquisition 130 – Selke de Sánchez, Medrano 405.
202 Ebd. 416. (Humbert Humbert, was hätten sie erst Dir angetan!).
203 Serrano y Sanz, Hernández 127.
204 Selke de Sánchez, Medrano 407.
205 Ebd. 407, Anm. 19 – Selke, oficio 208, Anm. 23.
206 Vgl. Dinzelbacher, Sachwörterbuch 32.
207 Misonne, D., Syneisakten: LThK 9, 1964, 1229–1231.

208 Serrano y Sanz, Hernández 116 – Selke de Sánchez, Medrano 399 f.
209 Selke, oficio 305.
210 Selke de Sánchez, Medrano 397.
211 Serrano y Sanz, Hernández 109.
212 Ebd. 118.
213 Selke de Sánchez, Medrano 406 – Vgl. Serrano y Sanz, Hernández 117.
214 Selke de Sánchez, Medrano 396, Anm. 7.
215 Selke, oficio 229, Anm. 43.
216 Selke de Sánchez, Medrano 404. Bei dieser Häresie spielten noch ganz andere Faktoren mit, vgl. zusammenfassend Santiago Otero, Horacio, En torno a los alumbrados del reino de Toledo: Salmanticensis 2, 1955, 614–654.
217 Llorca, Inquisition 6.
218 Ebd. 64.
219 Ebd. 110.
220 Imirizaldu, Monjas 31–62 (Originalquellen) – Garçon, Madeleine – Görres, Mystik 5, 166 ff. – Lea, spanische Inquisition 3, 86 f. – Llorca, Inquisition 41–43.
221 Ebd. 41, Anm. 1.
222 Boehmer, Hernandez 178.
223 Garçon, Madeleine 68.
224 Imirizaldu, Monjas 37 f. – Llorca, Inquisition 41, Anm. 1 – Garçon, Madeleine 58 ff.
225 Imirizaldu, Monjas 37 f.
226 S. u. S. 191.
227 S. u. Anm. 1158.
228 Imirizaldu, Monjas 34.
229 Garçon, Madeleine 13.
230 Ebd. 100.
231 Ebd. 19 f. u.ö.
232 Ebd. 68.
233 Ebd. 97 f.
234 S. u. S. 265 ff.
235 Imirizaldu, Monjas 58.
236 Revelationes 7, 4: «nullo tangente, de ipsa capsa Reliquiarum» (Ed. München 1680, 580 EF). Vgl. auch die sprechenden Reliquien: Revel. Extr. 59 (ebd. 776 L).
237 Leven 30 f., hg. v. Jongen, Schotel 82 ff.
238 Garçon, Madeleine 66.
239 Ebd. 66 f.
240 Ebd. 69.
241 Ebd. 71.
242 Imirizaldu, Monjas 34, 44.
243 Garçon, Madeleine 83 ff.

244 Imirizaldu, Monjas 45.
245 Ebd. 45 f.
246 Garçon, Madeleine 93 f.
247 Imirizaldu, Monjas 62.
248 Zit. Summers, Phenomena 217.
249 Saintyves, Simulation 244.
250 S. unten S. 181 ff.
251 Erba, A. M., Negri 1: DS 11, 87–89 –
    Ders., caso.
252 Erba, caso 194.
253 Zit. ebd. 198.
254 Zit. ebd. 194.
255 Zit. ebd. 197.
256 Ebd. 195.
257 Zit. ebd. 199.
258 Prosperi, madri 86.
259 Zarri, sante [1980], 427.
260 Erba, caso 193.
261 DS 11, 88 f.
262 Zarri, sante [1980], 398.
263 Prosperi, madri 85.
264 Vgl. unten S. 244 ff.
265 Niccoli, confessore 421 f.
266 Brown, Acts pass.
267 S. unten S. 92 f.
268 Ebd. 72.
269 Vasta, santità 393, 395.
270 Ebd. 399 f.
271 Niccoli, confessore 420.
272 Ebd. 421.
273 Mandrou, Magistrats 526 f.
274 S. unten S. 197 f.
275 Summers, Phenomena 205 f.
276 Menenez Pelayo, Historia 3, 405.
277 Summers, Phenomena 207 f. ohne Quel-
    lenangabe.
278 Oesterreich, Heilige 96.
279 Dinzelbacher, Mystik 245 ff.
280 Ebd. 293 ff.
281 Libro, ed. Thier, Calufetti 388.
282 Ebd. 302.
283 Ebd. 382.
284 Ebd. 262.
285 Ebd.
286 S. u. S. 259.
287 Ebd. 382.
288 Ebd. 314.
289 Ebd. 422 ff., 458 ff. 476 ff.
290 Köpf, Ulrich, Angela von Foligno: Din-
    zelbacher, Bauer, Frauenbewegung
    225–250, 236.

291 Ed. cit. 458, gekürzt.
292 Ebd. 408.
293 Ebd. 406.
294 Ebd. 152.
295 Ebd. 340.
296 Ebd. 406.
297 Ebd. 126 ff.
298 Legenda, ed. cit. 110.
299 Pierre de Reims, Vie 188, ed. cit. 160 f.
300 Ganay, dominicaines 267.
301 Lauwers, paroles 114.
302 Dinzelbacher, Mystik 326.
303 Berthold v. Bombach, Das Leben der hl.
    Luitgard v. Wittichen c. 41, übers. v.
    Würth, J., Stein a. R. 1976, 76.
304 Dinzelbacher, Mystik 199 f.
305 Jakob v. Vitry, Vita 2, 11, 98, AASS Juni
    5, 1867, 569 E.
306 Petrus, Vita, ed. cit. 111 f.
307 Vgl. Albrecht, U., in: Dinzelbacher,
    Wörterbuch der Mystik 361 f.
308 Vita 1, 3, 18 f., ed. cit. 163 D – 164 A.
309 Vgl. z.B. Kirchhoff, Beziehungen pass.
310 Il processo per la canonizzazione di
    Chiara da Montefalco, ed. Menestò,
    Enrico, Firenze 1984, 436 ff.
311 S. oben S. 27.
312 Wie Anm. 303, c. 44, 265 f.
313 Akten, hg. v. Stachnik, Triller 400.
314 Procès, ed. Quicherat 4, 362.
315 Haag, H., Teufelsglaube, Tübingen 1974,
    395.
316 Kieckhefer, Magie 230.
317 S. unten S. 181 f.
318 Russell, Witchcraft 206 f.
319 Henningsen, Advocate 227 ff.
320 Ebd. 9.
321 Wollgast, Philosophie 480 f.
322 Vgl. Dinzelbacher, Mystik 381 ff.
323 De dist., Opera omnia 1, 48.
324 Tract. c. superst., ebd. 205. Vgl. Bonney,
    F., Autour de Jean Gerson: Le Moyen
    Age 71, 1971, 85–98.
325 De exam. doctr. 2, 6, ed. cit. 1, 19 f.
326 Kirchhoff, Beziehungen 358.
327 Unverhau, Toverschen 24.
328 Perrine, Vie 43, ed. cit. 235.
329 Barone, G., Katharina von Genua: Din-
    zelbacher, Wörterbuch, 301 f. – Hügel,
    Element – Craveri, sante 144–161.
330 Vita, ed. Craveri, sante 149.

331 Ebd. 158.
332 Hügel, Element 1, 201.
333 Craveri, sante 157.
334 Ebd. 157, 159 – Hügel, Element 1, 211.
335 Craveri, sante 160.
336 S. oben S. 28 ff.
337 Vita, ed. cit. 187* E.
338 Petrocchi, Storia I, 171 ff. – Barone, G., in: Dinzelbacher, Wörterbuch 390 f.
339 Silvester, Vita 2, 1, 58, ed. cit. 688 f f.
340 S. unten S. 266.
341 Ebd. 2, 1, 54, ed. cit. 688 B.
342 Silvester, Vita 1, 2, 24; 1, 4, 40, ed. cit. 735 E.
343 Zarri, sante [1980] 393 Anm. 82.
344 Marchetti, simulazione 211.
345 Thurston, Mystics 11 f.
346 S. unten S. 167 f.
347 Saintyves, Simulation 262 f.
348 Orlandi, santità 451.
349 3, 4, m. 1, s. 2, zit. Haren, Michael, de Pontfarcy, Yolande (Hgg.), The Medieval Pilgrimage to St Patrick's Purgatory, Enniskillen 1988, 81.
350 DS 7, 2057 f. – Arenal, Schlau, Sisters 191–227.
351 Ebd. 200.
352 Ebd. 192 f.
353 Marchetti, simulazione 213, 217 f., 223.
354 Zarri, sante [1980], 414, Anm. 153.
355 Ebd. 127.
356 De occulta philosophia 1, 64, 4, ed. Perrone Compagni 224.
357 Summers, Phenomena 127.
358 Zit. Grisar, Luther 235 f.
359 Walker, Spirits 15, 42 u. ö.
360 Thurston, Mystics 133, vgl. 141.
361 Über ihn vgl. Russel, Witchcraft 29 f.
362 Summers, Phenomena 204.
363 Vgl. aber unten Anm. 1417.
364 Vgl. die Beispiele bei Lhermitte, Mystiker pass.
365 Zit. Pater, Abstinence 24, Anm. 45.
366 Ebd. 23 f.
367 Ebd. 53.
368 Saintyves, Simulation 215 ff.
369 Summers, Phenomena 200 ff. – Thurston, Mystics 204 ff.
370 Nach Th. Szaz, zit. Muchembled, Sorcières 191.
371 Speyer, Betrüger.

372 Das Folgende nach Richerus, Gesta Senoniensis Eccl. 19 f., MGh SS 25, 308–310.
373 AASS Nov. 2, 1894, 168 D.
374 Roth, Laminit 370.
375 Rem, W., Cronica: Die Chroniken der deutschen Städte 25, ND Göttingen 1966, 11.
376 Lieb, N., Stange, A., Hans Holbein d. Ä., Berlin 1960, 106, nr. 253, Abb. 325 [Zitat] – Martin Luther und die Reformation in Deutschland (Katalog), Frankfurt 1983, 65, nr. 73.
377 Roth, Laminit 369.
378 Büchi, Ende 45.
379 Bzw. dunklem Gewande, Roth, Laminit 392.
380 Ebd. 371 f., 415.
381 Ebd. 402.
382 Büchi, Ende 45.
383 Roth, Laminit 372.
384 Ebd. 393.
385 Ebd. 385.
386 Ebd. 385.
387 Ebd. 386.
388 Ebd. 387.
389 Dorn, Erhard, Der sündige Heilige in der Legende des Mittelalters, München 1967.
390 Roth, Laminit 375.
391 Ebd. 393.
392 Rem, Cronica, ed. cit. [Anm. 375] 18.
393 Ebd. 15.
394 Roth, Laminit 395.
395 Büchi, Ende 41.
396 Ebd. 46.
397 Roth, Laminit 366, Anm. 2.
398 Ebd. 372.
399 Ebd. 398.
400 Rem, Cronica, ed. cit. [Anm. 375] 86.
401 Imirizaldu, Monjas 121–263 – Huerga, vida – Llorca, Inquisition 43–45 – Thurston, Begleiterscheinungen 113 ff. – Summers, Phenomena 218–221.
402 Llorca, Inquisition 43, Anm. 3.
403 Imirizaldu, Monjas 229.
404 Huerga, vida 87.
405 Ebd. 52, 60.
406 Ebd. 114 ff.
407 Ebd. 112.
408 Ebd. 118 ff.

409 Ebd. 122.
410 Ebd. 69, Anm. 22 f., gekürzt.
411 Ebd. 70, Anm. 25, gekürzt.
412 Ebd. 71, Anm. 30.
413 Ebd. 70.
414 Ebd. 87.
415 Ebd. 53.
416 Ebd. 76.
417 Ebd. 66, Anm. 10.
418 Ebd. 95 f.
419 Ebd. 97, Anm. 24.
420 Imirizaldu, Monjas 195.
421 Huerga, vida 43.
422 Imirizaldu, Monjas 193.
423 Ebd. 195.
424 In mittelbaren Berichten über sie sollten diese freilich wieder zu ihrem Recht kommen, s. Huerga, vida 87, Anm. 90.
425 Ebd. 82 ff., 129 f.
426 Dinzelbacher, Diesseits.
427 Zarri, sante [1980], 417 A. 169.
428 Thurston, Begleiterscheinungen 121.
429 Zarri, Finzione.
430 Summers, Phenomena 204.
431 Ebd. 205.
432 Mandrou, Magistrats 525 f.
433 Summers, Phenomena 205.
434 Ebd.
435 Görres, Mystik 3, 680 ff.
436 Zit. Marchetti, simulazione 214.
437 Summers, Phenomena 204 f.
438 Beispiele bei Saintyves, Simulation 190 ff.
439 Weiß, Redemptoristen 2, 971 ff. Natürlich gibt es kein Lemma im LThK.
440 Ebd. 1053.
441 Ebd. 1012 f.
442 Vgl. unten S. 159 ff.
443 Zit. Marchetti, simulazione 211.
444 Saintyves, Simulation 139 ff.
445 Ebd. 157 ff.
446 Prosperi, elemento 114.
447 Formicarius 3, 1, ed. cit. 185.
448 Dinzelbacher, Revelationes 67 f.
449 Mandrou, Magistrats 165.
450 Dinzelbacher, Mystik 396 ff..
451 Oehl, Mystikerbriefe 525, 814.
452 Nider, Formicarius 3, 8, ed. cit. 231.
453 Vgl. Dinzelbacher, Peter, Sterben/Tod – Mittelalter: Ders., Mentalitätsgeschichte 244–260.

454 Ders., Realpräsenz.
455 Schleußner, Magdalena 125.
456 Ebd. 209.
457 Ebd. 126.
458 Greenspan, Erklaerung 327.
459 Dinzelbacher, Mystik 395.
460 Achler, hg. v. Bihlmeyer 101.
461 Ebd. 106 f.
462 Nider, Formicarius 3, 11.
463 Bell, Anorexy 175.
464 Legenda, ed. cit. 109.
465 Llorca, Inquisition 108.
466 Imirizaldu, Monjas 81–119.
467 Walker, Spirits 16.
468 Formicarius 3, 8, ed. cit. 232.
469 Ebd. 3, 7, ed. cit. 226.
470 Dinzelbacher, Vision 146 ff, 237 f. – Ders., Religiosität.
471 S. unten S. 167 f.
472 Mandrou, Magistrats 304 f.
473 Vgl. unten S. 280 ff.
474 Zarri, sante [1980], 378 Anm. 30.
475 S. unten S. 282.
476 De Maio, Donne 271.
477 Ebd. – LThK 10, 1308 f.
478 Zarri, Finzione 21.
479 Mandrou, Magistrats 198 ff.
480 S. unten S. 167 f.
481 Zarri, sante [1980], 425.
482 Vgl. Zarri, finzione 555 s.v. – Saba, A., Federigo Borromeo e i mistici del suo tempo, Firenze 1933.
483 Zarri, sante [1980], 407, Anm. 130.
484 Ebd.
485 Quellen, hg. v. Hansen 76.
486 Dinzelbacher, Mystik 85.
487 Vita 3, 11, MGh SS rer Ger 3, 204–238.
488 Dinzelbacher, Mystik 46 ff.
489 Ep. 75, 10, CSEL 3/2, 817.
490 Vgl. unten S. 251 ff.
491 Dinzelbacher, Frauenmystik 27–77.
492 Vgl. die Stichworte bei Dinzelbacher, Wörterbuch.
493 Dinzelbacher, Mystik 354 f.
494 Jacobson Schutte, A., Un caso di santità affettata: Zarri, Finzione 329–342, 333 – vgl. auch Vasta, santità 402 f.
495 Vita, ed. cit. 200* f.
496 Zit. Zarri, Finzione 13.
497 S. unten S. 186 ff.
498 Revelationes 6, 88, übers. Clarus 2, 191 f.

499 Septililium 1, 25, zit. zu Marienwerder, Leben, ed. cit. 365.
500 Septililium 1, 17, zit. Leben 365.
501 Dinzelbacher, Frauenmystik 304–331.
502 Vauchez, sainteté pass.
503 Dinzelbacher, Mystik – Ders., Frauenmystik.
504 Vgl. unten S. 144 ff.
505 Grimm, Mythologie 3, 345.
506 Quellen, hg. v. Hansen 574, vgl. 577.
507 Ebd. 577.
508 Ebd. 591.
509 Vita 1, 5, AASS Jan 1, 349.
510 Toussaint Raven, vrouwen 56.
511 Conciliorum Oecumenica Decreta, ed. Alberigo, G. u.a., Roma 1962, 610–614.
512 Selke de Sánchez, Medrano 415.
513 Adnès, P., Goût spirituel: DS 6, 626–644.
514 Book, ed. cit. 158.
515 Vasta, esperienza 84.
516 Zit. Prosperi, elemento 113.
517 Zarri, Finzione 14.
518 Valerio, Domenica 31, Anm.
519 Vasoli, Cesare, Filosofia e religione nella cultura del rinascimento, Napoli 1988, 257–278.
520 Dinzelbacher, Frauenmystik 31 ff.
521 Ebd. 251 ff.
522 Görres, Mystik 1, 454. Der historische Wert ihrer Vita ist jedoch nicht geklärt.
523 Williams-Krapp, ding 68 f.
524 Vgl. Niccoli, confessore.
525 Ebd. 430.
526 Zit. ebd. 419.
527 Vauchez, théologiens 582.
528 Formicarius 3, 8, ed. cit. 223.
529 Legenda, ed. cit. 99.
530 Ebd. 95, Anm. 6.; 115; 117.
531 Dinzelbacher, Mystik 381 ff.
532 Zit. Williams-Krapp, ding 69.
533 Van der Woude, S. (Hg.), Acta Capituli Windesheimensis, 's-Gravenhage 1953, 53.
534 Williams-Krapp, ding.
535 Zarri, sante [1980], 435 A. 266.
536 DS 1, 1871 f. – Nicht zugänglich war mir Di Caccia, F., Da Dio a Satana. L'opera di F. Borromeo sul «misticismo vero e falso delle donne», Milano 1988.
537 Zit. Biondi, devozione 323, Anm. 1.

538 Zit. Marchetti, simulazione 211.
539 Zit. Orlandi, santità 453.
540 Huck, Markus, Die Passionsmystik der Schwester Maria Columba Schonath OP, s.l. 1987, 9.
541 WA 53, 391 f.; 409 f. u.ö.
542 Thurston, Mystics 116.
543 De Servorum Dei beatificatione... III, 53, 15–17.
544 De Maio, Donne 160.
545 Zarri, pietà 235, Anm. 109.
546 Zarri, sante [1980], 382.
547 Bell, Anorexy 152.
548 Zit. Biondi, devozione 306.
549 Niccoli, confessore 418.
550 Cf. Woodward, K. L., Making Saints, New York 1990.
551 Zarri, pietà 220.
552 Zarri, sante [1980], 374.
553 Vita, ed. cit. 201* E.
554 Zarri, sante [1980], 375 Anm. 20.
555 Ebd., 407 Anm. 121.
556 Roth, Laminit 370.
557 Ebd. 372.
558 Procès, ed. Quicherat 4, 342.
559 Lucie-Smith, Johanna 184 ff. – Delumeau, Angst 343 ff.
560 S. u. S. 275.
561 Dinzelbacher, Realpräsenz.
562 Zarri, sante [1980], 419.
563 Legenda, ed. cit. 125.
564 Barnay, S., Les apparitions de la Vierge, Paris 1992, 100.
565 Summers, Phenomena 223–231.
566 Ebd. 240–244.
567 Jacquet, Jean-Louis, Die spanischen Bourbonen, Lausanne 1969, 376.
568 Ebd. 384.
569 Graef, Konnersreuth 132.
570 Ebd.
571 Ebd. 134.
572 Summers, Phenomena 244.
573 Ebd. 247.
574 Guillet, A., in: Höcht, Träger 7–10.
575 Ewald, Stigmatisierte – Salzmann, Neumann – Graef, Konnersreuth – Klosa, Wunder [pro; gegen vorherige Schrift] – Pater, Abstinence 7–23 [pro] – LThK 7, 1935 (!), 513–515 – Schleyer, Stigmatisierten 95–101.
576 Ewald, Stigmatisierte 10.

577 Ebd. 12 – Graef, Konnersreuth 40.
578 Salzmann, Neumann 34.
579 Klosa, Wunder 84.
580 Ebd. 85.
581 Ebd. 86 ff. – Schleyer, Stigmatisierten 87 ff.
582 Pro: Klosa, Wunder 212 ff. – contra Schleyer, Stigmatisierten 49 f.
583 Ebd. 89.
584 Ewald, Stigmatisierte 18 ff.
585 Klosa, Wunder 225 ff.
586 Graef, Konnersreuth 113, Anm. 121.
587 Ebd. 249.
588 Klosa, Wunder 124, 139.
589 Z.B. ebd. 130 – Schallenberg, Erlebnisse 47 f.
590 Graef, Konnersreuth 116.
591 Schleyer, Stigmatisierten 57.
592 Ebd. 85.
593 Graef, Konnersreuth 108.
594 Klosa, Wunder 187 ff.
595 Visionen, hg. v. Steiner 1, 302.
596 Graef, Konnersreuth 68.
597 Ebd. 72.
598 Ebd. 167.
599 Nur da diese Texte auch in jüngsten und seriösen Publikationen (z.B. Cardini, Magia – Morris, Sorceress, u.a.) immer noch als authentisch zitiert werden, sei darauf aufmerksam gemacht, daß die von Baron Lamothe-Langon veröffentlichten und auch von Hansen übernommenen südfranzösischen Hexenprozesse des 14. Jahrhunderts aller Wahrscheinlichkeit nach eine Fälschung darstellen, wie Kieckhefer und Cohn unabhängig voneinander entdeckten (Kiekhefer, Witch Trials – Cohn, demons 132 ff.). Deshalb sind sie hier außer Acht gelassen.
600 Dinzelbacher, Frauenmystik 16 f.
601 Neuere Übersichten u.a. bei Henningsen, Advocate 1 ff. – Krenn, Literatur.
602 Heimann, Alltag – Zarri, vita 148 ff.
603 Kittell, Perspective 37 ff.
604 Müller, Frau 97.
605 Capit. de part. Sax. 6, MGh Leges 2/1, 68 f.
606 Graf, Diavolo 189.
607 Cardini, magia 82 – Lea, Mittelalter 3,

598 f. – Soldan, Heppe, Geschichte 1, 199 gehen dagegen davon aus, Adeline habe ohne Tortur bekannt.
608 Russell, Witchcraft 245.
609 Malleus 1, 1.
610 Pfister, Christentum 358 f.
611 Muchembled, Kultur 243.
612 Lea, Mittelalter 3, 612.
613 Wollgast, Philosophie 482.
614 Ebd. 484.
615 Recueil des Historiens des Gaules et de la France, ed. Bouquet, M. u.a., Paris 1738 ff., 7, 686 – MGh Cap. reg. Franc. 2, 345.
616 Cardini, magia 29.
617 Quellen, hg. v. Hansen 18.
618 Ginzburg, Hexensabbat 39–89.
619 Delumeau, Angst 566.
620 Kieckhefer, Magie 224.
621 Peuckert, Wende 1, 121 u. ö.
622 Henningsen, Advocate 18. Vgl. unten S. 134 und auch Easlea, Brian, Witch-hunting, Magic & the New Philosophy, Brighton 1980.
623 Endres, Institoris 195 f., Orthographie normalisiert.
624 Z.B. Henningsen, Advocate 18.
625 Zit. Delumeau, Angst 554 f.
626 Zit. Haustein, Stellung 126.
627 De origine et progressu officii s. inquisitionis, Madrid 1598, 396.
628 Muchembled, Sorcières 42.
629 Levack, Witch-hunt 99 ff.
630 Blumenthal, Peter, Zu Bodins Démonomanie des sorcier: Zs. f. französische Sprache und Literatur, Beiheft 14, 1989, 89–97, 94 in Berufung auf Trevor-Roper und Mandrou.
631 WA 16, 551 f.
632 WA 40 II, 112.
633 WA 1, 408.
634 WA 10 I/1, 590 f.
635 WA 16, 551 f.; 41, 683; 50, 648; etc. – s. Haustein, Stellung 123 ff., 132 f.
636 WA TR 4, 52.
637 WA TR 4, 621.
638 Delumeau, Angst 530 f.
639 Kunstmann, Zauberwahn 27.
640 Henningsen, Advocate 22.
641 Acta Ethnographica Academiae Hungaricae 22, 1973, 51–87.
642 Behringer, Hexenverfolgungen 193.

643 Vgl. Dinzelbacher, Sachwörterbuch 242.
644 Hansen, Zauberwahn 127 ff.
645 Müller-Jahncke, W.-D., Die Renaissance-Magie zwischen Wissenschaft und Dämonologie: Zwischen Wahn, Glaube und Wissenschaft, hg. v. Bergier, J.-F., Zürich 1988, 127–140.
646 Kolmer, L., Papst Clemens IV. beim Wahrsager: Deutsches Archiv für Erforschung des Mittelalters 38, 1982, 141–165.
647 Hoensbroech, Graf v., Das Papsttum in seiner sozial-kulturellen Wirksamkeit I, Leipzig ⁴1901, 380–599.
648 Vgl. unten S. 213 f.
649 S. u. ebd.
650 Blauert, Hexenverfolgungen 130.
651 Roeck, Aspekte 91.
652 Zit. Biondi, devozione 317.
653 Ginzburg, Hexensabbat.
654 In den Luzerner Hexenprozessen ist mehrfach von einem den Benandanti ähnlichen Verhalten (Kampf der Hexer mit Pflanzenstengeln usw.) die Rede: Akten, hg. v. Hoffmann-Krayer 28, 31, 95.
655 Ginzburg, Hexensabbat 212.
656 Jacques-Chaquin, N., Préaud, M. (Hgg.), Le sabbat des sorcières en Europe, war mir noch nicht zugänglich.
657 Ginzburg, Hexensabbat 18.
658 Als Beispiel dieser Interpretationsrichtung sei nur an Cohn, Demons erinnert.
659 Ed. Lyon 1669, 107 f.
660 Soldan, Heppe, Geschichte 1, 233, Anm. 2.
661 A. Triller in Segl, Hexenhammer 242.
662 Ginzburg, Hexensabbat 91 ff.
663 Ebd. 104, 123 ff.
664 Dinzelbacher, Frauenmystik 66 ff.
665 Wirth, Jean, Sainte Anne est une sorcière: Bibliothèque d'Humanisme et Renaissance 40, 1978, 449–480. Schon die Interpretation des Bildes, von dem Wirth ausgeht, ist nach Steinberg, Leo, The Sexuality of Christ in Renaissance Art and in Modern Oblivition, New York 1983, nicht haltbar. Zur Kritik an Steinberg vgl. Bynum, Caroline W., The Body of Christ in the Later Middle Ages. A reply to Leo Steinberg: Renaissance

Quarterly 39, 1986, 399–401–439 (auch in: Dies., Fragmentation and Redemption. Essays on Gender and the Human Body in Medieval Religion, New York 1991, 79 ff.).
666 Soldan, Heppe, Geschichte 2, 296 ff., 305.
667 Muchembled, Kultur 274.
668 Mandrou, Magistrats 362 f.
669 Muchembled, Kultur 232 ff. – Ders., Sorcières pass.
670 Ebd. 172 f.
671 Jerouschek, Hexenhammer xx.
672 Roeck, Idealstaat 403 f.
673 Soldan, Heppe, Geschichte 2, 10 f.
674 Winckelmann, Johannes, Die Herkunft von Max Webers ‹Entzauberungs›-Konzept: Kölner Zs. f. Soziologie und Sozialpsychologie 32, 1980, 12–53. Vgl. auch Delumeau, Angst, pass.
675 Roeck, Aspekte 99.
676 Beispiele bei Kirchhoff, Beziehungen 387 ff., bes. 390.
677 Dinzelbacher, Frauenmystik.
678 Kieckhefer, Trials 96, 108 ff.
679 Vgl. die entsprechenden Lemmata bei Dinzelbacher, Wörterbuch.
680 BSS 7, 475 f.
681 AASS Feb. 2, 1658, 492–499.
682 Vgl. Dinzelbacher, Mystik 272 ff.
683 Delaruelle, Angst 341, 350.
684 Schläpfer, Lothar, Das Leben des hl. Bernhardin von Siena, Düsseldorf 1965, 184.
685 Origo, Iris, Bernadino da Siena e il suo tempo, Milano 1982, 129.
686 Ebd. 137.
687 DS 8, 1124.
688 Llorca, Inquisition 36 ff.
689 Ebd. 37.
690 Ebd. 67.
691 Llorca, Inquisition 108.
692 Vauchez, nascita 48. Vgl. auch Sallmann, J.-M., Esiste una falsa santità maschile?: Zarri, Finzione 119–128.
693 Signorotto, G., Inquisitori e mistici, Bologna 1989.
694 Bihlmayer, Karl, Der sel. Bruder Heinrich (†1396), ein unbekannter Straßburger Gottesfreund: Festschrift f. S. Merkle, Düsseldorf 1922, 38–58, 43.

695 Vauchez, sainteté 103, 242.

696 Ebd. 193, Anm. – LThK 10, 1055 f.

697 Koder, J., Normale Mönche und Enthu-
siasten: Simon, Devianz 97–119.

698 Magoulias, Lives 241 f., 253.

699 Ebd. 257.

700 Konkrete Beispiele etwa bei Cardini,
Hexenwesen.

701 Habiger-Tuczay, Magie 74 ff.

702 Boglioni, Streghe 53.

703 Dienst, Feindseligkeit pass.

704 Unverhau, Toverschen 73 f.

705 Book, ed. Meech 129.

706 Akten, hg. v. Hoffmann-Krayer 100.

707 Gostanza, ed. Cardini 191.

708 Ebd. 78.

709 Vgl. Caro Baroja, J., Die Hexen und ihre
Welt, mit Beiträgen von Peuckert, W.-E.,
Stuttgart 1967.

710 Behringer, Wolfgang, Kinderhexenpro-
zesse: Zs. f. historische Forschung 16,
1989, 31–47.

711 Heikkinen, Paholaisen 376.

712 S. unten S. 167 f.

713 Hehl 361 – Muchembled, Cambrésis
174.

714 Ebd. 178 ff. – Ders., Sorcières 113.

715 Zarri, Finzione 22.

716 Burghartz, Equation 64 f.

717 Paretino, Streghe 237.

718 Muchembled, Cambrésis 174.

719 Burghartz, Equation 59.

720 Blauert, Hexenverfolgungen 44.

721 Dienst, Hexenprozesse 290.

722 Ebd. 271.

723 Vilfan, S., Die Hexenprozesse in Krain:
Valentinitsch, Hexen 291–294.

724 Behringer, Erträge 623.

725 Ginzburg, Hexensabbat 303, Anm. 37.

726 Heikkinen, Paholaisen 392.

727 Monter, Women 79 f.

728 Burghartz, Equation 59.

729 Behringer, Erträge 628 f.

730 Toussaint Raven, vrouwen pass.

731 Ebd. 64.

732 Malleus 1, 7, ed. Schnyder 45 A.

733 Vgl. Dinzelbacher, Frauenmystik 27–77.

734 Diese beiden Faktoren werden von Russell, Witchcraft 282, 284 kurz angedeutet.

735 S. unten S. 285 ff.

736 Craveri, sante, dessen (vergriffenes) Buch

mir allerdings erst während der Arbeit an
diesem Thema zugänglich wurde, geht in
der Vergleichbarkeit um einige Punkte
weiter, als mir vertretbar erscheint. Ein
Ansatz über die Spiegelbildlichkeit von
Christentum und Hexerei bereits bei
Soldan, Heppe, Geschichte 1, 247 f.

737 S. oben S. 101 f.

738 DS 4, 2000 ff. – Franz, Adolf, Die kirch-
lichen Benediktionen des Mittelalters,
Neudruck Graz 1960, 2, 531 – Böcher,
O., Christus exorcista, Mainz 1976, 80 ff.

739 Dienst, Sinn 367; vgl. Henningsen,
Advocate 73 ff.

740 Kramp, Emmeken 10.

741 Ebd. 66.

742 Malleus 1, 3, ed. Schnyder 23 A.

743 Zarri, sante [1980], 425 A. 221.

744 Unverhau, Toverschen 98.

745 Ed. cit. 22 f.

746 Gostanza, ed. cit. 149 f.

747 Zit. Russell, Witchcraft 260.

748 Siller, Zauberspruch 139.

749 Soldan, Heppe, Geschichte 2, 117.

750 Blauert, Hexenverfolgungen 29.

751 Ebd. 63.

752 Institoris, Malleus 2, 1, 2, ed. Schnyder
98 A.

753 Grimm, Mythologie 2, 891.

754 Blauert, Hexenverfolgungen 41.

755 Gostanza, ed. cit. 165.

756 Ebd. 166.

757 Ebd. 185.

758 Soldan, Heppe, Geschichte 1, 232 f.

759 Henningsen, Advocate 83.

760 Soldan, Heppe, Geschichte 1, 232.

761 Murray, Origins 70.

762 Gostanza, ed. cit. 199.

763 Ebd. 178, 182.

764 Craveri, sante 164.

765 Dienst, Sinn 367.

766 WA 1, 403; 43, 369.

767 Gostanza, ed. cit. 112 u. pass.

768 S. oben S. 32 ff.

769 Révélations c. 50, ed. Pagès 268.

770 Vgl. Walker, Spirits pass. – Dinzelbacher,
Wörterbuch 143 f. – Ders., Besessenheit:
LThk 2, 1994, i. Dr.

771 Traité des énergumènes 3.

772 Buber, Martin (Hg.), Ekstatische Konfessionen, Heidelberg ⁵1984, 40 ff. – Vgl.

Wagenaar, Symeon: Dinzelbacher, Wörterbuch 476 f.

773 Vita 32, zit. DS 2, 313 f.
774 Thurston, Mystics 121.
775 Brown, Acts 70.
776 Orlandi, santità 451.
777 Sargant, Mind.
778 Dinzelbacher, Wörterbuch 179 f.
779 Dinzelbacher, Kampf.
780 Grisar, Luther 2, 669 f.
781 Erikson, Erik H., Der junge Mann Luther, Reinbek 1970, 24 ff.
782 S. unten S. 167 f.
783 Mandrou, Magistrats 246 ff. – Saintyves, Simulation 259 ff. – Poutet, Y., Ranfaing: DIP 7, 1209 f.
784 LThK 2, 819.
785 Mandrou, Magistrats 209, 240 f.
786 Beispiele bei Saintyves, Simulation 118 ff.
787 Gehrts, Mädchen 87.
788 Ebd. 61 f. und pass.
789 Ebd. 16 ff.
790 Vgl. oben S. 32 ff.
791 Schallenberg, Erlebnisse 310.
792 Ebd. 149.
793 Ebd. 308.
794 Gehrts, Mädchen 118 f.
795 Mandrou, Magistrats 169.
796 LThK 2, 1958, 298–300.
797 Z.B. Feneberg, W., in: Praktisches Lexikon der Spiritualität, hg. v. Schütz, Chr., Freiburg 1988, 202–205.
798 S. unten.
799 Muchembled, Sorcières 131.
800 Akten, hg. v. Hoffmann-Krayer 26.
801 Unverhau, Toverschen 28.
802 Biondi, devozione 309.
803 Jeanne, Memoiren 200.
804 Mandrou, Magistrats 269 ff.
805 Walker, Spirits 50.
806 Jeanne, Memoiren – Mandrou, Magistrats 210 ff., 240 – Michelet, Satanism 139 ff. – Derville, A., Jeanne des Anges: DS 8, 850 f. – Saintyves, Simulation, 162 ff. – Görres, Mystik 5, 615 ff.
807 Henningsen, Advocate 101.
808 Jeanne, Memoiren 130.
809 Ebd. 35 ff., 87 f., 92 ff.
810 Lhermitte, Mystiker 197 ff.
811 Jeanne, Memoiren 193.
812 Mandrou, Magistrats 406 ff.

813 Soldan, Heppe, Geschichte 2, 144 ff.
814 Craveri, sante 243.
815 Dinzelbacher, Wörterbuch 88.
816 Thomas, Vita 9, ed. cit. 652 BC.
817 Ebd. 12.
818 Ebd. 16; 13.
819 Ebd. 17, ed. cit. 653 E.
820 Ebd. 18.
821 Ebd. 19.
822 Ebd. 21, ed. cit. 654 C.
823 Ebd. 22, ed. cit. 654 C.
824 Ebd. 26, ed. cit. 655 B.
825 Ebd. 35, ed. cit. 656 B.
826 Ebd. 36.
827 Ebd. 41–44.
828 Ebd. 50, ed. cit. 569 A.
829 BS 4, 329.
830 Vgl. Dinzelbacher, Mystik 232 f.
831 Vita, ed. cit. 313.
832 S. oben S. 35 ff.
833 Bell, Anorexy 157.
834 Dinzelbacher, Wörterbuch 143 f.
835 Dinzelbacher, Frauenmystik 84 f.
836 Zit. Mandrou, Magistrats 165 f.
837 Legatus 2, 1, 2, SC 139, 228 ff.
838 Rode, R., Studien zu den mittelalterlichen Kind-Jesu-Visionen, Diss. Frankfurt 1957.
839 Dinzelbacher, Frauenmystik 143 ff. u. ö.
840 Liber, ed. Doncoeur 10.
841 Vgl. Dinzelbacher, Mystik 408 ff.
842 Ed. Foletti, Cecilia, Padova 1985, 145.
843 Grimm, Mythologie 3, 309.
844 Malleus 1, 7, ed. Schnyder 47 AB.
845 Garçon, Madeleine 86.
846 Gostanza, ed. cit. 103, 165 f., 202.
847 Ebd. 150.
848 Grimm, Mythologie 2, 894, Orthographie modernisiert.
849 Lea, Mittelalter 3, 425.
850 Journal 580, ed. cit. 298.
851 Ebd. 573, ed. cit. 293.
852 Ebd. 548, ed. cit. 282.
853 Ein Beispiel: Gostanza, ed. cit. 119.
854 Vgl. Ginzburg, Hexensabbat.
855 Z. B. Russell, Witchcraft 245 ff. – Unverhau, Toverschen 29 ff.
856 Dinzelbacher, Frauenmystik 136–187.
857 Vita 1, 2, 19, ed. Hendrix, G., Primitive Versions of Thomas of Cantimpré's Vita Lutgardis: Câteaux 29, 1978, 153–206.

Die Worte «os suum» fehlen in der Ausgabe von Hendrix wohl aus Versehen, ich ergänze sie aus der Vita II[a] (AASS Juni 3, 1701, 241 B).

858 Leben c. 154, ed. cit. 330 f.
859 Ibid.
860 Dinzelbacher, Mystik 242 ff.
861 Berengarius Donadei, Vita, ed. Semenza, P. A.: Analecta Augustiniana 17, 1939/40, 87–102 u. ö., 98.
862 AASS Jun. 5, 1867, 547 ff.
863 Legatus 5, 27, 2, SC 331, 212.
864 Liber specialis gratiae 2, 16, Revelationes Gertrudianae et Mechthildianae 2, Pictavii 1877, 150.
865 Vgl. Dinzelbacher, Vision 152 ff., 159 ff.
866 Vgl. Ders., Mystik 324 ff.
867 Schneider, Roswitha, Die sel. Margareta Ebner, St. Ottilien 1985, 9.
868 Ebner, hg. v. Strauch 71.
869 Ebd. 94, 109, 119 ff.
870 Ebd. 122.
871 Ebd. 120.
872 Ebd. 128.
873 Ebd. 129 f.
874 Ebd. 120.
875 Ebd. 126.
876 Ebd. 20 f.
877 Ebd. 87.
878 Ebd. 21.
879 Ebd. 88 f.
880 Ebd. 69 f.
881 Ebd. 41, vgl. 149 f.
882 Ebd. 50.
883 Dinzelbacher, Realität.
884 Dinzelbacher, Sexualität 70 f.
885 Haustein, Stellung 34.
886 Der Ausdruck stammt von De Maio, Donne 276.
887 Hansen, Zauberwahn 179 ff. – HDA 4, 695 f.
888 Liber apium 2, 56.
889 Malleus 1, 6, ed. Schnyder 39 D.
890 Ebd. 2, 1, 2, ed. cit. 100 D.
891 Meyer, Aberglaube 309.
892 Gostanza, ed. cit. 165, 173.
893 Das Wort war auch den Befragenden nicht klar und ist offenbar ein Dialektausdruck für die Ejakulation.
894 Gostanza, ed. cit. 183.
895 Ebd. 174 f.

896 Ebd. 176.
897 Palacios Alcalde, Beatas 127, Anm. 75.
898 Ebd. 115.
899 Ebd. 114.
900 Craveri, sante 186.
901 Garçon, Madeleine 96.
902 Mandrou, Magistrats 79.
903 Ebd. 80, Anm.; ähnliche Aussagen bei Henningsen, Sabbath 296, 298.
904 Craveri, sante 185.
905 Henningsen, Advocate 98.
906 Ebd.
907 Vgl. ebd. 99 f.
908 Ebd.
909 Dinzelbacher, Sexualität 80 f.
910 Henningsen, Advocate 100.
911 Gostanza, ed. cit. 179.
912 Endres, Institoris 212.
913 Dülmen, Dienerin 390.
914 Henningsen, Advocate 103.
915 Ebd. 73 ff.
916 Soldan, Heppe, Geschichte 2, 167 Anm. 1.
917 Dinzelbacher, Gottesgeburt.
918 Ewald, Stigmatisierte 31.
919 Dinzelbacher, Mystik 322 f.
920 Ebner, hg. v. Strauch 311 f.
921 Ebd. 87.
922 Ebd. 120. Vgl. die Briefe Heinrichs von Nördlingen an sie, die darauf anzuspielen scheinen, ebd. 181 f., 213 f.
923 Revelationes 6, 88, übers. Clarus 2, 191 f.
924 Ep. 4, 14 ff., ed. Jönsson, Arne: Alfonso of Jaén. His Life and Works with Critical Editions of the Epistola Solitarii, the Informaciones and the Epistola Serui Christi, Lund 1989, 137.
925 Acta, ed. Collijn 81.
926 Die folgenden Zitate aus Marienwerder, Vita 6, 24 f., ed. Westpfahl, Triller 323–326.
927 S. unten S. 200 f.
928 Auch hier zeigt sich, wie bei Birgitta, daß sich solche Erscheinungen nicht durchgehend als eine Reaktion auf den Mangel des Erlebens von Mutterschaft interpretieren lassen.
929 Johannes Marienwerder, Septililium 1, 25, zit. SS rer. Prussicarum 2, 1863, 365.
930 Rev. 6, 80.

931 Graf, Diavolo 138 ff. – Russell, Lucifer 77.

932 Zit. Cardini, magia 171.

933 Piaschewski, Wechselbalg: HDA 9 (Nachträge) 835–864, 862.

934 Grisar, Luther 3, 246.

935 Soldan, Heppe, Geschichte 2, 81.

936 Grundmann, Bewegungen 412, Anm. 120.

937 Vgl. Dinzelbacher, Mystik 267 f.

938 Confession, ed. May 11.

939 Bernardus Gui, De secta, Rerum italicarum SS 9/5, 1907, 26.

940 Hofer, Johannes, Johannes Kapistran, Heidelberg ²1964, 1, 204 f.

941 Vgl. Dinzelbacher, Frauenmystik 72.

942 Haustein, Stellung 80 f., 86.

943 Ebd. 129.

944 Mt 3, 17.

945 Imirizaldu, Monjas 59.

946 Garçon, Madeleine 101.

947 Ebd. 43.

948 Ebd. 45 ff.

949 Heiß, Propaganda 108, Anm. 20.

950 Imirizaldu, Monjas 264–273.

951 Ebd. 269.

952 Heiler, Friedrich, Erscheinungsformen und Wesen der Religion, Stuttgart 1961, 245.

953 Craveri, sante 20.

954 Zarri, sante [1980], 433.

955 Ebd. Anm. 258.

956 Legenda, ed. cit. 162 f.

957 Kempe, Book, ed. Meech 301.

958 Craveri, sante 246.

959 Malleus 1, 7, ed. Schnyder 49 A.

960 Quellen, hg. v. Hansen 17.

961 Blauert, Hexenverfolgungen 63.

962 Malleus 2, 1, 2.

963 Craveri, sante 11, vgl. 134 u. ö.

964 Garçon, Madeleine 87.

965 Dienst, Sinn 366.

966 Klaniczay, Hexensabbat 50.

967 Krap, Emmeken 9.

968 Institoris, Malleus 2, 2, ed. Schnyder 157 B.

969 Matthäus Paris, Chronica maior a.a. 1222, zit. Thurston, Begleiterscheinungen 55.

970 Dinzelbacher, Diesseits.

971 Vgl. Zarri, sante [1980], 416 ff. – Dinzelbacher, Wörterbuch 470.

972 Dinzelbacher, Visionsliteratur 183 ff.

973 Raymund, Vita 2, 7, AASS Apr. 3, 910.

974 BS 3, 1036 f.

975 Craveri, sante 159.

976 Zarri, sante [1980], 416 f.

977 Ebd. 417.

978 Endres, Institoris 203, Anm. 28. Vgl. Russell, Witchcraft 218, 232 – Mandrou, Magistrats 566, Reg. s.v. «marque». Im Malleus 3, 1, 16, ed. Schnyder 213 ff., wird die Entkleidung empfohlen, um nach Amuletten u. dgl. zu suchen.

979 Mandrou, magistrats 101.

980 Heikkinen, Paholaisen 383 f.

981 Quellen, hg. v. Hansen 493, vgl. 558.

982 Garçon, Madeleine 87.

983 Quellen, hg. v. Hansen 600.

984 Zit. Mandrou, Magistrats 85.

985 Klaniczay, Hexensabbat 48.

986 Krenn, Literatur 113.

987 Dienst, Sinn 369 f.

988 Summers, Phenomena 221 ff.

989 Dinzelbacher, Suche.

990 Übers. Clarus 1, cxlii.

991 Bell, Anorexy 50.

992 Marienwerder, Vita, ed. cit. 323 ff.

993 Dinzelbacher, Gottheit.

994 Craveri, sante 156.

995 Dinzelbacher, Mystik 323 f.

996 Ochsenbein, Peter, Die Offenbarungen Elsbeths von Oye: Ruh, Kurt (Hg.), Abendländische Mystik im Mittelalter, Stuttgart 1986, 423–442, 440.

997 Dinzelbacher, Mystik 296 ff.

998 Malleus 2, 1, 2, ed. Schnyder 99 AB. Übersetzung nach Schmidt, Hexenhammer 2, 36.

999 Hoffmann-Krayer, Akten 310, 328.

1000 Gostanza, ed. cit. 118.

1001 Mandrou, Magistrat 85.

1002 Henningsen, Advocate 164.

1003 Vgl. unten Register s. v.

1004 Zacharias, Satanskult 76 ff. – Henningsen, Advocate 73 ff., 81 ff.

1005 Görres, Mystik 5, 283.

1006 Ebd. 284.

1007 Henningsen, Advocate 83.

1008 DS 3, 21 ff.

1009 Ebner, hg. v. Strauch 143 f.

1010 Zit. Schulz, Eduard, Das Bild des Tanzes in der christlichem Mystik, Diss.
Marburg 1941, 172.
1011 Dinzelbacher, Visionsliteratur 213.
1012 Gostanza, ed. cit. 149.
1013 DS 3, 35.
1014 Unverhau, Toverschen 30 f.
1015 Quellen, hg. v. Hansen 102 f.
1016 Grimm, Mythologie 3, 309.
1017 Zit. Zacharias, Satanskult 73.
1018 Mandrou, Magistrats 85 f.
1019 Krap, Emmeken 17.
1020 vs. 8270 ff., ed. Zingerle 277 ff.
1021 Craveri, sante 189, 191.
1022 Gostanza, ed. cit. 149.
1023 Klaniczay, Hexensabbat 48.
1024 Ebd. 39.
1025 Grabmayer, Volksglauben 238.
1026 Dinzelbacher, Vision, pass.
1027 Dinzelbacher, Mystik 317.
1028 S. oben S. 967 f.
1029 Dinzelbacher, Frauenmystik 81.
1030 Roth, Laminit 372.
1031 Dinzelbacher, Mystik 410 ff.
1032 Roth, Laminit 414.
1033 S. unten S. 265 ff.
1034 c. 81., Opera, Köln 1613. Vgl. Russell,
Witchcraft 347.
1035 Malleus 1, 17, ed. Schnyder 79 BC.
1036 Ebd. 2, 1, 3, ed. cit. 104 f.
1037 Summers, Phenomena 90.
1038 Ed. 1628, I, vor den Revelationes, ohne
Paginierung.
1039 Rev. 4, 138 – Acta 97 ff., 372. Weiteres
Übersetzung 1, cxviii ff.
1040 Pierre de Reims, Vie 17, 169, ed.
d'Alençon 144 f.
1041 Vgl. oben S. 119 ff.
1042 Thomas, Libellus 2, 5, ed. cit. 69.
1043 Roth, Laminit 368, Anm. 1.
1044 Ebd. 413.
1045 Malleus 1, 16.
1046 Opera omnia 660.
1047 Nider, zustimmend zitiert von Institoris, Malleus 2, 2 ed. Schnyder 155 B.
1048 Thomas, Libellus 2, 5, ed. cit. 72.
1049 Liber visionum 2, 22.
1050 Muchembled, Kultur 91.
1051 Hoffmann-Krayer, Akten 216 f.
1052 Ginzburg, Hexensabbat 95.
1053 Craveri, sante 45.

1054 Borst, Arno, Barbaren, Ketzer und Arti-
sten, München 1988, 273 f.
1055 Quellen, hg. v. Hansen 87 f.
1056 Dienst, Lebensbewältigung 98.
1057 Harmening, aufsacz 516 – Ders., Hexenbilder 191.
1058 Kieckhefer, Magie 260 s.v. – Habiger-
Tuczay, Magie 73 ff.
1059 de Martino, Katholizismus 72 ff.
1060 Belege u.a. bei Blöcker, M., Frauen-
zauber – Zauberfrauen: Zs. f. schweizerische Kirchengeschichte 76, 1982, 1–39
– Dienst, Lebensbewältigung.
1061 Behringer, Erträge 620.
1062 Dienst, Lebensbewältigung 115.
1063 Hødnebø, F., Trolldomsbøker: Kulturhistorisk Leksikon for nordisk middelalder 18, 1974, 670–673 – Habiger-
Tuczay, Magie 371 s.v. – Kieckhefer,
Magie 11 ff.
1064 Seabrook, Witchcraft.
1065 Innsbrucker Prozeß, hg. v. Ammann 49.
1066 Vgl. dazu Roeck, Aspekte und oben
S. 142 f.
1067 Vgl. Dinzelbacher, Wörterbuch 250 f.,
749.
1068 Pierre de Reims, Vie, ed. cit. 195.
1069 Legenda, ed. cit. 170.
1070 Quellen, hg. v. Hansen 591.
1071 Ebd. 261.
1072 Z.B. Hoffmann-Krayer, Akten 25.
1073 Vita, ed. cit. cxiv.
1074 Pierre, Vie 20, 220, ed. cit. 183.
1075 Unverhau, Toversche 28, 92.
1076 Ebd. 36.
1077 Ebd. 92.
1078 Soldan, Heppe, Geschichte 1, 241.
1079 Mandrou, Magistrats 447.
1080 Berthold, Vita, übers. von Clarus 1,
cxiii.
1081 Pierre de Reims, Vie, ed. cit. 189.
1082 Ebd. 195.
1083 Palacios Alcalde, Beatas 113.
1084 Zarri, sante [1980] 393 Anm. 82.
1085 Ebd. 387 Anm. 59 f.
1086 Legenda, ed. cit. 171.
1087 Ebd.
1088 Richter, E., Die «andächtige Berau-
bung» geistlicher Toter als volksglau-
benskundliches Phänomen: Bayerisches
Jahrbuch f. Volkskunde 1960, 82–104, 92.

335

1089 Weinstein, D., Bell R., Saints and Society, Chicago 1982, 149.
1090 Kieckhefer, Magie 261 s.v.
1091 Harmening, Zauberei 87 ff.
1092 Cardini, Magia 30, 173.
1093 S. oben S. 193 f.
1094 Legenda, ed. cit. 162 f.
1095 Kieckhefer, Magie 183.
1096 Book, ed. cit. 52 f.; die Glosse versteht den Ausdruck jedoch aktiv: «singularis Cristi amatrix».
1097 Ebd. 78.
1098 Vita, ed. cit. 180* E.
1099 Ebd. 182* C.
1100 Dinzelbacher, Realpräsenz.
1101 Roth, Laminit 393.
1102 Ebner, hg. v. Strauch 87.
1103 Ebd. 397.
1104 Die Angaben variieren je nach Zeugen – oder gab es mehrere dieser Hostien?
1105 Vita II, 125, AASS Apr. 2, 1675, 296 A.
1106 Vita II, ebd. 296 f.
1107 Scattigno, visioni 61.
1108 Büchi, Ende 45.
1109 Imirizaldu, Monjas 191.
1110 Seuse, hg. v. Bihlmeyer 67 f.
1111 Gostanza, ed. Cardini 145.
1112 Die frivolen Gespräche des Pietro Aretino III, übers. Conrad, H., Wien o.J., 120 f.
1113 Gostanza, ed. Cardini 221.
1114 Heiss, Propaganda 134.
1115 Dialogi 1, 4; vgl. Tubach, F. C., Index exemplorum, Helsinki 1969, nr. 3503.
1116 Heiss, Propaganda 137.
1117 Mateuccia, ed. Mammoli 18.
1118 Revelationes 3, 12, übers. Clarus 1, 285.
1119 Z. B. Blauert, Hexenverfolgungen 65 – Gostanza, ed. Cardini pass.
1120 Craveri, Sante 173 ff.
1121 Blauert, Hexenverfolgungen 66.
1122 Morris, Sorceress, pass.
1123 c. 145, zit. ebd. 9, 86.
1124 Ebd. 53 ff.
1125 Historia Francorum 8, 33.
1126 c. 29, MGh SS rer. Germ. 13, 221.
1127 Grabmayer, Volksglauben 232.
1128 Ginzburg, Hexensabbat 290.
1129 Vgl. z.B. Günther, Psychologie 369 (Register) – Goodich, Miracles.
1130 Il processo, ed. cit. 65.

1131 Revelationes 6, 90, übers. v. Clarus 3, 194.
1132 Vita 3, 22, AASS Apr. 2, 1675, 275 F f.
1133 Legenda, ed. cit. 117.
1134 Ebd. 169.
1135 Z.B. Unverhau, Toversche 93.
1136 WA I, 406; 40 I, 315.
1137 Dinzelbacher, Gottheit 66 ff.
1138 Prozeß, ed. Scherr, Johannes, Deutsche Kultur- und Sittengeschichte, Leipzig o. J., 2, 209.
1139 Zit. Klaniczay, Miraculum 223 f.
1140 Rev. 6, 76, ed. 1628, 2, 147.
1141 ed. cit. cxiv.
1142 Unverhau, Toversche 52.
1143 Malleus 2, 1, 2, ed. Schnyder 100 B.
1144 Innsbrucker Hexenprozeß, hg. v. Ammann 48 f.
1145 Zit. ebd. 42.
1146 Journal 576, ed. cit. 295.
1147 Dienst, Sinn 369.
1148 Dialogi 2, 33, 3 f., SC 260, 232.
1149 Klaniczay, Miraculum 226.
1150 Legatus div. piet. 1, 13, 3, SC 139, 192, gekürzt. Vgl. Mechthild von Hacke-born, Liber spec. grat. 4, 10.
1151 Terranova, Colomba 98.
1152 Ganay, dominicaines 494.
1153 Akten, hg. v. Hoffmann-Krayer 26.
1154 Literatur z.B. bei Beitl, R., Wörterbuch der Volkskunde, Stuttgart 3. Auflage 1973, 291.
1155 Vgl. LThK 2, 1958, 709 f. – Günter, Psychologie 130 ff. – Thurston, Begleit-erscheinungen 457 ff. – Bynum, feast 430 s.v. miracles of food multiplication.
1156 Ebd. 234.
1157 Akten, hg. v. Hoffmann-Krayer 36.
1158 Bauer, E., Die Armen Seelen- und Fege-feuervorstellungen der altdeutschen Mystik, Diss. Würzburg 1960.
1159 Legatus div. piet. 5, 16, SC 331, 186 ff.
1160 Zit. Bauer [Anm. 1158] 23.
1161 Harmening, aufsacz 511.
1162 Vgl. z.B. Thurston, Begleiterscheinun-gen 271 ff.
1163 Palacios Alcalde, Beatas 113.
1164 Leg. 1, 11, 1, SC 139, 170.
1165 Arnold, Trithemius 227, vgl. 232.
1166 Ferlampin, sabbat 486.
1167 Malleus 2, 1, 3, ed. Schnyder 101 ff.

1168 Ebd. 1, 2, ed. cit. 20 B.
1169 Akten, hg. v. Hoffmann-Krayer 27.
1170 Ebd. 190.
1171 Siller, Zauberspruch 130.
1172 Unverhau, Toversche 29, 97.
1173 Ebd. 29, 88.
1174 Schreiner, Klaus, Tod- und Mordbeten, Totenmessen für Lebende: Kintzinger, M. u.a. (Hgg.), Das andere Wahrnehmen, Köln 1991, 335–356.
1175 Grabmayer, Volksglaube 236.
1176 Nach Ginzburg, Spurensicherung 29–58.
1177 Vgl. oben S. 212 ff.
1178 Vgl. oben Anm. 1174.
1179 Ginzburg, Spurensicherung 38 f.
1180 Ein Terminus von Dülmen, Dienerin 386.
1181 Das Phänomen scheint bei männlichen Heiligen sogar häufiger zu sein, vgl. Ribet, Mystique 2, 639 ff.
1182 Vita 2, 3, 10, ed. cit. 173 E.
1183 Dinzelbacher, Mystik 215 f.
1184 Vie, ed. cit. 108 ff.
1185 Ribet, Mystique 2, 641.
1186 Ganay, dominicaines 490.
1187 Craveri, sante 157.
1188 Vida 20, Thurston, Begleiterscheinungen 25 ff.
1189 Grimm, Mythologie 2, 879 ff.
1190 Apokryphen, hg. v. Schneemelcher 284 f.
1191 Kieckhefer, Magie 227.
1192 Harmening, Hexenbilder 186.
1193 Unverhau, Toversche 33.
1194 Krap, Emmeken 19.
1195 Eliade, Schamanismus 362 ff. u.ö.
1196 c. 23, zit. Morris, Sorceress 120.
1197 Matteuccia, ed. Mammoli 30.
1198 Journal 576, ed. cit. 295.
1199 Dinzelbacher, Vorbedingungen.
1200 de Martino, Katholizismus 104.
1201 vs. 8204 ff., ed. Zingerle 275.
1202 Cautio 8, 4, ed. cit. 12.
1203 Roman de la Rose vv. 18439 f., ed. Porion, D., Paris 1974, 492.
1204 vs. 8172 ff., ed. Zingerle 274.
1205 Unverhau, Toversche 8.
1206 Zarri, sante [1980] 428 f. Anm. 237.
1207 Ebd. 429 Anm. 240.
1208 Ebd. 429.

1209 Harner, M., The role of hallucinogenic plants in European witchcraft: Hallucinogens and shamanism, ed. Ders., New York 1973, 125–150 – Kuhlen, F.-J., Von Hexen und Drogenträumen: Dt. Apotheker Zeitung 124, 1984, 2195–2202 – Ders., Hexenwesen – Hexendrogen: Pharmaziegeschichtliche Rundschau 9, 1980, 29–31, 41–43 – Haage, Bernhard, Dichter, Drogen und Hexen im Hoch- und Spätmittelalter: Würzburger medizinhistorische Mitteilungen 4, 1984, 63–83 – Peuckert, W., Hexensalben: Medizinischer Monatsspiegel 9, 1960, 169 ff.
1210 Kuhlen, F.-J., Gift: LexMa 4, 1988, 1447.
1211 Henningsen, Advocate 6 f.
1212 Heikkinen, Paholaisen 376.
1213 Viele Beispiele bei Dinzelbacher, Mystik.
1214 Zarri, sante [1980] 411 Anm. 142.
1215 Winter, Irene, Eucharistische Frömmigkeit mittelalterlicher Nonnen, Diss. Marburg 1951 – Bynum, Caroline Walker, Fragmentation and Redemption, New York 1991, 119 ff.
1216 Brockhusen, G. v., Ida: Dinzelbacher, Wörterbuch 243 f.
1217 Hugo, Vita I, 4, 21 f., AASS April 2, 1866, 164.
1218 Ebd. 2, 6, 33.
1219 Roth, Laminit 396.
1220 Görres, Mystik 3, 669 f.
1221 Dinzelbacher, Mystik 17.
1222 Browe, Eucharistie 141 ff.
1223 MGh SS rer germ NS 3, 108.
1224 Rubin, Corpus 341.
1225 Zit. HDA 4, 417.
1226 Vita et Revelationes c. 44.
1227 Summa Th. 3, 3 (2600), ad. 3, ed. Cinisello Balsamo 2. Aufl. 1988, 2301.
1228 Rubin, Corpus 341.
1229 Zarri, sante [1980] 425 Anm. 221.
1230 Henningsen, Advocate 78.
1231 Hansen, Zauberwahn 388.
1232 Malleus 2, 1, 5, ed. Schnyder 113 D.
1233 Journal 548, ed. cit. 282.
1234 Quellen, hg. v. Hansen 18.
1235 Z.B. Innsbrucker Hexenprozess, hg. v. Ammann 18.
1236 Walker, Spirits 43 ff.

1237 Thurston, Begleiterscheinungen 255 ff.
1238 Malleus 3, 16, 13, ed. Schnyder 216 C.
1239 Druck o. O. 1538, f. cvi r.
1240 Bell, Anorexy – Dinzelbacher, Mirabile.
1241 Vauchez, A., Proselytisme et action antihérétique en milieu féminin au XIIIe siècle: la vie de Marie d'Oignies (+1213) par Jacques de Vitry, in: Propaganda et contrepropaganda (Problems d'histoire de christianisme 17), Bruxelles 1987, 95–110, 102.
1242 Ebd.
1243 Craveri, sante 34.
1244 Zarri, sante [1980] 373 Anm. 8.
1245 Sebastian, Vita, ed. cit. 175*.
1246 Ebd. 171* BC.
1247 Legenda, ed. cit. 103.
1248 Zarri, sante [1980] 386 Anm. 58.
1249 Ebd. 374.
1250 Bell, Anorexy, pass. – Thurston, Begleiterscheinungen 407 ff.
1251 Th., J. A. Alb., Bessie van Meurs: Dietsche Waranden 9, 1871, 470–472.
1252 Roth, Laminit 373.
1253 Ebd. 380, Anm. 5.
1254 Walker, Spirits 24.
1255 Haustein, Stellung 63.
1256 Innsbrucker Hexenprozess, hg. v. Ammann 9.
1257 Günter, Legende 98.
1258 Vgl. z.B. Görres, Mystik 2, 583.
1259 Dinzelbacher, Frauenmystik 251–284.
1260 Zit. Gostanza, ed. Cardini 31.
1261 Russell, Wyndham, Witchcraft 3.
1262 Discernement des esprits: DS 3, 1957, 1222–1291 – Switek, G., «Discretio spirituum»: Theologie und Philosophie 47, 1972, 36–76.
1263 Münderlein, G., Kriterien wahrer und falscher Prophetie, Frankfurt 1974.
1264 Speyer, Betrüger 336.
1265 Dinzelbacher, Mystik 46 ff.
1266 Amat, Jacqueline, Songes et visions, Paris 1985, 182.
1267 Sulpicius Severus, Vita Martini 11.
1268 Vauchez, nascita 45.
1269 Formicarius 3, 7, ed. cit. 228.
1270 Procès, ed. Quicherat 1, 249 f.
1271 Formicarius 5, 8, zit. Procès, ed. Quicherat 4, 504.
1272 Summa theologiae I, q. 111, a. 3; De

malo q. 16, II. zit. Volken, Offenbarungen 144.
1273 1, 7.
1274 Volken, Offenbarungen 140 ff.
1275 Daß die Menschheit unmittelbar vor der zweiten Parousie, d.h. dem Untergang dieser Welt, lebe, war die Lehre Christi (die Stellen bei Chaine, J., Parousie: DThC 9/2, 1932, 2043–2054); die Parousieverzögerung bewirkte, daß man sich dauernd im letzten Weltzeitalter glaubte, s. van der Pot, J. H. J., De periodisering der geschiedenis, 's-Gravenhage 1951, 38 ff.
1276 Vgl. z.B. Pou y Marti, Visionarios.
1277 Acta... Birgittae, ed. Collijn 562.
1278 Dinzelbacher, Frauenmystik 257 ff.
1279 Gottfried u. Theoderich, Vita 1, 4, PL 197, 94 D.
1280 Acta, ed. Collijn 370.
1281 Rev. Extrav. 49, ed. 1680, 770 E.
1282 Processo Castellano, ed. Laurent 269 f.
1283 Formicarius 3, 7, ed. cit. 216 ff. «convertere» ist hier treffender im ursprünglichen Sinn zu übersetzen, als mit «bekehren», zumal das Opfer «umzudrehen» ja auch das Resultat der heutigen Praktiken der Gehirnwäsche sein soll.
1284 Paolin, Confessione 382 ff.
1285 S. oben S. 109 ff.
1286 Menchi, S., Benincasa: Dizionario biografico degli Italiani 8, 527–531 – Thurston, Mystics 117 ff.
1287 Vgl. Schmidt, T., Pastor angelicus: LexMA 6, 1993, 1773.
1288 G. A. Santori, zit. in: Primo processo per S. Filippo Neri, 1, 331, Anm.
1289 Ebd. 3, 395.
1290 Thurston, Mystics 117, Anm. 1.
1291 Vgl. oben S. 197 f.
1292 Thurston, Mystics 117, Anm. 1.
1293 Primo processo 4, 30.
1294 Thurston, Mystics 118.
1295 Primo processo 3, 395, Anm. 2410.
1296 S. oben S. 109 ff.
1297 Caterina Paluzzi e la sua autobiografia, hg. von Antonazzi, G., Roma 1980, 87, Anm. 7; 143, Anm. 2.
1298 S. oben S. 60 ff.
1299 Vauchez, théologiens 578 f.
1300 Dinzelbacher, Mystik 268 f.

1301	Formicarius 3, 8, ed. cit. 235.
1302	Dinzelbacher, Frauenmystik 272 ff.
1303	De Maio, Donna 279.
1304	Vita, ed. cit. 181* C ff.
1305	Opera omnia 688.
1306	Ebd. 693 f.
1307	Z.B. Francesca Romana, Vita, ed. Armellini 67.
1308	Sulpicius Severus, Vita Martini 25, 7, ed. A. Bastiaensen, J. Smit, s.l. 1975, 60.
1309	Bovero, Anna, L'opera completa del Crivelli, Milano 1975, nr. 178.
1310	De prob. spir., Opera omnia 1, 39 f.
1311	Monter, Women 85.
1312	Palacios Alcalde, Beatas 129.
1313	Vgl. etwa Krumeich, Gerd, Jeanne d'Arc in der Geschichte, Sigmaringen 1989.
1314	legenda, ed. cit. 109.
1315	Zarri, sante [1980] 411 Anm. 140.
1316	Trilogium astrologiae theol., ed. cit. 1, 196.
1317	Dienst, Lebensbewältigung 93.
1318	de Martino, Katholizismus 20, 23, 34, 57.
1319	Collectanea chronica, zit. Harmening, aufsacz 511 f.
1320	Soldan, Heppe, Geschichte 2, 28.
1321	Ebd. 80.
1322	Akten, hg. v. Hoffmann-Krayer 292, 298.
1323	Ebd. 300.
1324	Mandrou, Magistrats 87.
1325	Lea, Geschichte 3, 416 f.
1326	Ebd. 418, Anm. 2.
1327	übers. v. Ritter, J. F., Köln 21967, 4.
1328	Ebd. 12.
1329	Vie, ed. cit. 114 ff.
1330	Franciscus Silvester, Vita 2, 1, 59, ed. cit. 689 AB.
1331	De Civitate Dei 14, 24.
1332	Zarri, sante [1980] 432 A. 252.
1333	S. oben S. 50.
1334	Thurston, Mystics 112.
1335	Perrine, Vie 43, ed. cit. 235.
1336	Marienwerder, Leben, ed. cit. 225.
1337	Walker, Spirits 22 f.
1338	Vita, AASS Apr. 2, 1675, 274 C, 276 D.
1339	Ebd. 276 D.
1340	leven, ed. Jongen, Schotel 42.
1341	Vita, ed. cit. 289 C.

1342	leven, ed. Jongen, Schotel 66.
1343	Vita, ed. cit. 289 D.
1344	leven, ed. Jongen, Schotel 68.
1345	Salmann, E., Emmerick: Dinzelbacher, Wörterbuch 136 f. – Schleyer, Stigmatisierten 45–51.
1346	Ebd. 48 f.
1347	Ebd. 67–71 – Summers, Phenomena 238–240 – Pater, Abstinence 19–23.
1348	Ebd. 52.
1349	Romanello, Marina: Inquietudini religiose e controllo sociale nel Friuli del Seicento: Zarri, Finzione 343–365, 359.
1350	Haas, Alois, Geistliches Mittelalter, Freiburg i. Ue. 1984, 375.
1351	Vita, ed. cit. 330 f.
1352	Rev. Extrav. 48.
1353	Ep. 92, S. Caterina da Siena, Le lettere, ed. Meattini, U., Milano 4. Aufl. 1987, 1511 f.
1354	c. 106; vgl. cc. 9–11, 98–109.
1355	S. z.B. Zarri, sante [1980] 415 A. 155.
1356	Williams-Krapp, ding 69.
1357	Legenda, ed. cit. 107.
1358	Ebd. 116.
1359	Scattigno, visioni 48.
1360	Ebd. 51.
1361	De brieven uit 'Der rechte wech' van de oisterwijkse begijn en mystica Maria van Hout, ed. Willeumier-Schalij, J. M., Leuven 1993, 114.
1362	Craveri, Sante 17.
1363	Llorca, Inquisition 70 f.
1364	Mandrou, Magistrats 474 f., 529 ff.
1365	Vgl. DS 15, 697 ff.
1366	Vgl. Anm. 1364.
1367	Mystica Ciudad 3, 25, 16, zit. Thurston, Mystics 129, Anm. 1.
1368	S. oben Anm. 1297
1369	Liber vis. 3, 19, ed. Roth 72.
1370	Vita 5, 51, AASS Jan. 2, 1675, 281 BC.
1371	Brown, Acts 82, vgl. 52.
1372	Procès, ed. Quicherat 1, 297 f., 107.
1373	Lucie-Smith, Johanna 227 ff.
1374	Thurston, Mystics 100 ff. – Valerio, Domenica – Dies., Domenica e Dorotea.
1375	Valerio, Domenica 133.
1376	Zit. Ebd. 50.
1377	Ebd. Anm. 26.; vgl. 55.
1378	Valerio, Domenica e Dorotea 133.

1379 Ebd. 134.

1380 Ebd. 135.

1381 Valerio, Domenica 30, Anm. 29.

1382 Zarri, sante [1980] 414 f.

1383 DS 3, 1283 – Summers, Phenomena 216 – Saintyves, Simulation 201 ff. – Görres, Mystik 3, 671 ff. erzählt denselben Vorgang offenbar irrtümlich von der hl. Johanna-Franziska v. Chantal.

1384 Franz von Sales, Werke 7, Eichstätt 1971, 78.

1385 Ebd. 79.

1386 Vgl. oben Anm. 100.

1387 S. oben S. 275 f.

1388 Saintyves, Simulation 190 ff.

1389 S. z. B. oben S. 148.

1390 Stracke, D. A., Over de mystieke ontmoeting tussen Hadewijch van Antwerpen, Ida van Nijvel en Beatrijs van Nazareth: Ons Geestelijk Erf 39, 1965, 430–439.

1391 Dinzelbacher, Mystik 223 ff.

1392 Blasucci, BS 4, 102.

1393 Llorca, Inquisition 110.

1394 Wie Gößmann, Elisabeth, immer wieder suggeriert, z. B. in Duby, G., Perrot, M. (Hgg.), Geschichte der Frauen 2, Frankfurt 1993, 506.

1395 Vgl. die Literatur bei Dinzelbacher, Peter, Heinrich Seuse: LThK 4, i. Dr.

1396 Dinzelbacher, Frauenmystik 265 f.

1397 Vgl. oben S. 19 – Hughes, Jonathan, Pastors and Visionaries, Woodbridge 1988, 239.

1398 S. oben S. 220 f.

1399 Llorca, Inquisition 6 ff.; 123 ff.

1400 Ebd. 124.

1401 Ebd. 125.

1402 Ebd. 125 f.

1403 Ebd. 126.

1404 Roth, Laminit 391.

1405 Büchi, Ende 46.

1406 Revelationes 4, 103–105 – Vauchez, diffusion 152 – Johnston, defenders 266.

1407 Ebd. 271.

1408 Vauchez, diffusion 153, 155.

1409 Zit. Johnston, defenders 269 f.

1410 S. oben S. 44 ff.

1411 Surtz, Ronald E., The Guitar of God, Philadelphia 1990, 8, 136 f.

1412 Juan-Tous, P.: Dinzelbacher, Wörterbuch 345 f.

1413 DS 10, 510 – BSS 8, 999 f.

1414 Selke, oficio 352.

1415 Jerouschek, Hexenhammer xix.

1416 So R. Schnackenburg: LThK 3, 585.

1417 Teufelsglaube, hg. v. Haag, H., Tübingen 1974, 134 ff., 506 ff. – Cini Tassinario, Agnese, Il diavolo secondo l'insegnamento recente della Chiesa, Roma 1984, 197 ff. u. pass.

1418 Pfister, Christentum.

1419 Amann, É., Luciférien: DThC 9/1, 1044–1056.

1420 Zacharias, Satanskult.

1421 Beispiele aus England zuletzt bei Ellis, B., The Highgate Cemetery Vampire Hunt. The Anglo-American Connection in Satanic Cult Lore: Folklore 104, 1993, 13–39.

1422 Klaniczay, Hexensabbat.

1423 Kretzenbacher, Leopold, Teufelsbündner und Faustgestalten im Abendlande, Klagenfurt 1968.

1424 Reliquet, Philippe, Ritter, Tod und Teufel. Gilles de Rais, München 1990, 229 ff.

1425 Beispiele bei Heiss, Propaganda 110 ff.

1426 Roeck, Aspekte 94 f.

1427 Muchembled, Kultur 243.

1428 Gérest, Teufel 179 f.

1429 Roeck, Idealstaat 390.

1430 Z.B. Ginzburg, Spurensicherung 33.

1431 Aston, M., Religiöse Volksbewegungen im Mittelalter: Die Welt des Christentums, hg. v. Barraclough, G., München 1982, 148–171, 168.

1432 Vgl. Köpf, Ulrich, Protestantismus und Heiligenverehrung: Dinzelbacher, Bauer, Heiligenverehrung 320–344.

1433 Quellen, hg. v. Hansen 591.

1434 WA 40 III, 129; vgl. WA BR 1, 82.

1435 vs. 134 ff., 156, zit. Krap, Emmeken 61 f.

1436 Akten, hg. v. Hoffmann-Krayer 294.

1437 «rapias» ist mehrdeutig und könnte auch «vergewaltigen könntest» heißen.

1438 Heiss, Propaganda 111, Anm. 41.

1439 Gostanza, ed. Cardini 150.

1440 Rummel, Ausrottung 65.

1441 Gesammelte Werke, Frankfurt 1960 ff., Bd. 13.

1442 Vgl. Rattner, Josef, Tiefenpsychologie und Religion, München 1987, 25 ff.
1443 Dienst, Sinn 366.
1444 Liber vitae meritorum 5, 64, übers. Schipperges, H., Salzburg 1972, 252.
1445 Rev. 7, 28.
1446 S. oben S. 26.
1447 Dinzelbacher, Frauenmystik 269 f.
1448 Carlsson, G., Heliga Birgittas upprorsprogram: Archivistica et mediaevistica Ernesto Nygren oblata, Stockholm 1965, 86–102, 99.
1449 Originaltexter, ed. Högman 80.
1450 Rev. 6, 82, ed. 1628, II, 152.
1451 Bartolomei Romagnoli, A., «Lo tractato delli miracoli et visioni»: Picasso, Un santa 363–401, 367 f. Anm. 17.
1452 Pelaez, M. (Hg.), Visioni di S. Francesca Romana: Archivio della R. Società romana di storia patria 14, 1891, 365–409, 380.
1453 Görres, Mystik 4, pass.
1454 Dinzelbacher, Realität.
1455 Hexensabbat.
1456 Vgl. Eliade, Schamanismus; auch Lecouteux, Double.
1457 Dinzelbacher, Mystik 75 ff.

1458 Vgl. Cardini, magia 62 f.
1459 Vgl. Dinzelbacher, Mentalitätsgeschichte xxvi f. u.ö.
1460 Winkler, G., Kirchengeschichte als historische Theologie: Theologisch-praktische Quartalschrift 137, 1989, 148–154, 151, 153.
1461 Antimodernisteneid: Denzinger, H., Umberg, J., Enchiridion symbolorum, Freiburg 26. Aufl. 1947, 608 (nr. 2146).
1462 Wie spätmittelalterliche Heilige «konstruiert» wurden, bzw. als Manifestationen von Heiligkeit interpretierbare Situationen, hat zuletzt Kleinberg, Prophets an einigen ausgewählten Beispielen (Franz von Assisi, Douceline, Christine von Stommeln) untersucht.
1463 Vatikan 1989, can. 1237, 2.
1464 Revelationes 7, 19 u.ö.
1465 Vgl. Harmening, Dieter (Hg.), Hexen heute, Würzburg 1991. Nicht zugänglich war mir: Homebrew. A Journal of Women's Witchcraft, Berkeley, CA.
1466 Grundriß der Historik, Leipzig 1868, 27, § 51.

Register

Abendmahl 29
Abraham a S. Clara 243
Acarie 278
Achler, Elisabeth 94
Adeleide 39
Adeline, Wilhelm 131
Agnes von Böhmen 237
Agrippa von Nettesheim 73
Alacoque, Marie 172
Albertus Magnus 190
Albigenser 245, 286
Aldegunde von Maubeuge 101
Aldobrandesca 103
Alexander VI., Papst 30, 113
Alfons von Jaén 254, 280
Almayrac → d'Almayrac
Alpais von Cudot 77
Alphons von Pecha 188
Alumbrados 48
Amalia vom gegeißelten Jesus 123
Amulett 213
Angela von Foligno 44, 60, 159, 169, 174, 259
Angeliche 53
Anna 79, 140, 221
Anorexie 31, 74, 80, 94, 97, 245
Antichrist 76, 132, 145, 164, 189, 287
Antoninus von Florenz 260
Aretin 222
Armanno Pungilupo 147
Askese 34, 47, 50, 51, 56, 91, 105, 106, 238, 241
Assensio, Juana 48
Aufklärung 122, 141
Augustinus 181, 266
Aventin 79, 120
Avrillot 278

Balbán 50
Balthasar, Hans Urs von 124
Baptista von Crema 106
Barberini 113
Barnabiten 53
Bartholomäus von Medina 116, 118

Bartolus von Saxoferrato 157
Beata von Piedrahita 281
Beatas 47, 110, 183, 232, 262
Beatrijs von Nazareth 41, 102
Beck, Aloysia 88
Beginen 28, 34, 65, 79, 102, 110, 151, 282
Beichtvater, Beichtiger 16, 29, 30, 51, 63, 72, 98, 107, 114, 168, 260, 282
Bekker, Baltasar 288
Benandanti 231
Benedikt von Nursia 230
Benedikt XIV., Papst 117
Benedikt XV., Papst 22
Benincasa, Ursula 71, 117, 160, 256, 266, 271
Benoit, gen. De la Boucaille, Marie 87
Benvenuta von Bojanis 41
Bernard Gui 243
Bernardino von Siena 133, 145, 224
Bernhard von Clairvaux 253, 260
Bernuzzi, Maria Crocifissa 71
Bérulle 278
Besessenheit 88, 89, 159, 161, 169, 171, 266, 292
Bessie van Meurs 246
Beutler(in), Magdalena 56, 91, 114, 259
Beutler(in), Margareta 259
Birgitta 199, 217, 223, 225, 262, 291
Birgitta von Schweden 26, 51, 66, 98, 104, 107, 112, 115, 187, 209, 227, 250, 254, 260, 262, 270, 280, 282
Bittprozession 79
Blannbekin, Agnes 103, 176, 243
Bloemardinne, Heylwighe 41
Bodin, Jean 53, 131, 198
Boerio, Gianbattista 69
Boillet, Coletta → Coletta
Bontempi, Sebastiano 98
Borgia 121
Borgia, Cesare 30
Borgia, Juan 30
Borgia, Lukrezia 30, 120
Borromäus, Karl 194

Borromeo, Federico 99, 116, 260
Botticelli, Sandro 99
Bourriou, Zelie 74
Brandphänomen 33
Brentano, Clemens 207, 268
Brigitta → Birgitta
Brossier, Marthe 88, 173
Bruch, Catharina 186
Bucaille, Marie Benoist de la 58, 273
Buchberger 125
Bugni, Chiara 112, 197, 218, 246
Burgkmair, Hans 79, 81
Burton, Robert 72

Calvin 131
Canon episcopi 131, 237
Carlini, Benedetta 56, 160, 274
Casanova 283
Cassian 252
Catherine de Chynal 224
Cellini, Benvenuto 287
Charpy, Catherine 87
Christina von Stommeln 32, 65, 94, 103, 113,
    159, 160, 166
Christine von St. Trond 160, 169
Cipriana del Patrocinio de San José 123
Ciruelo, Pedro 209
Cisneros, Ximénès de 49, 281
Clemens IV., Papst 138
Coletta von Corbie 31, 63, 68, 210, 215, 216,
    218, 242, 266
Colmenares von Carrión 279
Colomba von Rieti/Reate 28, 70, 86, 98, 103,
    105, 113, 120, 121, 172, 219, 231, 246, 260
Colonna, Jakob 63
Colonna, Margareta 41
Columbini, Johannes 218
Constance von Rabastens 66, 159
Cospi, Antonio Maria 222
Crivelli, Carlo 261
Cysat, Renwart 263

d'Almayrac, Rosa 272
David, König 281
de Luna, Agueda 59
Delphina von Sabran 103
Devotio moderna 106, 116
Diana 140, 176
Dionysius von Rijkel 252
Dionysos 160
Discretio spirituum → Unterscheidung

Dolcino 190
Domenico da Gargano 99
Domenika vom Paradies 246, 275
Dominikus 29, 115
donum lacrimarum 16, 35
Dorothea Lanciuola 275
Dorothea von Montau 23, 66, 104, 107, 188,
    200, 266
Douceline von Digne 103, 236, 265
Drogen 240
Dualismus 153, 158, 285
Duglioli, Helena 71, 121, 218, 241

Ebner(-in), Margareta 64, 113, 179, 187, 203,
    220
Ebnerin, Christine 187, 232
Eckhart, Meister 38
Edleine → Adeline
Egbert 173
Eleonore von Österreich 49
Elisabeth von Herkenrode 197
Elisabeth von Ranfaing 163
Elisabeth von Reutte 94, 246
Elisabeth von Romillon 31
Elisabeth von Schönau 161, 173, 208, 211,
    273
Elisabeth von Spalbeek 41, 161
Elisabeth von Ungarn 17
Elischa 225
Elsbeth von Oye 201
Emmerick, Anna Katharina 118, 208, 268
Engel 41, 50, 51, 52, 57, 74, 78, 79, 91, 160,
    164, 173, 211, 240, 252, 253, 255, 261, 264,
    273, 274
Englische Schwestern 54
Enthusiasmus 159, 160, 169
Erasmus 162
Erotik 33, 45, 48, 135, 167, 177, 178, 179, 182,
    250, 281, → Incubus
Eselsfest 158
Eucharistie 91
Eugen III. 253
Eugen IV. 132, 146, 194
Eustochio von Padua 35, 159, 169, 292
Exorzismus 34, 52, 66, 161, 162, 164, 170, 276
Ezzelino III. da Romano 189

Fancher, Mollie 269
Fegfeuer 232
Felix V., Papst 205, 210
Ferdinand, König 281

344

Ferrazzi, Cecilia 105
Fiascaris, Marta 269
Firmian von Cäsarea 102
Forni, Gesualda 256
Francesca von Rom 103, 204, 292
Francesco di Pietrasanta 146
Franck, Sebastian 79, 246
Franz I. 49
Franz von Osuna 44
Franz von Sales 278
Franziskus 50, 65, 85, 115, 161
Frauenkirche 41, 53
Freie Geister 45, 61, 62, 161
Freud, Sigmund 290
Friedrich II. 24
Fyens, Thomas 73

Galgani, Gemma 86, 122
Geist → Heiliger Geist
Genovefa von Paris 101
Gentile von Ravenna 31
Gerson, Jean 67, 115, 252, 260, 261, 263
Gertrud die Große 174, 178, 230, 231, 232
Gertrud von Oosten 103, 109, 196
Gift 151
Giftmischerei 67
Gilles de Rais 132, 287
Ginzburg 138, 293
Giovanni de Vecchi 193
Giuliani, Veronica 38, 169, 194, 246
Glossolalie 161
Goebel, Anna Maria 123
Gonzaga 54, 121
Gostanza 149, 156, 175, 182, 185, 221, 290
Gottfried von Fontaines 259
Graef, Hilda 127
Grandier, Urbain 99, 167
Grass, Günter 24
Gregor d. Gr., Papst 222, 252
Gregor VII., Papst 132
Gregor von Tours 224
Gregor XI., Papst 254
Gregor XIII., Papst 83, 257
Gronbach, Magdalena 164
Gros, Jeanne 87
Guaineri, Antonio 66
Guazzo 155
Gudrun 224
Guglielmiten → Wilhelmine
Gui → Bernard
Guyon 273

Habakuk 237
Hadewijch 179, 207
Hadrian VI. 43
Haitzmann, Christoph 290
Hartlieb, Johannes 156
Hauffe, Friederike 60
Hayen, Hemme 161
Heiliger Geist 16, 17, 48, 159, 161, 194, 201,
  209
Heinrich Heinbuche von Langenstein 114,
  252
Heinrich IV. 134
Heinrich von Gorkum 213
Heinrich von Nördlingen 113
Heinrich zum Grünenwörth 146
Herkules von Este 121
Herminia von Reims 115
Hernández, Francisca 42, 121
Herodiana 140
Hexenhammer 25, 110, 131, 134, 143, 148, 151,
  156, 175, 202, 209, 210, 229, 233, 244, 253
Hexenmal 59, 197
Hexensalbe 67, 209, 238, 240
Hildegard von Bingen 40, 43, 112, 250, 253,
  259, 260, 291
Hohe Lied 43, 178
Holbein d. Ä., Hans 79
Holda 140, 176
Hölle 16, 58, 61, 211
Hostie 29, 33, 34, 123, 157, 158, 198, 203, 206,
  220, 222, 241, 242, 243, 244
Humanismus 138
Hussiten 31

Ida von Löwen 65, 236, 242
Ida von Nivelles 102
Ignatius von Loyola 32, 53, 146, 252
Illuminados 48
Imitatio Christi 106, 201
Imitatio Mariae 107, 192
Imitatio sanctorum 107
Incubus 50, 58, 67, 129, 181, 185, 189
Innozenz VIII., Papst 196
Institoris → Hexenhammer
Isabel de Jesús 72
Isabel von Briñas 95

Jakob von Metz 77
Jakob von Vitry 65, 128, 177
Jeanne d'Arc → Johanna
Johann der Einsiedler 88

345

Johann von Avila 53, 83, 146
Johanna vom Kreuz 282
Johanna von den Engeln 71, 167
Johanna von Neapel 253
Johanna von Orléans 21, 22, 66, 115, 120, 132,
    175, 229, 252, 205, 238, 262, 264, 275, 282,
    287
Johannes Kapestrano 190
Johannes Paul II., Papst 179
Johannes vom Kreuz 31, 146
Johannes von Bridlington 17
Johannes von Frankfurt 100
Johannes von Winterthur 243
Johannes XXII., Papst 129, 132
Joseph von Copertino 32
Juan el Hermito 88
Juana la Embustera 95
Juden 52, 132, 243
Julian von Norwich 207
Juliana von Cornillon 64
Julius II., Papst 281
Jung, C. G. 166
Jungfrau von Orléans → Johanna

Kalteisen, Heinrich 147
Karl der Kahle 132
Karl V. 49, 228
Karl, Graf von Provence 265
Katharer 153, 286, 294
Katharina aus dem Veltlin 242
Katharina aus Sezze 59
Katharina de la Rochelle 275
Katharina Vegri von Bologna 174, 208
Katharina von Genua 9, 68, 196, 201, 237,
    246
Katharina von Racconigi (Rakonisio) 103,
    121, 193, 194, 196, 231, 237, 240, 263
Katharina von Ricci 103, 193, 196, 197, 221,
    271
Katharina von S. Filippo 57
Katharina von Siena 29, 43, 44, 56, 85, 98,
    103, 112, 113, 115, 196, 199, 207, 210, 211,
    225, 246, 250, 254, 256, 258, 270, 280
Kempe, Margery 15, 111, 127, 148, 219, 280
Kinder 149
Klara vom Kreuz 177, 259
Klara von Montefalco 66
Klee, Maria 158, 195, 198, 229, 290
Koloman 130
Kommunion 158
Konzil von Basel 132, 210

Konzil von Trient 111, 142
Korbinian 224
Krämer → Hexenhammer
Krankheit 27, 64, 97, 213
Kreuz 157, 180, 201, 202, 216, 220, 221, 244,
    263
Kunigunde 80
Kyprian von Karthago 102

Laminit, Anna 79, 120, 153, 208, 210, 220,
    242, 246, 282
Lancre, Pierre de 134, 205
Landnámabók 224
Lardini, Santina 158
Lateau, Louise 123, 268
Laxdaela saga 224
Lazzari, Dominica 74
Leo X., Papst 131
Lepra 132
lesbisch 56
Levitation 236
Licht, Maria Anna 123
Lied(e)wy von Schiedam 51, 220, 226, 246,
    267, 274
Lissabon, Nonne von 83
Lollarden 18, 28, 129
Loos, Cornelius 131
Lopez, Maria de los Dolores 59, 123, 262
Lorenza Murga von Simancas 86
Lorenzo de' Medici 218
Loudun 71, 97, 163, 166, 167
Lucan 133
Lucia von Narni 99, 121, 279
Ludwig von Granada 83, 146
Ludwig von Loo 171
Ludwig von Paramo 134
Ludwig XIV. 168
Luis de Granade → Ludwig von Granada
Luitgard von Wittichen 64
Lukardis von Oberweimar 86, 172, 196, 270
Lukas 19
Lutgard von Tongeren 41, 176
Luther 73, 79, 117, 136, 158, 162, 181, 190, 191,
    220, 226, 289
Luziferaner 286

Mädchen von Orlach 164, 165
Magdalena Crucia 49
Magdalena vom Kreuz 49, 121, 175, 184, 191,
    195, 197, 266
Magnus II. 26, 291

Malleus 194
Marasco, Georges 74, 75
Margareta von Cortona 103, 231
Margareta von Savoyen 63, 208
Margareta von Ungarn 227, 230
Margareta von Ypres 41, 103
Maria 16, 17, 47, 58, 59, 107, 112, 122, 155, 174,
  187, 190, 201, 218, 235, 288, 290
Maria Bianca 79
Maria Cristina delle Rovere 57
Maria de la Visitación → Maria von der
  Heimsuchung
Maria de los Dolores → Lopez, Maria de los
  Dolores
Maria de Morales 86
Maria la Medica 156
Maria Magdalena 16
Maria Magdalena von Pazzi 95, 211, 256
Maria van Hout 271
Maria von Agreda 273, 279, 283
Maria von der Heimsuchung 82, 221
Maria von der Inkarnation 278
Maria von Oignies 64, 65, 86, 102, 144, 196,
  242, 245
Maria von Oisterwijk 103
Maria-Elisabeth vom Kreuz Jesu 164
Marie de Sains 164
Marieken van Nieumegen 155, 289
Marienwerder, Johannes 25
Martin de Lilio 117
Martin Le Franc 205
Martin V. 145, 210
Martin von Tours 252, 261
Matteuccia di Francesco 223, 238
Matthias von Linköping 254
Maximilian I. 79, 80
Mechthild von Ha(c)keborn 178, 269, 270
Mechthild von Magdeburg 207
Médaillistes 164
Medizin 64, 223
Medrano, Antonio 47
Merlin 189
Michael 160
Michael von Molinos 32
Mignani, Laura 120
Milone, Isabella 160
Mina 190
Mira de Amescua 83
Molitor, Ulricus 181
Montanisten 102, 161, 251
Montanus 101

Mrazek, Bertha 75
Muchembled, Robert 141
Muratori, Ludovico 117
Murray, Margaret 139
Mussato, Albertino 189

Nahrungslosigkeit → Anorexie
Närrin Gottes 171
Negri, Paola Antonia 53, 120, 266
Neri, Philipp 257
Neumann, Therese 119, 123, 197
Nider, Johannes 25, 66, 89, 96, 114, 151, 247,
  252, 255, 259
Nigromantie 232
Nikolaus Cusanus 66
Nikolaus von Flüe 246

Obry, Nicole 246, 266
Oldcastle, John 19
Oriente 140
Oriente, Vicente 48
Origenes 188
Orsini, Bellezza 184, 206, 224
Orthodoxie 137
Ortiz, Francisco 44, 285
Osanna Andreasi von Mantua 43, 70, 86, 99,
  103, 118, 121, 240, 266, 277, 279

Pallavicini, Camilla 120
Paluzzi, Katharina 258, 273
Panigarola, Arcangela 116, 194, 266
Parapsychologie 165
Passion 51, 124, 127, 161, 177, 179, 199, 272
Patricius 72
Patrocinio 123
Paulaner 53
Paulus 19, 26, 47, 54, 219, 274, 275
Pedro de Valencia 241
Peerdeman, Ida 165
Perollaz, Joseph-Marie 279
Peter von Ailly → Pierre d'Ailly
Peter von Bérulle 278
Petin, Berthe 123
Petrus 222, 237
Petrus Damiani 16
Petrus Sylvius 191
Petrus von Dacien 34, 113
Peutinger 82
Pfister, Oskar 286
Philipp der Gute von Burgund 267
Philipp II. von Spanien 49, 83, 84, 85

Philipp IV. von Spanien 279
Philomene 251
Pico della Mirandola, Gianfrancesco 79, 210,
240, 246, 260
Piéronne 175, 244
Pierre d'Ailly 115, 252
Pio von Pietrelcina 119
Pirkheimer, Willibald 162
Pius XI., Papst 122
Plat(t)er, Felix 67
Platon 160
Pomerius, Heinrich 42
Pomponazzi, Pietro 73
Porète, Margarete 24, 61, 63, 259
Possi, Tomassina 123
Prevorst, Seherin von 60
Priero 100
Priester 213, 243, 260, 264
Prophet 114, 115, 251
Prophezeiung 209
Prous Boneta 24, 190
Prozession 29
Prüfung 69, 257
Prüfungsmethoden 264

Quäker 161
Quietismus 118
Quinzani, Stefana 63, 95, 99, 103, 115, 121,
194, 197, 215, 218, 219, 226, 227, 246, 262,
271
Quiroga, Maria Rafaela 123

Raguza, Anna 87
Rahner, Karl 166
Raymund von Capua 254, 113
Reformation 142
Religionsphänomenologie 12, 153
Reliquien 44, 76, 84, 121, 123, 218, 219, 223,
232, 250, 267, 299
Remigius, Nikolaus 263
Restitutus 266
Richelieu 168
Ridolfi, Nicolà 55
Ring 218, 219, 221
Rixendis 40
Robert der Teufel 189
Robert le Bougre 39
Rolle, Richard 17
Rondoni, Giuseppe 250
Rose, Christian 25
Rosenroman 239

Rossi, Katharina de' 56
Ruusbroec, Jan van 42

Sabbat 67, 131, 139, 156, 164, 203, 204, 237,
240, 290
Sachs, Hans 205
Sakramentalien 213
Salazar, Alonso de 66
Satanisten 286
Savonarola 30, 110, 112, 116, 142, 221, 260,
271
Scaglia (Scaglier), Kardinal 111, 138
Schamanismus 139, 207, 238, 293
Scherer, Georg 222
Schisma 114
Schlutterbauer, Anna 222
Scholastika 230
Scholastiker 137
Schonath, Maria Columba 117
Schwangerschaft 61, 109, 168, 186, 256
Seele 58, 91, 231
Seuse, Heinrich 38, 194, 202, 221, 279
Sibilla, Bartolomeo 100
Signorini, Chiara 234
Silvestri, Francesco 73
Simon 237
Singer, Maria Renata 227
Sixtus IV., Papst 99, 196
Sodomie 30
Spee, Friedrich von 131, 239, 264
Sperandea von Gubbio 216, 228
Speyr, Adrienne von 124
Spina, Bartolomeo 139
Spiritualen 62
Steiner, Johannes 127
Stephana von Orzinuovi 194
Stigmen 34, 41, 56, 57, 58, 84, 86, 87, 88,
97, 103, 104, 124, 161, 168, 195, 268
→ Wundmal
Summers, Montague 74
Surin 168
Sybilla von Marsal 77, 221, 282
Symeon der Neue Theologe 160
Symeon Eulabes 147
Syneisaktentum 48

Tamisier, Rose 122
Tanz 67, 203, 204, 281
Taufe 155
Tavernier, Nicole 277
Tengler, Ulrich 185, 245

348

Teresa von Avila 31, 35, 44, 53, 105, 119, 204, 237, 272, 278
Tertiarinnen 102
Theologen 253
Therese von Konnersreuth 124, 242, 246
Thiers, Jean-Baptiste 272
Thomas von Aquin 129, 137, 181, 206, 253
Thomas von Cantimpré 181
Thomas von Kempen 106
Thomas, Apostel 51, 243
Thurid 224
Thurston, Herbert 74
Tostado, Alfonso 209
Tränen 230
Tränengabe 16, 35
Tridentinum 55, 118, 122
Trithemius, Johannes 233

Ubertino da Casale 63
Umiltà 231
Unio mystica 44, 61, 161, 180, 188
Unterscheidung der Geister 25, 114, 115, 251
Urban V., Papst 210
Urban VIII., Papst 118, 119

Vanni, Andrea 103, 280
Vauderie 132, 182, 229
Venerii, Ursulina 112

Verkehrte Welt 158
Verlobung 57
Veronika von Binasco 103, 112
Vincentii, Johannes 240
Vintler, Hans 205, 239
Virginie 198
Visconti 132

Wahrsagerei 21
Wahrsagerin 292
Waldenser 63
Waldenserprozeß 132, 182, 229
Wechselbalge 190
Weiberbünde 149
Weinkrämpfe 24
Welser, Anton 82
Werner von Oberwesel 147
Weyer, Johannes 67, 142
Wilhelm von Auvergne 66
Wilhelm von Notre-Dame de l'Olive 144
Wilhelmine (Guglielma) von Böhmen 40, 41, 147, 191
Wundmal 75, 83, 123, 267 → Stigmen

Zacchia, Paolo 71, 72, 87, 88, 116
Zamometic, Andreas 99
Zauberbuch 214, 219, 292
Zauberer-Jackl 150
Zungenreden 161

Bildnachweis

Umschlagbild und Frontispiz
Altar von St. Justina (Institut für mittel-
alterliche Realienkunde, Körnermarkt 13,
A-3500 Krems)

23 Johanna von Orléans
A. Guérin, J. Palmer-White, Johanna
sagt euch ewig Lebewohl, Stuttgart 1963,
Abb. nach S. 224

27 Birgitta von Schweden
Analecta Cartusiana 35/9, Salzburg 1993,
Umschlagbild

81 Anna Laminit
Martin Luther und die Reformation in
Deutschland (Katalog), Frankfurt 1983,
65, Nr. 73

103 Katharina von Siena
De Maio, Romeo, Donna e Rinascimento, Milano 1987, Tav. II

126 Therese von Konnersreuth
Anonyme Photographie

135 Teufelsbuhlschaft
Morris, Katherine, Sorceress or Witch?
The Image of Gender in Medieval Iceland and Northern Europe, Lanham
1991, Abb. 26

162 Besessenheit
Dinzelbacher, Peter, Bauer, Dieter
(Hgg.), Volksreligion im hohen und spä-

ten Mittelalter, Paderborn 1990, S. 235,
Abb. 17

181 Teufel und Hexe
Unverhau, Dagmar, Von Toverschen und
Kunsthfruwen in Schleswig 1548–1557,
Schleswig 1980, S. 12, Abb. 3

185 Teufelsbuhlschaft
Ginzburg, Carlo, Hexensabbat, Berlin
1990, Abb. S. 90

193 Mystische Vermählung
Schulte van Kessel, Elijsa (Hg.), Women
and Men in spiritual culture, 'sGraven-
hage 1986 , S. 148, Abb. 21

217 Magischer Gestus
Hartlieb, Johannes, Das Buch aller verbotenen Kunst, insel TB 1241, Frankfurt
1989, 46

227 Hexenschuß
Haustein, Jörg, Martin Luthers Stellung
zum Zauber- und Hexenwesen,
Stuttgart 1990, S. 186, Abb. 4

255 Hypokrisie
Zarri, Gabriella (Hg.), Finzione e santità
tra medioevo ed età moderna, Torino
1991, Umschlagbild

277 Domenica de Paradiso
Titelbild von: Valerio, Adriana,
Domenica da Paradiso, Spoleto 1992

350